文書等並べて辿る、家康、松平一族・家臣

その時、秀吉は。最強の家康に天下人秀吉の配慮がにじみ出る

徳川家康75年の生涯年表帖

中巻

目次

はじめに〜この本の使い方〜

この本は、「本能寺の変」前の天正10年から「文禄の役」までの家康中心の戦国期の年表で、日付までを記載しています。一部不明な月・日付に関しては、「—」で割愛をさせて頂いたり、「秋」「下旬中旬」などと、表記しておりますのでご了承下さい。

特に重要と思われる事項(歴史的流れのために必要と思われた事件等や家康文書などは、太字で記載しております。

本体となる戦国年表はそこそこな分量となっております。目次年表は、圧縮しており、その項目の通しNoが記載されております。検索の一助として下さい。

~太陰暦・太陽暦について~

本書での月日の表記は全て和暦を採用しており、一部、西暦の表記とはズレが生じています。

日本では、明治5年12月3日(=明治6年1月1日(西暦1872年1月1日))までは太陰暦(旧暦・天保暦)を、それ以降は太陽暦(新暦・グレゴリウス暦)を使用しています。

そのため、太陰暦である和暦(旧暦 ・ 天保暦)の月日と、それに対応する太陽暦である西暦(新暦・グレゴリウス暦)の月日は一致しません。ご注意下さい。

なお、太陰暦(太陰太陽暦)の1年は太陽暦の1年に比べて約11日短く、このズレは3年で約1月分(約33日)となります。

このため約3年に1度、余分な1ヶ月(閏月)を挿入して1年を13ヶ月とした閏年を設けることで、ズレを解消しています。

なお、閏月は閏●月と表記し、仮に閏4月があった場合、これは通常の4月の後に閏月(閏4月)が挿入されていることを示しています。

例)本能寺の変:天正10年6月2日(西暦:1582年6月21日)

西暦 和暦	月日	出来事	No.
天正10 (1582)	1月7日	「二月に甲州を征伐する。長岡(細川)藤孝は、在国して安土を警護せよ」。織田信長、明智光秀と軍議。	3529
	2月3日	「武田征伐」。織田信長、甲斐国討伐の進路と分担を決定。駿河口は徳川家康、関東口は北条氏政、飛騨口は金森長近、伊那口は信長・信忠父子が二手に分かれて進軍。	3549
	2月16日	「家康、遠江を掌握」。徳川軍、遠江における武田氏の最後の砦・小山城を開城させる。家康は、永禄11年(1568)12月12日に遠江に進入して、今川氏の旧勢力を追い払うも、新しく武田信玄・勝頼父子の侵入に遭い、これと争うこと前後14年の長い間にわたって、ようやく遠州全土の経営が成った。	3567
	2月18日	「武田征伐」。徳川家康、浜松城を発し遠江国掛川城に着陣、駿河西部へ侵攻を始める。	3570
	2月21日	「武田氏の駿河占領、終わる」。徳川家康、駿府に侵攻。駿河国駿府館を占領。	3578
	2月29日	この日、穴山梅雪(信君)、徳川家康に降る。穴山梅雪、家康から降伏勧告を受け、武田家の救済・名家存続を条件に、江尻城を開城。	3600
	3月1日	「依田信蕃、家康に降る—足かけ9年の歳月をかけ、家康は田中城を開城した」。徳川家康は、依田信蕃の立て籠る駿河田中城を包囲し、この月、「武田家臣は皆主家を背いており、滅亡は間違いない。直ちに開城せよ」と降伏を勧告する。信蕃は「武田家臣の書をもって真偽を計りたい」と答えたため、家康は穴山梅雪の書を送る。これを見て信蕃は城を明渡した。	3604
	3月5日	「武田征伐—信長、出陣」。織田信長、暁に陣立つ。(『晴豊記』)。信長、明智光秀・筒井順慶・長岡(細川)忠興・長谷川秀一らの諸将を率い、甲斐に向けて暁に安土城を出陣、近江国坂田郡柏原成菩提院に着く。	3622
	3月10日	徳川家康、甲斐国市川に布陣。家康軍、市川大門にある上野城を落とし、一条信竜(信玄の異母弟)が戦死する。	3637
	3月11日	「甲斐武田氏の滅亡—武田信虎・晴信・勝頼三代、終わる」。武田勝頼(37歳)、小山田信茂の叛を聞く。天目山への途中、田野において織田方滝川一益の挟撃を受け、北条夫人(19歳)(北条氏康の六女)・信勝(16歳)(勝頼長男)と共に自刃。	3640
	3月19日	織田信長、高遠を経て、この日、諏訪郡上諏訪法華寺に着陣し、諏訪に赴いた徳川家康と会見する。	3662
	3月29日	「信長から新領の知行割が以下のごとく発せられた—家康は、嘗ての今川義元と同じ駿河、遠江、三河三ヶ国の大名となる」。	3679
	4月10日	織田信長、甲斐国甲府を出発し甲斐国右左口峠に着く。そして、徳川家康が普請・警護し、この日出発して駿河に向かう。	3700
	4月16日	信長、鎌田・三ケ野坂で休息。天龍川に舟橋を架けて渡河。信長は、出迎えた徳川家康の接待に非常に満足する。信長、浜松泊。	3709
	5月11日	徳川家康、穴山梅雪(信君)と共に、旧領安堵のお礼のため浜松から安土へ出発。	3730
	5月18日	織田信長、自ら徳川家康の膳を据え、徳川家康家臣にも自ら「ふりもミこかし」を挽き、帷子を与えた。	3741
	6月2日	「本能寺の変」。信長自刃、49歳。明智光秀、この未明に謀反を為して京都本能寺の四方を取り囲み攻撃する。	3767
	6月3日	「家康三大危機の三番目—伊賀越え」。明智光秀の攻撃をかわすべく、木津川の草内渡しを越えた徳川家康、巳の刻に宇治田原城着、食事を摂る。主従は34名であったという。午の刻に出発、多羅尾光俊らの迎えで信楽の小川村の妙福寺で一泊し、この日、柘植・四日市、鹿伏兎越を経て伊勢に着き、那古(白子)にて乗船、途中土民の一揆の襲撃で危機に陥ったこともあり、「伊賀越えの御難」といわれる。	3772

西暦 和暦	月日	出来事	No.
天正10 (1582)	6月5日	「備中高松城水攻め(5月8日〜6月5日)終結─高松城開城」。中国大返し(6月5日〜6月13日)」はじまる。 毛利軍、秀吉軍、共に帰途に就く。14時、秀吉は、暴風雨の中、東上を開始。	3778
	6月12日	「一拾三貫文 本領長村之内 一五」。家康、曾根昌世・岡部正綱をして、甲斐中巨摩郡の加賀美右衛門尉(武田遺臣)に河内正林寺分5貫文等の本領を安堵。家康の部将岡部正綱・曽称(曽根)昌世らの動きは早かった。岡部・曽根は、民心の安定に努めた。	3793
	6月13日	「山崎の戦い」。申刻頃、明智光秀軍山手先鋒の並河易家(掃部)・松田政近隊が、天王山麓の先鋒中川瀬兵衛清秀隊を攻撃、戦端は開かれた。19時頃、光秀は退却を決意。光秀は勝龍寺城に兵七百余を引き連れ退いた。	3797
	6月13日	「光秀の三日天下」。明智光秀(「向州」)、この夜に丹波国勝龍寺城を「退散」す。明智光秀、逃走中に京都郊外小栗栖村の土民に殺害される。(『兼見卿記』)。 光秀の京都での政務は、僅か6月10日〜12日までの3日間のみだった。世に言う「三日天下」である。	3798
	6月15日	「伊勢神戸家から、京都にて神戸(織田)信孝・丹羽長秀・池田恒興が明智を討ち取ったと報せが入る」。(『家忠日記』)。 徳川家康、鳴海において「山崎の戦い」の報を受ける。	381
	6月17日	家康、遠州横須賀城主大須賀康高に命じ、成瀬吉右衛門正一・日下部兵右衛門定好を率いて甲州鎮撫に向かわす。	382
	6月20日	「家康、信濃一揆鎮撫に向け、信州佐久には依田信蕃を派遣」。 家康により遠江二俣に匿われていた依田信蕃、この日家康の命をうけ、小諸城に帰り、佐久郡将士に家康への服属を働きかける。家康は遠州小川村に潜ませて置いた依田信蕃に飛脚を発し、腹心柴田康忠・本多正信と、速かに甲信に入り、旧好の士を招集することを命じた。	383
	6月21日	明智光秀が討たれたという報を確認した徳川家康、遠州衆・東三河衆の兵を納めて岡崎から浜松に帰城。	383
	6月一	家康、織田政権(信意(信雄)・信孝)に、旧織田領(甲斐・信濃)へ侵攻するための同意を求める。	384
	6月27日	「清須会議」。柴田勝家、惟住(丹羽)長秀、羽柴秀吉、池田恒興ら、尾張清須城に会する。滝川一益は、関東から伊勢に向かっており、間に合わなかったという。 一番の争点であった織田家の後継者問題では、信長三男・織田信孝(欠席)を擁立する勝家と、信長の嫡男にあたる信忠の嫡男・三法師(後の織田秀信)を擁立する秀吉との対立が起こる。秀吉は、光秀討伐の功労者であり、丹羽長秀らの支持や、三男であり神戸氏へ養子に出ている信孝よりも血統的な正統性が強い事もあって三法師を後継者として立て、神戸(織田)信孝に預けると決まる。	385
	6月27日	徳川家康は、矛先を甲斐・信濃両国へと変更を決める。	385
	6月一	「天正壬午の乱、勃発」。本能寺の変により信長が横死すると、越後の上杉、相模の北条、三河の徳川の間に、空白となった武田遺領巡る「天正壬午の乱」が起こり、真田氏も武田の遺臣と遺領を取り込むべく画策。織田氏による信濃・上野国支配は約3ヶ月で崩壊し、この後上野国は北条氏、信濃国には徳川氏、越後国からは上杉氏が侵攻することになり、真田氏はその板ばさみとなる苦境に立たされる。	385
	7月2日	徳川家康、甲斐・信濃攻略の為に、鳥居元忠らを従え、浜松城を出陣。	386
	7月6日	武田氏遺臣ら、徳川家臣下条兵庫助(下条頼安)に、徳川家康に対する忠誠を誓約した起請文を提出。飯島・片桐氏ら伊那諸士、下条頼安と家康に服属を誓う。次いで、木曾義昌・小笠原貞慶・小笠原信嶺らも家康に従い、信嶺、伊那郡を平定する。	387

西暦 和暦	月日	出来事	No.
天正10 (1582)	7月8日	「家康の第二次甲州入り」。家康は、駿甲国境において九一色衆の出迎えを受けた。ここよりは九一色衆の常導により中道を北進し、同夜は精進に着陣、泊。	3881
	7月14日	徳川家康、その将・酒井左衛門尉忠次に、信濃十二郡統治を命じ5ヶ条の条目を渡す。次いで、忠次、諏訪郡乙骨に着陣、乙骨太郎左衛門尉安利を使者にたて、北条方に通じた諏訪頼忠に服属を迫る。	3903
	8月3日	「乙骨退口─若神子で対陣」─「天正壬午の乱」はじまる。 家康家臣酒井忠次ら、北条氏直（北条家第5代当主）の大軍来攻のため、高島城の囲みを解き諏訪郡乙骨に引く。さらに甲斐新府城に引き、同国若神子の氏直軍と長期間対陣する。氏直は、真田昌幸や諏訪頼忠を味方につけ、大軍の威力で徳川軍を信濃国から追い出し、甲斐国へと後退させた。	3931
	8月9日	「家康、木曾義昌に旧領安堵を約する」。 徳川家康、北条方となっていた木曾義昌に書をもって、滝川一益から預かった小県・佐久郡の人質返還を求め、旧領安堵を約する。	3946
	8月10日	「天正壬午の乱」。徳川家康、府中の留守を鳥居元忠ら2千に任せ、8千余で甲斐国新府城に入り本陣とする。北条氏直は「甲斐は祖父（武田信玄）の旧領国」なので領有を望んだ。家康は新府城を本陣に七里岩台上に布陣した。	3953
	8月12日	「天正壬午の乱─黒駒の合戦─家康勝利」。 谷村城を拠点としていた北条氏忠（のちの佐野氏忠）、1万の軍を率いて、家康の背後を襲うべく甲斐東部の郡内口より侵入。信濃国八代郡黒駒で迎え撃った、甲府を守っていた鳥居元忠は、父水野忠重（家康の叔父）の許を離れ家康の甲州攻めに参加した水野六左衛門尉勝成らと共に戦い、北条軍を破る。	3967
	8月21日	「壬午起請文」。家康は、武田氏旧臣八九五人を遠江国秋葉神社社前に集め、自今以後忠功を励んで無沙汰をしない旨を誓約した起請文を提出させた。武田親類衆・武田信玄近習衆・武田信玄直参衆らが、家康へ忠誠を誓約する起請文を提出。	3981
	8月22日	「木曾義昌、北条氏を離反し家康側に寝返る」。 義昌は、武田家の遺領を巡り上杉景勝と徳川家康・北条氏直の三者が争うと、初めは氏直に従っていたが、8月12日の甲州黒駒合戦での北条軍の敗北と、旧主の織田信孝の意向を仰ぎ、家康に寝返り、他の信濃国衆から集めた人質を引き渡し、その代わりに再度安曇・筑摩両郡および木曽谷の安堵を受ける約定を得た。	3986
	9月─	「真田昌幸、北条氏を離反し徳川氏に帰属」。真田昌幸は、弟加津野信昌（真田信尹）、佐久の依田信蕃らを介して家康と結んだ。信蕃は家康の命を受け、2度に亘り昌幸のもとへ勧説の使者を送った。3度目に昌幸自ら芦田に赴き信蕃と折衝し、家康と昌幸が起請文を交わし臣従が決まったという。 真田昌幸は、北条軍の諏訪進出の隙を突いて、碓氷峠を越えて上州に進攻し、この月には北条方の沼田城を攻略し奪取に成功し、北条軍の糧道を断っていた。	4015
	9月28日	「徳川家康、属した真田昌幸に所領を安堵」。家康は、帰属した真田安房守昌幸に、上野長野一跡（箕輪）・甲斐に於いて2千貫、諏訪郡を新知り、現有する小県郡と上野の沼田・吾妻2郡を安堵する花押状を与えている。所有している小県郡・沼田・吾妻郡に加え上野箕輪領・諏訪郡の一部を知行充行。	4045
	9月下旬	秀吉の信長葬儀にあわせた織田信雄（信長の次男）・織田（神戸）信孝（信長の三男）は、この頃、徳川家康と北条氏直の和睦を勧告。	4049
	10月15日	「信長の葬儀─秀吉、織田政権の後継者として名乗りをあげる」。 秀吉の弟・羽柴長秀（秀長）を警護大将とした一万もの兵が警護する中、羽柴秀吉、大徳寺において故織田信長の葬儀を執行。織田信雄・信孝兄弟は返事なし、柴田勝家は不参加、池田恒興は次男輝政を名代として派遣し、丹羽長秀は家老を代理として派遣する。柴田勝家は、滝川一益や織田信孝と共に、秀吉に対する弾劾状を諸大名にばらまいた。これに対して秀吉は、この日、養子の羽柴秀勝を喪主として、信長の葬儀を行うことで切り抜けている。	4067

西暦 和暦	月日	出来事	No.
天正10 (1582)	10月27日	「天正壬午の乱」。 織田信雄らの仲介により、徳川家康と北条氏直が和議を結ぶ。	4080
	10月28日	「秀吉、三法師を織田家家督から排除」。羽柴秀吉、六条本國寺(後の本圀寺)に丹羽長秀・池田恒興と会談、二人を秀吉派に完全に取り込む。秀吉・丹羽・池田の三宿老が、清洲会議の決定を反故にし、織田信雄を暫定的な織田家当主として主従関係を結んだ。後にこれは徳川家康も賛同して信雄を支持した。	4083
	10月29日	「第二次遠相同盟―徳川・北条氏の講和が成立―家康は三河・遠江・駿河・甲斐・南信濃を手中とし、五国を領有する大大名へと成長」。 徳川家康・北条氏直(北条家の第5代当主)は、織田信雄・信孝兄弟の勧め、北条氏規の取次により、若神子で和議を結ぶ。甲信2国は家康の占領に任せ、北条氏直は異議を申し立てない。上野国沼田は真田昌幸相伝の領地であるが、昌幸が氏直を離れて家康に服属する上は、その地を氏直の所領とし、北条氏支配の信濃佐久郡、甲斐甲斐郡・都留郡を家康の所属とし、家康より昌幸に代地を与えること。家康は次女督姫を氏直に嫁せしめることを28日に約し、この日、人質を交わす。	4088
	10月29日	「天正壬午の乱、終結」。「本能寺の変」後の上方忿劇の影響で、大大名同士による争いは、上杉と北条の講和、及び徳川と北条の講和によって終結を迎え、上杉景勝が信濃北部4郡を支配、甲斐と信濃は家康の切り取り次第、上野は北条氏直の切り取り次第という形で決着する。	4089
	11月一	真田昌幸、沼田城を北条氏直に明け渡すことを拒否する。	4092
	12月11日	徳川家康、新府の陣を撤して古府に帰陣。	4160
	12月12日	徳川家康、武田氏旧臣に対する所領安堵をほぼ終了。甲斐国の守備を鳥居元忠らに命じた家康、この日、甲府を出発、浜松に帰る。	4170
	12月22日	それまで織田家家督相続に介入しなかった徳川家康、羽柴筑前守秀吉に書状を送り、かとう迄出陣の首尾を賀し、「大悦不可之候」と織田信雄の家督相続に祝意を記す。	4181
	12月26日	家康、羽柴筑前守秀吉に書状を送り、近江出陣の首尾を賀す。	4184
天正11 (1583)	1月18日	尾張星崎城を徳川家康が訪れ、三法師(後の織田秀信)の後見役となった織田信雄と会見する。織田信雄、家康に協力要請。	4190
	1月23日	織田信雄、居城清須城を発ち、安土に赴く。	4201
	閏1月4日	織田信雄は、三法師(後の織田秀信)(信忠の嫡男、信長の嫡孫)に代わって政務を執る。	4211
	閏1月一	この月、安土城で羽柴秀吉や筒井順慶らの旧信長家臣の諸将が、三法師の後見役としての織田信雄に臣下の礼を取る。	4218
	閏1月25日	羽柴秀吉、再び安土に諸将の軍勢を会せしめる。北伊勢侵攻である。	4219
	2月4日	「秀吉と上杉景勝の同盟関係成立」。羽柴秀吉の下に、上杉景勝より誓詞と書状が届く。	4227
	2月10日	羽柴秀吉、織田信雄を総大将に推戴して、織田家の名のもとに、伊勢国へ出陣し、柴田勝家と結んだ滝川一益の長島城に向かう。	4230
	2月28日	「賤ヶ岳の戦い―2月28日～4月21日」はじまる。柴田勝家、羽柴秀吉に抗して前田利勝(利長)を、先手として出陣させる。利長、大雪の中、近江国柳ヶ瀬に布陣。	4256
	3月3日	「伊勢亀山城攻め―2月16日～3月3日」終結。伊勢亀山城は降伏開城、城将・佐治新介(益氏)は長島城へと退去。秀吉は江北に向かう。	4255

西暦和暦	月日	出来事	No.
天正11 (1583)	3月28日	「家康、第三次甲州入り」。徳川家康は甲府に在り、服属した諏訪安芸守(諏訪頼忠)に信濃諏訪郡を与える。	4273
	4月12日	家康、羽柴筑前守秀吉に書状を送り、柴田勝家の動向を伝える。	4279
	4月21日	「賤ヶ岳の戦い―2月28日～4月21日」終結。深夜、羽柴秀吉勢が佐久間盛政、柴田勝政隊への攻撃を開始する。その最中の昼前、茂山に布陣していた柴田側の前田利家の軍勢が突如戦線離脱。さらに柴田側の不破勝光(直光)・金森長近の軍勢も退却をはじめる。秀吉、佐久間盛政を賤ヶ岳において撃破。「中国大返し」と同様に迅速に引き返してきた秀吉の反撃にあい、さらに前田利家らの裏切りもあって柴田軍は大敗を喫し、柴田勝家は越前に撤退した。	4300
	4月22日	徳川家康、信濃平定に依り帰陣せんとする旨を、羽柴秀吉に報ずる。	4309
	4月25日	徳川家康の元に、「賤ヶ岳の戦い」の情報が届けられる。	4316
	5月9日	3月28日から甲府に入った徳川家康、浜松に帰陣。	4331
	5月21日	徳川家康、宿老の石川数正を使者として、坂本城の羽柴秀吉に、初花の肩衝(茶入)を贈り、賤ヶ岳の戦いの勝利を賀す。	4337
	7月5日	徳川家康、北条左京大夫(北条氏政)宛に、氏直(氏政の次男)と督姫(家康の次女)の婚礼について、使者の川尻に対し諸事申し伝えたことなどの書状を送る。	4364
	8月1日	「滝川一益、降伏―秀吉は織田家臣第一の地位を確立」。賤ヶ岳の戦いで敗走した滝川一益は、秀吉に長島城を攻撃され、約一ヶ月間半の籠城戦の末に7月降伏した。北伊勢五郡を秀吉に差し出した一益は、一命を助けられる。信孝も自害に追い込まれ、滝川一益も降伏した。こうして、反秀吉陣営を滅ぼした秀吉は、織田信雄を伊勢・尾張・伊賀三ヶ国に押し込め、信長の後継者としての地位を確立していく。表面上は三法師を奉りつつ、実質的に織田家中を差配することになっていった。	4378
	8月15日	徳川家康次女・督姫、小田原に着き、北条氏政の嗣子・北条氏直(小田原北条氏5代当主)に嫁ぐ。	4380
	8月24日	「家康、第四次甲州入り」。徳川家康、甲斐へ向けて浜松を出発。	4383
	8月28日	「秀吉、大坂城築城開始」。羽柴秀吉(「筑前守」)、摂津国大坂城「普請石持付而捉」全5ヶ条を発す。	4385
	9月6日	「織田信雄は、秀吉により伊勢・尾張・伊賀三ヶ国の領主とされた」。深溝松平家忠、織田信雄が尾張・三河国境域の画定について、徳川家康に申し入れてきたことを伝え聞く。(『家忠日記』)。	4391
	10月2日	徳川家康、甲斐府中を出発し、駿河国江尻に至る。	4409
	10月5日	勅使が浜松に参向。家康42歳、正四位下に遡及。	4410
	11月2日	徳川家康、駿府に入る。	4421
	11月15日	徳川家康、北条氏政(氏康の次男)(第4代の北条家前当主)に書状を送り、関東についての羽柴秀吉の意向を取り次ぐ。家康は翌日、駿府を発つ。	4427
	12月4日	徳川家康、国内の巡視を終え、浜松に帰城。	4432
	12月30日	「家康、分国中に一向宗の一部復活を許す」。徳川家康、ひうかのかみ ははかた(石川日向守家成の母(妙春尼))へ、三河国など分国中の本願寺門徒を赦免し、道場の再興を認めたことを伝える。	4438

西暦和暦	月日	出来事	No.
天正12 (1584)	3月6日	「織田信雄、秀吉と断ち家康と結ぶ」。織田信雄（信長の次男）、秀吉に通じたとして、伊勢国松ヶ島城主・津川義冬（玄蕃允）（信長の義弟）、尾張国星崎城主・岡田助右衛門重孝（直景とも）、尾張国苅安賀城主・浅井田宮丸長時の三家老を長島城天守において殺害。さらに、三名の居城を攻め落とす。	4459
	3月7日	織田信雄より三家老を誅した報告が浜松に達した。信雄の依頼を受けた徳川家康は、ただちに尾張への出陣命令を出し、浜松城を8千の軍勢で出陣。秀吉が自ら天下人になろうとする動きに対して故信長の次男信雄は家康に援助を求めた。家康はかつての同盟者の織田信長の遺児信雄を支援するためという戦う名目が立つことから、共同して秀吉と戦う覚悟を決めた。	4463
	3月8日	羽柴秀吉、織田信雄・徳川家康の挙兵を知る。秀吉は、北陸の前田利家・丹羽長秀・上杉景勝に佐々成政を抑えさせ、宇喜多秀家には毛利に備えるよう命じた。	4465
	3月9日	家康、北条殿（北条氏政、第4代の北条家前当主）に手紙を記す。家康は手紙の中で、秀吉のわがままな振る舞いを罵り、「羽柴」と敬称も付けず、さらには「凶徒（悪事を働く犯罪者）」とまで言い切る。そして、織田信長の次男信雄と組んで必ずや秀吉を討ち果たすことを誓う。	4471
	3月9日	「秀吉と織田信雄・家康の戦闘、はじまる」。信雄家老の神戸城神戸正武（林与五郎）、秀吉方の伊勢亀山城の関盛信（万鉄）・一政父子を攻撃。関盛信を、蒲生賦秀（氏郷）と堀秀政が支援して、神戸正武を退ける。	4472
	3月13日	徳川家康、尾張清州城に入り、織田信雄と会見、軍儀を行うとされる。信雄・家康は、四国の長宗我元親、紀州の雑賀一揆・根来衆、越中の佐々成政らと協同していた。	4480
	3月13日	「小牧・長久手の戦い（3月13日〜4月9日）─犬山城の戦い」はじまる。尾張と三河を恩賞にして羽柴秀吉が味方につけた美濃の池田恒興（勝入斎）（元犬山城城主）・池田元助父子、森長可らは、東美濃へ向かうと見せかけて旧領である鵜沼城に入城、突如、織田信雄方武将・中山雄忠の守る尾張犬山城を攻略、占拠。秀吉は犬山城を前線基地として信雄の所領である尾張国の攻略にとりかかる。	4489
	3月14日	「小牧・長久手の戦い」。徳川家康、清須で軍議を開き、榊原康政の提議により小牧山を本陣と定め、直ちに山上に城塁を修築しはじめる。家康、織田信雄の長島城に居ることの不可を述べる。	4494
	3月17日	「小牧長久手の戦い〜羽黒の戦い─徳川軍勝利」。早朝、酒井忠次・榊原康政・深溝松平家忠ら5千の三河兵、羽黒八幡の森長可・池田元助勢の砦を攻め三百余を討ち、敗走させる。家康は、酒井・奥平らに追撃をさせないで、引揚げを命じた。	4508
	3月26日	これより先、木曾義昌は家康に背き、秀吉と結ぶ。この日、秀吉、常陸の佐竹義重に、尾張等の形勢、義昌との盟約を報じ、木曾義昌・上杉景勝と共に、徳川家康に対し調略せしめんことを求める。家康と羽柴秀吉との対立をうけて義昌は盟約を反故にし、次子・義春を人質として秀吉に恭順する。	4543
	3月28日	「小牧・長久手の戦い〜小牧の陣」。秀吉、尾張小牧原（楽田）に陣する。徳川家康、小牧山に本陣を移す。	4551
	4月─	「ついで真田昌幸、家康から離反する」。この月、上田城主・真田昌幸は、徳川家康の上野国沼田領引き渡しの命を拒絶し、上杉景勝への接近に努める。	4564
	4月5日	「小牧・長久手の戦い」。秀吉本陣で軍議。前の敗戦で雪辱に燃える池田勝入斎（恒興）は、「家康を小牧山に押さえておいて、長駆して三河に攻め入る」策を献じた。秀吉はこれを採用。	4583
	4月9日	「小牧・長久手の戦い（3月13日〜4月9日）─長久手の陣─徳川軍の大勝利」。午前10時頃、戦いが始まる。一進一退の攻防が続いたが、森長可が、井伊直政の鉄砲隊の銃弾を眉間に受け討死した辺りから一気に徳川軍有利となる。池田恒興も槍を受けて討死。池田元助も討ち取られ、池田輝政はかろうじて戦場を離脱した。合戦は徳川軍の大勝利に終わり、ただちに小幡城に引き返す。	4605

西暦 和暦	月日	出来事	No.
天正12 (1584)	4月10日	徳川家康、本願寺へ、今度の織田信雄上洛は本意であること、上坂する事に関しては本願寺を先規の如く安堵してもらうためであり、また加賀国は「信長如御判形」の如く安堵する旨を使者を通じて通達。	4613
	4月29日	羽柴秀吉は、長久手の戦いで思わぬ敗戦を喫し、矛先を織田信雄居城の長島城攻撃に向けようとして、犬山の戦線を離脱して大浦城に入り、2日間にわたって作戦を練る。	4656
	5月1日	「秀吉、尾張国小牧撤退、美濃国に陣を移す」。 羽柴秀吉、犬山で織田・徳川軍に対峙していた10万の全軍に羽島方面への反転を命じる。秀吉が小牧原(楽田)から美濃国へ移動。その退陣振りが見事なのを望見して、家康は追撃しなかったという。秀吉は、今後を見据え、伊勢進出を計画した。	4663
	6月12日	徳川家康、小牧より清須に入る。小牧城に酒井忠次を移す。	4719
	6月16日	「蟹江城の戦い6月16日〜7月3日」はじまる。秀吉の命で出陣した滝川一益、清須と長島を結ぶ要衝の尾張蟹江城の留守将・前田与十郎種定を寝返らせて、蟹江城を攻略、味方とし、自分も九鬼嘉隆と共に、蟹江城の守備に加わる。同時に種定の弟・前田長俊の守る下市場城及び、長男前田長種の守る前田城も秀吉陣営となったが、大野城の山口重政は、母親を人質に取られているにも関わらず調略に応じなかった為、滝川・九鬼勢は城攻めを行い、陥落寸前まで追い込んだ。	4728
	6月16日	「蟹江城の戦い」。蟹江城落城の報せを聞いた徳川家康・織田信雄は大軍を率いて蟹江城に急行、入城中の滝川一益軍を攻める。大野城での戦いで陸路を断たれた滝川勢は、海上経由で蟹江城に、九鬼勢は下市場城に、それぞれ逃れ籠城。家康は大野城に入城した。	4729
	6月18日	「蟹江城の戦い6月16日〜7月3日」。夜、家康・信雄の大軍、蟹江城を攻めて破る。一益の馬標を取り、一益は逃れて蟹江城に入る。	4735
	6月23日	「蟹江城の戦い6月16日〜7月3日」。家康・信雄軍、前田城を攻略。本拠の下之一色城にいた前田長種は降伏、北陸の縁戚・前田利家の許に身を寄せることになる。	4749
	6月25日	木曾義昌、秀吉に、徳川方小笠原貞慶の木曽鳥居峠侵攻を報じ援軍を請う。 この日、秀吉、美濃兼山城主・森長重(のちの忠政)の派遣を約する。そして、来月十五日に諸国の軍勢を集結し、尾張国に攻め込むことを伝える。	4752
	6月—	徳川家康、室賀正武に書状を送り、真田昌幸討滅を命じる。室賀正武は、真田氏の麾下に入った事は不本意であったとされ、この年、家臣の鳥井彦右衛門尉を家康の元へ使いに出すと、家康より昌幸を謀殺すべしとの指示を受けたという。	4758
	7月3日	「蟹江城の戦い6月16日〜7月3日」、終結。尾張蟹江城の滝川一益、織田信雄を裏切った前田与十郎種定の首を差し出し、信雄・家康に降る。	4763
	7月13日	徳川家康、伊勢国より清須城に帰る。	4776
	8月8日	「大坂城第一期工事竣工」。秀吉、本丸御殿が竣工した大坂城に正式に移徙。	4798
	8月26日	「家康分国の多くの郷村に動員令」。 家康、駿河志太郡の六つの郷に対し、十五歳から六十歳までのこらず大旗一本と自分たちの持つ小旗を一本ずつ、弓・鉄砲・槍をもって出陣せよと命令。	4823
	8月28日	秀吉の動向を知った徳川家康、清州城を出て岩倉城に入る。	4828
	9月2日	羽柴秀吉と徳川家康の間で和議が持ち上がる。	4832
	9月7日	羽柴秀吉と徳川家康の和議交渉が決裂し、家康は尾張国重吉(茂吉)に本陣を移す。	4835

西暦 和暦	月日	出来事	No.
天正12 (1584)	9月27日	徳川家康、清州に帰陣。	485
	10月16日	秀吉が伊勢に軍を出すと聞いた徳川家康、酒井忠次を小牧より清州に移らせ、榊原康政を小牧に移し、菅沼定盈を深溝松平家忠と同様、小幡に移らせる。	486
	10月17日	在番替えを行った徳川家康、岡崎に帰城する。	487
	10月25日	羽柴秀吉、伊勢国神戸城に進撃。 秀吉は、家康の力が及ばぬ、織田信雄の伊勢をねらった。	488
	10月29日	徳川家康、織田信雄の老臣・飯田半兵衛尉に書を送り、明日1日に出陣を告げる。	488
	11月4日	秀吉、本願寺顕如に、織田信雄・徳川家康への取り成しを依頼する。	489
	11月9日	徳川家康43歳、岡崎より清州に至り、織田信雄の声援をなす。	490
	11月11日	「信雄、秀吉との和議を決める」。織田信雄、徳川家康と相談することなく、羽柴秀吉との和議を結ぶこととする。信雄は、小牧・長久手の陣から兵を引く。	490
	11月11日	大義名分を「信長の遺児である信雄を助けて、秀吉を討つ」としていたため、信雄が秀吉と講和したことで名分を失った徳川家康は、撤兵して清州出発。	490
	11月16日	故信長の息子を援助するという名目を失った徳川家康、岡崎に帰る。	491
	11月22日	「実質的な秀吉政権が誕生」。 はじめて従五位下左近権少将に叙位任官された秀吉は、そのわずか1ヶ月余りで、朝廷より従三位・権大納言に叙任される。公家のなかでも別格の公卿に列するという異例の昇進を果たした秀吉は、武力一辺倒による天下統一の方針を転換し、朝廷への接近を図り、朝廷官位を利用して羽柴(豊臣)政権を築こうとした。	492
	12月6日	「家康、和睦の証に次男秀康を秀吉に差し出す」。於義丸(秀康)11歳、遠江浜松城を出発。家康、「童子切安綱」の刀と采配を餞別として授ける。	492
	12月14日	織田信雄、浜松に赴き家康と会見、徳川氏の援軍の労に感謝の意を表しつつ、これを宥めている。	493
	12月26日	家康家臣・石川数正、講和のために大坂城伺候。軍事・外交共に優れていた石川数正は、家康創業より長年、西三河の「旗頭」として、東三河の酒井忠次と並ぶ、徳川家の柱石であった。数正は徳川家の使者として何度も秀吉に謁見していた。外交感覚の優れた数正は、旭日の勢いで伸びる秀吉に対し、あくまで強硬な態度を取り続ける家康に不安を覚えた。 そんな数正に、「人たらし」といわれた秀吉の調略の手が伸びてきた。	494
天正13 (1585)	1月15日	家康44歳、岡崎に赴き、16日三河の吉良辺りで鷹狩を行う。	495
	1月19日	「人たらし秀吉の石川数正調略がはじまる」。羽柴秀吉、摂津国有馬において茶会を開く。石川数正・千宗易(後の利休)・津田宗及が参席。	495
	2月14日	徳川家康、羽柴三郎兵衛(滝川雄利)(織田信雄家臣)へ、織田信雄の上洛について詳細の報告を依頼。	497
	2月26日	織田信雄、大坂から上洛し、高倉中御門の頂妙寺へ宿泊。	498
	3月21日	「紀州攻め3月21日～4月22日」はじまる。秀吉、10万の大軍を以て大坂を発し、岸和田にて部署を定める。岸和田城は、秀吉の根来・雑賀攻略の拠点であった。	499
	4月22日	「紀州攻め(3月21日～4月22日)、終結。紀州平定」。羽柴秀吉より農具などの返還を約束する朱印状が出される。雑賀の最後の拠点・紀伊太田城が開城する。	501

西暦 和暦	月日	出来事	No.
天正13 (1585)	4月―	この月、徳川家康、視察のため甲府に在り。家康は甲府に新城を縄張、一蓮寺を 倉田へ引っ越し、同寺跡へ新城を計画。	5013
	5月4日	「四国の役5月4日～8月6日」はじまる。 羽柴秀吉、自身の四国征伐の出馬の期日を、6月3日と定める。	5015
	5月18日	「北国征伐5月18日～閏8月23日」はじまる。 羽柴秀吉、北国征伐への準備行動としては、前田利家を上洛させて打ち合せ。	5019
	6月5日	徳川家康、甲府より浜松に帰る。7日とも。	5028
	6月11日	下向を促された織田信雄、徳川家康に対し、逆に、秀吉に従い質(人質)を尾張清 須に出すべきこと、北国征伐により佐々成政が家康領国中へ逃入った場合は差出 すべきことを報じる。	5032
	7月8日	「北国征伐」。佐々成政征伐は、徳川家康の幹旋により和議成立寸前も破談。	5050
	7月11日	「秀吉49歳、関白就任」。羽柴秀吉への関白宣下が決まり、勅使として勧修寺晴豊、 中山親綱が妙顕寺城に滞在する秀吉にこの旨を伝える。秀吉、近衛前久の猶子と なり、平姓を「藤原」と改め、二条昭実にかわり従一位・関白に叙任する。	5051
	7月15日	「真田昌幸、家康と断交、上杉氏に従属」。 信濃国上田城主・真田昌幸、徳川家康に対抗するため、上杉家臣・須田満親を介し、 異心無きを誓い、これまで敵対していた上杉景勝に援助を求める。 景勝、この日、昌幸に9ヶ条の誓紙を与え、沼田・吾妻・小県郡を安堵し、信濃国 佐久郡、甲斐国の一部、上野国箕輪長野氏領跡などの地を充行い帰属を認める。	5057
	7月下旬	家康、自分の命令に逆らった真田昌幸を討伐する為に、鳥居元忠・大久保忠世・同 忠教・平岩親吉、柴田康忠らに譜代衆6千余騎に近い大軍を率いさせ上田城に出 撃を命じる。	5066
	8月6日	「四国の役―5月4日～8月6日」、終結。講和が成り、長宗我部元親は、羽柴秀長 を頼って降伏。関白秀吉は、元親に、土佐一国を安堵することになる。	5070
	8月7日	「北国征伐5月18日～閏8月23日―秀吉、大坂城を出陣」。関白秀吉、越中国の佐々 成政討伐のため大坂城を出陣、淀を経て上洛。公家衆、出迎える。	5071
	8月26日	「北国征伐―富山の役8月20日～26日―佐々成政、降伏」。佐々成政、織田信雄 を仲介に早々に降伏を申し出、28日越中国富山城を明け渡す。	5079
	8月26日	「第一次上田合戦(8月26日～閏8月28日)。 徳川軍、上田城攻城中、城内から不意打ちにあい損害が出る。真田昌幸は長瀬 河原へ出て鉄砲で諏訪盛の背後をついた。これを見た岡部長盛は軍を三手に分け て出撃し、火を放って真田軍を退け、辰ノ口側から丸子城に攻めかかり撃退した、	5082
	閏8月20日	「第一次上田合戦―(8月26日～閏8月28日)」。家康の命令で徳川主力軍、上田 より撤退、留まった諸将は、真田勢と小競り合いを繰り返す。	5096
	閏8月23日	「北国征伐―5月18日～閏8月23日」終結。関白秀吉、京都に凱旋	5098
	閏8月23日	徳川家康、駿府城を修築しはじめる。	5099
	閏8月28日	「第一次上田合戦―8月26日～閏8月28日」終結。家康、信州に向けて援軍を出す と共に一時撤退を下令、これを受け徳川軍は、この日、上田より撤退する。	5111
	10月2日	「秀吉、九州地方に惣無事を促す」。関白秀吉、九州で残すところは豊後の大友氏 のみになっていた薩摩の島津義久へ、勅命により関東を平定した旨を報告、「天下 静謐」の勅命を奉じ九州国都境目の紛争停止を促す。停戦勧告を遵守しなければ 「御成敗」の対象となるべきことも通達。	5141

11

西暦和暦	月日	出来事	No.
天正13 (1585)	10月17日	「真田昌幸、秀吉と結ぶ一昌幸、秀吉の取り成しにより、徳川氏との戦いを終結させることに成功」。上田城主真田昌幸、徳川軍との対陣の最中、関白秀吉に援助を求め、この日関白秀吉は、初めて昌幸に承諾の返書を送る。真田昌幸から徳川家康との関係改善の道を求められた秀吉は、昌幸に進退の保障を伝える。	515
	10月28日	「徳川家康、秀吉への人質を出すかどうか国衆に諮る」。 家康は浜松城で家臣と協議して、関白秀吉への人質呈出を拒否することに決した。この日に北条氏から家老衆28人の起請文が届き、徳川方も起請文を送った。	515
	10月28日	「家康、三河三か寺の寺院・屋敷を安し、諸役を免除する」。家康は、かつて一向一揆を起こした三河の浄土真宗寺院の内、天正11年以後もその再興が禁ぜられていたが、この日、本証寺・勝鬘寺・上宮寺などの寺院に対して、その再興を許可した。	515
	11月13日	「石川数正、出奔」。家康は徳川家の団結のために家臣から人質を浜松へ出させた。家康重臣・岡崎城城代の石川数正が、小笠原貞慶の人質幸松丸を拉致して、妻子・一族郎党百余人を伴って関白秀吉の元へ出奔する。それに伴い、刈屋城主水野忠重(家康の叔父)、松本城主小笠原貞慶らも、羽柴(藤原)家へ出奔する。	516
	11月17日	「秀吉、家康征討を進める」。秀吉は翌年の家康征討を計画し、家康方の動向を真田昌幸に報じ、支援を約束する。関白秀吉、家康離反につき、真田昌幸に命じ、小笠原貞慶・木曾義昌と共に、徳川家康に敵対し、信濃・甲斐のことを計策させる。	517
	11月21日	秀吉、真田昌幸を放免し、上洛を命じる。家康と与した信濃国上田城主・真田昌幸、それを許した関白秀吉より上洛を求められる。	518
	11月28日	「秀吉、家康の上洛を要求、家康は拒否する」。 関白秀吉・織田信雄、織田長益(有楽斎)・滝川雄利・土方雄久(雄良)を使者として岡崎城へ派遣し、徳川家康の上洛を促す。	518
	11月29日	「天正大地震」(白川地震)。畿内隣国の範囲で大地震が発生。マグニチュード(M)8クラス、最大震度6だったとされる。秀吉、近江国坂本に滞在。秀吉は当面の計画を全て中止し、最も安全とみられた大坂城へ一目散に避難したという。	518
	12月6日	「徳川軍、甲州流軍法制定」。 石川数正が出奔した。家康は、この非常事態に、甲府城代・平岩親吉に対してすぐさま新しい兵法の制定を命じる。親吉はこの家康からの大命に応えて僅かの時間で、甲州武田軍学を導入し、これを徳川軍の新しい軍法とする。	519
	1月27日	織田信雄、三河岡崎に赴いて家康に会い、上洛を勧め、関白秀吉との和議を説得。秀吉は、異父妹・朝日姫(旭姫)を家康に嫁がせることを約していた。 秀吉は、「家康成敗」を掲げつつも、家康を懐柔し、臣従化を図ろうとしてきた。	521
	2月8日	「家康、秀吉と和議」。 徳川家康、関白秀吉との和議を承諾。秀吉は家康の討伐中止を決定する。	522
	3月9日	「家康、北条氏政と会見」。家康、黄瀬川を渡り、伊豆三島で北条氏政と会見、同盟関係を再確認して強める。	523
	4月―	家康、関白秀吉の妹・朝日姫(旭姫)を正室とすることを約す。秀吉は他家に嫁していた朝日姫を、家康正室に押し付ける。	524
	4月5日	「九州の役(天正14年4月5日〜天正15年6月7日)」はじまる。大友宗麟(義鎮)、関白秀吉に面会し、島津氏の豊後侵入を訴えて島津討伐を要請。	525
	5月14日	「家康、朝日姫を娶る」。 徳川家康45歳と秀吉の妹・朝日姫44歳の婚儀が浜松城で行われる。	526
	7月17日	徳川家康、真田昌幸を討つために、駿府まで出馬する。19日、甲府着。 秀吉は家康の計画を知り、真田昌幸を説諭し家康にも中止を要請。	528
	8月7日	秀吉から真田攻撃を延期するよう伝えられた徳川家康、関白秀吉の調停により真田攻めを延期する。	528

西暦 和暦	月日	出来事	No.
天正14 (1586)	8月20日	家康、上田城再攻撃を取りやめて駿府から浜松に帰る。	5295
	9月6日	秀吉、木村吉清を、上杉景勝の許に遣わし、越後新発田並びに真田昌幸の属城上野沼田表らのことにつき指図する。秀吉、上杉景勝に、真田氏は国に敵対するものだから成敗すると伝えた。	5296
	9月9日	「秀吉、豊臣姓を賜る」。 関白秀吉、「藤原」に替わり「豊臣」の本姓を、朝廷より受ける。	5302
	9月25日	豊臣秀吉、真田征伐の中止を上杉少将(景勝)に伝える。 秀吉は家康の服属が決まり、真田氏討伐を止めた。	5307
	9月26日	「家康の上洛が決定」。徳川家で羽柴(豊臣)家への対応に関する評定が岡崎城で行われ、家康の上洛が決定される。	5309
	10月14日	申し合わせた徳川家康45歳、大政所出発同日、浜松を発ち岡崎城に向かう。家康、上洛のため三河国吉田に到着する。	5320
	10月20日	上洛を拒み続けた徳川家康、酒井忠次・本多忠勝・榊原康政等の軍勢と共に岡崎城を発ち、上洛の途に就く。	5324
	10月27日	「家康、秀吉に臣従」。徳川家康、大坂城において諸大名列座の場で、上段の間に座す関白豊臣秀吉に謁見し臣従を誓う。	5328
	11月8日	九州征伐に従軍を申し出たが秀吉に止められた家康一行、京を出発、岡崎に向かう。家康は、九州の陣には本多広孝らを従軍させた。	5337
	11月20日	徳川家康、岡崎から浜松に帰る。	5344
	12月3日	「秀吉、関東・奥羽の諸将に惣無事(大名間の私戦禁止)を出す」。豊臣秀吉、石田三成へ書状を送付した下総国下妻城主・多賀谷修理進(多賀谷重経)へ、「関東・奥両国迄惣無事」の件は徳川家康に「仰付」けたので異議無きようにすべきこと、違反者については「成敗」することを通達。詳細は石田三成に伝達させる。	5351
	12月4日	「家康、居城を浜松城から駿府城へ移す―家康、駿府を五カ国の行政府とする」。	5353
	12月25日	「豊臣政権が確立」。豊臣秀吉、太政大臣(従一位)宣下。	5360
天正15 (1587)	2月13日	家康駿府城築城工事、一応完成する。	5374
	3月1日	「九州の役(天正14年4月5日〜天正15年6月7日)―秀吉出陣」。 羽柴秀次と前田利家に京を守らせた豊臣秀吉、九州征伐のため約8万の軍勢を率い大坂城を発し、勅使・公家衆・織田信雄らがこれを見送る。	5379
	3月18日	「真田昌幸、再び徳川氏に臣属」。秀吉の命により、上田城主・真田昌幸・小笠原貞慶ら、駿府の徳川家康の下へ赴き、臣下の礼をとる。	5385
	4月21日	「九州の役―天正14年4月5日〜天正15年6月7日―島津氏、和睦を申し入れる」。根白坂の敗戦を受けて、島津義久(島津氏第16代当主)、筆頭家老・伊集院忠棟を人質として木食応其のもとに送る。忠棟、豊臣秀長の本営を訪問、島津義久の謝罪を告げる。	5393
	5月28日	「去月廿六日書状、今日肥後國於佐敷到来、被見候、一、嶋津修理大夫ニ薩摩一國、被下候、」。肥後国佐敷に在る豊臣秀吉、徳川中納言(家康)に、4月26日家康が発した書状に返信を送る。九州沙汰の九ヶ条定書であった。	5404
	6月7日	「九州の役、終結(天正14年4月5日〜天正15年6月7日)―秀吉の九州国分」。豊臣秀吉、筑前国箱崎に凱旋。筑前箱崎にて戦後の論功行賞を加味して九州国分を決定。	5406

西暦 和暦	月日	出来事	No.
天正15 (1587)	7月29日	徳川家康、秀吉の凱旋祝賀のために、駿府を発つ。	541
	8月5日	豊臣秀吉、凱旋を祝賀するため上洛した徳川家康を、近江国大津に出迎え共に入京。家康宿舎は茶屋四郎次郎清延(初代)邸。 家康、招かれた聚楽第で秀吉に謁し、九州平定を賀す。	542
	8月8日	「家康、秀吉の下に、前田利家と並ぶ有力大名となる。」。関白豊臣秀吉の奏請によって、織田信雄は正二位に、豊臣秀長は権大納言・従二位に、家康46歳は権大納言・従二位に、宇喜多秀家は参議・従三位に昇進。家康三男・長丸(秀忠)、豊臣長丸として、従五位下に叙し、侍従に任官、蔵人頭を兼帯。	542
	10月1日	「北野大茶湯」。豊臣秀吉、京都北野において大茶会を開催。秀吉は九州を平定し実質的に天下統一を果たした祝勝と、内外への権力誇示を目的として、史上最大の茶会「北野大茶湯」を北野天満宮で開催する。	544
	11月23日	家康、鷹狩りのため三河国に到着する。12月19日までは、三河の田中・西尾で鷹狩を行う。	545
天正16 (1588)	2月中旬	「北条氏は、対秀吉和平交渉を、はじめだす」。 この頃、北条氏政(第4代の北条家前当主)に派遣された家臣・笠原藤左衛門康明が、氏政書状を秀吉侍医の施薬院全宗に届ける。全宗は内容を確認し、北条氏規(氏康の五男)に宛て、上洛を待つ旨返書。	548
	3月1日	徳川家康、天皇の聚楽第行幸に参列のため、朝日姫(旭姫)と共に、駿府を発つ。	548
	3月22日	家康、豊臣秀吉を、東寺に出迎える。	550
	4月6日	豊臣秀吉、東国・関東の群雄へ、戦闘停止と服属を求める指令を発し、惣無事令伝達の上使・金山宗洗を派遣。「天下一統」強行を望む弱小大名の要請に応じた石田三成・増田長盛・上杉景勝ら強硬論者の画策。その対極に、家康・豊臣秀次・前田利家・浅野長吉(長政)・千利休ら分権派が形成され、秀吉政権内の権力闘争を生み出す。	551
	4月15日	「家康47歳、絶対服従の誓紙を差し出す」。 行幸二日目、関白秀吉、後陽成天皇に京中地子銀5530両余を禁裏御料所とし、正親町上皇・六条智仁親王に地子米8百石を献上。また諸門跡・廷臣には近江国高島郡8千石を配分して授与。天皇の見守る中で、織田信雄・徳川家康・豊臣秀長・豊臣秀次・宇喜多秀家・前田利家は、金吾(豊臣秀俊)(小早川秀秋)宛に連署をもって、関白豊臣秀吉に違背のないこと、朝廷に疎意のないことらを誓わされる。	552
	4月22日	家康、京都を発ち、27日、駿府に帰城。	553
	5月21日	「苦境を物語る家康起請文」。北条氏直に娘督姫を娶わせている徳川家康、氏政・氏直と秀吉の調整に苦慮し、書を送り、北条父子の上洛を促す。	554
	7月14日	この年二回目の上洛した家康、朝比奈弥太郎に書状を送る。 家康は、北条氏規(氏康の五男)の上洛が遅れている為、家臣・朝比奈泰勝を、北条氏政・氏直父子に派遣。	555
	8月22日	「家康、北条氏規(氏康の五男)を秀吉に引き合わせる。」。 豊臣秀吉、北条氏直の名代として上洛した北条氏規を聚楽第で接見。氏直(北条家第5代当主)は、氏政(氏康の次男)(第4代の北条家前当主)の立場の釈明、人質など家康と同程度の待遇を求めた。そして、兄氏政上洛以前に、上野国沼田に関する上田城主・真田昌幸との問題の決裁を要望。これに対して秀吉は、沼田のことは徳川・北条両氏間の問題だから、関係者を上洛させよと、告げる。	556
	10月26日	家康、伊達左京大夫(伊達政宗)に書状を送り、秀吉から「其表惣無事之儀」を承ったことを告げ、政宗に、出羽の最上義光との和議を促す。	558

西暦 和暦	月日	出来事	No.
天正17 (1589)	2月―	この月、北条氏家臣・板部岡江雪斎が上洛。秀吉に、「沼田問題」の事情説明。	5610
	3月7日	家康、上洛。	5624
	6月4日	家康、帰国のため京を発つ。	5643
	7月7日	「七ヶ条定書―家康、五ヵ国領内の支配を固める」。徳川家康、この日から同年12月にかけて、伊奈熊蔵家次(のち忠次)らを奏者にして遠州・駿州ら領内の村々に公布。文頭に「福徳」の朱印が押され、文末には代官の大久保忠左の名前と花押。農民に対する年貢の取り立てや夫役に関する取り決めである。	5654
	9月1日	「諸大名妻子上洛令」。豊臣秀吉、1万石以上の諸大名に妻女の滞京を命令。諸大名は惣無事令を受け容れた証として上京し、秀吉に拝謁して服属の儀礼を行い、諸国大名の妻子を在京させ人質とすることを要求。	5673
	―	この頃、豊臣秀吉は、鶴松を生後4ヶ月で豊臣氏の後継者として指名。そのため養子の秀康(家康の次男)は、さらに養子に出されることとなる。下総国の名門大名家・結城晴朝の姪・鶴子(蓮乗院)との婚姻である。	5691
	10月23日	「名胡桃城事件」。武蔵国鉢形城主・北条氏邦の家臣・猪股邦憲(沼田城代)が、思慮もなく、真田領の名胡桃城を奪う。城代補佐をしていた中山九郎兵衛が、猪俣邦憲からの誘いに乗った。	5701
	11月10日	「名胡桃城事件」。家康、真田源三郎(真田信幸)へ返書状を送り、裁定の検使津田・富田の二人にまず知らせるように指示し、きっとその両人から秀吉に披露(報告)されるだろう、と記している。	5712
	11月21日	「秀吉、来春の北条討伐を決定」。秀吉、「名胡桃城事件」の報を受けて被害者の真田安房守との(真田安房守昌幸)に朱印状を送る。たとえ、北条氏政上洛があっても名胡桃城事件当事者処罰が無ければ北条氏を赦免しないとする。 昌幸、秀吉から北条討伐の意を伝えられ、境目堅固に備えることを命じられる。	5717
	11月24日	「秀吉、北条氏に宣戦布告」。 秀吉、名胡桃攻めを口実に、北条左京大夫(北条氏直)に、5ヶ条からなる朱印状を送り宣戦布告。家康の1年有半の努力はついに水泡に帰した。	5723
	11月29日	秀吉、大谷吉継(敦賀城5万7千石)を駿府に派遣して、北条討伐の宣戦布告状を、徳川家康に届ける。家康、駿府を発し、京に向かう。	5729
	12月10日	豊臣秀吉、在京の上杉景勝・前田利家・徳川家康と、聚楽第で小田原攻め(北条氏征伐)軍議。 秀吉、徳川家康を先鋒に命じる。秀吉は家康に関八州を与えると約束したとする。	5745
天正18 (1590)	1月2日	「小田原評定」。北条氏重臣、評定会議。和戦決せず、最終的に北条氏政(第4代の北条家前当主)の籠城案に落ち着く。	5764
	1月15日	徳川家康の三男・長丸が、聚楽第にて豊臣秀吉の謁見を受ける。その場で元服して秀吉の一字を賜り、「秀忠」と名づけられるとされる(『徳川実紀』)。	5777
	2月―	「家康、小田原城攻めに当たり軍法を定める」。	5788
	2月10日	徳川家康、北条討伐軍の先鋒として駿府城を出陣。家康は富士賀島へ移動。秀吉の小田原征伐出陣に備えて茶屋の普請、舟橋の設置を行う。	5800
	3月1日	「小田原の役―3月1日～7月5日」はじまる。関白豊臣秀吉、小田原北条氏征伐のため、華麗なる行装を整えて京都聚楽第を発す。 前の九州の役、後の文禄の役も3月1日であった。総軍勢は22万余と噂された。	5818

15

西暦 和暦	月日	出来事	No.
天正18 (1590)	4月2日	「小田原の役—徳川領に豊臣大名が在番する」。 秀吉、吉川広家へ伊豆国平定を告知。尾張国星崎城在番を小早川隆景に任せ、吉川広家は三河国岡崎城の在番に移るよう命令。	584
	4月6日	「小田原の役(3月1日〜7月5日)—小田原城包囲、開始」。秀吉、箱根湯本の早雲寺に本陣を構え、ここに、相模国小田原城を包囲戦がはじまる。日付は4日とも。	585
	4月-	「小田原の役—秀吉、家康に伊豆を与える」。 伊豆は北条家の分国であり、豊臣軍と北条軍とはまだ交戦中であった。	586
	5月27日	「徳川家康関東移封の約、成る」。「山中山しろどのよりあん内あり。江戸とするがと御とりかへの由」。(『天正日記』)。「三河・遠江・駿河・甲州・信濃五ケ国に、伊豆・相模・武蔵・上野・下総・上総六ケ国にかへさせられて、関東へ庚刀(かのえとら)の年うつらせ給ふ」。(『三河物語』)。	590
	6月25日	「小田原の役3月1日〜7月5日—石垣山一夜城」。秀吉が大坂から職人を呼び寄せ、小田原攻めの対の城・石垣山一夜城、天守以下が竣工。小田原側の樹林が一斉に伐り払われて、小田原城の頭上に秀吉の一夜城が忽然と姿を現わした。	593
	7月3日	豊臣秀吉、次の目標を「奥羽平定」に定める。秀吉、会津を支配していた伊達政宗に対し、居城のある会津領内の黒川まで通路と宿舎の整備を命じる。	594
	7月5日	「小田原の役(3月1日〜7月5日)終結。小田原城開城—秀吉、関東を平定」。 北条氏直が弟の太田氏房を伴い、徳川家康、更に羽柴(滝川)雄利の陣所に入り、雄利及び黒田如水(官兵衛)、さらに織田信雄を通じて、秀吉に降伏する。 秀吉は、五代百年に及ぶ関東地方の覇者北条氏を征伐して関東を平定する。	594
	7月13日	「秀吉が検分のため小田原城に入り、論功行賞を行う—家康、関八州へ転封」。	596
	7月26日	「宇都宮仕置」。 豊臣秀吉、岩付を経由して下野国宇都宮に到着。陸奥、出羽のことを諜議しようと伊達政宗、最上義光を召致した。ここで奥羽大名に対する仕置を行う。	598
	8月1日	「八朔の日の起源」。徳川家康49歳、正式に江戸入府。	600
	8月9日	「秀吉、天下統一—奥州仕置」。豊臣秀吉、峠越えに備え、駕籠から降りて身支度をして馬に乗り、陸奥国会津黒川の興徳寺に入り、評定所とする。さらに秀吉、10日会津黒川城(会津若松城)に到り、奥州仕置を命ず。ここに天下統一なる。	602
	9月1日	豊臣秀吉、京都に凱旋。	605
	10月15日	「大崎・葛西一揆(天正18年10月15日〜天正19年7月3日)」勃発。 岩手沢城で旧城主・氏家吉継の家来が領民と共に蜂起して城を占拠。秀吉の奥州仕置により旧葛西・大崎領12郡は木村吉清・清久父子の領となるが、検地・刀狩など施政が適切を欠き、その不満から一揆が発生する。	607
	11月6日	「大崎・葛西一揆」。 大崎・葛西一揆蜂起の知らせを聞いた徳川家康、この日、榊原康政(上野国館林城主)らを先鋒として出陣させ、結城秀康(家康次男)を、陸奥白河に出兵させる。	608
天正19 (1591)	1月5日	「大崎・葛西一揆(天正18年10月16日〜天正19年7月3日)」。 秀吉の命により徳川家康50歳、自ら陸奥に向けて江戸を出発。 家康、武蔵岩槻に到り、伊達政宗に書状を送り、できるだけ早く上洛して秀吉の感情を緩和すべきことを勧告。伊達政宗は、葛西・大崎一揆の鎮定に出馬したが、この騒乱を蔭で策動したとの噂が流れた。	611
	1月13日	「大崎・葛西一揆」。 徳川家康、秀吉の命で、陸奥行きを中止して、武蔵岩槻から江戸に帰着。	612

西暦 和暦	月日	出来事	No.
天正19 (1591)	閏1月3日	家康、上洛のため江戸を出発。	6135
	3月13日	「九戸の乱(3月13日〜9月4日)」勃発。 九戸政実は、主君・南部信直に対して自身が南部家の当主であると公然と自称するようになっていた。南部氏の正月参賀を拒絶した九戸政実の党、一斉に蜂起して、近郊の一戸城・伝法寺城・苫辺地城などを攻撃。	6169
	4月22日	豊臣秀吉、近江国を対象とする領知知行充行状。 江戸大納言(徳川家康)宛として、野洲郡内合六万四三七五石五斗・下甲賀内合一万七四五石六斗三升・上甲賀内合二〇〇〇石・蒲生郡内合一万二九〇五石一斗五升「惣都合九万石」の在京賄料を宛がう。	6177
	7月3日	「大崎・葛西一揆ー天正18年10月16日〜天正19年7月3日」終結。 伊達政宗、この寅刻に佐沼城を攻略し、城主兄弟をはじめ「究意之者共」5百名を討ち捕らえ、2千余人を「刎首」、女子供まで「撫切」に処す。	6198
	7月19日	「九戸の乱」。徳川家康、鎮圧のため奥州に向けて江戸を出陣。	6207
	8月5日	「鶴松、没」。この日淀城において、鶴松3歳が、病で他界する。鶴松の死骸、東福寺へ移される。秀吉は最期を看取った後に髻を落とし、東福寺常楽院へ移り二夜三日籠る。諸大名もまた秀吉に習って髻を落とす。	6214
	9月4日	「九戸の乱3月13日〜9月4日」終結。 蒲生氏郷を主将とする浅野長吉(後の長政)らの豊臣軍により、主将の九戸政実・櫛引清長らは髪を剃り、法衣姿で囚われの身となる。	6233
	10月10日	「名護屋城普請を開始」。豊臣秀吉、加藤清正・黒田長政・小西行長を奉行として肥前国名護屋城の普請を開始。九州諸大名が工事に参加した。	6248
	12月27日	「秀吉、甥・秀次に関白・聚楽第を譲る」。豊臣秀吉が、内大臣秀次を家督相続の養子として関白職を譲り、自らは前関白で関白の父となることから、「太閤」と称す。	6278
王20(文禄1) (1592)	1月5日	「文禄の役ー文禄1年1月5日〜文禄3年12月13日」はじまる。 太閤秀吉、朝鮮を経て明国に出兵しようとし、諸将に出陣を命令。	6285
	2月2日	徳川家康、江戸城を秀忠に守らせ、榊原康政・井伊直政を補佐とし、秀吉の朝鮮出兵(文禄の役)の供奉のため、京に向けて出発。 結城秀康、実父・家康に従って出陣、1千5百人を率いる。	6296
	3月13日	「秀吉、高麗渡海陣立書を発す」。	6307
	4月7日	徳川家康、上杉景勝ら、肥前名護屋城に到着。 家康は肥前国名護屋に下向するが、朝鮮渡海を免れる。	6318
	7月22日	秀吉、母・大政所の危篤の報により、急ぎ肥前国名護屋より乗船し上坂。 その留守は家康と前田利家の両人に任したという。	6344
	7月29日	秀吉、名護屋より大坂城に帰城。「肥前名護屋より国一丸に乗船して大坂に入津す、」。この後、家康も大阪に戻ったようだ。	6349
	9月16日	徳川家康51歳、太閤秀吉の執奏により清華家の家格勅許。	6368

関連城跡位置図　愛知県

岐阜県

犬山城
犬山市
扶桑町
江南市
黒田城
河田城
小口城
奥城
丹羽郡
犬山町
一宮市
小牧山
小牧市
小牧山城
春日井市
苅安賀城
岩倉市
北外山城
岩倉城
比良城
北名古屋市
豊山町
西春日井郡
瀬戸市
稲沢市
奥田城
清洲城
小幡城
尾張旭市
赤目城
清須市
守山城
長久手
八草城
西広瀬城
あま市
大治町
上野城
海部郡
長久手市
東広瀬城
津島市
名古屋市
岩崎城
伊保城(御山前城)
愛西市
蟹江城
蟹江町
前田城
日進市
挙母城
木曽川
大野城
下市場城
下之一色城
東郷町
愛知郡
梅坪城
寺部城
飛島村
星崎城
みよし市
三重県
弥富市
大高城
沓掛城
大給城
鳴海城
豊明市
上野城
(上村城)
桶狭間
絵下城
東海市
大府市
知立市
材木城
緒川城
重原城
岡崎城
小豆坂
阿久比城
(坂部城)
東浦町
刈谷城
刈谷市
筑手岡城
高浜市
安城市
堀内城
久保田城
大野城
安祥城(安城城)
常滑市
半田市
八面城
(荒川城)
中島城
三河
山中城
常滑城
大浜城
羽城跡
当郡(東郡)城
上ノ郷城
幸田町
額田郡
武豊町
西尾城
(西条城)
牟呂城(室城)
深溝城
竹谷城
阿久比町
東条城
欠城
形原城
知多市
知多郡
美浜町
幡豆寺部城
蒲郡市
南知多町

長野県

50km

上郷城

武節城

豊田市

久木城

足助城

浅谷城

寺脇城

白鳥山城

豊根村

設楽町

北設楽郡

東栄町

田峯城

島田城

新城市

岡崎市

作手城
（亀山城）

長篠

医王山砦

滝山城

富永城

長篠城

川路城（大坪城）

井道城

野田城

新城城

宇利城

長沢城

八幡城

下ノ郷城

豊川市

一宮城

五本松城

大塚城
（中島城）

佐脇城

牛久保城

久保田城

仁連木城

吉田城（今橋城）

豊橋市

静岡県

田原市

田原城

岐阜県

長野県

愛知県

川根本町

九頭郷城
(高根城)

小川城
勝坂城

水巻城

篠ヶ嶺城

浜松市

犬居城

樽山城

花沢城

藤枝市

大井川

花倉城

光明城

三倉城

日比沢城

佐久城
(浜名城)

井伊谷城

刑部城

今城城

都田城

二俣城

森町

天方城

島田市

田中城

焼津市

奥山城

諏訪原城
(牧野城)

小山城

堀川城

三方ヶ原

天竜川

掛川市

吉田町

宇津山城

堀江城

向笠城

各和城

掛川城

菊川市

牧之原市

滝堺城

匂坂城

久野城

小笠山砦

見付城

境目城

湖西市

浜松城

飯田城
頭陀寺城

磐田市

馬伏塚城

高天神城

袋井市

御前崎市

相良城

白須賀城

横須賀城

山梨県

神奈川県

50km

小山町
古沢新城
御殿場市
深沢城
足柄城

小田原城
富士宮市
鷹巣城

黄瀬川

富士大宮城
裾野市

天神川城

富士市
長泉町
山中城

沼津市
長久保城
興国寺城
三島市

静岡市
富士川
蒲原城
天神ヶ尾城
清水町
函南町
熱海市

三枚橋城
戸倉城

安倍川
江尻城
韮山城

清水城
伊豆の国市
長浜城

駿府城
久能城
狩野川
伊東市

丸子城
伊豆市

持舟城

遠目城

安良里砦
西伊豆町
東伊豆町
田子砦

河津町

松崎町
下田市
上の山城

南伊豆町
下田城

岐阜県

愛知県

いなべ市

桑名市

長島城

木曽岬町

東員町

縄生城

桑名城

菰野町

朝日町

萱生城

川越町

滋賀県

四日市市

浜田城

峯城

亀山市

鈴鹿市

京都府

亀山城

伊勢国府城

伊賀上野城

伊賀市

津市

佐田城

戸木城

名張市

明和町

松阪市

田丸城

多気町

玉城町

伊勢市

奈良県

度会町

鳥羽市

大台町

志摩市

大紀町

南伊勢町

紀北町

尾鷲市

熊野市

和歌山県

御浜町

紀宝町

70km

富山県

石川県

飛騨市

白川村

高山市

福井県

長野県

下呂市

郡上市

本巣市

関市

揹斐川町

山県市

東白川村

美濃市

七宗町

白川町

鉈尾山城

加治田城

中津川市

大野町

川辺町

八百津町

池田町

岐阜市

岐阜城

富加町

美濃加茂市

兼山(金山)城

神戸町

北方町

坂祝町

御嵩町

瑞浪市

滋賀県

池尻城

瑞穂市

岐南町

各務原市

可児市

高野城

岩村城

関ケ原町

垂井町

大垣城

笠松町

木曽川

多治見市

土岐市

小里城

恵那市

明知城

大垣市

養老町

安八町

竹ケ鼻城

加賀野井城

輪之内町

今尾城

八神城

愛知県

駒野城

松ノ木城

50km

脇田城

海津市

長久保城

木曽川

新潟県

富山県

群馬県

埼玉県

山梨県

岐阜県

静岡県

愛知県

飯山城

大倉古城

長沼城

千見城

海津城

佐野山城

荒砥城

戸石城

麻績城

青柳城

笹洞城

上田城

日岐城

塔ノ原城

矢久城

小諸城

小岩岳城

苅谷原城

丸子城

白岩城

岩尾城

深志城

春日城

伴野城

前山城

田口城

稲荷山城

高島城

上原城

鳥居峠

箕輪城

田中城

木曽福島城

高遠城

木曽妻籠城

伊那郡大島城

伊那郡飯田城

松尾城

神之峰城

知久平城

滝沢城

50km

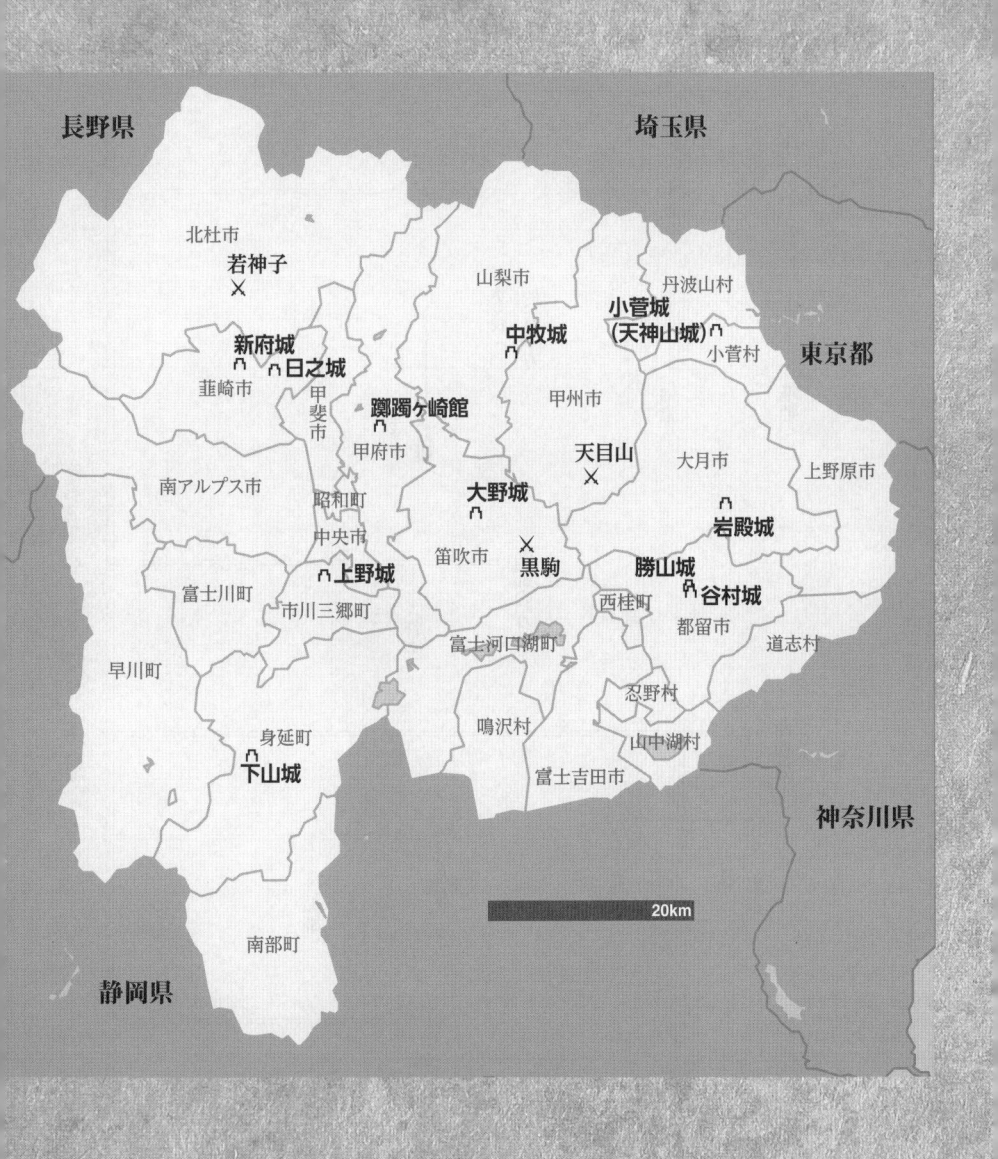

系図　家康の妻妾と子供

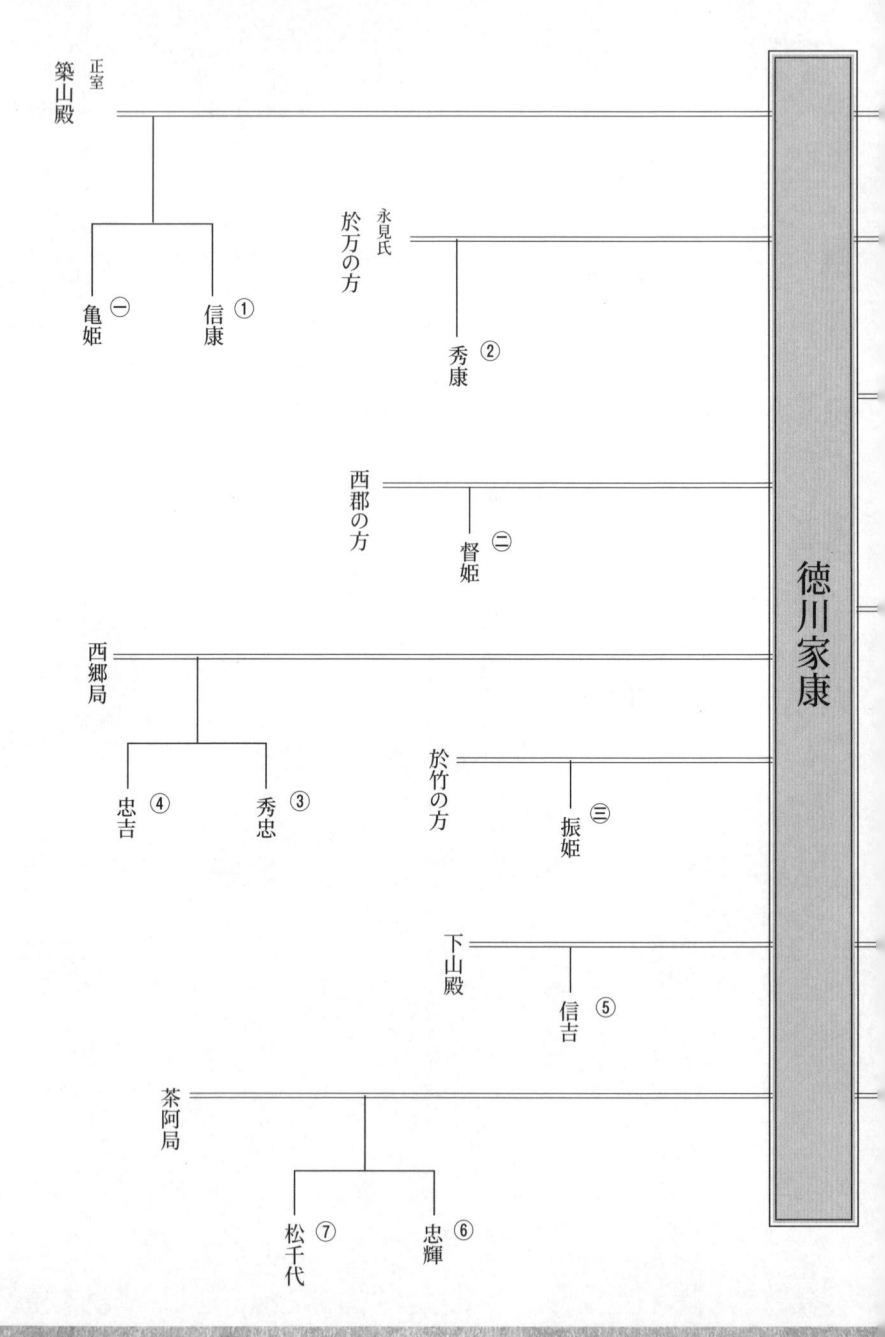

徳川家康

正室
築山殿
　亀姫 ─
　信康 ①

永見氏
於万の方
　秀康 ②

西郡の方
　督姫 ─

西郷局
　忠吉 ④
　秀忠 ③

於竹の方
　振姫 三

下山殿
　信吉 ⑤

茶阿局
　松千代 ⑦
　忠輝 ⑥

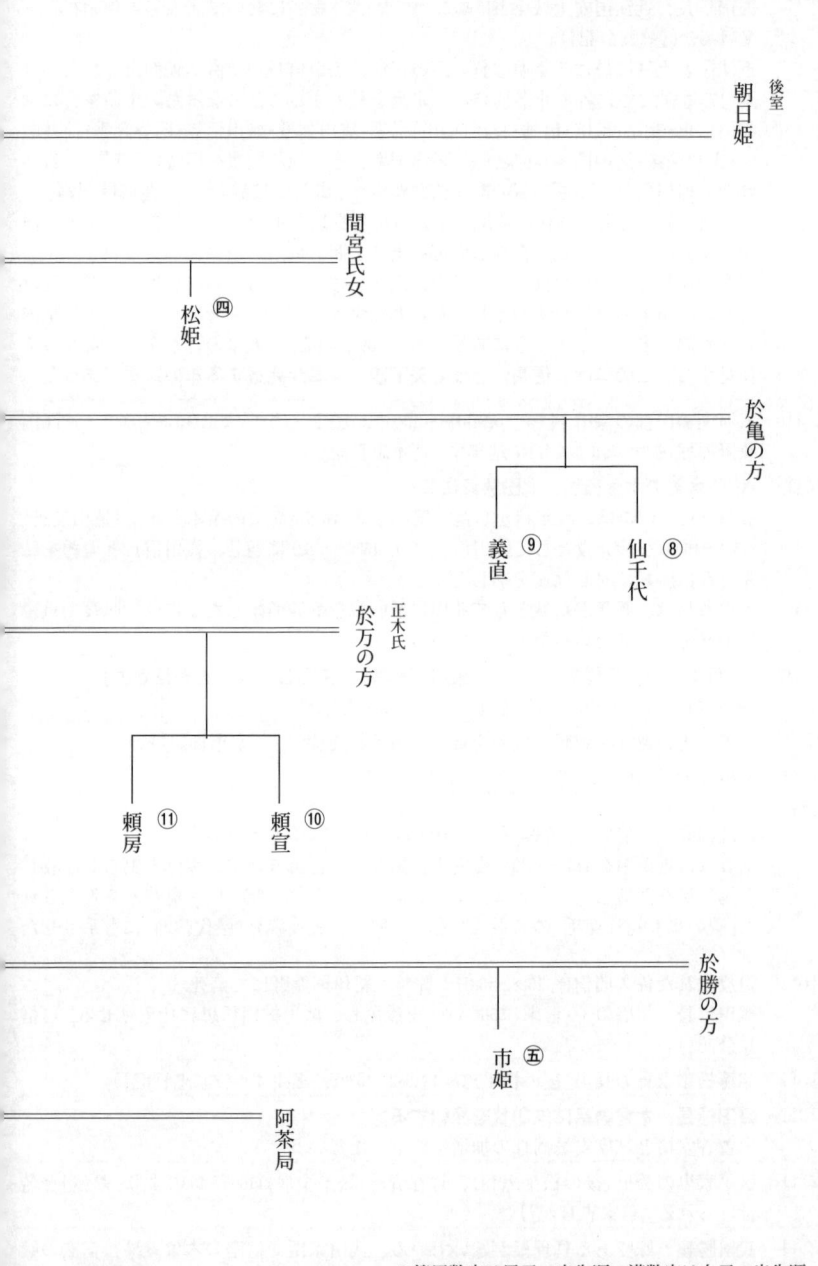

後室　朝日姫

間宮氏女
　松姫　④

於亀の方
　義直　⑨　　仙千代　⑧

正木氏　於万の方
　頼房　⑪　　頼宣　⑩

於勝の方
　市姫　⑤

阿茶局

※算用数字は男子の出生順、漢数字は女子の出生順

天正10	1月1日	織田信長、近江国安土城(滋賀県近江八幡市安土町下豊浦)において諸大名の年始祝賀を受ける。(『信長公記』)。
		近江国安土城に於ける年頭参賀の際の祝儀は織田信長が「直ニ被仰出」れた「御諚」を遵守して大名・小名同様に十疋宛を献上することになった。年頭参賀には織田信忠・北畠(織田)信雄・神戸(織田)信孝・織田信澄・織田信包・明智光秀・筒井順慶・大和国衆・河内国衆・和泉国衆・摂津国衆、その他諸国衆へ同時に「御礼」が行われた。織田信長が年頭参賀の際に筒井順慶へ「御詞ヲ被懸」た。(『蓮成院記録』一月六日条)。「安土へ各礼に被出、諸大名小名悉以十疋にて一礼在之…………同惣礼布衣の躰……、是は當春頓而可有出陣之間、無用之過善、不入事也と……」。(『多聞院日記』一月七日条)。この春に出陣を控えているために無用の出費を避けるために献上物は十疋ずつとし、参賀者はすべて「布衣」を着用した。天主に案内された諸大名は、すべて金にちりばめた「御幸の間」、天皇の行幸を迎える座敷を拝見する。**この年は、信長にとって天下統一事業が完成する年のはずであった。**
	1月1日	三河国額田郡の深溝城(愛知県額田郡幸田町深溝)城主・松平家忠(1555~1600)、遠江国牧野原城(静岡県島田市金谷)で越年す。(『家忠日記』)。
	1月6日	**「信州木曽の木曾義昌、武田勝頼に背く」。**
		義昌(1540~1595)は、昨年秋から苗木城(岐阜県中津川市苗木)の苗木久兵衛(遠山友忠)(1531~1605)を仲介役として織田信忠(1555/1557~1582)に通じ、織田信長と盟約を結んで武田勝頼に対し反旗を翻した。
		木曾義昌は、勝頼が新城として韮山に新府城を築城開始した際には、賦役や重税に不満を募らせたいったとされている。
	1月7日	**「二月に甲州を征伐する。長岡(細川)藤孝は、在国して安土を警護せよ」。**
		織田信長(1534~1582)、明智光秀(1528?~1582)と軍議。
	1月7日	松平家忠、遠江国牧野原城の定番を戸田氏と交替す。(『家忠日記』)。
	1月14日	家康(1543~1616)、岡崎へ来る。(『家忠日記』)。
	1月15日	近江国安土に於いて「竹爆」・「御馬汰」が行われる。(『信長公記』)。
		信長は、近衛前久(1536~1612)を安土に招き、二百騎ほどで、爆竹を鳴らし左義長と馬沙汰を開催した。信長は仁田から進上された「やばかげ」・奥州から進上された「駮の馬」「遠江鹿毛」の名馬三匹を乗り回し、矢代勝介(屋代勝助)にも乗させた。
	1月16日	追放された佐久間信盛(1528~1581)が昨年、紀伊国熊野にて病死。
		織田信長、信盛の子・信栄(1556~1632)を赦免し、嫡男織田信忠に仕えさせる。(『信長公記』)。
	1月16日	深溝松平家忠の長男(後の松平忠利)(1582~1632)、誕生す。(『家忠日記』)。
	1月20日	**織田信長、木曾義昌に朱印状を発給する。**
		木曽谷安堵と筑摩安曇両郡の加増を約束したという。
	1月22日	松平家忠の長男(後の松平忠利)、竹谷清善(松平全保)(1505~1587)より「お猿」と名付けられる。(『家忠日記』)。
	1月25日	武田勝頼の妹である真理姫が嫁いでいる、武田家臣で信濃の木曾義昌(信玄の娘婿)が、弟・上松蔵人(義豊)(1543?~1611?)を人質として織田信長に出す。
		真理姫(真竜院)(1550~1647)は、自ら義昌と離別して木曾山中に隠通し、三男(末子)・義一(義通)と暮らしたといわれる。

西暦 **1582**

天正10	1月27日	**武田勝頼(1546〜1582)に、木曾義昌謀叛の知らせが入る。**	

武田勝頼(1546〜1582)に、木曾義昌謀叛の知らせが入る。

義昌に召し抱えられていた茅村左京進が新府城に馳せ参じて土屋右衛門尉へ注進という。勝頼は、木曽義昌の寝返りを信じず、木曽家に確認の使者を送ったが追い返されたという。翌日、武田信豊(勝頼の従弟)(1549〜1582)を大将とした3千騎・仁科盛信(勝頼の異母弟)(1557？〜1582)らの2千騎が木曾に進撃する。武田軍勢は木曾近辺に近寄ったが木曾の谷は雪が消えないと人馬共に通れないので在陣することになった。そこへ木曾から使いが来て逆意のないことを告げたという。

3538

1月27日　「紀州雑賀の兵乱」。

信長の将・織田信張(1527〜1594)を大将とする根来・和泉衆が、鈴木重秀(雑賀孫一)救援のため土橋若大夫の子(土橋平次)を攻める。

土橋平次を殺害するという事態が起きた。その発端は前年に土橋が孫一の継父を討ち殺したことにあり、孫一はその遺恨によって、信長公の黙認を得て土橋を殺害したのであった。(『信長公記』)。

3539

1月28日　武田勝頼、上野善導寺に寺領を寄進。真田昌幸、之を奉ず。

3540

1月28日　「天正遣欧少年使節」。九州のキリシタン大名、豊後の大友宗麟(1530〜1587)・島原の有馬晴信(1567〜1612)・大村の大村純忠(日本初のキリシタン大名)(1533〜1587)が、名代としてローマ法皇に使節を派遣する。伊東マンショ(1569？〜1612)(主席正使、宗麟の名代)、千々石ミゲル(正使、純忠の名代)(1569〜1633)、中浦ジュリアン(副使)(1568？〜1633)、原マルチノ(副使)(1569？〜1629)の「天正遣欧少年使節」が長崎からローマに出航。大型帆船に正使・副使の少年四名とヴァリニャーノ(1539〜1606)ら宣教師、船員合わせて三百名が乗船する。

3541

1月29日　「天正十年作暦問題─信長は尾張の暦を支持」。

織田信長、安土城で本年の閏月の有無について、濃尾の暦師・賀茂在昌(1539〜1599)と、陰陽頭・土御門久脩(1560〜1625)を招き「糺決」。信長が当年十二月に閏月を入れるよう朝廷に伝える。本来、作暦の権利は朝廷にあり、当時の宣明暦では翌年正月の後に閏月が入るところを、信長が介入し尾張の暦(東国で使用されていた三嶋暦といわれる)を推薦し、十二月の後に閏月を入れることを伝える。

3542

2月1日　「信長の武田征伐─2月1日〜3月11日」はじまる。

中将信忠卿へ苗木久兵衛より調略の使者が遣わされ、「信州の木曾義昌が内通に応じましたゆえ、兵を出されますよう」との内容が伝えられた。これを受けた信忠殿は時日を移さず平野勘右衛門を使者に立て、信長公へ調略の成功を言上した。すると信長公は「まず国境の軍勢が動いて人質を取り固めよ。しかるのち信長が出馬する」との指示を下した。この命を受けた苗木久兵衛父子は木曽勢と一手となって働き、木曽方からまず義昌弟の上松蔵人を人質として進上させることに成功したのであった。信長公はこの人質に満足し、その身柄を菅屋長頼に預けた。(『信長公記』)。

木曾義昌の寝返りを受け、織田信長、甲斐・武田勝頼討伐の大動員令を発する。

3543

2月2日　近衛前久(1536〜1612)、太政大臣宣下。

武田氏・毛利氏征伐にあたり、織田軍の官軍化が着々と進行する。

3544

2月2日　先に武田勝頼、人質としていた木曾義昌の母70歳と長男千太郎13歳・長女17歳を処刑。織田信長に内応した木曾義昌を討伐するため、自ら1万5千の兵を率いて信濃国諏訪上原まで出陣。諸将に国境を警備させる。

上野岩櫃城(群馬県吾妻郡東吾妻町)にいた真田昌幸(1547〜1611)は、沼田城主の叔父・矢沢頼綱(1518〜1597)に兵を召集させ、昌幸自身は勝頼のもとへ駆けつけた。

3545

天正10	2月2日	**「武田征伐―第一次鳥居峠の戦い」。** 武田勝頼(1546～1582)、木曾義昌(信玄の娘婿)(1540～1595)を撃たんとし、諏訪郡上原に陣す。勝頼、まず、鳥居峠を固める敵を追い払うべし、と命令。 今福筑前守昌和を大将に、兵三千騎、鳥居峠へ向かう。 武田軍は、鳥居峠(長野県木曽郡木祖村薮原)で木曾義昌軍と激突、木曾を追い散らす。
	2月3日	深溝松平家忠(1555～1600)、酒井忠次(1527～1596)より近日中に遠江国・駿河国境の城普請の命令を受ける。(『家忠日記』)。
	2月3日	**「武田征伐」。** 総師織田信忠、森長可(1558～1584)・団忠正(？～1582)らを先鋒とし、尾張・美濃の軍勢を木曽口・岩村口の各方面に出勢させる。(『信長公記』)。
	2月3日	**「武田征伐」。** **織田信長、甲斐国討伐の進路と分担を決定。駿河口は徳川家康(1543～1616)、関東口は北条氏政(1538～1590)、飛騨口は金森長近(1524～1608)、伊那口は信長(1534~1582)・信忠(1557～1582)父子が二手に分かれて進軍。**
	2月5日	深溝松平家忠、酒井忠次より木曾義昌の寝返りにより近日中に織田信長の出陣があるので、出陣準備を命令される。(『家忠日記』)。
	2月6日	これより先、武田勝頼は、滝ヶ沢に要害を構え、下条伊豆守信氏(信玄の義兄弟)(1529～1582)を守将に入れ置いていた。 その家老である弟・下条九兵衛氏長(？～1582)が逆心を企てて伊豆守信氏を放逐し、岩村口より河尻秀隆の軍勢を引き入れて織田勢へ通じてしまう。 織田軍、寺社を焼く。
	2月6日	**「武田征伐」。** 織田信忠の先鋒軍、武田氏への攻撃を開始、滝沢城(長野県下伊那郡平谷村)を陥れる。 伊那の滝沢城を守るは、武田勝頼に命じられた下条伊豆守(信氏)(1529～1582)。 しかし、家老の下条九兵衛(氏長)らが叛逆し、伊豆守を追放。岩村口から河尻与兵衛(秀隆)軍を招き入れる。
	2月6日	**「武田征伐」。**木曾義昌(信玄の娘婿)、織田信忠の将・塚本三郎兵衛尉に書を送り、信忠の来援を促さんことを請う。
	2月8日	**「紀州雑賀の兵乱」終結。** 再び本願寺顕如(1543～1592)が仲介を呼びかけ、孫一方と土橋方の和睦は成立。 雑賀の内紛は、雑賀孫一(鈴木重秀)の勝利で決着した。 信長の後ろ盾を得た孫一主導の下、雑賀衆は織田信孝の四国攻めに船百艘を提供するなど、織田氏との関係を強めていく。
	2月9日	羽柴秀吉(1537～1598)、関東の太田資正(三楽斉)(1522～1591)へ、織田信長への内応希望を諒承し、五畿内の件は言うに及ばず中国方面および四国方面までも制圧したので、「上辺」に於ける御用を取り次ぐ旨を通達。詳細は宝林坊に伝達させる。

西暦1582

天正10	2月9日	「**武田征伐—信長、甲州出陣用意を命じる**」。

「武田征伐—信長、甲州出陣用意を命じる」。
織田信長(1534〜1582)、武田勝頼討伐のために全十一ヶ条の「条々」を発す。信長が近国の諸将(筒井順慶・池田照政(輝政)・中川清秀ら)に甲斐信濃への出陣を命じる。

「信長公信濃国ニ至リテ御動座ナサルベキニツイテ条々　御書出　大和ノ人数出張ノ儀、筒井召シ連レ罷リ立ツ……、摂津国、父勝三郎留主居候テ、両人子供、人数ニテ出陣、中川瀬兵衛出陣スベキ事、多田出陣スベキ事、上山城衆出陣ノ用意、油断ナク仕ルベキノ事、永岡(長岡)兵部大輔ノ儀、与一郎、同一色五郎罷リ立チ、惟任日向守、出陣ノ用意スベキ事」。「遠江ノ儀条、人数スクナク召シ連レ、在陣中兵糧ツヅキ候ニアテガヒ簡要……粉骨ヲ抽ンズベク候者」(『信長公記』)。
信長出馬に際しては大和衆を出勢させる、河内の連判衆は烏帽子形・高野山・雑賀表への押さえとする、和泉一国の軍勢は紀州へ備えるべきこと、三好康長は四国へ出陣すべきこと、摂津国は父池田恒興が留守居をつとめ子の元助・輝政両人の軍勢にて出陣すべきこと、中川清秀は出陣すべきこと、多田家は出陣すべきこと、上山城衆は出陣の用意を油断なく行うべきこと、藤吉郎秀吉は中国一円に備えるべきこと、細川忠興と藤孝女婿の一色五郎(満信、義有、義定)(?〜1582)などは出陣し、長岡(細川)藤孝は丹後で警護すべきこと、明智光秀は出陣の用意をすべきである。さらに、信長は、以上に出陣を命じた者は遠陣になるゆえ、率いる人数を抑え、在陣中も兵糧が続くよう補給することが肝要である。ただし大軍並みの戦力となるよう、剛力・粉骨の士を選んで引き連れるべきことを伝える。光秀は、信長と近衛前久らの警護が主な任務となる。　　3556

	2月9日	「**四国討伐**」はじまる。信長、長宗我部元親(1539〜1599)に対して土佐・阿波二郡を与えた。元親はこれに従わなかったため、この日信長は三男信孝(1558〜1583)をしてこの討伐を命じる。**この日、信長、三好康長(咲岩、笑岩)(?〜?)に、長宗我部征伐の先陣として四国へ出陣命令。**　　3557
	2月11日	深溝松平家忠のもとに、桜井の舞々が来る。　　3558
	2月12日	深溝松平家忠、酒井忠次(1527〜1596)より近日中に駿河国に出陣するよう命令を受ける。松平家忠、石川数正(1533〜1592?)より来る2月16日に遠江国浜松城に出陣するよう命令される。(『家忠日記』)。　　3559
	2月12日	「**武田征伐**」。岐阜城(岐阜市金華山天守閣)より織田信忠(1557〜1582)・長島城(三重県桑名市長島町)より補佐役滝川一益(1525〜1586)が出陣、土田(岐阜県可児市)に陣をとる。**信忠を先鋒として信長の命を受けた武田征伐軍は、ぞくぞくと甲斐へ出陣。**(『信長公記』)。　　3560
	2月14日	これより先、信濃伊那郡松尾城(長野県飯田市松尾代田)将・小笠原信嶺(のぶみね)(1547〜1598)が、織田信忠に降る。よって、この日、織田信長の将、団景春(忠正、忠直)(?〜1582)・森長可(1558〜1584)ら、木曽峠を越え、伊那郡に入る。武田方飯田城(長野県飯田市追手町)坂西織部経定(ばんざいおり べつねきさだ)(?〜1582)・保科正直(1542〜1601)らは、高遠城(たかとおじょう)(長野県伊那市高遠町)へ退却。　　3561
	2月15日	「**武田征伐**」。「**可為曲事候、城介(信忠)若候、比時一人粉骨尽之、名可取思気相見候間、毎々率爾之儀可有之候、十内十勝手子細候者、…………**」。織田信長、信忠に従って東国へ出陣し国境の難所を突破した滝川一益からの注進に応え、信長側は出陣に備えているので時期を見計い発足日限を上申する旨、また若い信忠を制御する旨を指示。もし失敗したならば織田信長の面前への参上は許可しない旨を通達。　　3562

天正10	2月16日	木曾義昌(1540〜1595)、急迫した情勢を信長に訴え、来援を請う。
	2月16日	「武田征伐─第二次鳥居峠の戦い」。 鳥居峠の戦いにて、両軍の大激突がはじまる。木曾義昌、伊那谷を北進せる織田信忠の兵に呼応して木曽谷を鳥居峠に進み、武田勝頼の将・今福筑前守(昌和)と戦ひて、之を破る。
	2月16日	「武田征伐」。織田信忠(1557〜1582)、日向宗栄玄徳斎等を伊那郡大島城(長野県下伊那郡松川町元大島)に攻めて、之を敗走せしむ。尋いで、信忠、河尻秀隆(1527〜1582)・毛利秀頼(1541〜1593)をして、同城を守らしめ、軍を同郡飯島に移す。 武田逍遙軒信綱(武田信廉)(信玄の弟)(1532?〜1582)・大嶋城代日向玄徳斎らは城を支えきれず、夜中に逃亡。安中左近は、高嶋城へ退却。
	2月16日	深溝松平家忠(1555〜1600)、「かち衆」・「夫丸」を先発させる。(『家忠日記』)。 「かち衆」は、馬や乗物に乗らない徒歩の家来。「夫丸」は、人夫・人足・陣夫の称。
	2月16日	「家康、遠江を掌握」。 徳川軍、遠江における武田氏の最後の砦・小山城(静岡県榛原郡吉田町)を開城させる。武田勝頼の将・小山城代大熊朝秀(長秀)(?〜1582)は、小山城を脱して甲斐に逃げ帰る。家康は、永禄11年(1568)12月12日に遠江に進入して、今川氏の旧勢力を追い払うも、新しく武田信玄・勝頼父子の侵入に遭い、これと争うこと前後14年の長い間にわたって、ようやく遠州全土の経営が成った。
	2月17日	武田家部将の保科正直(1542〜1601)ら、飯田城(長野県飯田市追手町)を放棄し逃走。
	2月17日	深溝松平家忠、遠江国浜松城に到着、武田側が遠江国小山城(静岡県榛原郡吉田町)を放棄した旨を知る。(『家忠日記』)。
	2月18日	「武田征伐」。徳川家康、浜松城を発し遠江国掛川城に着陣、駿河西部へ侵攻を始める。深溝松平家忠、遠江国浜松城を出陣。(『家忠日記』)。
	2月18日	徳川家康(1543〜1616)、北畠信意(織田信雄、信長の次男)に、関東出船の対応について三河・遠江両国の諸湊に命じたことを伝える。
	2月19日	徳川家康、牧野(静岡県島田市金谷)へ進み武田軍が逃亡した小山城を接収。
	2月19日	織田・徳川軍の武田領侵攻を確認した北条氏も、武田攻めに参加すべくようやく動き出す。
	2月20日	上杉景勝(1556〜1623)、木曾義昌(信玄の娘婿)(1540〜1595?)の武田勝頼に叛くを聞き、勝頼に援兵を送らんとす、是日、勝頼(1546〜1582)、之を謝し応援を求む。
	2月20日	徳川家康、武田方の依田信番(1548〜1583)の駿河田中城(静岡県藤枝市田中)を囲む。松平家忠、駿河国田中城を攻撃。(『家忠日記』)。
	2月20日	北条氏は武田攻めをめぐって終日評議を行う。西上野・甲斐・駿河のいずれかに出陣することを決め、陣触れを行う。
	2月21日	「第三次持舟城の戦い─2月21日〜27日」はじまる。 深溝松平家忠、遠江国持船城を包囲。(『家忠日記』)。 織田軍と連携して出撃した徳川軍、武田方の持舟城(静岡市駿河区用宗城山町)の賢雪道与(朝比奈信置)(1528〜1582)を包囲する。朝比奈信置は、天正9年(1581)に家督を信良(?〜1582)に譲って隠居し、賢雪道与と称した。

西暦**1582**

天正10	2月21日	**「武田氏の駿河占領、終わる」**。 徳川家康(1543〜1616)、駿府に侵攻。駿河国駿府館(静岡市葵区駿府城公園)を占領。 武田方の室賀正武(？〜1584)や弟の屋代秀正(1558〜1623)は駿河丸子城(静岡市駿河区 丸子)を守備していたが、徳川軍に駿府を占領されると城を捨て逃亡した。	3578
	2月21日	**「此百姓等子細在之、対朱印相出之上、当軍勢聊以不可、手差若於違背、之輩速可加、 成敗者也仍如件」**。 家康、阿部善九郎(阿部正勝)(1541〜1600)を奏者として朱印状をもって、とうめ郷 (当目郷)(静岡県焼津市浜当目・岡当目付近))に禁制を与える。	3579
	2月21日	**「此百姓等子細在之、朱印相出候之」**。 家康、朱印状をもって広野、小坂、足窪などの安倍郡(静岡市葵区)に禁制を与える。	3580
	2月22日	「第三次持舟城の戦い」。武田方賀雪道与(朝比奈信置)・奥原日向守軍は、当目峠 を越えて迎撃するが敗退。	3581
	2月22日	**「今度忠節之子細付而対朱印之上者」**。 徳川家康、阿部三ヶ郷(駿河安倍郡)に禁制を発し、人取りを禁じる。	3582
	2月22日	**「禁制 建穂寺 一当手軍勢甲乙人」**。家康、建穂寺(静岡市葵区建穂)に禁制を与える。	3583
	2月23日	「武田征伐」。信長、黒印状をもって河尻与兵衛(秀隆)(1527〜1582)へ、武田勝頼討 伐にあたり全七ヶ条の指示を下す。 信長、信忠軍の軍目付河尻秀隆に、織田信忠の急な進撃を戒めるよう指示する。 一、城介(信忠)についてだが、信長が出馬するので、前進しないように滝川一益 と相談して申し聞かせろ。 一、森長可と梶原景久が談合もなしに前進した件だが、若い者たちであるから、 この時に粉骨を尽くして功名を上げ、又それを私に訴えるためだろう。粗忽な行 動をせぬよう度々申し聞かせたが、なお申しておく。彼らの面倒をみてよくよく 申し聞かせること、それが専一だ。……。	3584
	2月23日	「第三次持舟城の戦い」。深溝松平家忠、遠江国持船城の堀際に竹束を寄せて攻撃 準備を行う。(『家忠日記』)。	3585
	2月23日	**「第三次持舟城の戦い」。徳川家康(1543〜1616)、持舟城に着陣**。	3586
	2月25日	**「穴山梅雪、謀叛」**。 駿河江尻城(静岡市清水区江尻町)主・穴山梅雪(1541〜1582)、夜半、風雨に紛れて、甲 府の穴山氏館で実質的な人質として過ごしていた妻見性院(武田信玄の次女)(？ 〜1622)と嫡男勝千代(1572〜1587)を盗み、河内下山(山梨県南巨摩郡身延町下山)まで退去 させる。	3587
	2月25日	**「此百姓等子細有之、対朱印相出候之」**。家康、高根郷(静岡県藤枝市)中に朱印状。	3588
	2月26日	北条氏政・氏直父子が駿河に出陣し、天神ヶ尾城(静岡県沼津市岡宮天神ヶ尾)を攻略。	3589
	2月27日	武田方の今福丹波守(善十郎友実)(？〜1582)が守る久能城(静岡市駿河区根古屋)が、徳 川軍の包囲によって落城。虎孝(丹後守、善十郎友実)は麓の村松において自害と いう。翌年、家康異父弟の松平康俊(1552〜1586)が城主となる。	3590
	2月27日	**「第三次持舟城の戦い—2月21日〜27日」終結**。 駿河国持船城との和議が締結される(『家忠日記』)。家康、持舟城を開城させる。	3591
	2月28日	「武田征伐」。織田信長、河尻秀隆(「川尻肥前守」)へ、信濃国高遠城攻略のために 「繋之城」を構築するよう命令。	3592

天正10	2月28日	「武田征伐」。織田信長、再度注進してきた河尻秀隆(1527～1582)へ、「道筋跡」及び繋ぎの城を普請して織田信長「出馬」以前には竣工すべきこと、「大百性以下」は「草のなひき時分」を見計らうものであるので役に立つものであること、武田勝頼の近所には信長が大軍を以て「御出張」するのでそれ以前は越度無き様にすべきことを命令。またこの旨を織田信忠・滝川一益へも通達したので油断無く「つなぎの城」の構築に努力し、時期が来れば信長が信濃国へ着陣することを通達。
	2月28日	北条軍、伊豆に侵攻し武田方戸倉城(静岡県駿東郡清水町徳倉)を攻略。 北条軍は駿河にも侵攻し、夜中、駿河三枚橋城(沼津城)(静岡県沼津市大手町)を開城。曾根河内守、三枚橋城を明け渡して甲斐へ逃げる。
	2月28日	**穴山梅雪の家康内通で、武田勝頼、信濃国諏訪上原の陣所を焼き捨て、甲斐国新府へ撤退するも、逃亡するものが相次ぎ、千騎に満たず。**
	2月28日	北条氏邦(北条氏康の四男)(1541～1597)が、武田方の上野国箕輪城(群馬県高崎市箕郷町)入城。城代・内藤昌月(保科正直の弟)(1550～1588)は北条に降る。
	2月29日	「武田征伐」。織田信忠(1557～1582)、近江国安土城の織田信長へ、武田勝頼の撤退を報告する注進状を発す。去二十八日、武田勝頼父子と同信豊は諏訪の上原の陣を焼き捨て引き払い、新府の館へ軍勢を納めた。
	2月29日	北条軍、吉原(静岡県富士市吉原)に出陣。
	2月29日	武田方の朝比奈駿河守(遠江国持船城主)、深溝松平家忠の付き添いにより遠江国久野城(静岡県袋井市鷲巣字上末元)に退却する。(『家忠日記』)。
	2月29日	**この日、穴山梅雪(信君)(1541～1582)、徳川家康(1543～1616)に降る。** 穴山梅雪、徳川家康から降伏勧告を受け、武田家の救済・家名存続を条件に、江尻城(静岡市清水区江尻町)を開城。
	2月下旬	「武田征伐」。北条氏政軍、駿河東部へ侵攻開始。
	2月―	小笠原貞慶(1546～1595)はこの頃、飛騨を経由して筑摩郡金松寺(長野県松本市梓川梓)に入り、旧好の士にこれを伝える。この時、筑摩郡に残っていた二木重吉らも金松寺へ行き、貞慶に従う。
	3月1日	「織田信長黒印状」。信長、河尻与兵衛(秀隆)へ、武田勝頼討伐のための織田信長出陣前に全五ヶ条の指示を下す。信長は、老将の秀隆に、大将の城介(織田信忠)、先鋒の森勝三(森長可)、梶原平八郎(梶原景久)を制御するよう命じた。
	3月1日	**「依田信蕃、家康に降る―足かけ9年の歳月をかけ、家康は田中城を開城した」。** 徳川家康は、依田信蕃(1548～1583)の立て籠る駿河田中城(静岡県藤枝市西益津)を包囲し、この月、「武田家臣は皆主家を背いており、滅亡は間違いない。直ちに開城せよ」と降伏を勧告する。信蕃は「武田家臣の書をもって真偽を計りたい」と答えたため、家康は穴山梅雪の書を送る。これを見て信蕃は城を明渡したため、新たに所領を宛がおうとするも、信蕃、「勝頼の存亡の仔細を承るまでは受け入れられない」と答え、信州佐久に帰る。 結局、勝頼が滅び、その後の信長の残党狩りの厳しさから家康に密かに匿われた。
	3月1日	深溝松平家忠(1555～1600)、穴山信君(駿河国江尻城主)が徳川家康に寝返ったことを知る。(『家忠日記』)。穴山信君(1541～1582)は、駿河の岩原地蔵堂に参上して徳川家康(1543～1616)と対面したという。
	3月1日	北条軍、夜中、武田方駒井昌直(政直)(1542～1595)城将らの深沢城(静岡県御殿場市深沢)を攻略。

西暦*1582*

天正10	3月2日	「武田征伐」。織田信忠、信濃国高遠城を攻略して甲斐国へ進軍す。仁科盛信(「仁科」)、信濃国高遠城に於いて戦死。(『立入左京亮入道隆佐記』)。	
		織田信忠(1557〜1582)、降伏に応じない伊那郡高遠城を総攻撃して攻略。高遠城落城、守将仁科盛信(信玄五男)・副将小山田昌行ら壮烈な戦死。	3607
	3月2日	**「就甲州乱入、彼国可為進所之旨、所之旨所務無之以前茂、二年も三年も従安土被加御不持候様、可申成候、若首尾於相違者、従此方合力可申候、為其一書進達候、恐々謹言」。**	
		徳川家康、穴山信君(「穴山殿」)へ、甲斐国「乱入」にあたり甲斐国を進呈する約束について、「所務」(年貢収入)が無くとも二年・三年は織田信長(「安土」)より扶持が加えられるように取り成すこと、もし首尾通りにならなければ徳川家康が「合力」することを通達。	3608
	3月2日	北条勢、富士・駿東郡を制圧。	3609
	3月2日	武田勝頼の元に高遠城(長野県伊那市高遠町)落城の報が届く。武田勝頼弟の仁科盛信・小山田昌行・今福昌和・原貞胤らが全滅する。	
		新府城(山梨県韮崎市)で、最後の軍議を開く。	
		勝頼の側近・漆戸虎秀ら4名が連署して、上杉景勝側近の長井昌秀に援軍要請の書を発する。「諸方御敵に成ければ甲州へ御帰陣も無覚束御事也ければ某の領知上州吾妻郡岩櫃の城へ御入有べし」。	
		真田昌幸(1547〜1611)は、武田勝頼を上野岩櫃城(群馬県吾妻郡東吾妻町)に迎え入れる準備をしているので、甲斐を逃れ岩櫃城入城を申し出た。そして一同の同意を得た後、岩櫃城に準備のため、急ぎ入城した。この時、昌幸は武田氏に人質として出していた妻子(山手殿、信之)を連れ帰ったという。	3610
		その後、同じく勝頼の側近だった小山田信茂(1539/1540〜1582)や長坂長閑斎(虎房、光堅)(1513〜1582)が、昌幸は譜代家臣ではないため信用できないと勝頼に進言し、勝頼も小山田の意見に従うことになる。	
	3月3日	「武田征伐」。「廿九日注進、今日三、到来、披見候、仍於駿州穴山依謀反、四郎甲州北退之旨…………其先一切無用、我々事、近々出馬候間、示合手間不入可討果候、……」。織田信長、織田信忠(「城介殿」)へ、駿河国の穴山梅雪(信君)が謀反して武田勝頼(「四郎」)が甲斐国へ撤退したこと、信君が徳川家康に内通したこと、信濃国大島から飯島への陣替を諒承したこと、信忠のこれ以上前方への進軍は「一切無用」であること、信長自身は近々「出馬」するので武田軍を容易く撃破する予定であることを通達。また先頃に、河尻秀隆へもこの旨を通達したことを通知。	3611
	3月3日	織田信忠軍、上諏訪表へ出馬し、諸所へ放火を行い、諏訪大社上社は、この焼き討ちにより神殿をはじめ諸伽藍ことごとく煙となって消えた。関東の安中氏は大島を脱出後、諏訪湖の外れにある高島という小城に籠っていたが、織田信忠の軍勢を前に抱えがたきを悟り、城を津田(織田)源三郎勝長(1568?〜1582)に明け渡して退いた。一方、木曽口の鳥居峠にいた木曾義昌の軍勢も深志表へ討って出て、降伏させ、深志城(長野県松本市丸の内)将・馬場信房(二世)(昌房)は、城を織田長益(有楽斎)(信長の実弟)へ引き渡して退散していった。	3612
	3月3日	穴山梅雪(1541〜1582)、対徳川工作に功のあった竜雲寺(静岡県浜松市西区入野町)清蔵主に感状を与える。	3613
	3月3日	徳川先軍、駿河国興津から甲斐国万沢(山梨県南巨摩郡南部町)へ進出。	3614
	3月3日	**「禁制 南松院 一当手軍勢甲乙人」。**徳川家康、甲斐国南松院へ全三ヶ条の「禁制」を下す。さらに松岳院、龍花院、円蔵院、大聖寺に「禁制」を下す。	3615

天正10		
	3月3日	午前6時頃、武田勝頼(1546〜1582)は、小山田信茂(1539/1540〜1582)の岩殿城(山梨県大月市賑岡町)に移るために、新府城(山梨県韮崎市中田町)を焼いて甲府方面へ逃亡開始。その際、館に火を放ち、人質の子女を殺害、田野(東山梨郡大和村)(天目山近く)へ逃げ落ちる。 この夜、柏尾大善寺(山梨県甲州市勝沼町)に泊まる。
	3月4日	真田昌幸(1547〜1611)は、2千5百騎を率いて岩櫃城(群馬県吾妻郡東吾妻町)を発ち、戸石城(長野県上田市上野)へ入る。祢津氏、室賀氏により、高遠城の陥落と織田勢が今にも攻めてくるとの報せを受ける。真田氏は一族と共に守りを固める。
	3月4日	徳川軍、武田方の駿河蒲原城(静岡市清水区蒲原)を攻略。
	3月4日	**「武田征伐」。徳川家康(1543〜1616)、駿河国江尻城(静岡市清水区江尻町)主穴山信君(1541〜1582)と駿府で対面。** 穴山梅雪は太刀・鵰・馬を贈る。家康は刀・鉄砲百挺を贈る。
	3月4日	**北条氏政、徳川家康に弓を送る。**
	3月4日	武田勝頼、岩殿城(山梨県大月市賑岡町)主・小山田信茂の迎えを待つ。
	3月5日	**「武田征伐―信長、出陣」。織田信長、暁に陣立す。(『晴豊記』)。** 織田信長(1534〜1582)、明智光秀・筒井順慶・長岡(細川)忠興・長谷川秀一らの諸将を率い、甲斐に向けて暁に安土城を出陣、近江国坂田郡柏原成菩提院(滋賀県米原市柏原)に着く。 太政大臣近衛前久(1536〜1612)・日野輝資(1555〜1623)・烏丸光宣(1549〜1611)ら公家衆も従軍。
	3月5日	**「今度無比類働之旨、御感不浅思召」。** 家康、藤田弥七郎の働きの功を賞す。『言経卿記』慶長4年3月4日条に、藤田弥七郎代官とあり、その当時、家康側近の代官となっていた人物か。
	3月5日	**徳川家康、江尻城には家臣の本多重次(1529〜1596)を入れる。**
	3月6日	上杉景勝勢、信濃長沼(長野市穂保)に出兵する。
	3月6日	「武田征伐」。信長、岐阜の呂久の渡し(揖斐川)において、仁科盛信の首実検をし、長良川の河原にさらす。
	3月6日	**「禁制 鏡之寺 一当手軍勢甲乙人乱妨狼藉」。** 家康、鏡之寺に「禁制」を下す。
	3月7日	織田信長が岐阜城に到着する。
	3月7日	**徳川家康(1543〜1616)、今川氏真(1538〜1615)を駿府に据えて、武田を裏切った穴山梅雪(1541〜1582)を案内者に駿府を出陣。富士川沿いに甲斐に進攻する。**
	3月7日	織田信忠(1557〜1582)が諏訪を経て甲斐府中に到着する。一条信竜(信玄の異母弟)(1539?〜1582)の屋敷に陣を置く。 降伏した「信玄影武者」とされる武田逍遙軒信綱(信廉、武田信虎の六男)(1532?〜1582)の殺害を森長可に命じ、長可は家来の各務兵庫と武前采女を討手として庭に誘い出して斬り殺したという。勝頼自刃から13日を経た3月24日、甲斐府中の立石相川左岸にて斬首されたともいう。

西暦**1582**

天正10	3月7日	「武田征伐」。 織田信忠、陣を上諏訪より、甲府に移す。甲斐入国を果たした信忠は一条右衛門大夫(蔵人)の私邸に陣を据え、武田勝頼の一門・親類・家老衆を尋ね出し、ことごとく成敗していった。(『信長公記』)。 武田竜宝・武田信綱・武田信堯・一条信就・山県昌満・朝比奈信直・諏方頼豊らが殺害される。	3631
	3月8日	織田信長、尾張国犬山に着陣。(『信長公記』)。	3632
	3月8日	「…………先手之者共、早至甲州打出候、城介同前候、我々出馬無専候雖連々関東見物望候、幸之儀候間相越候、四郎事…………」。 織田信長、柴田勝家へ、越中国方面に一揆が発生したが柴田勝家等が成敗したことを諒承し、越中国松倉城への軍事行動は油断無く執り行うこと、神保長住より上杉景勝与党(「越後之族」)が増援軍として向かっているという報告が入ってきたことに触れ、上杉軍を引き留めて殲滅することを命令。また信長自身は三月五日に近江国安土城を出陣し、この日に尾張国犬山城へ到着したことに触れ、武田勝頼(「四郎」)は去る二月二十八日に信濃国諏訪上原の陣所を撤退、居城をも焼き捨て山奥へも逃げ失せてしまったので織田軍「先手之者共」を早急に甲斐国へ侵入させ、織田信忠も同様に進軍したことを通知し、織田信長は出馬しなくても、今まで「関東見物」を望んでいたので良い機会であるから関東へ足を運ぶことにすることを通達。さらに武田勝頼の件は「彼等代々の名をくたし」て早々に「属平均」すことを通知。	3633
	3月9日	「武田征伐」。織田信長、金山城(岐阜県可児市兼山)に着陣。(『信長公記』)。	3634
	3月9日	武田勝頼従者の武田信堯(信玄の甥)(1554~1582)が、小山田信茂の人質老母を奪って逃走。夜、鶴瀬(甲州市大和町)から小山田信茂(1539/1540~1582)の鉄砲攻撃を受け、信茂の裏切りが発覚。 勝頼は先祖の武田信満が上杉禅秀の乱で自害した天目山を死地と定める。	3635
	3月10日	「武田征伐」。織田信長、高野城(岐阜県瑞浪市土岐町)に着陣。(『信長公記』)。	3636
	3月10日	**徳川家康(1543~1616)、甲斐国市川に布陣。** 家康軍、市川大門にある上野城(山梨県西八代郡市川三郷町上野)を落とし、一条信竜(信玄の異母弟)(1539?~1582)が戦死する。	3637
	3月10日	**武田勝頼、田野に入り、高台に柵を構えて最期の決戦に備える。**	3638
	3月11日	「武田征伐」。織田信長、岩村城(岐阜県恵那市岩村町)に到着。(『信長公記』)。	3639

| 天正10 | 3月11日 | **「甲斐武田氏の滅亡—武田信虎・晴信・勝頼三代、終わる」。** |

武田勝頼(37歳)(1546～1582)、小山田信茂(1539/1540～1582)の叛を聞く。

天目山への途中、田野において織田方滝川一益(1525～1586)の挟撃を受け、北条夫人(北条氏康の六女)(19歳)(1564～1582)・信勝(16歳)(勝頼長男)(1567～1582)と共に自刃。

従う者、土屋昌垣(1556？～1582)・小宮山内膳(友晴、友信)・安倍勝宝・小原忠継・小原忠国・麟岳長老らを始め士46人・侍婢女23人。

■信玄次男 ・ 海野信親(竜芳)(1541～1582)は幼少より盲目であった為、出家した。その後、永禄4年(1561)海野幸義の娘を娶り信濃・海野氏の名跡を継いで海野信親と名乗り、半俗半僧の身となり「御聖道様」と呼ばれ慕われた。子には道快(武田信道)がいた。

■信玄三男・武田信之(1543～1553?)は病弱で10歳で夭折。

■四男が諏訪御料人との間に生まれた武田勝頼だ。

■五男は永禄4年に仁科の家督を継いだ仁科盛信(1557～1582)、最後まで武田軍として戦い高遠城で討死。

■六男・葛山信貞(?～1582)は、甲府善光寺において3月15日、斬首される。

■七男とされるのは禰津御寮人の子といわれ、出家し法善寺に入った玄竜。のちに武田勝頼の命令で還俗し、信州の旧族・安田氏の名を継ぎ安田信清と称した。武田氏滅亡後、姉の菊姫を頼り上杉家臣となり、高家衆筆頭として3千3百石となる。そのあとに武田姓に復帰し、武田信清(米沢武田家)(1560/1563～1642)として子孫が残る。

■このように武田信玄には7人の息子がいたが、信玄が亡くなった時には、長男義信(1538～1567)と三男は既におらず、次男は盲目。必然的に四男の武田勝頼が武田家を束ねた。

甲斐武田宗家の血を残した海野信親(竜芳)は盲目であった為、家督こそ継げ無かったが、武田信玄正室・三条の方の子と、武田本家の正当な血を受け継いでいた。

その後、勝頼は更に領土を増やしたが、織田勢の侵入を許すと、次々に家臣が離反。甲府にも織田勢が押し寄せ、海野信親の身を案じた入明寺の栄順が信親を隠まった。しかし、武田勝頼討死の報を聞くと、信親は入明寺で自害したという。海野信親(竜芳)には男子1人と娘2人がいた。男子の道快(武田信道)(1574～1643)は、武田の血筋が絶えるのを心配した入明寺(山梨県甲府市住吉)の栄順と長延寺(現在の真宗大谷派永勝寺)(横浜市戸塚区))の実了により、長延寺領の信州国伊那犬飼村に武田信道を逃したとされる。

| | 3月11日 | 織田信忠、勝頼父子らの首実検をする。 |
| | 3月11日 | **古府中にて高遠城奪取後の織田信忠隊と合流した徳川家康(1543～1616)・穴山梅雪(1541～1582)、甲斐国甲府善光寺に陣した織田信忠(1557～1582)を訪問。** |

西暦1582

| 天正10 | 3月12日 | 「雖未申通候、啓達候、仍八崎長尾入道江両度之御状披見、紙上之趣誠簡要至極候、今度甲府御仕合無是非候、然に氏直各御譜代之筋目付而、箕輪之各和田先忠被成候、貴所江も自箕輪可有意見由候ツル間、如何ニモ最之段令返答候、然處八崎江御状共令披見候間、此度申入候、氏直江御忠信此時相極候、恐々謹言、」。 |

天正10　3月12日
「雖未申通候、啓達候、仍八崎長尾入道江両度之御状披見、紙上之趣誠簡要至極候、今度甲府御仕合無是非候、然に氏直各御譜代之筋目付而、箕輪之各和田先忠被成候、貴所江も自箕輪可有意見由候ツル間、如何ニモ最之段令返答候、然處八崎江御状共令披見候間、此度申入候、氏直江御忠信此時相極候、恐々謹言、」。
(未だ申し通ぜず候と雖いえども、啓達候。よって八崎長尾入道へ両度の御状披見。紙上の趣誠に簡要至極に存じ候。今度甲府の御仕合是非なく候。然るに氏直おのおの御譜代の筋目に付いて、箕輪のおのおの和田先忠なされ候。貴所へも箕輪(内藤昌月)より意見あるべき由候つる間、如何にも最の段答せしめ候。然るところ八崎へ御状ども披見せしめ候の間、此の度申し入れ候。氏直へ御忠信此の時に相極まり候。恐々謹言」。((昌幸の)手紙の趣は誠にもっともである。今度の武田家の没落は是非もないことだ。北条氏直に属して忠信を励むのは、この時と極きわまった)。
武蔵鉢形城(埼玉県大里郡寄居町)主・北条氏邦(北条氏康の四男、氏政の弟)(1541〜1597)、真田昌幸(1547〜1611)宛に返事を送る。
真田昌幸は武田氏の滅亡直前、上野八崎城(群馬県渋川市北橘町分郷八崎)主・長尾入道憲景のりかげ(1511〜1584)に二度にわたって手紙を送り、北条氏に臣属したい旨を申し入れていた。昌幸はこれ以降、独自に領知知行充行状などを発行し、武田氏より独立していく。　　　3643

3月13日　信長、岩村から信濃に入り、根羽ねば(長野県下伊那郡根羽村)に着陣。『信長公記』。　3644

3月13日　「武田四郎勝頼・武田太郎信勝・武田典厩・小山田・長坂釣閑をはじめ武田の家老衆をことごとく討ち果たし、駿・甲・信州は滞りなく平定されたゆえ、気遣いは無用である。以上飛脚があったので申し伝えたが、そちらからも十分に情勢を申し越すべきことは勿論である」。
織田信長、飛脚を以て戦況を尋ねてきた北陸方面駐軍の柴田修理亮、佐々内蔵介、前田又左衛門、不破彦三(柴田勝家・佐々成政・前田利家・不破直光)へ、武田勝頼・信勝父子と長坂光堅・武田信豊・小山田信茂・長坂釣閑斎を始めとする甲斐武田家「家老者」を悉く討ち果たし、駿河国・甲斐国・信濃国は滞り無く「一篇被申付」れたので心配は無用であること、そちらからも十分に情勢を申し越すべきことを通達。　3645

3月13日　「今度従駿州井山至甲州市川口案内」。
家康、甲州への道案内をした斎ińniło弥右衛門に感状。　3646

3月13日　松平家忠、穴山信君へ人馬を返還。『家忠日記』。　3647

3月14日　織田信長、平谷を越え信濃国伊那浪合に着陣。織田信長より、関与兵衛、桑原助六(関嘉平次、桑原助六郎)使者にて、武田家滅亡の知らせと武田勝頼・信勝父子の首を信長の元に持参する。ついで勝頼父子の首級を実検した信長は、矢部家定(1530?〜1611?)に命じ、首を飯田まで運ばせる。『信長公記』。
実際は13日とされる。　3648

3月14日　家康武将・大給おぎゅう松平真乗さねのり(1546〜1582)、没。37歳。家督は長男源次郎が継ぐ。源次郎(1575〜1614)は天正15年(1587)、主君・徳川家康から偏諱を受け「家乗」と名乗る。　3649

3月14日　深溝松平家忠(1555〜1600)、甲斐国甲府善光寺を見物。『家忠日記』。　3650

3月14日　駿河田中城を徳川家康(1543〜1616)に明渡した依田信番(1548〜1583)、この日、佐久郡春日城(長野県佐久市春日本郷)に帰る。　3651

3月15日　羽柴秀吉(1537〜1598)、備中国攻略のために播磨国姫路城より出陣。　3652

3月15日　織田信長、飯田に着陣。武田勝頼父子・仁科盛信の首を梟した。上下諸人の見物するところとなる。『信長公記』。　3653

天正10	3月15日	甲府善光寺において、武田信堯（信玄の甥）(1554~1582)・小山田信茂 (1539/1540~1582)・葛山信貞(信玄の六男) (？~1582)ら、斬首される。3月7日、24日など日は異説あり。 小山田信茂は、甲斐が平定された後、嫡男を人質として差し出すために信忠に拝謁しようとしたが、織田信忠から武田氏への不忠を咎められ処刑されたという。
	3月15日	できるだけ領地を現状のまま維持したい真田氏・矢沢氏・祢津氏・室賀氏など武田氏の家臣達は、織田氏の家臣になることを選択し、この日に織田氏がいる高遠城（長野県伊那市高遠町）を訪ねて、人質を差し出し服従することを織田信忠へ申し入れる。真田昌幸 (1547~1611) は、矢沢等と共に信濃国高遠に在陣していた織田信長の長男信忠に出仕し、人質を差し出している。
	3月16日	これより先、武田信豊(1549~1582)、佐久郡小諸城(長野県小諸市古城)下曽根賢範岳雲軒に頼る。賢範、信豊を殺す。賢範、この日、首級を伊那郡飯田の織田信長に渡す。下曽根賢範岳雲軒は、武田氏十四代武田信重(1386~1450)の子といい、武田氏滅亡後は徳川氏に従った。
	3月16日	「飯田逗留の信長のもとに、武田信豊の首が届く。同時に仁科盛信が乗っていた秘蔵の蘆毛馬と武田勝頼の大鹿毛の乗馬も進上され、大鹿毛は中将信忠殿へ下賜された。また勝頼が最後に差していた刀を滝川一益方より届けられて信長公へ進上された。信長公はその使者として伺候してきた稲田九蔵に小袖を与えて返した」。(『信長公記』)。 織田信長、長谷川宗仁(1539~1606)に命じ、武田勝頼・武田信勝・武田信豊・仁科盛信の四人の首を京へ運んで獄門にかけるよう申し付ける。(『信長公記』)。
	3月17日	織田信長、飯田から大島を通り、飯島(長野県上伊那郡飯島町)着。秀吉養子・羽柴秀勝 (信長五男) (1568~1586) の初陣で、備中児島城 (岡山県倉敷市) を攻撃したという報告が入る。(『信長公記』)。
	3月17日	織田信長、松井友閑へ、甲斐武田氏討伐完遂の状況に触れ、北条氏政が駿河国まで出陣し「一廉馳走」をしたこと、「東八箇国」は平定されたとの見通し、甲斐国・信濃国に織田信忠を残留させて信長自身は近日に近江国安土城へ帰還するので見舞は無用であること、路次が険しいので下向する必要は無いこと、この様子は未だ近江国安土城へも連絡していないが、「京都」・「五畿内」・羽柴秀吉の在陣している中国方面まで残さず「相触」れるために詳細を「染筆」したことを通達。
	3月18日	正親町天皇、信濃のことを織田信長の存分に任せる。
	3月18日	織田信長、高遠城(長野県伊那市高遠町)に着く。(『信長公記』)。
	3月19日	**織田信長 (1534~1582)、高遠を経て、この日、諏訪郡上諏訪法華寺に着陣し、諏訪に赴いた徳川家康(1543~1616)と会見する。穴山信君(梅雪)(1541~1582)、信濃国上諏訪に於いて織田信長に謁す。**
	3月19日	深溝松平家忠、織田信長が三河国を通過し帰陣する予定であるので、遠江国での御茶屋建設をすることを知る。(『家忠日記』)。
	3月19日	「織田信長、関東平定のため上野に滝川一益を送る」。 上野国に入った滝川一益(1525~1586) は、1万の兵を率いて、この日、箕輪城 (群馬県高崎市箕郷町) に入城。上田案独斎ら人質を箕輪城に入れる。一益は、5月には厩橋城 (群馬県前橋市) に移った。滝川氏の上野国支配は、滝川一益が厩橋城に在城し、一族の滝川儀太夫(益重、益氏)が沼田城代として入城している。内藤昌月は箕輪城を、北条高広は厩橋城を、真田昌幸も沼田城をそれぞれ明け渡した。

西暦1582

天正10	3月20日	**依田信蕃**(1548〜1583)、**徳川家康**(1543〜1616)の勧めに依り、遠江二俣(静岡県浜松市天竜区二俣町)に隠棲する。	3665
	3月20日	信長公のもとへ木曾義昌(信玄の娘婿)が出仕し、馬二頭を進上した。義昌には信長公から腰の物が下された。梨地の蒔絵に鍍金・地彫りの金具、目貫・笄は後藤源四郎作の十二神将像というもので、黄金百枚とともに与えられたのだった。信長公はこの場において木曽へ新知分として信州の内に二郡を与え、帰りは屋形の縁まで見送った。(『信長公記』)。	3666
	3月20日	晩、今度は穴山梅雪(信君)が御礼に参じ、馬を進上してきた。これに対し信長公は梨地蒔に鍍金・地彫り金具の脇差と、柄まで梨地蒔が施された小刀を下された。そして「似合いである」といって下げ鞘・火打ち袋も付けて与えた上、さらに所領を知行充行ったのだった。また信濃松尾の小笠原信嶺も御礼して駮(目が黄金色でたてがみの赤い馬)の馬を進上したが、この馬は信長公の目にかなって秘蔵されるところとなった。信長公は小笠原を「こたびの忠節、比類なし」と評価し、矢部家定・森乱を使者として本領安堵の朱印状を下した。(『信長公記』)。	3667
	3月23日	深溝松平家忠、本栖に出向く。(『家忠日記』)。	3668
	3月23日	穴山梅雪(信君)、甲斐国市川へ帰還。	3669
	3月24日	「信長公は「諸勢とも在陣が続き、兵糧等に困じていよう」との言葉を発し、菅屋長頼を奉行として物資の運送を行わせ、信州深志において諸勢の人数に従い扶持米を下げ渡した」。(『信長公記』)。 織田信長、菅屋長頼(?〜1582)を奉行として物資の運送を行わせ、筑摩郡深志城(のちの松本城)(長野県松本市丸の内)の城米を在陣の諸将士に頒つ。	3670
	3月25日	「……抑去秋石野帰国候条、様子及」。家康(1543〜1616)、常陸の水谷伊勢守(水谷勝俊)(1542〜1606)に書状を送る。水谷勝俊は、結城氏の与力である。	3671
	3月25日	深溝松平家忠(1555〜1600)、本栖で御茶屋の造作普請を開始。(『家忠日記』)。	3672
	3月26日	織田信長、相模国北条氏政に飼馬料として、米千俵を進上される。(『信長公記』)。	3673
	3月26日	信長公は今度の戦において高遠の名城を陥落せしめた手柄への褒賞として、三位中将信忠卿へ梨地蒔の腰物を与えた。そして「天下の儀もそのほうへ譲ろう」と申し添えたのだった。これを受けた信忠殿は、東国で手間取る事案もなくなったため信長公のもとへ御礼に赴くことを決めた。(『信長公記』)。	3674
	3月27日	「信濃国筑摩郡・安曇両郡之事、一色知行充行候訖(おわんぬ)。全て領知に令す可し、次に木曽郷之儀、当知行に任せ聊かも相違有る可からず之状、件の如し」。織田信長、恭順し武田氏征伐の切っ掛けをつくり、更に出兵の先鋒となった功を賞し、木曾義昌(1540〜1595)に信濃国筑摩郡・安曇郡を「一色」(一職)に知行充行う。また木曽口も安堵。木曾義昌は、遠山主水、丸山九右衛門、馬場半左衛門、原平右衛門の4名を深志(のちの松本)に入れて治めた。しかし筑摩、安曇二郡の領民は、小笠原貞慶の旧恩を想って木曾義昌に従う旧臣が少なく統治に苦しんだ。	3675
	3月28日	中将信忠殿は甲府を発して諏訪へ馬を納めた。しかしこの日は猛雨となって風も吹きすさび、一方ならぬ寒さとなったため、多くの凍死者を出す事態となってしまった。(『信長公記』)。織田信忠、甲府より信長に挨拶のため諏訪に帰陣。	3676
	3月28日	駿河・遠江へ御廻り候て…………諸卒是れより帰し申し、頭ばかり御供仕り候へと仰せ出され、御人数、諏訪より御暇下さる。(『信長公記』)。信長公は、「諏訪を出て富士の山裾を見物し、駿河・遠江をめぐって帰洛するゆえ、諸兵はこれにて帰陣させ、将のみ供をつかまつれ」との上意を発し、諏訪で軍勢を解散した。	3677

天正10	3月29日	信長、甲斐・信濃の国掟を定め、関所を撤廃し道路を普請させる。
	3月29日	「信長から新領の知行割が以下のごとく発せられた―家康は、嘗ての今川義元と同じ駿河、遠江、三河三ヶ国の大名となる」。 甲斐国は河尻秀隆(1527~1582)へ付与。但し穴山氏(穴山梅雪(信君)(1541~1582)本知(河内領)分は除く。 駿河国は徳川家康(1543~1616)殿へ付与。家康は、嘗ての今川義元と同じ駿河、遠江、三河の大名となる。 上野国は滝川一益(1525~1586)へ付与。 信濃国のうち、高井・水内・更科・埴科の四郡は森長可(1558~1584)へ付与。長可は以後川中島へ在城。同木曾谷二郡は木曾本知として、また安曇・筑摩の二郡は新知として木曾義昌(1540~1595)へ付与。同伊那郡は毛利秀頼(1541~1593)へ付与。同諏訪郡は河尻秀隆・穴山梅雪の替地として付与。同小県・佐久の二郡は滝川一益へ付与。以上をもって信濃十二郡が知行割りされた。 美濃国岩村は今回の功績により団平八(忠正)(?~1582)へ付与。同金山・米田島は森蘭丸(成利)(1565~1582)へ付与。同時に国掟も発布された。(『信長公記』)。
	3月29日	織田軍諸勢、この日より木曽口・伊那口らから思い思いに帰陣。
	3月一	織田信長、甲斐国・信濃国へ、全十一ヶ条の「国掟」を下す。さらに両国の寺社・郷等へ全三ヶ条の「禁制」を下す。
	3月一	**三浦十左衛門尉安久・朝比奈又蔵、家康重臣酒井忠次(1527~1596)を通じて今川家への再仕官を望むが叶わず徳川家康に仕官する。**
	4月一	織田信長、この頃、甲府善光寺如来を岐阜に移すと伝える。
	4月一	織田信長、甲斐国の寺社・郷等へ禁制を下す。
	4月2日	信忠を信州諏訪に残した織田信長、上諏訪の法華寺を出立、台が原(山梨県北巨摩郡白洲町)に着陣。御座所の普請や賄いその他は滝川一益が担当し、上下数百人分の小屋を立て置いた。(『信長公記』)。
	4月2日	北条氏政が武蔵野で追鳥狩を行い、信長公へ雉五百余匹を進上してきた。これを受けた信長公は菅屋長頼・矢部家定・福富長勝・長谷川秀一・堀秀政の五人を奉行とし、馬廻衆を集めたところへ雉を運び込ませ、その遠国の珍物を皆へ分配したのだった。(『信長公記』)。
	4月3日	織田信長、富士山を見物した後、武田勝頼の新府城の焼け跡を検分し、織田信忠が武田氏の旧居館・躑躅ヶ崎館の跡に建てた仮御殿で宿泊。
	4月3日	信長公は台ヶ原を出立したが、そこから五町ほど行ったところで山あいより名山が姿を現した。一目でそれと知れる富士の山であった。煌々と雪が積もるその姿はまことに壮麗で、どの者も見上げては耳目を驚かせていた。そののち信長公は武田勝頼の居城であった甲州新府の焼け跡を見つつ、古府中へ陣を移した。古府中では信忠殿が武田信玄の館跡に入念な普請を施して美々しい仮御殿をしつらえており、信長公はそこへ居陣したのだった。ここにおいて信長公は惟住(丹羽)長秀・堀秀政・多賀新左衛門(常則)(?~1587)に休暇を与えた。三人は上野国草津へ湯治に向かった。(『信長公記』)。信長、新府を経て甲府に入る。
	4月3日	北条氏政から馬十三匹、鷹三足が進上されてきた。その中には鶴取りの鷹もいるとのことであった。ところが使者の玉林斎が伺候したところ、信長公はいずれの品にも取り合うことなく、そのまま持ち帰らせてしまったのだった。(『信長公記』)。
	4月3日	真田昌幸(1547~1611)、信長に黒葦毛の駿馬を贈り、誼みを通じる。

西暦**1582**

天正10	4月3日	「**恵林寺焼き討ち**」。織田信長、織田信忠に命じて、武田家菩提寺の恵林寺(山梨県甲州市塩山小屋敷)を焼き打つ。恵林寺快川・東光寺藍田恵青ら長老十一人、寺中老若ら百五十人余焼死。佐々木次郎(六角義定)(1547~1582)を隠し置く罪による。快川紹喜(1502~1582)は少しも騒がず、端座したまま微動だにしなかった。(『信長公記』)。紹喜は、「安禅必ずしも山水を須いず、心頭を滅却すれば火も自ら涼し」と偈を発して果てたという逸話が残る。快川紹喜は、正親町天皇より「大通智勝国師」という国師号を賜っていた。	3691
	4月5日	上杉氏に与す事を決めた芋川親正(1539~1608)ら牢人・土民・百姓らの川中島一揆が起きる。一揆、信長の将稲葉貞通(一鉄の嫡男)(1546~1603)を信濃飯山城(長野県飯山市飯山)に攻める。信長は、稲葉勘右衛門・稲葉刑部・稲葉彦一・国枝氏らを援軍として飯山へ遣わした。また信忠の手からも団平八が派遣された。七日、海津城の森長可(1556~1584)らは、長沼城(長野市穂保)を攻めた一揆勢を壊滅させ、大倉古城(長野市豊野町大倉)に逃れた一揆勢を破り、女・童ら千人余を斬りすてる。	3692
	4月5日	**松平家忠(1555~1600)、女坂に茶屋造作普請を開始。**(『家忠日記』)。女坂峠(阿難坂峠)は、現在の山梨県南都留郡富士河口湖町精進。	3693
	4月7日	森長可、信長援軍と共に、川中島の一揆鎮圧。	3694
	4月8日	「向後直参事、尤以神妙、依之、為目付滝川左近在国之間、彼等令相談、別而粉骨、併対天下可為大忠、万一於違背之族者、即可被補朝敵、尚天徳寺大円坊可申候也」。織田信長、常陸国の太田資正(三楽斎入道道誉)・梶原政景へ、今後は「直参」することを賞し、目付として滝川一益を在国させるので、相談し奔走することを督促。また「天下」に対して忠節をつくすべきことを命令。万が一に違反者が発生した場合は即時「朝敵」とみなすことを通達。詳細は天徳寺大円坊に伝達させる。	3695
	4月8日	織田信長、佐奈田弾正(真田昌幸)(信濃国上田城主)(1547~1611)の音問で馬一疋(葦毛)の贈呈を謝し、信濃国上田方面での奔走を諒承す。詳細は滝川一益に伝達させる。	3696
	4月8日	「庵原館(静岡市清水区庵原町字御屋敷)の戦い」。徳川軍に攻められ、賢雪道与(朝比奈右兵衛大夫駿河守信置)(1528~1582)、自害。享年55。	3697
	4月9日	「**今度上様御動座付て、御城下へ早**」。家康(1543~1616)、常陸の水谷伊勢守(水谷勝俊)(1542~1606)に書状を送り、信長出馬で参陣を促す。	3698
	4月9日	松平家忠、女坂普請を行う。(『家忠日記』)。	3699
	4月10日	**信長、甲斐国甲府を出発し甲斐国右左口(山梨県甲府市右左口町)峠に着く。そして、徳川家康が普請・警護し、この日出発して駿河に向かう。家康は、念入りに通路を点検させ、鉄砲の邪魔にならないように長い竹木を皆切り道を広々と作った。**	3700
	4月10日	織田信長、恭順した甲斐国の穴山梅雪へ、甲斐国「本地」を安堵し、甲斐国を知行充行った河尻秀隆への知行分と「入組」地の件は河尻秀隆・穴山信君双方の「年寄」が合議の上で交換し、境界を設定して領知とすべきことを通達。	3701
	4月11日	**深溝松平家忠ら三河衆、甲斐国右左口(姥口)峠にて織田信長の行列を警固す。(『家忠日記』)。**家康は、信長の通行のために道を切り開き、茶屋を準備して信長をもてなした。この日は本栖泊。家康は谷間に御茶屋や馬屋を立派に建て酒肴を提供。坂では左右の大木を切り倒し道を作り石を除いた。本栖にも御座所を建て豪華で輝くばかりに造り、二重三重に柵をつけた。諸士の小屋が千軒余り御殿の四方に作る。	3702

天正10	4月12日	織田信長（「上様」）、甲斐国「大ミや」まで「御成」す。（『家忠日記』）。 信長、本栖を未明に出発。富士山の裾野（上野ヶ原・井手野）で小姓衆と「御狂い」を行った。富士山麓の洞窟・白糸の滝見物。大宮（浅間神社）泊。 **浅間神社の陣で、信長は家康に、粟田口吉光作の脇差・一文字作の長刀・黒駮（ぶち）の馬を与えた。家康は大宮の神社（富士宮浅間大社）内に御座所を建てた。一夜の陣宿ではあるが金銀をちりばめてそれぞれの普請は美しく接待も並ではない。**
	4月13日	織田信長、駿河国江尻まで「御成」す。（『家忠日記』）。信長、富士川を越え、蒲原（かんばら）の茶屋で休息。田子の浦・三保の松原などの名所を見物しながら、駿河国江尻泊。
	4月13日	**徳川家康（1543〜1616）、信濃国伊那郡下条兵庫助頼安（下条信氏の次男）（1556〜1584）をして、領内守備を厳にせしむ。**
	4月14日	織田信長、久能城（静岡市駿河区根古屋）を経て、府中（静岡市）の茶屋で休息。安倍川を越えて、宇津ノ谷で休息。田中（藤枝市）泊。 **家康は駿府町口に御茶屋を、宇津の山辺の坂口に屋形を建てて酒肴を提供。**
	4月15日	信長、瀬戸川河原（静岡県藤枝市）の茶屋で休息、酒肴の接待をうける。大井川を越えるとき、川面に人夫が多数立って激流を防いだ。菊川を通り、小夜の中山（静岡県掛川市日坂）の茶屋で休息。掛川泊。 **家康は、瀬戸の川端と小夜の中山に御茶屋を立派に建てて酒肴を提供した。**
	4月15日	「織田信長黒印状」。信長、遠江国掛川より丹後国宮津城の長岡兵部大輔（細川藤孝）へ、「東夷追伐」は早々に落着したことは「乍我驚入計」であったことに触れ、東国は残す所無く制圧したこと、近々近江国安土城へ帰還したら詳細を伝達することを通達。
	4月16日	信長、鎌田・三ヶ野坂（静岡県磐田市）で休息。天龍川に舟橋を架けて渡河。**信長は、出迎えた徳川家康の接待に非常に満足する。**信長、浜松泊。浜松城の信長は、小姓衆・馬廻りを解散させ先に安土に向かわせ、弓衆・鉄砲衆のみが警護する。信長は武田攻めに準備していた兵糧八千俵を徳川家臣に分配する。信長は掛川を暁方に出立し、見附を経て池田宿より天竜川へ。**家康は天竜川に船橋をかけた。信長の行列を渡すためであるので国中の人数で大綱数百本を引き船を寄せ集め非常に丈夫で立派につくりかけた。川の中や橋の前後に堅く番人をおいた。**信長一行はこの船橋を通り浜松城へ。『信長公記』の筆者は「この橋だけの造作でも費用は大変なものである。国々遠国まで道を作らせ江川には船橋をかけ路辺に警護の兵を置く。各宿泊地には屋形を建て道路の辻々には茶屋馬屋をつくられた。信長へ出される膳の用意には京都などへ人を派遣し諸国で珍奇な品物を調達した。家康の信長への崇敬は非常なものである」と記している。
	4月17日	織田信長、この払暁に遠江国浜松を出立。浜名河口を舟で渡り、茶屋で休息。晩に吉田（愛知県豊橋市）に着き、宿泊。**家康は御座船を用意し酒肴を提供した。伴衆の船も数多く集め、前後に船奉行をつけて油断なく湖を越えさせた。**
	4月18日	信長、御油（愛知県豊川市御油）に茶屋を設えて休息。岡崎を経て知立（ちりゅう）（愛知県知立市）泊。
	4月19日	信長、清洲（愛知県清須市）に到着。
	4月19日	上様（信長）が俸禄を与え、宣教師が進上した、黒い男をお連れしている。身体は墨のようだ。身の丈は六尺二分（約182.4cm）。名は弥助というそうだ。（『家忠日記』）。
	4月21日	武田を滅ぼした織田信長、20日岐阜を経て近江国安土城に凱旋。 城内には、大小名、公家、僧侶、堺の豪商たちが御見舞と称して多数駆けつけ、宣教師ルイス・フロイス（1532〜1597）も参上した。

天正10	4月23日	勧修寺晴豊(勅使)とその一行、明け方に近江国安土城へ到着。晴豊(勅使)、松井友閑(「友感」)邸に立ち寄り進物を贈る。正親町天皇(「禁裏」)から織田信長へ「かけ香」三十、誠仁親王(「親王御方」)からは「たき物」十、晴豊からは「おミなめしのす、しおひ」一筋が贈られた。松井友閑へは百疋、「おく」へは「たひ」、信長に仕えている「うちのわか上ろう」へは「こあふき」三本、村井専次へ「かけ袋」十が贈られた。織田信長に対し庭田重保は「鷹ゆかけ」二具を、甘露寺経元は「白とうすん」一巻を、藤波慶忠(「祭主」)は「しはらいしゝら」一端を贈った。松井友閑に対し庭田重保は「ゆかけ」二十五具を、藤波慶忠(「祭主」)は五具を贈った。松井友閑邸に於いて酒宴(「大さけ」)が催され、勧修寺晴豊はその場で誠仁親王(「親王御方」)への返状を受ける。晴豊らが宿所へ戻ると「おく」より酒樽が届けられた。「わか上ろう」が到来し、酒宴(「大さけ」)が催された。その後に京都へ向かい近江国「もり山」まで戻り、明け方に出発する用意をした。(『日々記』)。	3715
	4月24日	「織田信長朱印状」。 信長、一色五郎・長岡兵部大輔(丹後国弓木城(与謝郡)城主の一色満信(義定)・細川藤孝)へ、「中国進発」はこの秋に予定していたが、今度備前国児島に於いて敗北させた小早川隆景が備中国高山城(うな山城)(岡山市御津伊田)に籠城したので羽柴秀吉が攻囲しているとの注進があったこと、重ねて一報が入り次第、信長は「出勢」するので準備に油断しないことを通達。詳細は明智光秀より伝達させる。(『細川家文書』)。	3716
	4月25日	羽柴秀吉(1537～1598)、備中国冠山城(岡山市北区下足守)の城主・林三郎左衛門・松田孫次郎および三百人を討ち果たし、大将両名の首を近江国安土城へ進上。	3717
	4月25日	「三職推任問題ー信長は、正親町天皇の譲位を迫る」。 「廿五日、天晴、村井所(村井貞勝)へ参候、安士へ女はうしゆ(女房衆)御く(下)し候て、太政大臣か關白(関白)か将軍か御すいにん(推任)候て、可然候よし(由)被申候、その由申入候、」。(『日々記』)。勧修寺晴豊、村井貞勝(「村井」)邸へ赴く。この時、勧修寺晴豊は勅使として近江国安土へ下向した際に得た織田信長返書を受けた誠仁親王からの「安土へ女はうしゆ御くたし候て、太政大臣か関白か将軍か、御すいにん候て可然よし」という意向を村井貞勝に伝達した。	3718
	4月29日	「三職推任問題」。この頃、誠仁親王(1552～1586)、織田信長(「前右府」)へ「いか様の官にも任せられ」との消息を認める。	3719
	4月29日	**「伝馬壱定、無相違可被出者也、仍」。** 徳川家康、遠江・三河両国の宿に、朱印状をもって伝馬を出すよう命じる。	3720
	5月1日	上杉景勝(1556～1623)、常陸の佐竹義重(1547～1612)に書を送り、滅亡の覚悟を伝える。	3721
	5月3日	「三職推任問題」。 「上﨟の局」・「大御ちの人」・勧修寺晴豊、明け方に近江国安土城へ向けて京都を出立。「勅使」は勧修寺晴豊で「上らう」はその介添えとして、また「大御ちの人」は誠仁親王(「御方の御所」)の意を受けての下向であった。「両御所」(正親町天皇と誠仁親王)からの「御書」と、正親町天皇(「禁裏」)からの「御ふく」一重と誠仁親王(「御方の御所」)からの「かけ香」二十袋を携えての下向であった。近江国草津に於いて昼の休憩をとった。(『日々記』)。 安土下向の勅使に、「いか様の官にも任せられ」と記された誠仁親王(1552～1586)の信長宛消息が下されていた。	3722

天正10	5月4日	「三職推任問題」。女房衆、近江国安土城へ登城し正親町天皇・誠仁親王より下賜された贈物を渡す。勅使勧修寺晴豊は松井友閑邸を訪問し、「勅作五貝もつく」一桶を贈る。織田信長「こしやう衆」六・七人へは扇子を二本ずつ贈る。晴豊、信長の遣わした小姓の森成利（「御らん」）より「いかやうの御使のよし」を問われる。これに対し勧修寺晴豊が「関東打はたされ珍重候間、将軍ニなさるへきよし」と返答したところ、再度森成利を介して織田信長「御書」が発給された。信長「御使」の楠長諳が「上らう御局へ御目かかり可申ふんなから、御返事申入候ハて御目かかり申候儀、いか」と問いかけて勧修寺晴豊の「心え可申」と言ったので、晴豊は「いかやうにも、御けさんあるへく候」と返答した。すると再び「御両御所」へ織田側の「御返事」が出された。楠長諳（「長庵」）は勧修寺晴豊へ五疋を、「おく」に三疋を、「若上ろうおく物」へ二疋を贈呈。（『日々記』）。 天皇の宸翰、誠仁親王消息、他品々を預かった朝廷の勅使（女房二人と勧修寺晴豊）が安土に下向し、松井夕閑に手渡した。さらに、取次（小姓の森蘭丸）に、信長の征夷大将軍の任官と幕府開設をすすめる。信長は天下統一まで任官の意志は無く、信長、会わず即答を避ける。信長が要求してきた正親町天皇の譲位がなかったのだ。
	5月5日	**「甲州窪八幡内七貫五百文・信州田」。** 家康、丸山東市佑に、朱印状をもって知行充行。
	5月7日	「信長、神戸（織田）信孝に四国攻めを命令—神戸信孝宛朱印状」（『寺尾菊子氏所蔵文書』）。 織田信長、三男信孝（1558～1583）へ、全三ヶ条の「就今度至四国差下条々」を下す。その内容は、讃岐国一円を信孝へ知行充行うこと、阿波国一円を三好康長に知行充行うこと、残りの伊予国・土佐国は織田信長が淡路国へ出馬してから処分を決定することであった。また国人について存続・追放の適正な処置と「政道」を厳命。さらに万事は三好康長に対して「君臣・父母之思」を以て「馳走」し、忠節を成すことを指示。信長は三男信孝を三好康長（咲岩、笑岩）（?～?）の養子とした。丹羽長秀（1535～1585）、蜂屋頼隆（1534？～1589）、織田信澄（1555？～1582）の三名が副将として付けられる。 長宗我部氏と織田氏との外交を担当したのが明智光秀（1528？～1582）であり、ここに光秀の多年の外交努力は水泡に帰したという。長宗我部元親は引き続き光秀を介して織田家に砂糖や特産品を贈っていたが、信長は元親との約束を撤回して「四国征討」を決定する。長宗我部に対して「安心なされ」と言っていた光秀のメンツは丸潰れになった。しかも元親の妻は、光秀の重臣・斎藤利三の妹（義妹）であった。
	5月7日	**織田信長、三河・遠江両国衆に兵粮米を与え、深溝松平家忠は、三河国岡崎にて受け取る。**
	5月8日	河内領の下山城（山梨県南巨摩郡身延町下山）主・穴山梅雪（1541～1582）、浜松に向かう。
	5月8日	「備中高松城水攻め—5月8日～6月5日」はじまる。 羽柴秀吉（1537～1598）、備中国高松城（岡山市北区高松）を包囲し川を切って水攻めにする。水攻めの為の築堤工事を開始された。7日ともいう。
	5月11日	神戸（織田）信孝、津田（織田）信澄・丹羽長秀らを従えて摂津国住吉に集結、四国渡海の準備を進める。信長は、まず三好康長（?～?）を先鋒にして阿波に送り込み、信孝は摂津住吉に着陣後に岸和田に陣替、雑賀衆の軍船百艘を待機させて四国征伐を準備した。

西
暦 **1582**

天正10	5月11日	深溝松平家忠 (1555〜1600)、三河国岡崎城に到来した徳川家康を出迎える。(『家忠日記』)。 **徳川家康 (1543〜1616)、穴山梅雪 (信君) (1541〜1582) と共に、旧領安堵のお礼のため浜松から安土へ出発。** 家康に付き従う家臣は、井伊万千代 (直政) (1561〜1602)、榊原康政 (1548〜1606)、本多忠勝 (1548〜1610)、酒井忠次 (1527〜1596)、石川数正 (1533〜1592 ?)、大久保忠世 (1532〜1594)、内藤正成 (1528〜1602) らであったとされる。 **甲州討伐の帰途、家泰から手厚い接待をうけた信長は、その返礼のつもりで、東海道筋の大名に対して、家康の安土祗候を鄭重に迎えるように命じていた。**	3730
	5月12日	大和国興福寺に於いて徳川家康が近江国安土城へ礼参するというので贈物が調達され、この日に送付された。また堀秀政・矢部家定・一雲斎針阿弥らへも贈物が送付された。(『蓮成院記録』)。饗応役明智光秀の指示であろう。	3731
	5月12日	「信長、神格化宣言」。 織田信長 (1534〜1582) は自身の誕生日に「神格化宣言」を発布したという。 イエズス会の宣教師ルイス・フロイス (1532〜1597) によると、信長は宣教師から聞いた欧州型の絶対王政を目指していたが、この頃には君主を超えて「神」として礼拝されることを望むようになり、自身の神格化を始めたという。 キリスト教徒のフロイスはこれを「冒涜的な欲望」と記している。	3732
	5月12日	**深溝松平家忠、三河国小坂まで徳川家康らを見送る。(『家忠日記』)。**	3733
	5月14日	織田信長、木曾義昌 (「木曾伊予守」) (1540〜1595) へ、信濃国木曽方面の「仕置」を油断無く行っていることを諒承。詳細は菅屋長頼 (「菅屋九右衛門」) に伝達させる。 信長、木曾義昌の音問を謝し、木曽の仕置を厳にせしむ。	3734
	5月14日	織田信忠 (1557〜1582) が安土城に凱旋する。 信忠は、四国の長宗我部元親討伐のため、大坂に向かう途中であった。	3735
	5月14日	「明日十五日徳川至安土被罷上也、就其各安土祗候云々、徳川逗留安土之間、惟日在庄之儀自信長仰付、此間用意馳走以外也」。(『兼見卿記別本』)。 吉田兼見、この度徳川家康が近江国安土城の織田信長に礼参するために登城すること、また明智光秀が「在庄」(饗応役) を命じられたことを知る。 (主要な家臣が各地に敵を抱えて不在であったため、光秀が軍務を解かれ饗応役を命じられた。一説には、家康が光秀を所望したとするが、不明)。 光秀は、織田信長から、家康を迎えるための準備で、坂本への帰国を命じられた。	3736
	5月14日	**家康・穴山梅雪 (信君)、近江に入る。** **惟住五郎左衛門 (丹羽長秀) が宿舎を準備し接待した。**	3737
	5月14日	**徳川家康41歳が安土を訪問するため、近江番場 (米原) 宿泊。**	3738

天正10	5月15日	**「家康、金子三千枚と鎧（よろい）三百を献上」。家康一行は安土に到着。**
		織田信長（1534～1582）、近江国安土城・摠見寺に於いて徳川家康（1543～1616）・穴山梅雪（信君）（1541～1582）らを謁見する。（『多聞院日記』）。信長の指示で、宿舎は大宝坊とし、15日から向こう3日間、安土での接待のことを命じられた惟任日向守（明智光秀）は、京都・堺から珍しい物を取り寄せるなどして、非常に念の入った接待であったという。家康は駿河一国加増、梅雪は旧領安堵の礼のためであった。

「…人人が語るところによれば、彼の好みに合わぬ要件で、明智が言葉を返すと、信長は立ち上がり、怒りをこめ、一度か二度、明智を足蹴りにしたということである。だが、それは密かになされたことであり、二人だけの間での出来事だったので後々まで民衆の噂に残ることはなかったが、あるいはこのことから明智はなんらかの根拠を作ろうと欲したかも知れぬし、あるいは、その過度の利欲と野心が募りに募り、ついにはそれが天下の主になることを彼に望ませるまでになったのかもしれない」。（『フロイス日本史』）。

	5月17日	此等ノ趣聞こしめし及ばれ、今度間近く寄り合ひ候事、天の与ふろところに候間…………御動座なされ、中国の歴々討ち果たし、九州まで一篇に仰せつけらるべきの旨、上意にて、堀久太郎御使………惟任日向守、長岡与一郎、池田勝三郎、塩川吉大夫、高山右近、中川瀬兵衛………先陣として、出勢すべきの旨、仰せ出だされ、則ち御暇下さる。惟任日向守、安土より坂本に至りて帰城仕り、何れも同時に本国へ罷り帰り候て、御出陣用意候なり。（『信長公記』）。
		織田信長は、「この度、毛利方は間近にまで陣を進めるということである。これは天の計らいであるから、自ら出陣して中国の歴々を討ち果たし、一挙に九州までも平らげる、またとない機会となるであろう」と述べて、堀久太郎（秀政）を御使として羽柴筑前方へその旨を伝えると共に、明智光秀、長岡与一郎（細川忠興）・池田勝三郎恒興・塩河吉大夫・高山右近・中川瀬兵衛清秀は先陣として出勢するよう指示し、すぐさま御暇（現在担当している任務を解くこと）を下した。
		光秀は安土より坂本帰城、皆も本国に帰り出陣の用意をした。信長は備中で毛利氏と対戦している秀吉の要請で、自ら秀吉を援助しようとして、明智光秀に軍司として先に出陣することを命じ、坂本に帰り、準備させるという決定を下す。（『惟任退治記』）。
		信長の近臣長谷川秀一と菅谷九郎左衛門が、家康饗応の接待役をつとめることになった。
		信長の出陣決意で「三職推任問題」は、うやむやのままとなる。
	5月18日	**「曾下まいり候、夕立、かみなり、安土より鵜善六の折昏越し候、家康、去る十五日ニ安土へ御越し候、御山にて御ふる舞候、十八日にも家康御膳をば、上様御自身御すへ候由候、各御供衆にも、御てつから、ふりもみこかし御引き候由候、御かたひら二つずつ被下候、一つは女房衆みやげとて、くれなゐのすずし之由候」（『家忠日記』五月二十一日条）。**
		織田信長、自ら徳川家康の膳を据え、徳川家康家臣にも自ら「ふりもミこかし」を挽き、帷子を与えた。
	5月18日	明智光秀、信長から家康供応の内容を叱責され、森成利（蘭丸）ら小姓に、打擲されるいう。創作であろう。
	5月18日	松平家忠（1555～1600）、近江国安土城へ出仕した徳川家康のもとへ飛脚を発す。（『家忠日記』）。

西暦1582

天正10	5月19日	織田信長は、徳川家康一行の道中の労をねぎらうために、安土城内摠見寺において幸若八郎九郎大夫の舞や丹波猿楽・梅若大夫の能を舞わせることにした。桟敷では近衛前久・信長・家康・穴山梅雪(信君)・楠　長諳(楠木正虎)(1520～1596)・長雲(長雲軒妙相)・松井友閑・武井夕庵(武井爾云)、土間では小姓衆・馬廻・年寄衆・家康の家臣衆などが見物した。 「梅若大夫の能を二番見た後、信長の機嫌が悪くなり直にお叱りになった。梅若大夫へ帰るよう命じられ、また幸若大夫に「和田酒盛」を舞わせよと命じて召し出された。舞が終わり黄金十枚を盃の土器に置いて幸若大夫にくだされた。その後いろいろと梅若大夫が詫び言を申し上げ、能を一番演じた。梅若大夫にも黄金十枚をくだされた」。(『宗及茶湯日記他会記』)。	3744
	5月20日	織田信長は、丹羽長秀(惟住五郎左衛門)・堀久太郎(秀政)・長谷川竹(秀一)・菅谷玖右衛門(長頼)の四人に、家康接待の用意を命じた。	3745
	5月20日	「御座敷は高雲寺御殿、家康公…………家老の衆に御食を下され、悉くも、信長公御自身御膳を居えせられ、御崇敬斜ならず」。(『信長公記』)。 高雲寺御殿で、家康・穴山梅雪(信君)・石川伯耆守数正・酒井左衛門尉忠次、その外、家老の衆に食事を出し、信長自らも膳を共にして、敬意を表した。食事が済むと家康と供の人達を残らず安土城に案内して、帷を贈るなど、大変心の籠った接待であった。家康ら、梅若大夫の能を見物、桟敷席内に近衛・信長・家康・穴山公梅雪等。芝生席に小姓衆馬廻り年寄衆と家康の家臣であった。	3746
	5月20日	信長は家康に京都・大坂・奈良・堺の遊覧を勧め、案内役に長谷川竹(秀一)をつける。大坂での接待を織田信澄・丹羽長秀へ命じ、両名は大坂城(旧石山本願寺)へ移動する。(『信長公記』)。	3747
	5月21日	「織田信忠(「三位中将殿」)・徳川家康(「参川徳川」)、上洛す」。(『言経卿記』)。 織田信忠(「城介」)・徳川家康(「徳河」)・穴山信君(「あな山」)、上洛す。見物人が群集する。(『日々記』)。信忠(1557～1582)・家康(1543～1616)・穴山梅雪(信君)(1541～1582)、上洛、見物人が群集する。家康は、家康の京都御用を勤める茶屋四郎次郎清延邸に入る。信忠は父信長と行を共にすべく、一門衆・母衣衆とわずか二百ばかりの手兵を連れて上洛、衣棚押小路の妙覚寺に入る。	3748
	5月21日	深溝松平家忠、鵜殿善六より近江国安土城での様子を報じた書状を受ける。「上様自ら家康の御膳を運び、お供衆にもふりもみこかしを挽いて下さった」。(『家忠日記』)。	3749
	5月26日	織田信忠・徳川家康・穴山信君、京都「清水」に於ける「能」興行を見物、暮れに宿所へ帰る。(『日々記』)。	3750
	5月26日	明智光秀(1628？～1582)、中国出陣のため近江坂本城より、勝竜寺で斎藤利三(1534～1582)と落ち合い、丹波亀山城に移動。 『信長公記』には、「五月廿五日、惟任日向守、中国へ出陣の為、坂本を打ち立ち、丹波亀山の居城に至り参着」とある。	3751
	5月26日	深溝松平家忠(1555～1600)、近江国安土滞在の徳川家康より自筆書状を受ける。(『家忠日記』)。	3752
	5月27日	織田信忠、京都より森成利(蘭丸)へ、織田信長が中国方面へ近々「御出馬」されるというので予定していた和泉国堺の見物を遠慮すること、信長が一両日中に上洛するというので待ち受けることに対する織田信長「御諚」を早々に得て通達することを要請。詳細を申し含めた使者を派遣するので、その口上によることを通達。	3753

西暦 *1582*

天正10	5月27日	「四国攻め」。総大将織田信孝（信長三男）(1558〜1583)、四国侵攻のため兵一万四千で安土を出陣、堺へ向かう。	37
	5月27日	織田信長、長連龍 (1546〜1619) の注進状に応え、能登国奥郡まで長景連が侵攻し能登国「太那木城」(棚木城)（石川県鳳珠郡能登町宇出津）に籠城したところ、去る五月二十二日に攻略し景連を始め「一人も不漏」に討ち取ったことを賞す。現存最後の織田信長発給文書という。	37
	5月27日	「次の日、廿七日に、亀山より愛宕山へ仏詣、一宿参籠致し、惟任日向守心持御座候や、神前へ参り、太郎坊の御前にて、二度三度まで䰗を取りたる由、申候」(『信長公記』)。 明智光秀(1528？〜1582)、亀山より愛宕山愛宕権現へ詣る。本殿の勝軍地蔵の御前にて、二度三度まで籤を引く。この日は参籠。	
	5月28日	**家康一行、京から堺へ向かう。まず大坂城（旧石山本願寺）へ入り、織田信澄・丹羽長秀の接待を受ける。**	
	5月28日	「愛宕百韻連歌」。(『信長公記』)。 明智光秀(1528？〜1582)、愛宕山西坊で、息子の十兵衛（光慶）(1569〜1582)・里村紹巴 (1525〜1602)・里村昌叱(1539〜1603)・里村心前 (？〜1589)・猪苗代兼如 (？〜1609)・行祐（愛宕西之坊威徳院住職）・宥源（愛宕上之坊大善院住職）・東六郎兵衛行燈（光秀家臣）らと連歌会を催す。 光秀は最初の発句に「ときは今雨が下しる五月哉」と詠む。「時は今（土岐は今）、雨（天）がした（下）しる五月かな」(今や土岐氏出身の光秀が信長を滅ぼして天下を治めることを祈念したと解釈される。今は五月雨が降りしきる五月であるという、捻りの無いそのままの意味であるとも)の句を詠み、丹波亀山城に帰る。	
	5月28日	深溝松平家忠、近江国安土の徳川家康へ飛脚を発す。(『家忠日記』)。	
	5月29日	**徳川家康・穴山梅雪一向、堺に到る。長谷川竹（秀一）は、家康一行の堺遊覧に同行していた。堺の政所（信長の代官）松井友閑 (？〜？) が堺での家康一行接待の分担を決め手配した。家康一行は津田宗及宅で昼茶席の接待を受け、堺の政所・松井友閑宅に泊った。**	
	5月29日	信長は、安土城の守備として本丸に津田信益（織田信清の子、信長の従甥）(？〜1633)、二の丸に蒲生賢秀(1534〜1584)・山岡景佐(1531〜1589)・祖父江秀重(1524〜1585)らを置く。二の丸には、木村次郎左衛門を置くともいう。さらに、中国出陣の準備をして待機するように命じた。朝、安土を発った織田信長(1534〜1582)、中国攻めのため、雨天の中、未刻(14時)に入洛、小姓衆ら二、三十人を引き連れ、天正8年(1580)2月に本堂や周辺の改築が施された本能寺に入る。信長は、毛利攻めに自ら出陣し、返して高野山攻めを目論んでいたとされる。「四条坊門西洞院の本能寺」と呼ばれ、北は六角堂、南は四条坊門通、東は西洞院通、西は油小路通に区切られる位置。周囲四町（約436m）といわれる。 柴田勝家 (1522？〜1583) は上杉、羽柴秀吉 (1537〜1598) は毛利氏、神戸信孝(1558〜1583)は長宗我部氏、滝川一益(1525〜1586)は北条氏と、織田家の重臣に率いられた軍団は北陸・西国・四国・関東に出払っていた。	
	5月30日	**徳川家康らが堺を見物。**	
	5月一	「三職推任問題」。この月、2月就任した近衛前久(1536〜1612) が、太政大臣辞任。天正13年12月25日秀吉就任まで空席となる。信長の三職推任問題に関連して前久が信長に同職を譲る意向であったからだともいう。	

西暦**1582**

天正10	5月―	この頃、羽柴秀吉より備中高松城の陣への援軍要請が、信長の元に届く。	3764
	6月1日	徳川家康(1543〜1616)・穴山梅雪(1541〜1582)一行、堺で、朝は堺の納屋衆今井宗久(1520〜1593)、昼は会合衆の津田(天王寺屋)宗及(？〜1591)、夜は松井友閑(？〜？)から茶の湯の接待を受ける。茶会のあとでは、酒宴もあった。	3765
	6月1日	「本能寺名物開き」。織田信長、博多の豪商島井宗室(宗叱)(1539〜1615)・神谷宗湛(紙屋宗旦)(1551〜1635)らを招き、本能寺の書院で前太政大臣近衛前久(1536〜1612)を主賓として茶会を開く。信長が自慢の茶道具38種や名物を、安土から持参し参集した者達に披露。	3766
	6月2日	「本能寺の変」。信長(1534〜1582)自刃、49歳。明智光秀(1528？〜1582)、この未明に謀反を為して京都本能寺の四方を取り囲み攻撃する。明智光秀は「今度西国立御暇乞申と云テ人数ヲ可懸御目由謀略ヲ企」み、「俄ニ人数ヲ召集メ可罷立結構」を実行したのであり、織田信長は「御運尽ル故」か「日比ノ御用心モ此時節御油断」し「御近衆ノ者十四五人ハカリ」であり「無左右御腹被召」れ、本能寺「御殿ヘ火ヲカケ即時ニ打果」ててしまった。信長は初め弓を持って戦ったが、どの弓もしばらくすると弦が切れたので、次に槍を取って敵を突き伏せて戦うも肘に槍傷を受けて内に退いた。信長はそれまで付き従っていた女房衆に「女はくるしからず、急罷出よ」と逃げるよう指示した。三度警告し、避難を促したという。(『当代記』)。すでに御殿には火がかけられていて、近くまで火の手が及んでいたが、信長は殿中の奥深くに篭り、内側から納戸を締めて切腹した。この討ち入りが終わったのが辰の刻(午前8時)という。(『信長公記』)。森乱丸(森成利)は、信長の遺骸の上に畳を五、六帖を覆いかぶせたいう。(『祖父物語』)。光秀が確認できず不安がった信長遺骸は灰燼に帰し、数日間は信長生存の情報が錯綜し、それが明智勢に不利に働いたとされる。	3767
	6月2日	「稍無音之処御懇状、殊為音信見事之新伽羅〈壱斤〉并鉄炮薬〈拾斤〉送給候、祝着之至候、将亦先度此方帰陣以来京都在留之由、珍事共令察候、又近々安土へ御上之由候、帰路之時分、尚自是可申入候、委曲石河日向守可(家成)申候、恐々謹言、」 徳川家康、尾張国常滑城(愛知県常滑市山方町)主・水野守隆(？〜1589)に、香木・鉄炮玉薬の礼を述べる。	3768
	6月2日	朝、徳川家康主従、信長に面会のため、和泉国堺を出立。河内の飯盛山で先駆けの本多忠勝(1548〜1610)より変の第一報を聞いた。 忠勝が午の刻、河内の枚方(男山とも)に来た時、変報を知らせるため堺に向かう京の豪商茶屋清延(四郎次郎)より織田信長・信忠父子生害の報を受ける。 家康は一旦帰国を決意、伊賀越えを目指す。飯盛山(大阪府大東市及び四條畷市)から尊延寺(大阪府枚方市大字尊延寺)へ至る。 信長家臣長谷川秀一は、土地鑑に乏しい一行の案内を買って出て、河内国から山城国、近江国を経て伊賀国へと抜ける道取りを説明したとされる。	3769
	6月2日	穴山梅雪(1541〜1582)は、家康と別れて浜松へ引上げる途中、田辺の原野(京田辺市飯岡南原)で一揆土民にあい横死。(異説6月3日未明)。	3770
	6月3日	羽柴秀吉(1537〜1598)、明智光秀が毛利氏に送った密使を捕獲し本能寺の変報を知る。(「浅野家文書」)。	3771

天正10	6月3日	**「家康三大危機の三番目―伊賀越え」**。明智光秀の攻撃をかわすべく、木津川の草内渡しを越えた徳川家康（1542～1616）、巳の刻（10時）に宇治田原城着、食事を摂る。主従は34名であったという。午の刻（12時）に出発、多羅尾光俊（1514～1609）らの迎えで信楽の小川村（滋賀県甲賀市信楽町）の妙福寺で一泊し、この日、柘植・四日市、鹿伏兎越を経て伊勢に着き、那古（白子）にて乗船途中土民の一揆の襲撃で危機に陥ったこともあり、「伊賀越えの御難」といわれる。 この河内・山城・近江・伊賀の帰路の家康を守ったのが服部正成（半蔵）（1542～1596）が説得した甲賀や伊賀の土豪たちで、後年、伊賀者たちが幕府に取り立てられたのは、このときの功によるとされている。
	6月3日	**堺に在った伊奈忠次（1550～1610）は、伊賀越えに小栗吉忠（1527～1590）らと共に貢献する。**この功により再び帰参が許され、父・忠家の旧領・小島（愛知県西尾市小島町）を与えられたという。また三遠奉行の一人として検地などの代官であった小栗吉忠の同心となり、後に吉忠の跡を継ぐ形で代官衆の筆頭になる。以後駿・遠・三の奉行職として活躍する。
	6月3日	三河国の深溝松平家忠、京都の酒井忠次より家康の命令として西国へ出陣あると通知を受ける。酉刻（午後六時前後）に京都で光秀・信澄謀反により信長自害の旨大野より知らせを受ける。『（家忠日記）』。
	6月4日	羽柴秀吉（1537～1598）、本能寺の変報に接する。この日だという。
	6月4日	**徳川家康主従（酒井忠次・石川数正・井伊万千代（直政）・榊原康政・本多忠勝・石川数正・大久保忠世・内藤正成・木俣守勝・長沢松平康忠・永井直勝・高力清長・牧野半右衛門康成ら）、伊勢の白子（三重県鈴鹿市）から船で伊勢湾を渡り、この日、三河大浜（愛知県碧南市築山町）に上陸し1泊する。**永井直勝の手引きで、羽城（愛知県碧南市羽根町1丁目）守将長田平右衛門重元（永井直勝の実父）（1504～1593）の屋敷という。 酒井重忠（1549～1617）・同忠利（1559～1627）らと共に三河大浜に家康を迎えた深溝松平家忠（1555～1600）は、「家康一行は約200人の雑兵を討ち取った」と書き記す。 護衛した信長家臣・西尾義次（後の吉次）（1530～1606）は、そのまま家康の家臣になった。この功により、天正14年（1586）、羽柴秀吉より「吉」の諱を賜い「吉次」と改名。 木俣清三郎守勝（1555～1610）は、三河国出身で9歳の頃から徳川家康に仕えたが、身内争いのため京へ逃れて明智光秀に仕官。播磨攻め、大和片岡城攻め、石山本願寺攻めなどで戦功を上げ、光秀に認められて戦功により50石を与えられた。さらに信長に謁したのち、天正9年（1581）家康に呼び戻されたという。家康に呼び戻された時、明智光秀の甲冑、脇差を贈られ、家康への手紙も託されたという。（京都井伊美術館蔵）。
	6月4日	「……其城堅固ニ被相拘候由尤候，」（その城を堅固に守るのは尤もだ。…御尽力に**大変満足している。信長年来の御恩を忘れず、必ずや光秀を成敗すべきである。ご心配なく、そちらを守る事が大切だ**）。 徳川家康（1543～1616）、蒲生右兵衛大尉（蒲生賢秀）・同忠三郎（賦秀（のちの氏郷））（1556～1595）父子へ書状を送る。
	6月5日	「備中高松城水攻め（5月8日～6月5日）終結―高松城（岡山市北区高松）開城。中国大返し（6月5日～6月13日）」はじまる。 毛利軍、秀吉軍、共に帰途に就く。毛利は、信長の死を知るが、秀吉の後を追わず引き上げるという。14時、秀吉（1537～1598）は、暴風雨の中、東上を開始。
	6月5日	**三河大浜で家臣たちに迎えられ、この日岡崎城（愛知県岡崎市康生町）に入った家康は、明智光秀討伐の軍を起こすために、準備を命じた。11日出陣予定であった。**

西暦**1582**

天正10	6月5日	深溝城の松平家忠に出陣準備が命じられる。伊勢・尾張の織田家から家康へ使者が来て、味方の確認をする。(『家忠日記』)。	3780
	6月6日	**「此の時に候間、下山へ相うつり、城見立て候て、普請なさるべく候。委細、左近左衛門申すべく候。恐々謹言」。** 徳川家康、家臣の岡次(武田旧臣・岡部次郎右衛門尉正綱)(1542~1584)に書を送り、領国駿河から国境を越えて甲斐に進入し、巨摩郡下山城(山梨県南巨摩郡身延町下山)を築くことを命じる。 家康は、次いで穴山衆を率いて武田遺臣を招致させ、甲斐の掌握を図る。 下山は、富士川沿岸の要地で、伊賀越えのとき土民に殺された穴山信君(梅雪)の領地である。信君の死後は領主のない土地となっていたので、家康は、いち早く、その中心地である下山を占領させた。信長は、甲斐一国を河尻秀隆に与えたが、穴山信君の所領だけは除外しておいた。 岡部正綱は、もと今川家臣であったが、のち武田氏に属し、駿河の清水城(静岡市清水区本町)にいた。正綱は、同年2月の織田・徳川軍による武田攻めが開始されると、穴山信君と共に徳川家康に内通した。3月に武田氏が滅亡すると徳川家康の家臣となった。	3781
	6月6日	松平家忠、八日に東三河衆が岡崎へ来るので一報あり次第出陣ある旨を酒井忠次より知らされる。雨、一日待機。(『家忠日記』)。	3782
	6月―	**「今度大和越之節、越度なき様めさ」。** 家康(1543~1616)、筒井順慶老他四名に謝状を送る。	3783
	6月7日	信長の兵は離散、甲斐・信濃・越中は台風が止むが如く静かになった。(『上杉家御年譜』)。	3784
	6月9日	**水野忠重(家康の叔父)(1541~1600)・勝成(1564~1651)父子は、京都から三河国刈谷へ帰る。** 同年6月2日、本能寺の変が起こると、織田信忠に従って妙覚寺、二条御新造にいたようだが、難を逃れて東山の東福寺山林に三日間身を隠したあと、東福寺境内の塔頭霊源院に匿われる。この日、霊源院の好意で京都を脱出したあと、京極高次の居城江州大津城に入り、それから京極勢の手で刈谷に着くという。	3785
	6月9日	松平家忠、西陣の出陣少し延期の命令を受ける。水野忠重が京都に隠れていて帰ってきたことを知る。**雨、家康が出陣を延期する。**(『家忠日記』)。	3786
	6月9日	**「信長公御切腹故、明知日向守天下」。** 家康、小笠原信濃守他四名に書状を送り、「本能寺の変」を知らせる。小笠原長時(1514~1583)らに伝えたのであろう。長時は、上杉謙信死後は跡継ぎ争い「御館の乱」を逃れて越後を放浪した末、会津・蘆名氏を頼っていた。	3787
	6月10日	**徳川家康、家臣本多信俊(1535~1582)を使者として、信長から甲斐国を任されていた河尻秀隆(1527~1582)のもとに送る。信俊は甲斐国内で武田の旧臣が不穏な動きをしているので美濃に兵を退くよう進言。** 穴山梅雪遺領の掌握を図るかと、家康に不信感を抱いた秀隆は、この進言を拒否し、本多信俊を殺害することになる。	3788
	6月10日	松平家忠、十二日に出陣の旨酒井忠次より知らされる。(『家忠日記』)。	3789

天正10	6月11日	松平家忠、人足を出したが出陣は十四日まで延期の知らせがあり呼び戻す。(『家忠日記』)。 **岡崎の徳川家康は、大雨のためこの日の出陣を延期する。**	37
	6月11日	北条氏政、相模小田原城にて本能寺の変の報を受ける。 北条氏政(氏康の次男)(第4代の北条家前当主)(1538～1590)、滝川一益(1525～1586)へ、相模国小田原に達している「本能寺の変」の実否について問う。もし事実であっても北条氏政には疑心を懐かぬよう通知。	37
	6月12日	**「敬白起請文之事 一、今度質物早速、出候段、祝着の事 一、御身上向後見放ち申すまじく候。然るべく馳走せしむべき事。一、何事も抜け公事、表裏あるまじき事」。** 徳川家康、甲賀の地侍和田八郎定教(さだのり)に起請文を出す。 八郎は、伊賀越えのとき、甲賀の山中で忠節を盡したので、起請文をつかわしその身上を保証した。	37
	6月12日	**「一拾三貫文 本領長村之内 一五」。** 家康(1543～1616)、曾根昌世・岡部正綱をして、甲斐中巨摩郡の加賀美右衛門尉(武田遺臣)に河内正林寺分5貫文等の本領を安堵。 **家康の部将大須賀康高(1527～1589)・岡部正綱(1542～1584)・曽称(曽根)昌世らの動きは早かった。** **岡部・曽根は、6月12日武田遺臣加賀美右衛門尉の本領四三貫文余、同17日同窪田助之丞の本領八八貫文余を安堵。大須賀は、同20日西郡鷹尾寺の寺領、同26日に府中一蓮寺の寺領余を安堵し、民心の安定に努めた。**	37
	6月12日	小笠原貞慶(長時の三男)(1546～1595)、筑摩郡の後廰勘兵衛尉(後庁長行)に信濃入りした際の忠節を促し、後庁の名義と洗馬堀廻三千貫を宛てがう旨の書状を出す。14日には更に奉行職に加えるとの口上が述べられその忠節と働きを促す。	37
	6月12日	北条氏政、領国に動員をかける。信長の死を知り、北条氏の上野侵攻は確定していた。	37
	6月13日	**「中国大返し―6月5日～6月13日」成る。** 秀吉軍に、昼頃、名目上の総大将・織田信孝(信長三男)(1558～1583)らが淀川を越えて合流。秀吉が大坂から淀川を越えた織田信孝を出迎える。 「次の十三日の昼頃、川を越えられたので、私もお迎えに馳せ向かい、お目にかかると、お涙を落とし、私も大声で泣きました」。 山手(天王山側)を、羽柴長秀(秀長)(1540～1591)・黒田孝高(官兵衛)(1546～1604)らの主力部隊、街道筋を高山右近(1552～1615)・中川清秀(1542～1583)・堀秀政(1553～1590)ら、河手(桂川沿い)を池田恒興(1536～1584)ら、予備(中央後詰め)は秀吉・信孝を配する。総勢三万五千から四万。	37

| 天正10 | 6月13日 | **「山崎の戦い」。** |

申刻（16時）頃、明智光秀軍山手先鋒の並河易家（掃部）・松田政近隊が、天王山麓の先鋒中川瀬兵衛清秀隊を攻撃、戦端は開かれた。中川隊が防戦する間に、羽柴長秀（秀長）、黒田孝高（官兵衛）・神子田正治・前野長康（坪内光景）・木下勘解由らを率いて援護、並河・松田隊は敗れる。松田政近は討死。

光秀軍の並河易家（明智掃部）は、子・八助と共に出陣する。山ノ手で、堀久太郎（堀秀政）、浅野弾正（浅野長政）父子等と激戦となり、妻木忠左衛門、波々伯部権頭、酒井孫左衛門、同與大夫等と共に、敵を追散した。五百余人討取、三百余人討死したという。

中央の高山右近隊に光秀軍の斎藤利三・柴田勝定、加勢として近江衆の阿閉貞征・小川祐忠らが猛攻をかける。このため高山隊は窮地に立たされるが、中川清秀・堀秀政隊が左翼から、池田恒興・加藤光泰・木村重茲・中村一氏らが右翼（淀川沿い）から明智軍の戦闘部隊を攻撃、斎藤・阿閉隊らは後退する。

光秀軍予備の伊勢貞興・諏訪盛直・御牧景重・藤田伝五隊が右翼から、津田与三郎（重久）・村上和泉守隊が左翼から秀吉軍中央に向かい、一進一退の激しい攻防戦となった。山の手を羽柴秀長・黒田官兵衛・神子田正治・前野長泰・木下勘解由ら羽柴軍の後続部隊が戦闘に加入し、次第に戦力的な差が生まれ、光秀軍は壊滅状態となる。

19時頃、光秀は退却を決意。光秀は勝龍寺城に兵七百余を引き連れ退いた。

並河易家（明智掃部）は、生き延びたと伝え、茶会に記録が残る。松田政近は討死。阿閉貞征（？～1582）・貞大父子は、戦後に一族共々秀吉の軍勢に捕縛されて処刑されたという。

柴田勝定は、『明智軍記』によれば、天正7年に持病を理由に所替えを拒否したことが、柴田勝家の勘気に触れて出奔、明智光秀に転仕し、丹波柏原城を預けられたという。この頃か明智秀満の妹を妻にしたという。本能寺の変では、そのまま光秀に属し、二条城攻めに参加、主戦場の山崎の戦いにも兵2000を率いて先鋒として参加。明智氏滅亡後は、堀秀政に属したとされる。

小川祐忠（？～1601）は、近江国を制圧した明智光秀の傘下に入って出陣したが敗北。他の近江衆同様に羽柴秀吉に降伏した。

伊勢貞興・諏訪盛直は討死、御牧景重は光秀へ退却するよう使者を送り、自身は突撃して討死する。

藤田伝五（行政）は、負傷し淀まで退却。翌日勝龍寺城陥落の報に接し、自刃という。村上和泉守（清国）は討死、津田与三郎（1549～1634）は、高野山へ逃れたが、翌天正11年（1583）に赦されて秀吉に仕え、豊臣秀次の付属とされた。

| | 6月13日 | **「光秀の三日天下」。** |

明智光秀（「向州」）、この夜に丹波国勝龍寺城を「退散」す。明智光秀、逃走中に京都郊外小栗栖村の土民に殺害される。（『兼見卿記』）。

秀吉軍は敗走する明智勢を追撃・掃討し、大軍を以って勝龍寺城を包囲。明智光秀（1528？～1582）は、再起を図るべく溝尾茂朝（勝兵衛）ら少数の近臣と共に、深夜、勝龍寺城を抜け出し、坂本城に戻る途中、小栗栖（醍醐）で土民に襲われ竹槍で刺し殺されたと伝わる。一揆に襲われ光秀は重傷を負い勝兵衛の介錯で切腹して果てたともいう。溝尾茂朝（勝兵衛）（1538～1582）も自害。

光秀の京都での政務は、僅か6月10日～12日までの3日間のみだった。世に言う「三日天下」である。

天正10	6月13日	雨、松平家忠が岡崎城へ向かう。（『家忠日記』）。	37
	6月13日	**徳川家康、諏訪社上社に禁制を掲ぐ。**	38
	6月13日	上野沼田城が織田軍の滝川一益から真田昌幸へ引き渡され、この日に昌幸が城を請け取る。沼田城代は真田氏家臣矢沢綱頼。	38
	6月14日	松平家忠、尾張鳴海まで出陣。（『家忠日記』）。	
		信長の弔い合戦を表明した徳川家康(1543〜1616)、酒井忠次(1527〜1596)・本多忠勝(1548〜1610)・石川数正(1533〜1592？)らを率いて岡崎城(愛知県岡崎市康生町)**出陣、尾張国鳴海**(名古屋市緑区鳴海町)**に着陣。**	38
	6月14日	「今度京都之様躰無是非儀候、其付而□上様為御弔我々令上洛、左様候へハ今日十四日至鳴海出馬候、然者此節可有御馳走之旨水野藤助舌頭ニ候、弥以大慶候、諸事於御入眼者可為本望候、尚委細彼口上ニ相含候、恐々謹言」。 （この度京都の様体、是非のない事だ。それについて信長様の弔いとして上洛する。左様なことで今日十四日鳴海に至り出馬した。然らばこの節に御尽力されることを水野長勝が口上します。ますます喜ばしいことだ。成就すれば本望だ）。 徳川家康、北畠信意（織田信雄）家臣の脇田城(岐阜県海津市平田町蛇池)主吉村又吉郎へ、織田信長弔いのため出陣する意思を表明、その援助を求める。詳細は水野藤助（長勝）に伝達させる。 美濃の址侍吉村又吉郎は、吉村氏吉(1533？〜1620)、別名吉村安実。	38
	6月14日	「先日は示に預り候。仰せの如く、今度の不慮、是非なき次第に候。それについて、京都へ打上るべく存じ候。其の元の儀、何篇にも御馳走あるべきのよし、家康一段祝着申され候。各々申し合され、此の時に候間、是非明智打果たさるべきのよしにて、今日十四、鳴海に到り着陣致され候。いよいよ御馳走肝要に候。御存分ち候はゞ涯分、申調へらるべきのよしに候。此の方の儀、任せかかるべく候。然らば、御飯物の儀、早々越され候はゞ、猶々祝着申さるべく候。恐々謹言」。 本多平八郎（忠勝）・石河伯耆守（石川数正）、吉村又吉郎へ添状を出し、徳川家康に対する「御飯物の儀」、すなわち人質の提出を要求。（「肥前吉村文書」）。	3
	6月14日	「来状委細披見本望之至候、如仰今度京都之仕合無是非次第候、乍去若君(三法師)様御座候間、致供奉令上洛、彼逆心之明智可討果覚悟ニ而、今日十四至鳴海出馬候、殊其地日根野方、金森方一所江被相談候由、弥以専一候、此者万々御馳走可為祝着候、尚追々可申述候間、不能一二候、恐々謹言」。 （仰るように、今度京都の成り行きは是非のない次第だ。しかしながら若君様(三法師)がいらっしゃるので供奉致し上洛し、かの逆心の明智を討ち果たす覚悟にて、今日十四日鳴海に出馬した。殊にその地の日根野弘就、金森長近と相談されたこと、ますます専念されるよう）。 徳川家康、美濃国鉈尾山城 (岐阜県美濃市古城山) 主佐藤六左衛門尉 (佐藤秀方) (？〜1594)へ返書状を送り、参陣するということに満足し、日根野弘就(1518〜1602)・金森長近(1524〜1608)と共に徳川家康の上洛に協力すべきことを伝える。	3
	6月14日	**徳川家康、美濃国今尾城**(岐阜県海津市平田町今尾)**の高木権右衛門貞利(1551〜1603)に、尾張国鳴海への出陣を伝え、上洛に協力するよう求める。**	

西暦 **1582**

天正10	6月14日	「先日水藤助を以って、様子の段申し述べ候ところ、一々御合點の儀ども家康大慶に存ぜられ候。然らば、今日十四日に、鳴海に至り著陣つかまつられ候。左様に候へば、京都へ討上られ候儀、急々に存ぜられ候間、とても事に存の候、質物等の儀、早々仰せつけられて然るべく候。此の時に候間、是非御才覚を廻らされ、御馳走もつともに候。尚、かさねて申し述ぶべく候間、懇筆能はず候。恐々謹言」。 本多忠勝、高説右衛門尉(高木貞利)へ、徳川家康が京都へ攻め上る意思がある旨を通知。(「高木文書」)。	3807
	6月14日	「一三州先方衆、今度抽忠節無相違」。 徳川家康、三河国の先方衆に、本能寺の変後の忠節に対し、所領を与えることを伝える。	3808
	6月14日	「六月十四日、家康が鳴海にて京都へ出発する時、伊賀者が鳴海に御出迎えして御供すべく申し上げた処、感激され、十五日に残らず御家に召し抱えられた」(『伊賀者由緒書』)。	3809
	6月14日	織田家臣の河尻秀隆(1527〜1582)、徳川家臣本多信俊(1535〜1582)を殺害。 信俊は甲斐国内で武田の旧臣が不穏な動きをしているので美濃に兵を退くよう進言。 穴山梅雪遺領の掌握を図るかと、家康に不信感を抱いた秀隆は、この進言を拒否し、この日、信俊を殺害。	3810
	6月14日	真田昌幸(1547〜1611)、上野国厩橋城に入った滝川一益(1525〜1586)のもとへ出仕。	3811
	6月15日	北畠信意(織田信雄、信長の次男)(1558〜1630)、尾張国留守居の山本与六郎らに、山崎の戦いの勝利を伝える。	3812
	6月15日	「伊勢神戸家から、京都にて神戸(織田)信孝・丹羽長秀・池田恒興が明智を討ち取ったと報せが入る」。(『家忠日記』)。 **徳川家康、鳴海(名古屋市緑区鳴海町)において「山崎の戦い」の報を受ける。**	3813
	6月15日	武田家が滅んだ後、甲斐の国を手中にしようとした北条氏政(1538〜1590)、幸田某をして、渡辺庄左衛門に命じて旧織田領の甲斐郡内に侵入させる。氏政は、その崖下甲斐郡内忍草村の士渡辺庄左衛門尉に帰国させ、故旧を糾合して北条氏に応じ、忠信を励むときは旧領を安堵し、戦功により恩賞するの旨、約させた。また、氏政は、弟安房守氏邦(1548〜1597)に命じ、甲州山梨郡聖家族大村忠尭・同忠友を誘い、中牧城(浄古寺城)(山梨市牧丘町城古寺)・大野城(山梨県笛吹市御坂町大野寺)の両城に拠り味方することを誓約させた。	3814
	6月15日	「旧武田領の甲斐国と信濃国では大量の一揆が発生」。	3815
	6月16日	松平家忠、明日津嶋へ進軍すると知らされる。(『家忠日記』)。	3816
	6月16日	「神流川の戦い」はじまる。北条氏直(1562〜1591)・北条氏邦(氏康四男)(1541〜1597)の北条軍五万五千の兵、上野国倉賀野城(群馬県高崎市倉賀野町)を攻撃、これを知った滝川一益(1525〜1586)は、「弔い合戦のため」と称し、厩橋城(前橋市大手町)を出陣。	3817
	6月17日	信長の弔い合戦先鋒の酒井忠次(1527〜1596)は、津島(愛知県津島市)へ陣替え。	3818
	6月17日	「本領 五拾貫文 江草 三拾八貫」。 徳川家康、曾根昌世・岡部正綱らをして窪田助之丞(正勝)に佐久郡竜雲寺領等を知行充行。家康に臣従した武士には本領安堵の朱印状が発給された。窪田助之丞は、千人頭の身分となる小人頭9人の一人という。	3819
	6月17日	「今度信州佐久郡令出馬之所、早速」。家康、朱印状をもって中沢彦次郎に感状。	3820

天正10	6月17日	家康(1543～1616)、遠州横須賀城主大須賀康高(1527～1589)に命じ、成瀬吉右衛門正一(1538～1620)・日下部兵右衛門定好(1542～1616)を率いて甲州鎮撫に向かわす。
		成瀬正一は、兄正義(1535～1573)が三方ヶ原で戦死し、家康の命令で三河成瀬家を継いだという。成瀬正一は、この3月に武川衆の旗頭米倉忠継・折井次昌を家康に従わせ、遠州桐山村に匿った。日下部は、織田信長に仕えていたが、当時同僚だった秀吉(1537～1598)と争いを起こし出奔する。恩賞への不満からともされる。後に徳川家康に仕官したという。
	6月17日	この頃、甲州山梨郡聖家族大村忠尭・同忠友一党は、兼約により、万力筋中牧城(浄古寺城)、栗原筋大野城に拠って北条方の旗職を鮮明にし、反徳川の行動に出た。
		ここにおいて北条氏邦は、雁坂口(武蔵国と甲斐国を結ぶ)より、また北条氏勝(1559～1611)は、武州小仏口(武蔵国と相模国の国境)より甲州へ攻入ろうとした。
	6月18日	「甲斐国と信濃国諏訪郡を任されていた河尻秀隆、殺害される」。 甲斐の新領主・河尻秀隆(1527～1582)は、一揆軍と激突。状況不利と見て甲斐からの撤退を決意するが、一揆軍に包囲され、岩窪(山梨県甲府市)において武田の旧臣・三井弥一郎に討ち取られる。享年56。織田軍三千人が討ち取られたという。 河尻秀隆子の秀長(？～1600)は、森長可(1558～1584)の元に身を寄せ客将扱いとなる。
	6月18日	「第一次神流川の戦い」。滝川一益軍一万八千と氏政の弟・北条氏邦率いる北条軍は、上野と武蔵の国境辺りの神流川・金窪原(埼玉県児玉郡上里)で激突。一益は、兵力で劣りながらも北条軍を撃破。
	6月19日	羽柴秀吉・於次丸秀勝(信長五男)、広瀬兵庫に、浅井郡高山・坂田郡甲津原・杉野百石を、母なか・室おねの護衛の功として知行充行。伊吹上野三ノ宮神社に、母なか・室おねの避難の礼として、菊桐の紋章を贈る。
	6月19日	松平家忠、秀吉より上方のことは片付いたので早々に帰陣せよと申入れがあったため、津嶋から鳴海まで帰った。(『家忠日記』)。
		秀吉から上方を平定したので早々に帰陣されよとの書状が、対馬(津島)にきていた酒井(忠次)の元に届く。津島の軍が鳴海へ引き返す。
	6月19日	北畠信意(織田信雄、信長の次男)(1558～1630)、美濃国八神城(岐阜県羽島市桑原町八神)主・毛利広盛(1533～1616)に、尾張・美濃両国の逆心衆との戦いへの出陣を命じる。
	6月19日	徳川家臣本多重次(1529～1596)、駿河国草薙宮(静岡市清水区草薙)に禁制を掲げる。 家康にとっては、上方よりも、むしろ、信州と甲州のほうが気がかりだった。自分が上洛したあと、小田原の北条氏政によって侵略される恐れがあった。
	6月19日	「第二次神流川の戦い一北条氏が上野国を掌握」。 態勢を立て直した北条氏直・北条氏邦軍は再び滝川軍に攻めかかり戦意の劣る滝川軍は大敗を喫し、滝川一益(1525～1586)は厩橋城(群馬県前橋市大手町)に敗走。 後に北条軍は、織田軍を破り上野国を手中に収めて、本拠伊勢長島城(三重県桑名市長島町)に向かう一益を追い、碓氷峠を越え信濃国を蹂躙し、更に甲斐郡内地方も脅かす。
	6月20日	羽柴秀吉(1537～1598)、美濃国に入る。その後、尾張国清洲城(愛知県清須市一場)に入城という。

西暦**1582**

天正10	6月20日	大須賀康高(1527〜1589)、家康の命により河内路より甲斐国に入り、市川郷で国事の沙汰を行い、成瀬吉右衛門正一(1538〜1620)・日下部兵右衛門定好(1542〜1616)が奉行となる。**大須賀はこの日、西郡鷹尾寺の寺領、同26日に府中一蓮寺の寺領余を安堵し、民心の安定に努めた。** 成瀬正一は、3月に武川衆の旗頭米倉忠継(1544〜1599)・折井次昌(1533〜1590)を家康に従わせ、遠州桐山村(浜松市天竜区水窪町)に匿った。武田氏が滅んだ際、織田信長が武田旧臣の召し抱えを禁じたためであった。そして、米倉・折井らは桐山村を立ち、成瀬に従って入甲し、武川衆数十騎を説得して悉く家康に属させたという。	3831
	6月20日	「家康、信濃一揆鎮撫に向け、信州佐久には依田信番を派遣」。 家康により遠江二俣に匿われていた依田信番(1548〜1583)、この日家康の命をうけ、小諸城(長野県小諸市古城)に帰り、佐久郡将士に家康への服属を働きかける。 家康は遠州小川村に潜ませて置いた依田信番に飛脚を発し、腹心柴田康忠(1538〜1593)・本多正信(1538〜1616)と、速かに甲信に入り、旧好の士を招集することを命じた。信番は従者五人と急ぎ中道往還を甲斐に入り、康忠と信番の旗を柏坂頂上に立て、陣鐘を撞いて士を招いた処、集まる者千人に及んだという。	3832
	6月20日	「甲斐一揆」。甲州山梨郡聖家族大村忠堯・同忠友一党は、北条方の旗職を鮮明にし、大野の砦(山梨市大野)に拠って反徳川の行動に出た。この頃、徳川方は早くもこれを知り、穴山梅雪の子信治(1572〜1587)の将である有泉昌輔(昌資)(有泉信閑の子)(1540〜1582)・穂坂君吉(常陸介某)らは機先を制して大村党の拠点中牧・大野両城を陥れ、忠堯らを討取ったので、北条氏邦らは秩父へ敗走した。	3833
	6月20日	北条氏直(1562〜1591)に敗れた滝川一益(1525〜1586)、伊勢本領長島に向かうため厩橋(群馬県前橋市)を出る。一益は信濃の小諸・下諏訪・木曾福島などを経由し帰国の途に就くが、北条軍の追撃や武田の旧臣の蜂起などあり苦難を極めた。	3834
	6月―	滝川一益の退去と共に厩橋城に北条高広(1517?〜1587?)が入城する。	3835
	6月21日	「信州表計策付而、其国被差越段」。 徳川家康、甲斐津金衆頭目・小池筑前守信胤に、信濃表に於ける調略の功を賞し恩賞地を下すことを約す。詳細は山本帯刀左衛門成行に伝達させる。 山本成行は、山本勘介の異母弟で、平岩親吉のすすめで徳川家康に仕えるという。	3836
	6月21日	滝川一益は、松井田城(群馬県安中市松井田町高梨子)にて津田秀政(1546〜1635)とその旗下千5百騎を加えて2千強の兵とし、碓氷峠を越え、同日のうちに、一益配下の道家正栄が守る小諸城(長野県小諸市丁)に着陣。 一益は、ここで佐久郡・小県郡の国衆の人質(依田康国や真田昌幸の老母など)を木曾義昌(1540〜1595)に引き渡すことにより木曽谷の通過の容認を得たという。	3837
	6月21日	**明智光秀が討たれたという報を確認した徳川家康(1543〜1616)、遠州衆・東三河衆の兵を納めて岡崎から浜松に帰城。**	3838
	6月22日	神戸信孝(「三七郎殿」)(信長の三男)(1558〜1583)・「諸勢」、美濃国へ向かう。(『兼見卿記』二)。 信孝は京を去って各地を鎮撫しながら美濃に向かい、情勢の鎮静化に努めた。	3839
	6月22日	「今度刈坂口、郡内口一揆等到東郡」。これより先、甲斐東部の地侍大村一族が北条氏邦の檄文に応じて大野の砦(山梨市大野)に拠って反乱を起した。有泉大学らはこれを殲滅した。**家康、有泉大学介(穴山梅雪武将)・梅雪斎(穴山梅雪)人数へ、甲斐国一揆討伐の戦功を賞して書を遣わす。そして家康は、尾張国からの帰陣と甲斐国への出陣準備を伝える。**有泉大学介は、有泉昌輔(昌資)(有泉信閑の子)	3840

天正10	6月22日	家康家臣大須賀康高(1527〜1589)、山本十右衛門に黒印状をもって所領を安堵。 山本十右衛門(山本十左衛門尉)(?〜1597)は、初代山本菅助(勘助)の養子という。	38
		大須賀康高は、天正壬午の乱においては、曽根昌世(武田旧臣)、岡部正綱(1542〜1584)らと共に先鋒隊として、調略のため派遣され、武田遺臣や近隣の有力寺社に対して所領の安堵を行っている。	38
	6月―	**家康(1543〜1616)、織田政権(信意(信雄)・信孝)に、旧織田領(甲斐・信濃)へ侵攻するための同意を求める。**	38
	6月23日	織田信孝、美濃国立政寺など5ヶ寺へ、全3ヶ条の禁制を下す。	38
	6月23日	堀秀政・丹羽長秀・羽柴秀吉、美濃国善行寺へ禁制を下す。	38
	6月23日	徳川方の依田信蕃(1548〜1583)、信州に入り、蓼科(長野県茅野市北部)山中に芦田小屋の要害を築いて、一揆鎮撫に従事する。	
	6月24日	丹羽長秀・羽柴秀吉、美濃国関惣中へ禁制を下す。	38
	6月24日	北畠信意(織田信雄)(1558〜1630)、岐阜城に陣取る羽柴秀吉に書状を送る。 「そちらの近所へ陣地を移そうと思ったが、適地がなく、まず北方辺りに陣地を置いた。そちらの状況に応じ決めていただき、連絡をください。それを受けてそちらの近くへ陣地を移します」。	3
	6月24日	桜井松平家5代当主・松平忠吉(1559〜1582)、没。24歳。 家督は、先代忠正の嫡子・家広(1577〜1601)が継いだが、家広は依然幼少であるために、忠吉の弟の忠広が後見となり、同年の甲斐攻め(天正壬午の乱)にも松平忠広が従った。	3
	6月25日	羽柴秀吉、岩屋城(淡路国)の高田長左衛門へ、尾張・美濃両国における明智残党掃討戦の状況を報ず。また近日中に上洛し織田信長の葬儀(「上様御仏事」)の執行予定を通達。	3
	6月25日	羽柴秀吉、美濃国の延友佐渡守信光に、明智光秀を討ち果たしたので、尾張・美濃両国の領主から人質を徴集することを伝える。 延友佐渡守は、羽柴秀吉の命令に対しすぐに応じて人質を差し出したことに対し、その功を賞された。そして森長可の麾下に入った。	3
	6月26日	羽柴秀吉、滝川一益に、尾張・美濃両国の領主からの人質徴集・清須城で国の置目を発令することを伝える。	3
	6月27日	「**清須会議**」。 柴田勝家(1522?〜1583)、惟住(丹羽)長秀(1535〜1585)、羽柴秀吉(1537〜1598)、池田恒興(1536〜1584)ら、尾張清須城に会する。 滝川一益(1525〜1586)は、関東から伊勢に向かっており、間に合わなかったという。(来会出来たが、直前の敗戦を口実に、参加を拒まれたとの説もある)。 一番の争点であった織田家の後継者問題では、信長三男・織田信孝(欠席)(1558〜1583)を擁立する勝家と、信長の嫡孫にあたる信忠の嫡男・三法師(後の織田秀信)(1580〜1605)を擁立する秀吉との対立が起こる。 秀吉は、光秀討伐の功労者であり、長秀らの支持や、三男であり神戸氏へ養子に出ている信孝よりも血統的な正統性が強い事もあって三法師を後継者として立て、神戸(織田)信孝に預けると決まる。 その直前、織田信孝の斡旋(秀吉斡旋説が有力)により、お市(1547?〜1583)は信長の家臣・柴田勝家62歳と婚約、会議後、岐阜で婚儀(再婚)という。	

西暦 *1582*

天正10	6月27日	「清須会議」。明智光秀と織田信長・信忠父子の遺領配分が以下のように行われる。信忠の遺領の内、美濃を神戸(織田)信孝(1558~1583)、尾張・(旧領伊勢)を北畠信意(織田信雄)(1558~1630)に分配する。 羽柴秀吉がそれまでの播磨国に加えて山城国・丹波国を増増される代わりに、柴田勝家が(旧領越前)と秀吉の近江北三郡(長浜城を含む)を受け取る。 丹羽長秀の領する近江中郡(佐和山城)が堀秀政(1553~1590)に、代わりに丹羽長秀に若狭一国に加えて近江高島郡(津田信澄領)と志賀郡(明智光秀領)が与えられる。長秀は、柴田勝家の勢力圏と隣接することで羽柴秀吉陣営側の最前線に置かれることになる。池田恒興は摂津大坂、尼崎、兵庫を獲得する。	3853
	6月27日	**徳川家康(1543~1616)は、矛先を甲斐・信濃両国へと変更を決める。**	3854
	6月28日	羽柴秀吉(1537~1598)、美濃国の高木貞利(1551~1603)に、尾張国清須から近江国長浜への帰城につき船調達を命じる。	3855
	6月一	「天正壬午の乱、勃発」。本能寺の変により信長が横死すると、越後の上杉、相模の北条、三河の徳川の間に、空白となった武田遺領巡る「天正壬午の乱」が起こり、真田氏も武田の遺臣と遺領を取り込むべく画策。 織田氏による信濃・上野国支配は約3ヶ月で崩壊し、この後上野国は北条氏、信濃国には徳川氏と越後国からは上杉氏が侵攻することになり、真田氏はその板ばさみとなる苦境に立たされる。	3856
	6月一	武田水軍衆であった向井正綱(1557~1625)は、本多作左衛門重次(1529~1596)を介して、他の武田水軍衆であった小浜氏、千賀氏、間宮氏らと共に家康に仕える。伊勢国の海賊で、今川氏や武田氏に水軍の将として仕えた向井正重の子である。	3857
	7月1日	山城国吉田社の神主吉田兼和(兼見)、尾張国に在陣中の羽柴秀吉へ使者を派遣し、馬具を贈る。	3858
	7月1日	滝川一益(1525~1586)、ようやく、上野国から本領の伊勢長島に辿り着く。	3859
	7月2日	**徳川家康、甲斐・信濃攻略の為に、鳥居元忠(1539~1600)らを従え、浜松城を出陣。**	3860
	7月2日	先に上杉景勝(1556~1623)、小笠原長時(1514~1583)の弟・貞種(洞雪斎)(?~1582)を支援し、深志城(のちの松本城)(長野県松本市丸の内)の木曾義昌(1540~1595)を追う。義昌は木曽に撤退。三河の家康のもとで見ていた、小笠原貞慶(長時の子)(1546~1595)は、この日、同城奪取のため旧臣らに勤仕を求める。	3861
	7月3日	「急度申越候、仍其方何も其表案内者之事候条、本多豊後守父子・大久保七郎右衛門・石河長門守相談、新府中へ被移候、信州表之計策、畢党第一候、我等儀も今日三日出馬候間、頓而其表へ可打出候、恐々謹言、」。家康、穴山信君の旧臣である有富(泉)大学助・穴山・穂坂常陸介に書状を送る。 家康は、本多広孝(1528~1598)康重(1554~1611)父子・大久保忠世(1532~1594)・石川康通(1554~1607)と共に有泉信閑(1549~1598)らを甲府に遣わし、信濃の計策をさせる。	3862
	7月3日	**家康、高力清長(1530~1608)をして田中を、本多重次(1529~1596)をして江尻を、牧野康成(1555~1610)をして天神川(静岡県駿東郡長泉町南一色字天神山)を、渡辺守をして駿甲の路次を守らしむ。** 渡辺守は、「槍半蔵」と称された渡辺守綱(1542~1620)であろうか。	3863
	7月3日	**徳川家康、掛川・田中・江尻へと進み、富士川に向かう。**	3864
	7月4日	羽柴秀吉(1537~1598)、稲葉重執(重通)(?~1598)に、尾張国清須から近江国長浜に帰城したことを伝える。稲葉重通は、信長が死去した後、父・良通(一鉄)(1515~1589)と共に、一揆に囲まれた信濃国飯山城(長野県飯山市飯山)の救出に赴いていた。	3865

天正10	7月5日	徳川家康の将榊原康政（1548〜1606）、筑摩郡深志調略につき、後庁勘兵衛尉の忠功を褒す。筑摩郡の後庁長行宛である。
	7月6日	羽柴秀吉に上山城三郡（乙訓郡・葛野郡・愛宕郡）の指出を命じられた浅野長吉（長政）（1547〜1611）、大住惣中に書状をもって指出（検地）を命じる。
	7月6日	**家康、清水（静岡県富士市）に着陣。**
	7月6日	「甲駿路次往還を警固、渡邊因獄佐」。家康、渡邊因獄佐・壱騎与力之者に感状。九一色衆の一員、渡辺因獄佑（？〜1591）らは、武田氏が滅亡すると、三河国の徳川家康に仕えるという。渡辺らは、甲駿路次警固をし、感状を賜ったという。
	7月6日	**武田氏遺臣ら、徳川家臣下条兵庫助（下条頼安）（信氏の次男、信正の弟）（1556〜1584）に、徳川家康に対する忠誠を誓約した起請文を提出。飯島・片桐氏ら伊那諸士、下条頼安と家康に服属を誓う。次いで、木曾義昌（1540〜1595）・小笠原貞慶（1546〜1595）・小笠原信嶺（1547〜1598）らも家康に従い、信嶺ら、伊那郡を平定する。**
	7月7日	**羽柴秀吉（1537〜1598）、徳川家康（1543〜1616）に、信濃・甲斐・上野を敵方へ渡さないよう軍勢を出して支配するようにと伝える。**
	7月7日	「……仍今日七日至大宮著陣候、左」。徳川家康、信濃諏訪郡に討ち入らんとし、駿河大宮（静岡県富士宮市）に着陣し、下条兵庫助（下条頼安）の参陣を促す。そして家康は、諏訪への出兵を命じた。
	7月7日	武田遺臣駒井昌直（政直）（1542〜1595）ら、成瀬正一（1538〜1620）・日下部定好（1542〜1616）に就きて、誓書を家康に差し出す。
	7月7日	遠州桐山村に匿われた武川衆の米倉主計助（忠継）（1544〜1599）・折井市左衛門（次昌）（1533〜1590）ら、家康に招降。
	7月7日	**北条氏直の誘いを蹴った、津金胤久（1546〜1622）・小尾祐光（1542〜1607）・初鹿野昌久（信昌）（1544?〜1624）ら、質を致して家康に属す。**
	7月7日	諏訪郡高島衆、北条氏政に属せんとし、樋口杢左衛門慰を使者として、氏政に申出る。この日、氏政、杢左衛門慰の功を賞し、所領を知行充行うべきを約す。
	7月8日	羽柴秀吉、近江で初の検地を行う。
	7月8日	「今日城介殿若子三才、羽柴筑前守御伴ニテ在京、諸大名衆礼在之云々、則大門様モ御上洛了、…………」。（『多聞院日記』）。羽柴秀吉、長浜城より織田三法師丸を伴って上洛。
	7月8日	「木津羽柴筑前取とて、奉行浅野弥兵衛より数出可仕之由折帋来」。（『多聞院日記』）。羽柴秀吉、山城国の寺社・公家に、検地指出を命じる。
	7月8日	北条方、信濃に攻め入る。
	7月8日	**「家康の第二次甲州入り」。**家康（1543〜1616）は、駿甲国境において九一色衆の出迎えを受けた。ここよりは九一色衆の常導により中道を北進し、同夜は精進に着陣、泊。
	7月9日	家康、女坂（阿難坂）を越えて柏坂（迦葉坂）のほとりに着陣するや、武川衆柳沢信俊・山高信直・青木信秀・折井次正（次昌）・曲淵吉景・伊藤重次・曽雌定政・馬場信成・知見寺盛之・入戸野門宗・山寺信昌・多田昌綱らをはじめとする六十四士が迎え謁する。徳川家康、中道往還より、甲府の右左宿口に夕刻着陣。家康、九一色郷の士と郷中に諸役免許、二十四日まで滞在して旧武田諸氏八百三十人余り帰服する。**織田家臣不在となった甲斐・信濃には徳川家康が軍を進め、敵対行動に出てきた北条氏や上杉氏などから織田家の所領を守るという口実で事実上占拠。**

西暦**1582**

天正10	7月9日	**「今度於其表、種々計策本望候、仍」**。 徳川家康、甲斐津金衆の頭目・小池筑前守信胤・小尾監物に朱印状を送付し、忠臣を褒める。詳細は山本帯刀成氏に伝達させる。 筑前守は、家康の命で信州表の計策に走り廻っていた。津金衆とは、甲斐国北巨摩郡と信濃国南佐久郡との国境地帯に所領を持つ辺境武士団。諏訪神社 (山梨県北杜市須玉町下津金)は、古宮城跡として知られており、津金衆の城があったという。 3883
	7月9日	**「今度遂忠節、妻子以下此方可被引」**。 家康、人質を供した津金修理亮(津金胤久)・小尾監物(祐光)に感状。 3884
	7月9日	**「禁制 精進之郷 一甲乙人等乱妨」**。家康、精進之郷に禁制を下す。 3885
	7月9日	「北条氏に圧迫された上野国の真田昌幸は、上杉氏を裏切り北条氏に誼を通じる」。 真田昌幸(1547~1611)は、蘆田氏、高坂氏(香坂氏)、小笠原氏ら信濃国衆と談合して、本領を安堵する条件で和睦した。 北条勢主力は、信濃・甲斐の掌握に傾注することとなる。 3886
	7月9日	北条氏政(1538~1590)、真田昌幸の臣・日置五左衛門慰(五右衛門とも)の功を賞し、小鳥郷(高崎市)所領を知行充行う。五左衛門は、真田氏を北条方に帰属させた。 3887
	7月10日	**「……仍我々昨日九、至甲府著馬候」**。 徳川家康(1543~1616)、家康の庇護を受け旧領神之峰城 (長野県飯田市上久堅)に復帰した知久七郎(知久頼氏)(1541~1585)へ、諏訪表への出陣を命令。 天文23年(1554)武田信玄の伊那進攻により神之峰城 (長野県飯田市上久堅)は落城し、知久氏は一族郎党離散した。知久頼氏は、流浪の末に徳川家康に仕えていた。 3888
	7月11日	羽柴秀吉、京都本國寺において多くの公家衆の訪問を受ける。秀吉は本國寺広間に於いて伏見宮邦房親王からの御使・吉田兼見と対面。(『兼見卿記』)。 3889
	7月11日	「羽柴秀吉血判起請文」。長岡兵部大輔・長岡与一郎宛。羽柴秀吉(1537~1598)、細川幽斎(藤孝)(1534~1610)・忠興(1563~1646)父子の本能寺の変(信長御不慮)に際する態度を賞し、全三ヶ条にわたる待遇を保証する旨の起請文を送付。 3890
	7月11日	大和の筒井順慶(1549~1584)、小泉四郎を質として、羽柴秀吉に臣従。 小泉四郎は、養子(従弟、甥でもあった)定次(1562~1615)という。 3891
	7月11日	**「……然者為其賞、平原一跡無相違」**・**「……然者為其賞、与羅一跡無相違」**。 徳川家康、佐久郡平尾平三・森(守)山豊後守らに所領を知行充行。 3892
	7月12日	**この日も、武田氏遺臣、甲府衆ら、徳川家康にに対する忠誠を誓約した起請文を提出。辻弥兵衛盛昌、質を出して家康に属す。** 3893
	7月12日	「九一色諸商売之役、如前々之無相」。「禁制 一甲乙人等濫妨狼藉事 一」。 徳川家康、大久保新十郎(忠世)を奏者として、甲斐上九一色に従来の如く諸商人の課役免除。甲府一蓮寺に禁制を出す。 3894
	7月12日	「信濃国小県郡の国衆真田・高坂・塩田ら、北条氏邦に出仕し北条方に属する」。 北条氏直(北条家第5代当主)(1562~1591)、小県郡海野平(長野県東御市)に進攻。 真田昌幸(1547~1611)が北条氏に出仕する(13日ともいう)。 3895
	7月12日	これより先、北条氏直が、佐久郡小諸に依田信蕃(1548~1583)を攻める。真田昌幸(1547~1611)を先方として北条主力軍4万3000を上野より碓氷峠を越え、信濃方面へ着手した。依田信番、同郡三沢に退く。信番は、援を大久保忠世(1532~1594)らに請う。 **この日、徳川家康は、柴田康忠(1538~1593)をして、信番を赴援させる。** 3896
	7月13日	羽柴秀吉、播磨国姫路城へ帰還。 3897

天正10	7月13日	上杉景勝(1556～1623)、景勝に背き、真田昌幸を介して北条氏直に通じた海津城(長野市松代町松代)将・春日信達(高坂昌元/春日昌元)(？～1582)を殺害。信濃も半ば手中にするかに見えた北条氏に立ち塞がったのが、上杉景勝であった。北条氏直は川中島占領を企てたが、上杉景勝に妨げられて失敗、甲州侵攻に方針を変えた。
	7月13日	高島城(長野県諏訪市高島)の諏訪頼忠(1536～1606)、北条氏政(氏康の次男)(第4代の北条家前当主)(1538～1590)に通じる。 この日氏政、頼忠に所領を安堵し、徳川勢に対抗させる。
	7月13日	木曽義昌(1540～1595)、北条氏に帰属の意思を示す。
	7月13日	**「秀吉明智退治、早諸国各立召之状」**。 甲州市川の家康(1543～1616)、小笠原民部少輔(小笠原貞頼)(？～1625)他2名に書状を送り、大聖寺(山梨県南巨摩郡身延町)へ代参して戦勝祈願するよう伝える。
	7月13日	この頃、小笠原貞慶(1546～1595)は下条に到り、下条氏の人数と共に箕輪(長野県上伊那郡箕輪町)に来て、箕輪の人数も引き連れて宮木の山の神に至る。 貞慶・藤沢頼親(？～1582)らはそこから信州筑摩郡塩尻に向かい、二木豊後(重吉)らの出迎えを受ける。下条氏はそこから引き返して高遠を攻め、これを奪う。
	7月14日	**「一、信州十二郡棟別四分之一、其外諸役不入手等置置事一、従国引付候面々、可為其方計、付信州無一篇間、奉公令退屈缺落候人、分国可相払」**。 徳川家康、その将・酒井左衛門尉忠次(1527～1596)に、信濃十二郡統治を命じ5ヶ条の条目を渡す。次いで、忠次、諏訪郡乙骨に着陣、乙骨太郎左衛門尉安利を使者にたて、北条方に通じた諏訪頼忠(1536～1606)に服属を迫る。
	7月14日	**「松平五郎左衛門尉かたへの御状」**。小県郡の禰津宮内大輔(禰津昌綱)(1560?～1620?)は、松平五郎左衛門尉(大須賀康高)(1527～1589)に依り、徳川家康に属さんとする。**この日、家康、之を許し、将に信濃に入らんとする旨を告ぐ。**
	7月14日	**「上杉氏と北条氏、川中島対陣——14日～19日」**。上杉景勝(1556～1623)、川中島に出陣し、佐久郡在陣の北条氏直(1562～1591)と戦わんとす。上杉景勝、前日に誅殺した春日信達とその妻、娘(3歳)を晒首。上杉氏は高井郡、水内郡、更科郡、埴科郡を獲得。北条氏は佐久郡、小県郡、安曇郡、筑摩郡、諏訪郡を獲得。 真田氏、木曾氏、諏訪氏などは、北条氏に帰属した。
	7月15日	信州諏訪を攻めるに決した、家康の将酒井忠次(1527～1596)は、諸将に、17日に台ケ原・白須に集結するように命じる。
	7月15日	**「……仍小笠原方被相談、箕輪被引」**。 家康、下条兵庫助頼安(1556～1584)に書状を送る。 徳川家康、下条頼安の、小笠原信嶺(1547～1598)と謀り、藤沢頼親(？～1582)を誘降して伊那郡高遠城(長野県伊那市高遠町)を奪取せるを褒し、併せて、諏訪郡高島城及び河(川)中島の形勢を報じて、兵を諏訪に出させる。この時同陣していた小笠原貞慶(1546～1595)の深志復帰を支援したという。
	7月15日	**「各有相談弥可被抽忠信候、恐」**。(其の郡において別して走り廻らるるの由。祝着に候。各々相談あり弥ミ忠信を抽んでらるべく候)。 家康、武川衆の米倉主計助(忠継)(1544～1599)・折井市左衛門(次昌)(1533～1590)に、両人が早く家康に帰属して、武川衆の全員を招致した功を賞し感状を送る。 武田氏が滅ぶと、折井次昌は米倉忠継と共に徳川家康を頼って遠江桐山に隠れ住む。「天正壬午の乱」が起こると家康の命を受けて忠継と共に甲斐へと先行し、武川衆を徳川方につけたという。

西暦**1582**

天正10	7月16日	小笠原貞慶(1546~1595)は塩尻を発ち、上杉方深志城(長野県松本市丸の内)の小笠原貞種(洞雪斎)(貞慶の叔父)を攻める。この時、箕輪(藤沢)家中の松島・大出の兵の多くが城中からの鉄砲に当たり戦死する。 その後貞慶は、貞種に城を明け渡すよう交渉を始める。	3909
	7月17日	明け方には、小笠原貞種は深志城を去って越後に退去。小笠原貞慶は信濃に入り、馳せつけた小笠原旧臣たちを率いて深志城(のちの松本城)(長野県松本市丸の内)を攻撃、これを陥して、ついに33年振りに念願の深志入城を果たす。 貞慶は、深志城を「松本城」と改名した。小笠原貞慶は、武田一門の滅亡に当たり信長に頼ったが、信長はこれを拒否したため三河家康の元に走ったという。	3910
	7月18日	これより先、北条氏直(北条家第5代当主)は信濃に入る。真田昌幸(1547~1611)ら緒将、多く之に属す。この日、北条氏直の臣・黒沢繁信は、甲斐金山衆に書を与えて、信濃の形勢を報じ、氏直の甲斐に入るを待って軍に合流させる。	3911
	7月18日	**徳川家康の重臣酒井忠次率いる徳川軍、信州諏訪に着陣。**	3912
	7月19日	羽柴秀吉(1537~1598)、姫路城から上洛。	3913
	7月19日	「上杉氏と北条氏、川中島対陣―14日~19日」。 北条氏直(1562~1591)、戦わずして退く。この日、上杉景勝(1556~1623)、之を蘆名盛氏(1521~1580)に報ずる。『史料』は上記であるが、盛氏は死去しているので、陸奥会津の蘆名氏第18代当主・蘆名盛隆(1561~1584)では。**氏直は川中島占領を企てたが、上杉景勝に妨げられて失敗、甲州侵攻に方針を変えた。**	3914
	7月19日	是より先、徳川家康の将酒井忠次(1527~1596)、兵を率いて諏訪郡に入る、是日、忠次、諏訪上上社神長守矢信真(1543~1623)をして、社領を安堵せしむ。 しかし、北条氏に服属していた諏訪頼忠は酒井に従わず。(『家忠日記』)。	3915
	7月19日	北条方木曾義昌(1540~1595)は、追われた松本城(深志城)を攻めるも、小笠原貞慶(1546~1595)はこれを撃退。逆に義昌を追撃し、本山に至り戦闘となる。	3916
	7月19日	「今度至伴野地相働、蒙疵之由寔無」。是より先、依田信守(1567~1604)、佐久郡伴野を攻む、是日、徳川家康、依田肥前守(依田信守)等の戦功を賞す、伴野貞能、鷹見沢庄左衛門に所領を知行充行。	3917
	7月20日	「今度依忠信、為其賞、かぬ川七十」。 **家康、小管(菅)又八に朱印状をもって、忠信に付、加怒川の地など合470貫文知行充行。** 小菅又八郎信有、小菅次郎三郎信久、小菅九兵衛などは、郡内へ侵攻した北条氏を撃退したので、家康の旗本になり、甲斐国に領地を貰ったとされる。小菅城(小菅砦・天神山城)(山梨県北都留郡小菅村川久保)を築く。	3918
	7月20日	「今度依被抽忠信、鶴河加藤跡職、」。家康、小菅次郎三郎信久に朱印状。	3919
	7月22日	交渉が決裂し、徳川家臣酒井忠次、三河勢・小笠原信嶺・下条頼安らを率い、諏訪頼忠(1536~1606)を高島城(長野県諏訪市高島)に囲む。	3920
	7月23日	「祖母口之在家四十七間、往還之伝」。 家康、祖母口郷(右左口郷)百姓等に、武田民時代の先例のまま諸商売役を免許する旨と課役免除の朱印状を下す。 右左口は駿河と甲斐を結ぶ中道往還の宿場町であった。	3921
	7月24日	**徳川軍は諏訪郡茶臼山の高島城を攻めるが、諏訪頼忠軍は、逆に夜討ちをかけるなどして、よくこれに堪える。**	3922
	7月24日	羽柴秀吉(1537~1598)、丹波国亀山に下向。(『兼見卿記』)。	3923

天正10	7月26日	「信州諏訪・佐久両郡事、今度依被」。 徳川家康、甲斐・信濃一揆を鎮撫した依田右衛門佐(依田信蕃)(1548～1583)に、諏訪・佐久の二郡を知行充行。しかし、両郡で徳川・北条軍の攻防が続く。
	7月26日	「知久本領之事、如前々不可有相違」。徳川家康(1543～1616)、知久七郎(知久頼氏)(1541～1585)に、伊那郡知久本領(6,000貫文)を安堵する。
	7月26日	北条氏政、真田昌幸の将・矢沢頼綱(真田幸隆の弟)(1518～1597)らに、信濃国高井郡井上の地を知行充行う。
	7月29日	「諏訪郡一揆等今夜懸候処、尽粉骨」。家康、諏訪郡一揆に戦功の松平又七郎に感状を与える。松平又七郎は、形原松平家信(1565～1638)であろう。
	7月29日	「北条軍が甲斐方面へ南進する」。北条勢・上杉勢間の停戦が合意された。北条氏直は、上杉軍と徳川軍の挟撃だけは避けたいと考え、「新発田重家」への憂いがある上杉方の思惑が合致した。この講和により、北条氏は上杉氏の北部四郡の所領化を認め、上杉氏は川中島以南へ出兵しないとし、信濃は北条氏の切り取り次第とした。**北条軍は、真田昌幸・松田憲秀に殿軍を任せ甲斐方面へ南進する。**
	8月1日	徳川家臣酒井忠次、三河勢・小笠原信嶺・下条頼安らを率い、北条方となった諏訪頼忠が籠る高島城(長野県諏訪市高島)を攻城する。
	8月1日	酒井忠次は、北条氏直が四万余の兵を率い、佐久郡の千曲川に沿って海野口より八ヶ岳の裾を横断して甲斐に入り、若神子に下って新府の陣を襲おうとするを知った。**北条軍が進出して来るとの情報を受けた徳川軍は、高島城の囲みを解いて白須に移動。**
	8月3日	「乙骨退口―若神子で対陣」―「天正壬午の乱」の戦いはじまる。 家康家臣酒井忠次(1527～1596)ら、北条氏直(北条家第5代当主)(1562～1591)の大軍来攻のため、高島城の囲みを解き諏訪郡乙骨(諏訪郡富士見町乙事)に引く。さらに甲斐新府城(山梨県韮崎市中田町)に引き、同国若神子(山梨県北杜市須玉町若神子)の氏直軍と長期間対陣する。氏直は、真田昌幸(1547～1611)や諏訪頼忠(1536～1606)を味方につけ、大軍の威力で徳川軍を信濃国から追い出し、甲斐国へと後退させた。
	8月5日	上杉景勝(1556～1623)、村上(山浦)景国(1546～1603?)を海津城(長野県松代町松代)に還し、北信支配の条目を渡す。この頃、北条氏と和睦した景勝は、北信四郡を鎮定し、海津城将村上景国・長沼城将島津忠直(?～1604)に千曲川東西を統轄させ、諸城に北信諸将士を配置する。景勝直轄地の設置は少なく、間接的な支配体制をとる。村上(山浦)景国、海津城主となり養父(村上義清)の旧領を回復する。
	8月5日	「近年抱来駿州知行事 右所知行充行不」。 徳川家康、岡部太郎左衛門尉俊具・岡部掃部助に知行分安堵。
	8月5日	「甲州恵林寺領五百貫文、但除家人」。家康、金山衆に朱印状をもって知行充行。
	8月5日	「甲州小田原内手作前拾八貫文并恵」。 家康、黒川金山衆田鍋佐渡守に朱印状をもって、田辺佐渡守の所領等を安堵。
	8月6日	「天正壬午の乱」。北条氏直、2万余の軍勢を率いて、大門峠(長野県茅野市と同県小県郡長和町の境にある峠)を越えて棒道の終点柏原(上水内郡信濃町柏原)に迫る。 信濃国諏訪に駐屯していた酒井忠次ら2千余を駆逐する。 忠次は武田衆曲淵吉景(1518～1594)によって新府に退いた。
	8月6日	「先度伴野城へ取懸之砌走廻、殊ニ」。 家康、戸田金弥の、伴野城(野沢城)(長野県佐久市野沢)での軍功に感状。 依田信蕃の一族、依田肥前守(信守)(1567～1604)が7月、野沢城を攻略している。

西暦 1582

天正10	8月7日	「天正壬午の乱」。北条軍は信州海野口（長野県南佐久郡南牧村）から甲斐国に入り若神子（山梨県北杜市須玉町若神子）に到着。　　3938
	8月7日	**「今度為忠信、妻子以下駿州へ差越」**。 家康、人質を出した初鹿野伝右衛門尉（信昌）（1544?～1624）を褒め、50貫文の領地を与える。初鹿野は、武田家の滅亡に際しては勝頼と合流を図ったものの、寝返った領民たちに妻子を人質にとられてしまったため断念。その後、甲斐国を支配した家康に7月24日に召し出されたという。　　3939
	8月7日	**「今度為忠信、妻子以人質、信州江」**。家康、人質を出した辻弥兵衛盛昌に朱印状をもって知行充行。盛昌は、天正3年（1575）主君武田勝頼に勘当され、同年7月に甲州を出て信州小諸の与良遠江のもとに身を隠していたという。　　3940
	8月7日	**「今度所知行充行之本領之事、如前々々」**。家康（1543～1616）、戸田忠次（1531～1597）を奏者にして原三右衛門に朱印状をもって本領安堵。　　3941
	8月7日	**「昨六日敵少々引出刻、父子別而被八情之旨、令祝箸候、」**。家康、酒井忠次撤退を導いた武川衆の曲渕勝左衛門尉（曲淵吉景）（1518～1594）に500石を給す。　　3942
	8月8日	「天正壬午の乱」。信濃国諏訪に駐屯していた酒井忠次らを駆逐した北条氏直の大軍は、若神子（山梨県北杜市須玉町若神子）に布陣して徳川軍と対陣。　　3943
	8月8日	「天正壬午の乱」。家康、甲府から新府に物見に移る。　　3944
	8月8日	**「追而申候、彌折井方・米倉方御談合合候而、御走廻尤候、急度申入候」**。 家康、武川衆米倉主計助・折井市左衛門の件で、曲渕勝左衛門尉（曲淵吉景）に書状を送る。　　3945
	8月9日	**「家康、木曾義昌に旧領安堵を約する」**。**「……仍而今度結失忍田、佐久郡并」「貴所へ逆意の者ども是非抽者出馬申し、御本意をとぐべき旨」**。 徳川家康（1543～1616）、北条方となっていた木曾義昌（1540～1595）に書をもって、滝川一益から預かった小県・佐久郡の人質返還を求め、旧領安堵を約する。　　3946
	8月9日	**「甲州持丸分弐拾三貫文、八貫百八」**。 家康、窪田右近助に朱印状をもって知行充行。武田家旗本の窪田忠知（?～1632）は家康に仕え、甲州九口之道筋奉行に命じられたという。　　3947
	8月9日	**「甲州公文分拾八貫文・同甘利之内」**。家康、鷹野喜兵衛尉に朱印状をもって知行充行。鷹野徳繁の嫡男、富士能通の兄という。　　3948
	8月9日	**「甲州小山黒駒弐拾弐貫文 五貫文」**。 家康、小宮山囚獄助に5貫文を「帯那之内」で充行。　　3949
	8月9日	**「甲州塩郡之内拾五貫文・小次郎分」**。 是より先、徳川家康、長坂右近助に、信濃の地の替地を甲斐に給す、是日、右近助等をして、朱印状をもって所領を安堵せしむ、　家康、塚本喜兵衛・長井又五郎に所領を知行充行ふ。　　3950
	8月9日	**「甲州之内田村分二拾貫文、夫弐人」**。家康、三沢藤三に朱印状をもって知行充行。　　3951
	8月9日	「新発田重家の乱」。 北信濃の諸城を抑えた上杉景勝、新発田重家討伐のため春日山城を発する。　　3952
	8月10日	**「天正壬午の乱」。徳川家康、府中の留守を鳥居元忠（1539～1600）ら2千に任せ、8千余で甲斐国新府城（山梨県韮崎市中田町）に入り本陣とする。** 北条氏直（1562～1591）は「甲斐は祖父（武田信玄）の旧領国」なので領有を望んだ。家康は新府城を本陣に七里岩台上に布陣した。　　3953

天正10	8月10日	「御嶽足沢小屋中仕置事、并長子之番所、各有談合厳重可申付候、於身上者岡部次郎右衛門尉(正綱)ニ申付候条、不可有異儀、若敵方へ有内通之者、速可令言上者也、仍如件、」。

家康、御岳衆(みたけしゅう)の相原内匠助・深沢一左衛門・藤巻因幡・御嶽十人衆に、「御岳足沢小屋」ほかの警固等仕置等を命じる。

徳川軍の布陣のなかでは甲府市御岳町に御嶽衆や下伊那州の知久頼氏が配置され甲府の背後を監視し、同様に下芦沢の御嶽芦沢小屋にも岡部正綱麾下の御岳衆・相原内匠助らが籠城し、同様に甲府の背後を監視した。

8月10日 「甲州極楽寺分弐拾貫文・手作前三」。徳川家康、今井与三兵衛をして、甲斐の知行地並びに信濃知行分の替地を安堵せしむ。

家康、今井与三兵衛に、信濃知行分の得替を給す。

8月10日 「其方本領為替代、矢作之郷七拾貫」。家康、早河兵部助に知行充行朱印状を送る。

8月10日 「天正壬午の乱」。北条氏の甲斐都留郡侵攻に伴い、吉田の吉田衆や西湖周辺の西之海衆ら富士北麓の御師・土豪が北条氏に糾合され、本栖へ侵攻した。

渡辺因獄佑(ひとやのすけ)(? ~1591)は、家康から家臣安部信勝(1552~1600)を援軍として派遣され、丸尾(まるお)(青木ヶ原丸尾)において北条勢を撃退する。

8月11日 羽柴秀吉(1537~1598)、丹羽長秀(1535~1585)に書を送り、木曽川を尾張・美濃両国の国境とすることを伝え、安土城の再建が遅れて三法師(後の織田秀信)(1580~1605)の移転が遅れている事を非難する。岐阜の織田信孝(1558~1583)のもとにいた三法師の安土城入りも、秀吉の動きを警戒し、三法師を手元に置いておきたい織田信孝や柴田勝家の引き伸ばし策にあっていた。さらに、書状によると、滝川一益は丹羽長秀に所領のことで、「御存分之儀」を申し立てたらしい。しかし、秀吉はこれをにべもなくはねつけている。一益はこの後、秀吉に対して危惧の念を持つ柴田勝家に急速に近付く。

8月11日 徳川家康、日ノ出砦(日之城)(山梨県韮崎市穂坂町日之城)を修築。

8月11日 「甲州平瀬之内七十貫文、亀沢之内」。家康(1543~1616)、岡部正綱を奏者にして、御岳衆の相原内匠助に朱印状をもって知行充行。

8月11日 「甲州常小地百貫文、牛句七十貫文」。家康、岡部正綱を奏者にして、御岳衆の相原兵部左右衛門他8名に朱印状をもって知行充行。

8月11日 「甲州千塚之郷光蔵寺分之事 拾八」。家康、岡部正綱を奏者にして、御岳衆の惣加沢之清右衛門・同所清四郎に朱印状をもって知行充行。

8月11日 「甲州之内、百々七拾貫文、飛野弐」。
家康、内藤又右衛門他10名に朱印状をもって知行充行。

8月11日 「甲州甘利上条内拾五貫文・拾七貫」。家康、山本弥右衛門尉(忠玄)に朱印状をもって知行充行。千人頭の前身となる小人頭9人の一人という。

8月11日 「甲州手塚内五拾六貫文但信州替」。家康、塚本喜兵衛に朱印状をもって知行充行。

8月12日 「信州伊奈郡之事、今度無二依被遂忠信、所宛行不可有相違、手柄次第可被申付候、但松尾・知久領内之事者除候、状如件、」。
家康、下条兵庫助頼安(信氏の次男、信正の弟)(1556~1584)に朱印状をもって、小笠原信嶺・知久頼氏領を除く伊那郡を知行充行い、飯田城(長野県飯田市追手町)を固めさせる。頼安は、8月に川中島から転進してきた北条軍が諏訪郡に進出すると、甲斐に撤退する酒井忠次らと別行動をとり下伊那に撤退していた。

西暦1582

天正10	8月12日	「**天正壬午の乱－黒駒の合戦－家康勝利**」。谷村城(山梨県都留市上谷一丁目)を拠点としていた北条氏忠(のちの佐野氏忠)(？～1593)、1万の軍を率いて、家康の背後を襲うべく甲斐東部の郡内口より侵入。信濃国八代郡黒駒(山梨県笛吹市御坂町)で迎え撃った、甲府を守っていた鳥居元忠(1539～1600)は、父水野忠重(家康の叔父)(1541～1600)の許を離れ家康の甲州攻めに参加した水野六左衛門勝成(1564～1651)らと共に戦い、北条軍を破る。甲斐国の東部の黒駒で相州から来た北条軍を徳川の鳥居元忠等が奇襲攻撃をかけて勝ち敵の首を300余取ったともいう。	3967
	8月13日	浅野長吉(後の長政)・杉原家次、羽柴秀吉の命令により「京都奉行」に着任。	3968
	8月13日	「**甲州成田之内拾八貫文・同所常葉**」。家康、大久保忠隣(忠隣)(1553～1628)を奏者にして、有賀式部助に朱印状をもって44貫500文を知行充行。	3969
	8月14日	「**天正壬午の乱**」。徳川軍、取った首を若神子(山梨県北杜市須玉町若神子)の北条軍に見えるようにさらした。	3970
	8月16日	「**甲州河内郷之内五拾貫文・志田之内**」。家康、大久保新十郎(忠泰、(忠隣))を奏者にして、長井又五郎(吉昌)に朱印状をもって105貫文30俵を給す。	3971
	8月16日	「**下人等令闕落於相憑、他人者一旦**」。家康、甲斐津金衆の頭目・小池筑前守信胤に朱印状をもって軍功を賞す。津金衆の一員で、高根町の小池に住した小池筑前守信胤は、この年6月、家康の命で信州表の計策に走り廻り、恩賞を受けた。	3972
	8月16日	「**甲州青木郷参百貫文・深奥之郷拾六貫文・御蔵出五貫文之事**」。家康、武川衆青木張守(信時)(？～1600)に朱印状をもって所領知行充行。	3973
	8月16日	「**甲州柳沢之郷七拾貫文・為新恩壱貫五百文藤右衛門・一貫文五味文之事**」。(甲州柳沢の郷七拾貫文。新恩として壱貫五百文藤右衛門分。壱貫文五味分の事。右、本領たるの由言上候間、前々の如く相違有るべからず。此の旨を守り、軍忠すべきの状、件の如し)。徳川家康、武川衆柳沢兵部丞(信俊)に本領を安堵。武川衆は、北条方となり計策を進めた中沢縫殿右衛門、同新兵衛を打ち取った。武川衆は、甲斐国北西部の辺境武士団。若神子の北条軍2万余と新府の徳川軍1万弱とが激突するような大会戦は行われず、刈田や小競り合い程度で膠着状態が続いた。氏直に従属した信濃の武士たちも期待はずれの感想をもつようになった。家康は彼等に働きかけて真田昌幸を寝返らせ味方につけた。真田昌幸は碓氷峠に布陣して氏直軍の糧道を断つようにした。氏直軍は大軍で食糧不足は問題となった。家康も自力で氏直軍を撃破したり追い返すことができなかった上に、故信長の息子の信雄や信孝から北条と和議を結ぶように勧告がきていた。	3974
	8月17日	「**甲斐国廿利内八貫文・夫役共、井**」・「**甲州本領之事 折井南分弐拾壱貫**」。家康、武川衆名執清三・折井市左衛門(次昌)(1533～1590)に朱印状をもって所領知行充行。	3975
	8月17日	「**甲州大賀分七拾貫文・平塚分七貫**」。家康、阿部正勝(1541～1600)を奏者にして、市川内膳に朱印状をもって130貫文の所領知行充行。	3976
	8月18日	「**駿甲界之内、山西并河東次津分之事**」。家康、故穴山信君の遺子・武田勝千代(武田信治とされる、母は武田信玄の娘・見性院)(1572～1587)に本領安堵状。勝千代は家康から河内領(山梨県西八代郡と南巨摩郡の一帯)と江尻領のほか駿河山西(静岡県藤枝市)や河東須津(静岡県富士宮市)を安堵される。信君からの重臣、穂坂常陸介・有泉大学・芦沢伊賀守元辰などが盛り立て、江尻城番には本多重次(1529～1596)、深溝松平家忠(1555～1600)、天野康景(1537～1613)らが、河内領は菅沼定政が守備しており、政務は徳川家臣団により行われていたという。	3977

天正10	8月19日	「今度於蘆田敵討捕、手疵蒙之条神」。
		徳川家康、今井兵â€‹部に朱印状を送り、佐久郡芦田に於ける戦功を賞す。
		武田氏族今井氏という。

397

	8月20日	「同心四拾五人之分、如前々令還補」・「甲□□鳥居三拾貫文、同□夫、河」・「甲州
		下河原内弐拾貫文・五拾貫文」・「甲州鮎河分参拾五貫文・篠原八幡」・「甲州朝利之内
		弐拾貫文、渡部分窪」。
		家康、井伊兵部少輔万千代(直政)を奏者として、河野但馬・塩屋五右衛門・山下内
		記・前嶋又次郎・小沢宮内丞に、朱印状をもって知行充行。
		河野但馬は武田家家臣より徳川家家臣になった、のちの河野通重(みちしげ)(1510~1595)か。

397

	8月20日	「今度於蘆田、親候加賀美七郎右衛」。
		家康、住吉加賀美作蔵に朱印状を送り、佐久郡芦田に於ける戦功を賞す。

39

	8月21日	「壬午起請文」。家康は、武田氏旧臣八九五人を遠江国秋葉神社社前に集め、自今
		以後忠功を励んで無沙汰をしない旨を誓約した起請文を提出させた。
		武田親類衆・武田信玄近習衆・武田信玄直参衆らが、徳川家康へ忠誠を誓約する起
		請文を提出。これらの諸士は、武田親族衆・信玄近習衆・遠山衆・御岳衆・津金衆・
		栗原衆・一条衆・小山田備中衆・信玄直参衆・小十人頭子供衆・典厩衆・山県衆・駒井
		右京同心衆・城織部同心衆・土屋衆・今福筑前同心衆・今福新右衛門同心衆・青沼助
		兵衛同心衆・跡部大炊同心衆・跡部九郎右衛門同心衆・曽根下野同心衆・原隼人同
		心衆・甘利同心衆・三枝平右衛門同心衆・寄合衆・御蔵前衆・弐拾人衆などであった。
		資料に差異が見られるが、830人程とされる。

39

	8月21日	「甲州岩崎内四貫九百文・扶持三貫」・「甲斐国岩手郷弐百貫文分去共事」。
		家康、野沢二右衛門・岩手入道に朱印状をもって所領安堵。
		岩手入道は甲斐国岩手郷200貫文の所領安堵を受けた岩手信盛であるという。

39

	8月21日	「甲斐国千塚内報恩寺分百貫文・成田内正法寺分百貫文・河東内」。
		家康(1543~1616)、榊原小平太(康政)(1548~1606)を奏者にして、駒井右京進(政直)
		(1542~1595)・被官・同心に朱印状をもって604貫500文を知行充行。

39

	8月22日	「甲州神名川之内弐貫文・西郡南条」。
		家康、筒井菅右衛門に朱印状をもって所領知行充行。

39

	8月22日	「甲州成田郡之内五拾貫文・井上之」。
		家康、大久保忠泰(忠隣)(1553~1628)を奏者にして、土屋三郎右衛門昌吉(ただちか)(1545~
		1623)に朱印状をもって成田の50貫文、井上の18貫文の計68貫文の所領知行充行。
		土屋昌吉は、徳川の家臣ではなかったが、黒駒に侵入する北条勢と戦った。戦功
		をあげるも、負傷する。家康の側近であり、同じくこの合戦に参戦した鳥居元忠
		が、昌吉の活躍について家康に言上し、徳川家に召し抱えられることとなった。

39

	8月22日	「木曾義昌、北条氏を離反し家康側に寝返る」。
		義昌(1540~1595)は、武田家の遺領を巡り上杉景勝(1556~1623)と徳川家康(1543~
		1616)・北条氏直(1562~1591)の三者が争うと(天正壬午の乱)、初めは氏直に従って
		いたが、8月12日の甲州黒駒合戦での北条軍の敗北と、旧主の織田信孝の意向を
		仰ぎ、家康に寝返り、他の信濃国衆から集めた人質を引き渡し、その代わりに再
		度安曇・筑摩両郡および木曽谷の安堵を受ける約定を得た。

西暦**1582**

天正10	8月22日	「**従木曽玄徹之書状被指越候、即遂**」。家康、下条兵庫助頼安(信氏の次男、信正の弟)(1556〜1584)に書状を送り、木曾義昌と協力して、伊那郡飯田城(長野県飯田市追手町)の備を固めるよう指示する。北条方は主力が甲斐に侵攻する一方で、高遠城(長野県伊那市高遠町)を保科正直(1542〜1601)に制圧させ、箕輪城(長野県上伊那郡箕輪町)の藤沢頼親(?〜1582)を調略して上伊那をほぼ制圧していった。 さらに下伊那にも侵攻し、飯島・片桐・松岡頼貞が北条方に寝返り、頼安ら下条氏と松尾小笠原氏・知久氏以外の国衆は、ほぼ北条方についたとされる。	3987
	8月22日	家康重臣酒井忠次(1527〜1596)、三浦十左衛門尉安久(今川家臣)に、北条敵兵を討ったとして褒状を下す。	3988
	8月23日	「**四百斛舩壱艘之事 右分国中諸湊**」。 家康、勢州大湊角屋七郎次郎に、三河国などの諸港出入の諸役を免除する。初代角屋七郎次郎秀持(1542〜1614)は、この年6月の本能寺の変では徳川家康の堺からの脱出「神君伊賀越え」の時、持ち船で伊勢の白子から尾張の常滑まで送り届けたという。家康より分国中諸役免許の朱印を授かった秀持は、朱印船「八幡丸」を造り、小牧・長久手の戦いでは徳川の陣船に加わったという。	3989
	8月24日	「**甲州休息之郷之内弐拾五貫文、御**」・「**甲州倉科之内伍貫文・鍛冶屋地名**」。 家康、高橋与五郎・大村次左衛門に朱印状をもって知行充行。	3990
	8月24日	この頃、内藤昌月(1550〜1588)から兵を借りた、保科正直(1542〜1601)が高遠の下条氏を攻め、高遠城を奪う。武田氏が滅亡すると、昌月は信濃を追われた父・正俊と、兄・保科正直を箕輪城(群馬県高崎市箕郷町)に迎え入れた。	3991
	8月25日	「**甲州竹井之内しつめ分弐拾五貫文**」。 家康、内藤七右衛門尉に朱印状をもって知行充行。	3992
	8月26日	岐阜の織田信孝(信長の三男)(1558〜1583)、信濃国の木曾義昌(1540〜1595)に、尾張国の軍勢が徳川家康への援軍として駿河国へ向かうことを伝える。	3993
	8月26日	井伊万千代(直政)(1561〜1602)の母、井伊直虎(次郎法師)(?〜1582)、没。 墓は井伊家の菩提寺である龍潭寺(静岡県浜松市北区引佐町井伊谷)に、許嫁であったの井伊直親(1535〜1563)の隣にある。	3994
	8月27日	「**小笠原掃部太夫人質之儀、三州野**」。 家康、奥平信昌(1555〜1615)・下条兵庫之助(下条頼安)らに、信濃国の小笠原大夫信嶺(1547〜1598)の人質を三河国野田へ赴かせるよう命じる。	3995
	8月27日	「**甲州国玉之内七拾貫文・同所手作**」。 家康、初鹿野伝右衛門尉(昌久)(1544?〜1624)に朱印状をもって知行充行。	3996
	8月27日	「**甲州飯室分参拾五貫文 ・ 浅利分拾**」。家康、高木広正(1536〜1606)を奏者にして、飯室庄左衛門昌喜(?〜1623)に朱印状をもって67貫500文を知行充行。	3997
	8月28日	「**任先判形之旨、可為九一色同前、**」・「**甲州八幡内五貫文・栗原内七貫文**」・「**甲州岩間郷百五拾貫文、并夫丸式**」。家康、小林佐渡守・丸山次郎兵衛・早川弥惣左衛門に朱印状をもって所領知行充行。	3998
	8月29日	「**甲州千野之内七貫文、同所手作分**」。家康、古屋与兵衛に朱印状をもって知行充行。	3999
	8月29日	「**天正壬午の乱ー北条氏の兵糧庫が陥落**」。徳川家康の臣・大須賀康高(1527〜1589)・榊原康政(1548〜1606)ら、刈田を実行し、若神子城南の巨摩郡豆生田(山梨県北杜市須玉町大豆生田)砦の北条氏直の兵と戦う。ついで、翌日には攻略する。	4000
	8月30日	木曾義昌、遠山主水元忠を使者として酒井左衛門尉忠次(1527〜1596)に家康と提携すべきことを申し送る。	4001

天正10	8月30日	「今度従信長公被遣候あつみ・つく」。「ことのほか喜悦斜めならず。即日使者に返書を送る」。徳川家康（1543～1616）、木曾義昌（1540～1595）に、木曽と安曇・筑摩両郡を安堵する。次いで義昌に誓紙を送り協力を求める。	40
	8月30日	**家康、河野但馬に朱印状をもって知行充行。** 河野但馬守通重（1510～1595）は、のちの八王子千人同心9人の千人頭の一家である。	40
	8月―	家康家臣・大久保七郎右衛門忠世（1532～1594）は、依田右衛門佐信蕃（1548～1583）に、「貴殿と真田安房守は旧友である。謀をもって真田を家康公の麾下に付けられたなら、一城を攻め落としたよりも大功となろう」と言った。 依田信蕃は「真田を味方にするのは容易ではないが、家康公から大禄を賜わるならば、真田にこの旨を告げよう」と答えた。そこで、大久保忠世が、このことを家康へ申し上げたところ、**家康は大いに喜ばれ、「真田を我が味方に引き入れたならば、安房守は言うに及ばず、依田右衛門佐にも重く恩賞を与えよう」と杉浦七蔵**を使者として朱印を賜わった。その後、北条氏直と家康が甲州若神子表で8月から対陣した時に、真田安房守昌幸は、家康の味方として信州岩村田（佐久市岩村田）の黒岩城（大井城の一部）を乗っ取った。（『信州上田軍記』）。	4
	9月―	「天正壬午の乱」。この月、徳川家康（1543～1616）、甲斐新府にあって、北条氏直（北条家第5代当主）（1562～1591）の陣に対してしばしば戦を交える。	4
	9月―	この月、越相の和平が成る。小田原北条と上杉が講和した。	4
	9月1日	**「同心三拾壱人之分如前々令還補」・「同心弐拾人如前々令還補畢、若於」・「同心三拾五人之分、如前々令還補」。**家康、武川衆の荻原甚丞・山本弥右衛門尉（山本忠房）・窪田助之丞に朱印状をもって所領知行充行。	4
	9月2日	「……爰元之模様先書申述候間、不」。 家康、木曾義昌に書状を送り、下条頼安と共に、諏訪を攻めんとするに賛す。	
	9月2日	**「為本領之由言上候間、為駿州厚原」・「甲州鎮目内百貫文・板垣内拾八貫」。** 家康、土橋左衛門尉・多田三八に朱印状をもって知行充行。	4
	9月3日	**「甲州長塚分七拾貫文・右見出分式」。**家康、大久保忠隣（忠隣）（1553～1628）を奏者にして、横地弥三元貞に朱印状をもって115貫文を知行充行。	4
	9月5日	**「甲州相田弐拾九貫文・下河原柳内壱貫六百文」・「甲斐国本領山宮郷参百貫文・方丈」。**家康、安倍善九（郎）（阿部正勝）を奏者にして、山本十左衛門尉・山宮右馬助に朱印状をもって知行充行。	
	9月5日	**「禁制 一甲乙人等陣取放火事一」。**家康、法泉寺に朱印状をもって禁制を与える。	4
	9月5日	**「甲州中条之内弐百貫文・信州小松」。** 徳川家康、阿部正勝（1541～1600）を奏者にして、水上六郎兵衛（水上利光）に朱印状をもって、甲州中条之内・本領筑摩郡小松の地等を安堵。	
	9月上旬	**「天正壬午の乱」。**徳川軍、北条氏直軍の後方の要所に当たる江草小屋（砦）（山梨県北杜市須玉町江草）らを陥落させる。	
	9月―	**「真田昌幸、北条氏を離反し徳川氏に帰属」。** 真田昌幸（1547～1611）は、弟加津野信昌（真田信尹）、佐久の依田信蕃らを介して徳川と結んだ。信蕃は家康の命を受け、2度に亘り昌幸のもとへ勧説の使者を送った。3度目に昌幸自ら芦田に赴き信蕃と折衝し、家康と昌幸が起請文を交わし臣従が決まったという。真田昌幸は、北条軍の諏訪進出の隙を突いて、碓氷峠を越えて上州に進攻し、この月には北条方の沼田城（群馬県沼田市）を攻略し奪取に成功し、北条軍の糧道を断っていた。	

西暦**1582**

天正10	9月7日	徳川方の小笠原貞慶(1546〜1595)、上杉方の日岐城(長野県東筑摩郡生坂村)将・日岐(仁科)盛武を、攻撃に出陣する。次いで落城させる。	4016
	9月7日	「**甲州津金郷五拾八貫文・根羽三貫**」。 家康、小尾監物祐光(1542〜1607)に朱印状をもって知行充行。 小尾祐光は、天正壬午の乱が起きると、北条氏直の誘いを蹴って実弟の津金胤久らと共に徳川家康に臣従し、北条氏との戦いでは案内役として胤久や長男の小尾正秀らと共に戦功をあげた。これらの功績により本領を安堵され、駿河・甲斐国内に合わせて327貫文を与えられた。	4017
	9月7日	「**甲州西郷筋大木郷之内七貫五百**」。家康、大木初千代に朱印状をもって知行充行。	4018
	9月8日	徳川家康、依田信蕃に扶持を送る、尋いで、信蕃、北条氏直の兵と戦ひて、獲るところの首帳を家康に献ず。 「首帳」とは戦場で討ち取った敵の首と、それを討ち取った人の名前とを記す帳簿。	4019
	9月9日	「**甲州津金郷弐拾貫文・根羽樫山共**」。 徳川家康、津金修理亮(津金胤久)(1546〜1622)に、朱印状をもって知行充行。 胤久は、天正壬午の乱の時、津金領は信濃に近かったが、胤久は兄の小尾祐光と結託して家康に人質を出して臣従し、駿河国内に所領を与えられた。北条軍との対陣では先鋒を務めて武功を上げ、その功により本領安堵に加えて信濃・上野などに加増を受けて450貫文を領し、以後は兄と共に信濃平定に転戦する。	4020
	9月9日	「**駿州瀬戸谷内五拾四貫五百文・有**」。家康、朝比奈新九郎に、朱印状をもって知行充行。朝比奈親(1560〜1602)は、駿河国志太郡(瀬戸谷)、有度郡(有東)、朝比奈藤一郎分、新田などの所領を安堵された。	4021
	9月10日	「**今度無二可有御入魂之由、度々蒙**」・「**一向後弥無二入魂可申事　一以来**」。 徳川家康、木曾義昌に判物・起請文を送りて、その知行等安堵し、また、伊那郡箕輪の諸職を与えることを約する。	4022
	9月10日	「**……仍今度甲州致在留付而、両度**」。家康、織田信雄老臣・飯田半兵衛に書状を送り、甲州在留を告げる。飯田半兵衛尉(正家)は、反秀吉、親家康派であった。	4023
	9月12日	「**秀吉、於次丸秀勝を後継と目論む**」。 羽柴秀吉(1537〜1598)、信長の第六子(五男)である養子於次丸秀勝(1568〜1586)をして、大徳寺に、故織田信長の追善百ヶ日忌の法要を行う。導師は、古渓宗陳(蒲庵古渓)(1532〜1597)。この時命名された法名は「惣見院殿(総見院殿)」。 千宗易(後の利休)(1522〜1591)、博多屋宗寿、山上宗二(1544〜1590)の三人が、主催者中に名があるという。	4024
	9月12日	徳川方松井忠次(松平康親)(1521〜1583)が守る駿河国三枚橋城(静岡県沼津市大手町)が、伊豆から駿河に侵攻した北条氏規(1545〜1600)軍の攻撃されるも、これを迎撃し退かせる。	4025
	9月13日	「**……仍路次等於自由者、細々以使**」・「**委曲皆川山城守方可被申入候**」。 家康、宇都宮国綱(1568〜1608)に書状を送り、織田政権から援軍として羽柴秀吉・丹羽長秀・柴田勝家が来ることを伝える。 家康は、下野の皆川広照(1548〜1628)に関東諸氏とをつなぐ役割を果たさせていた。	4026
	9月13日	**甲斐国に出陣中の徳川家康、城景茂(1522？〜1587？)・昌茂(1551？〜1626)父子に、尾張国からを始めとする援軍が到着間近であることを伝える。** 城景茂は、武田家が滅びると、息子の昌茂と共に徳川家康に拝謁し、以後徳川家に仕えた	4027
	9月15日	「**甲州小石和郷七拾五貫文、并夫丸**」。家康、大森主税に朱印状をもって知行充行。	4028

天正10	9月17日	「為蘆田人質可請取小笠原掃部大夫」。 家康、小笠原信嶺の使者を、木曾義昌の許に遣はし、佐久郡芦田の人質を受取らしめんとす、是日、家康、書状をもって奥平九八郎(奥平信昌)(1555~1615)・鈴木喜三郎(重次)をして、その帰路の便宜を図らしむ。
	9月18日	羽柴秀吉(1537~1598)、京の吉田神社にて丹羽長秀、長谷川秀一、堀秀政と会談する。
	9月19日	「……仍真田安房守此方へ令一味候」。 徳川家康(1543~1616)、上杉方の八代左衛門尉(屋代秀正)(1558~1623)に、北条方の真田昌幸(1547~1611)が徳川方に身を投じたことを報じ、昌幸に対しての軍事行動を制止を依頼する。
	9月19日	「甲州市部内五拾貫五百文・未丸弐」。家康、岩間善九郎に朱印状をもって知行充行。
	9月19日	「甲州曽根堀内分、慈照寺寄進共二四十貫文」。 家康、曽根松千代に判物発給し、中牧で戦死した父平太夫の代わりに本領安堵する。
	9月19日	徳川方となった真田昌幸は、小県郡禰津昌綱(1560?~1620?)を攻めた。昌幸が小県郡の地侍を相手にした最初の戦いであった。禰津昌綱は織田信長横死後、徳川二十将の一人大須賀康高を介して家康に属しながら、昌幸が家康に属すると同族間の確執か、北条氏の勧誘か、北条氏に奔り、氏政から甲斐之内手塚千貫・清野1跡2千7百貫文を知行充行われる大変な厚遇を得た。 禰津氏の本拠は小県郡禰津(長野県東御市祢津)であったから、当然昌幸は攻略しようとしたが戦果無く陣を引いた。
	9月—	徳川軍に呼応した常陸の佐竹義重(1547~1612)・下野の宇都宮国綱(1568~1608)、上野に侵攻、館林城(群馬県館林市城町)を攻撃し始めた。
	9月20日	「信長葬儀が決まる」。 羽柴秀吉(1537~1598)、京都に於いて丹羽長秀(1535~1585)と会談。
	9月20日	羽柴秀吉(「秀吉」)、秋田愛季(「愛季公」)へ今度の「信長御不慮」の件とその前後の情勢を通知。秀吉は備中国高松城攻囲中に去6月2日の京都に於ける「信長御不慮之仕合」の注進を得たこと、6月5日に備中国高松城を攻略し毛利領国の備中国・備後国・美作国・伯耆国・出雲国を受け取り「誓紙」と「人質」提出の上で「和睦」したこと、6月7日に播磨国姫路城へ入城し、6月9日に「京都へ切上」り、6月12日に羽柴秀吉軍先鋒隊が山城国山崎にて明智軍と交戦、その後明智光秀(「明智日向守」)らを討ち取り「京都」に梟首したこと、また織田信忠(「城介殿」)の「御若子」を取り立てて織田「御分国中」は従来の通りに統治されることになったこと、尾張国には織田信雄(「三介殿」)が、美濃国には織田信孝(「三七殿」)が配置され、羽柴秀吉は山城国山崎で「居城」普請し「畿内静謐」とすることに触れ安心するよう通知。来年は「東国」へ進出する予定であることを通知。
	9月21日	羽柴秀吉、「信長御仏事」のため大徳寺に赴く。
	9月23日	「信州諏方ましの之内弐拾五貫文之」。 徳川家康、平井出清右衛門尉に朱印状をもって本領諏訪郡真志野の地を安堵。
	9月23日	「今度信州於蘆田古屋、無比類依忠」。 家康、市川又兵衛の佐久郡芦田小屋に於ける戦功を賞し、甲斐に於いて地を知行充行。
	9月24日	「定 一両三人与申組者其之妻子・」。 家康、人質を出した小池筑前守信胤・津金修理亮(津金胤久)(1546~1622)・小尾監物(祐光)(1542~1607)に朱印状をもって定書を送る。

西暦1582

天正10	9月25日	「**三島合戦**」。北条氏政、駿河国三枚橋城(静岡県沼津市大手町)を攻略するため小田原城より大軍を出撃させた。三枚橋城が陥落すれば甲斐の徳川軍本隊が孤立する危険があった。徳川軍松井松平康親(1521～1583)ら、三枚橋城から出撃して両軍は三島付近で激突し、激戦の上に北条軍の撃退に成功した。 **徳川軍、北条軍に勝利するも被害甚大のため、これ以降は守勢に転換。**	4042
	9月26日	この頃までに、秀吉(1537～1598)、新しく支配圏となった山城国に、山崎城(天王山宝寺城)(京都府乙訓郡大山崎町大山崎天王山)を築く。7月着工という。	4043
	9月27日	「**天正壬午の乱**」。 **徳川軍、穂坂路(小尾街道)の北条方拠点・小尾小屋(砦)を陥落させる。**	4044
	9月28日	「**徳川家康、属した真田昌幸に所領を安堵**」。「**上州長野一跡、於甲州弐千貫文、**」。 徳川家康(1543～1616)は、帰属した真田安房守昌幸(1547～1611)に、上野長野一跡(箕輪)・甲斐に於いて2千貫、諏訪郡を新知し、現有する小県郡と上野の沼田・吾妻二郡を安堵する花押状を与えている。所有している小県郡・沼田・吾妻郡に加え上野箕輪領・諏訪郡の一部を知行充行う。 大盤振る舞いであるが、当時の箕輪は北条領であり、諏訪郡は先の7月26日、依田信蕃に知行充行されている。しかもこの時期、北条方に属し徳川軍に熾烈な戦いを挑んでいた諏訪頼忠(1536～1606)が領有していた。北条・上杉の講和の結果、昌幸は、家康に指示された信尹(昌幸の弟)(1547～1632)、依田信蕃(1548～1583)らの斡旋により、北条氏を裏切り、徳川家康に属する。 **ここに北条氏直(北条家第5代当主)は、背後への軍備を固める必要に迫られ、また家康も台頭する秀吉の存在があり長く在陣することは得策でなかった。** 天正10年2月、武田一門の駿河江尻城主穴山信君(梅雪)が徳川方に寝返り、田中城(静岡県藤枝市田中)も完全に孤立、田中城主依田信蕃は徳川氏の勧降に従い同年3月に開城した。信長死(6月2日)後、本領佐久郡芦田(長野県北佐久郡立科町)に帰還し、信濃・甲斐の武田氏旧臣の調略を進める。信蕃は家康の命を受け、二度に亘り昌幸のもとへ勧説の使者を送った。三度目に昌幸自ら芦田に赴き信蕃と折衝し、家康と昌幸が起請文を交わし臣従が決まったという。	4045
	9月28日	「**此節房州(真田昌幸)被対当方へ被遂一味可有御忠信旨使札候、万事其方御取成故如此落着候、真以着此事候、弥以来之儀無に御入魂可為本望候、将亦氏直於手切之働之儀依田(信蕃)曽根(昌世)各被相談可然様任入候**」。 家康、真田信尹(加津野信昌)(真田昌幸の弟)に書状を記し、依田信蕃・曽根昌世(1546?～1630?)の仲介で、兄の昌幸が、北条氏所属をやめ、徳川氏に属した事を伝える。加津野信昌(真田信尹)は、同年3月の武田家滅亡後に真田姓に復姓し、諱を「信尹」と改名。徳川氏に属したという。	4046
	9月28日	「**……仍今刻房州当方御一味之事、**」。 徳川家康、加津野隠岐守宛に書状を記し、加津野信昌(昌幸の弟)等の功を賞す。	4047
	9月28日	「**信州志賀一跡之改替、於遠州可相渡候**」。 家康、真田家中の日置五右衛門(則隆)に朱印状をもって、遠江の地を知行充行。	4048
	9月下旬	秀吉の信長葬儀にあわてた織田信雄(信長の次男)(1558～1630)・織田(神戸)信孝(信長の三男)(1558～1583)は、この頃、徳川家康(1542～1616)と北条氏直(1562～1591)の和睦を勧告。	4049
	9月—	「**一甲斐国山伏弐拾四ケ院之儀者、**」。家康、甲斐廿四人山伏中に所領安堵状。	4050

天正10	10月一	常陸の佐竹義重(1547~1612)、再び上野に侵攻、館林城(群馬県館林市城町)を攻撃し始めた。
	10月4日	「新発田重家の乱」。 上杉景勝(1556~1623)、新発田重家(1547~1587)の頑強な反撃にあい、兵糧が乏しく降雪の季節が近いことから、ひとまず春日山城(新潟県上越市中屋敷)に帰る。
	10月5日	「…仍尾州国人之義、御手置等被」。 徳川家康、織田信雄の老臣・飯田半兵衛尉に、三河国のうち織田領に編入されている地域を返還してもらうよう要請する。
	10月一	徳川方真田昌幸・依田信蕃、佐久郡の諸城や碓氷峠を占領、北条軍は補給路を断たれた。
	10月6日	「甲州小曲五拾貫弐百文・同夫丸弐」。 家康、下条民部丞に朱印状をもって知行充行。
	10月8日	「甲州後屋敷之郷三百貫文、夫銭共ニ同夫」。 家康、大久保新十郎忠世(1532~1594)を奏者にして、市川宮内助に朱印状をもって知行充行。市川昌倚は、甲斐国後屋敷郷(山梨県山梨市)に300貫文・境郷100貫文を安堵された。
	10月9日	正親町天皇、秀吉の要請により、織田信長(故右大臣正二位平朝臣信長)へ、太政大臣従一位を追贈。
	10月9日	羽柴秀吉(1537~1598)、京都諸口率分を廃止する。(『言経卿記』)。 この日から京の町は、秀吉派の武将により厳重に警護される。
	10月10日	秀吉、播磨から上洛。
	10月11日	**家康、甲斐武川次衆に定書発給。**
	10月11日	北条氏政(氏康の次男)、北条氏邦(氏康の五男)に、真田氏の裏切りなどのことを伝える。
	10月12日	織田信雄、尾張国松ノ木城(岐阜県海津市松木)の吉村又吉郎(氏吉)に、同城近辺の所領確定について、引き続き協力するよう要請する。 岐阜県海津市辺りは、天正14年(1586)に実施された尾張・伊勢地域の検地後に美濃国に編入されたとも、天正17年(1589)豊臣秀吉の命により、新しい木曽川を尾張国と美濃国の境としたともいう。
	10月12日	「甲州塚河郷四貫五百文、此内屋敷」。 徳川家康、諏訪郡乙事村名主の五味太郎左衛門に朱印状をもって、甲斐塚河郷内の地等を知行充行。 五味太郎左衛門は、「天正壬午の乱」では、つぶさに北条軍の動静を探り、適切な進言をしたので、徳川軍は一兵も損なうことなく新府に退くことができた。 太郎左衛門は、後になって家康に召し出されて性を乙骨と改め、その旗本に取り立てられたという。
	10月12日	「甲州下条分拾貫文・渋沢内屋敷壱」。 家康、波木井四郎左衛門尉に朱印状をもって知行充行。
	10月13日	「甲州立河之内弐貫七百文之事 右」・「甲州狩野川之郷三沢清三分拾貫」。 家康、原田二兵衛・降屋兵部左衛門尉に朱印状をもって知行充行。
	10月14日	尾張国から織田信雄が、美濃国から同信孝が上洛し、父信長の葬儀を中止させるとの風聞が流れる。

西暦1582

天正10	10月15日	**「信長の葬儀―秀吉、織田政権の後継者として名乗りをあげる」。**

秀吉の弟・羽柴長秀(秀長)(1540～1591)を警護大将とした一万もの兵が警護する中、羽柴秀吉(1537～1598)、大徳寺において故織田信長の葬儀を執行。
織田信雄・信孝兄弟は返事なし、柴田勝家は不参加、池田恒興は次男輝政を名代として派遣し、丹羽長秀は家老を代理として派遣する。
秀吉は二体の信長の木像を造り、一体を棺に納め、棺の前を池田恒興の次男・照政(のち輝政)(1565～1613)が、後ろを羽柴秀勝(信長五男)(1569～1586)が担ぐ。そして、位牌は信長の十男・信好(?～1609)が、信長愛刀を秀吉が担ぎ、三千人の葬列が続く。導師は、古渓宗陳(蒲庵古渓)。五山をはじめとして洛中洛外の禅僧や諸宗の僧侶の数もはかり知れぬほど。この時棺に入れられた木像は、茶毘に付され、もう一体は寺に安置される。 　　4067

柴田勝家は、滝川一益や織田信孝と共に、秀吉に対する弾劾状を諸大名にばらまいた。これに対して秀吉は、この日、養子の羽柴秀勝を喪主として、信長の葬儀を行うことで切り抜けている。

	10月15日	三河国二連木の松平(戸田)康長(1562～1633)、同国新城の奥平信昌(1555～1615)に起請文を送る。 　　4068
	10月16日	形原松平家5代当主・松平家忠((1547～1582)、没。36歳。子の松平家信(1565～1638)が家督を継ぐ。 　　4069
	10月18日	「上様(織田信長)より、重ね重ね御褒美・御感状に預かり、その上但馬の金山と、茶道具など取り揃えて下された。「茶の湯」は御政道で難しいのですが、私は許可を頂き、やってよいと言われた時のことは、今生後生忘れがたいことです。信長様を差しおいて、どこのお方が私にこのような栄誉を私に与えて下さるだろうかと考えると、夜昼涙が出て、信長様がお亡くなりになるなど思いも寄りません」、「信長様の御仏事については、信雄・信孝御両人様へ、養子の御次より申し上げた、とのことであるが、とかくの返事もなく、また、御宿老衆も御仏事をやる様子もないので、天下の外聞、いかがと思いました」、「上様の御芳情を須弥山よりも重く思いますので、思いによらず、御仏事をいたしました」、「其の十三日の暁に、山崎に陣取り申候、高山右近・瀬兵衛・久太郎手へ、明知め段々に人数立て、切り懸り候処を、道筋は高山右近・中川瀬兵衛・久太郎切り崩し候」。 　　4070

羽柴秀吉、織田信孝の家老である斎藤玄蕃允(助)・岡本太郎右衛門へ、信長葬儀執行後に織田信孝の書状(秀吉と勝家の修睦)に答え、全二十四条でもって秀吉自身の立場を説明。
斎藤玄蕃助(利堯)は、信長正室濃姫の弟という。岡本太郎右衛門は岡本良勝である。

秀吉は、本能寺以来の自身の功を披露し、自身に対する信孝の態度を非難する。また、秀吉と柴田勝家の対立に関しての仲裁の労を取る事に感謝の意を示しながら、これを拒否する。
そのため、**秀吉に反感をもつ信孝・勝家、及び滝川一益による反秀吉同盟が形成された。**

天正10	10月19日	家康方・真田昌幸(1547〜1611)、北条方の小県郡禰津(長野県東御市祢津)の同族禰津昌綱(1560?〜1620?)を攻める。昌幸が小県郡の地侍を相手にした最初の戦いであった。祢津昌綱は信長横死後、徳川二十将の一人、大須賀康高を介して家康に属しながら、昌幸が家康に属すると同族間の確執か、北条氏の勧誘か、北条氏に奔り、氏政から甲斐之内手塚千貫・清野1跡2千7百貫文を知行充行われる厚遇を得た。 祢津氏の本拠は小県郡祢津であったから、当然昌幸は攻略しようとしたが戦果無く陣を引いた。北条氏直にしてみれば、祢津昌綱は佐久・小県両郡の要であり、信玄・信長無き後の信州攻略の最重要な橋頭堡であった。 氏直は祢津昌綱に堅固に備えるよう命じると共に、佐久の内山城に直臣・猪股能登守邦憲を配置した。10月25日、さらに昌綱を鼓舞するためか、海野領内4千貫という手当たり次第の知行充行を約束した。 昌幸は、室賀氏との対立などで信濃国の領国内の問題に追われ、さらに、上杉氏・北条氏の信濃侵攻に加えて、有力家臣で海野氏としての家格は真田氏より上である祢津氏が、真田氏が徳川氏に臣属した直後に北条氏に属し、真田氏と対立した。この対立により昌幸は小県郡を離れられず、上野国には叔父矢沢頼綱を沼田城(群馬県沼田市)、嫡子信幸(信之)を岩櫃城(群馬県吾妻郡東吾妻町)に派遣し、分割統治を行うことになった。
	10月22日	真田昌幸は、正式に相模北条家から離脱。報復の為に北条氏直(1562〜1591)が信濃国佐久郡と上野国吾妻郡へ兵を進める。 この月以降は、長井坂城(群馬県渋川市赤城町棚下)・阿曾の要害(同県利根郡昭和村糸井)、鎌田城(利根郡昭和村字大字森下)等を巡り、真田氏と北条氏との間で激しい合戦が繰り広げられた。
	10月22日	「甲斐一宮神領弐百貫文・宮中森林」。 家康、一宮神主に社領安堵。 浅間神社は、山梨県笛吹市一宮町一ノ宮。
	10月24日	「……仍其元之儀、作手・足助被相」。家康、南信濃の下条兵庫助(下条頼安)(1556〜1584)に、戦勝間近であるとの見通しを伝える。
	10月24日	「**きせう文事 何事においても氏のり御しんたいのき、ミはなし申候間敷候事。右、此むねそむくにおゐてハ、日本国中大小の神、ふし(富士)、白山、天満天神、八満大ほさつ、あたこ(愛宕)の御はつをこむり、来せにてハ、一こ申ねんふつむになり可申候者也、仍如件」**。徳川家康(1543〜1616)、「ミのゝかミ殿」宛てに自筆起請文を記す。家康、甲斐・信濃めぐり北条氏との争いでの、和睦の交渉に際して、北条美濃守氏規(氏康の四男)(1545〜1600)の進退を見放さないことを神に誓って約する。和睦交渉に動く氏規は、駿府人質時代に、家康も駿府で人質となっていた、幼なじみという。家康が甲州の民心収携に大きい成果を挙げたのに対し、北条氏直は大軍を擁しながら進退両難に陥り、これを憂えた氏規の側近らは協議して、家康との間に和平工作を進めることとし、家康に和議を申入れたという。
	10月24日	「**北条方保科正直、家康に属す**」。「**今度被対当方へ、可有忠信之旨、**」。 家康、保科越前之守に朱印状を送る。これより先、伊那郡高遠の保科正直(1542〜1601)、酒井忠次(1527〜1596)を介して、徳川家康に属す。 この日、家康、正直に伊那半郡を与えることを約す。
	10月24日	「**高木清秀、康の属す**」。 信長家臣佐久間信盛に属していた高木清秀(徳川十六神将)(1526〜1610)は、この日、家康家臣高木広正(1536〜1606)の仲介により甲府新府にて徳川家康に謁して主従関係を結び、尾張・三河・遠江に采地千石を与えられたという。

西暦1582

天正10	10月25日	北条氏政 (1538〜1590)、真田昌幸謀叛にあたり、禰津昌綱 (1560?〜1620?) の忠臣を致せるを賞し、小県郡海野領内の地を知行充行。	4078
	10月25日	北条氏直(北条家第5代当主)(1562〜1591)、猪俣能登守(邦憲)(?〜1590?) に命じ、佐久郡内山に移らせ、真田昌幸 (1547〜1611) に備えさせる。	4079
	10月27日	「天正壬午の乱」。織田信雄(信長の次男)らの仲介により、徳川家康と北条氏直が和議を結ぶ。	4080
	10月27日	「……仍上方忩劇付而、当表無事可燃之由、信長従御子達、度々御異見之間、殊我等事、日比信長御厚恩不浅之間、先以任其儀令和与候」。家康、小諸城(長野県小諸市丁)の依田右衛門佐(依田信番)(1548〜1583) に書状を送り、本能寺の変があったが、当地は無事であると記し、徳川・北条の講和を知らせる。	4081
	10月27日	家康、常陸小田城(茨城県つくば市小田) の梶原源太(梶原政景)(1548〜1615?) に書状を送り、本能寺の変があったが、当地は無事であると告げる。政景は太田資正の次男で、当時は安房国戦国大名・里見義頼や徳川家康と連携し、北条氏の挟撃を画策するなど、反北条の活動を続けていた。	4082
	10月28日	「秀吉、三法師を織田家家督から排除」。羽柴秀吉 (1537〜1598)、六条本國寺 (後の本圀寺) に丹羽長秀(1535〜1585)・池田恒興(1536〜1584)と会談、二人を秀吉派に完全に取り込む。秀吉・丹羽・池田の三宿老が、清洲会議の決定を反故にし、織田信雄(信長次男)(1558〜1630)を暫定的な織田家当主として主従関係を結んだ。後にこれは徳川家康(1543〜1616)も賛同して信雄を支持した。	4083
	10月28日	「天正壬午の乱ー北条氏直から和睦の申し入れがある」。「甲州若御子之原二面、北条氏政卜神君御和睦相調、直政公執筆之五ケ条、氏政点頭御書壱通　一、御るんきよ様御せいく之事、」。徳川家康、北条氏政に覚書を送る。第1条で家康は、北条氏の隠居北条氏政に起請文を提出するよう求める。第2条では、常陸佐竹氏・下総結城氏のもとへ派遣する飛脚の通行許可を求める。第3条は下野の皆川氏・水谷氏の通行許可。第4条は、武田遺臣で、家康に仕えた城昌茂の妻子返還要請。第5条は、信濃佐久郡の国衆麓(依)田信番に対して徳川家康が飛脚を派遣することを約束した条文である。	4084
	10月28日	「天正壬午の乱」。徳川家臣井伊万千代(直政)(1561〜1602)・木俣守勝(1555〜1610)、徳川・北条氏の講和交渉にあたる。	4085
	10月28日	「急度令啓候、抑今度各申合候処、上方申事在之付而、三介殿(織田信雄)自御兄弟(同信孝)、当表対陣之儀、令無事、諸事御異見等之儀、我々江頼入候旨、度々御理之条、任其儀、氏直与和与之事候、其方如存知之、我々年来信長預御恩候不浅候間、無異儀者、落着候、其付而、信長如御在世之時候、各惣無事尤候由、氏直へ申理候間、晴朝へ御諫言第一候、委細蟠龍斎(水谷正村)可為口上候、恐々謹言、」。家康、結城氏家臣・水谷伊勢守(水谷勝俊)(1542〜1606)に書状を送り、三介殿(織田信雄)自御兄弟(同信孝)の指示を受けて北条氏との和睦を伝え、結城氏との連携をはかる。家康は、梶原政景(常陸国の佐竹義重家臣)・小諸城(長野県小諸市丁)の依田信審 に対しも、北条氏との和睦が成ったことを伝えた。	4086
	10月28日	北条氏邦(北条氏康の四男)(1541〜1597)、家康方・真田昌幸(1547〜1611)の沼田城(群馬県沼田市西倉内町) を攻め、敗退する。この時、沼田城には矢沢頼綱、岩櫃城(群馬県吾妻郡東吾妻町)には16歳の真田信幸(信之)(1566〜1658)が城主として守っていた。真田方の守りは堅く、また夜襲により北条方は敗北し、一時撤退することになる。	4087

天正10	10月29日	「第二次遠相同盟―徳川・北条氏の講和が成立―家康は三河・遠江・駿河・甲斐・南信濃を手中とし、五国を領有する大大名へと成長」。 徳川家康(1543〜1616)・北条氏直(北条家の第5代当主)(1562〜1591)は、織田信雄(1558〜1630)・織田信孝(1558〜1583)兄弟の勧め、北条氏規の取次により、若神子(山梨県北杜市須玉町若神子)で和議を結ぶ。甲信二国は家康の占領に任せ、北条氏直は異議を申し立てない。上野国沼田は真田昌幸相伝の領地であるが、昌幸が氏直を離れて家康に服属する上は、その地を氏直の所領とし、北条氏支配の信濃佐久郡、甲斐甲斐郡・都留郡を家康の所属とし、家康より昌幸に代地を与えること。家康は次女督姫を氏直に嫁せしめることを28日に約し、この日、人質を交わす。 都留郡内領は徳川領となり、その郡内領は鳥居元忠(1539〜1600)に与えられた。
	10月29日	「天正壬午の乱、終結」。 「本能寺の変」後の上方惣劇の影響で、大大名同士による争いは、上杉と北条の講和、及び徳川と北条の講和によって終結を迎え、上杉景勝が信濃北部4郡を支配、甲斐と信濃は家康の切り取り次第、上野は北条氏直の切り取り次第という形で決着する。家康は信濃、氏直は上野の平定を進めたが、最終的には沼田領帰属問題に端を発する真田の徳川から上杉への寝返りが発生し、真田昌幸が独立勢力として信濃国小県郡及び上野国吾妻郡・同国利根郡を支配した。結果として、景勝は北部4郡の支配を維持、家康は上杉領・真田領を除く信濃と甲斐全域、氏直は上野南部にとどまった。真田領の問題は後の上田合戦に発展していく。 この戦によって家康は(先の駿河を含め)数ヶ月で五ヶ国(駿・遠・三・甲・信)を領有する大大名となり、織田氏の勢力を継承し天下人になりつつある豊臣秀吉と対峙していくこととなる。また、東国を差配する三氏の関係(徳川と北条の同盟、徳川と上杉の敵対関係)も、秀吉政権に対する東国情勢に大きな影響を与えていくこととなる。
	10月―	**徳川家康、武田信玄・勝頼父子菩提のため、岡部正綱(1542〜1584)に命じて恵林寺**(山梨県甲州市塩山小屋敷)**を修復、景徳院(甲州市大和町田野)を建立させる。**
	11月―	**井伊万千代22歳(1561〜1602)、元服し「直政」と名乗り、井伊直政が井伊氏24代当主を相続。**8月ともいう。さらに翌年には、家康の養女で松井松平康親(1521〜1583)の娘である花(後の唐梅院)(?〜1639)を娶る。
	11月―	真田昌幸(1547〜1611)、沼田城(群馬県沼田市西倉内町)を北条氏直(1562〜1591)に明け渡すことを拒否する。
	11月1日	「誓紙之筈非相違、柴田(勝家)所行、三七殿(信孝)被企御謀反候条、此上者惟五郎左衛門尉(丹羽長秀)・池田勝三郎(恒興)・我等申談、三介殿(信雄)を御代ニ相立、馳走可申ニ大方相究候」。 羽柴秀吉(1537〜1598)、徳川家臣石川伯耆守(数正)(1533〜1592?)の20日の書状に返書を送り、柴田勝家(1522?〜1583)と織田信孝(信長の三男)(1558〜1583)が謀反を企てたので、丹羽長秀・池田恒興と会談し、織田信雄(信長次男)(1558〜1630)を、御代(織田家督)に据える事にしたと家康に説明するよう伝える。
	11月2日	「甲州本領之内栗原内三百壱拾九」。 家康、栗原内記に朱印状をもって本領である栗原郷を安堵。
	11月2日	家康の臣石川数正(1533〜1592?)、三河国東観音寺(豊橋市小松原町字坪尻)に家康の戦勝祈念への礼を述べる。
	11月2日	「定 甲州上萩原之郷弐拾五貫文井」。 家康、加藤五郎作に朱印状をもって知行充行。

西暦1582

天正10	11月4日	佐久郡前山城(長野県佐久市前山字城山)主・伴野信守(武田氏遺臣)(？～1582)、徳川家康(1543～1616)の命に応ぜず。この日、家康の将・柴田康忠(1538～1593)ら、武田氏遺臣・依田信蕃(1548～1583)と共に、之を攻めて降す。ついで、同郡高棚・小田井・岩村田の諸城を攻める。	4097
	11月4日	**徳川家康、右左口砦**(甲府市右左口町)**を築城。**	4098
	11月5日	筑摩郡会田衆等、上杉景勝の援を得て、同郡矢久城(長野県松本市中川召田)に籠る。この日、徳川方、松本城(深志城)(長野県松本市丸の内)の小笠原貞慶(1546～1595)は、諸将を遣わして、之を攻め城将・堀内越前守は討死し、落城。貞慶、さらに、筑摩郡青柳城(長野県東筑摩郡坂北村青柳)を攻める。	4099
	11月5日	家康の臣、阿部四郎兵衛定次(阿部大蔵定吉の弟)(？～1582)、没。阿部定次は、天文4年(1535)尾張「森山崩れ」から天正7年(1579)徳川家康正室築山殿の自害までの諸事件を年代順に記した家伝『松平記』を著わした。	4100
	11月6日	「山門再興運動がはじまる」。各地に逃れていた僧侶が比叡山に駆けつける。	4101
	11月6日	**「甲州河西連久分増分・賀々美中条」。**家康、高木広正(1536～1606)を奏者にして、中沢主税祐(助)に朱印状をもって38貫文を知行充行。	4102
	11月6日	**徳川家康、松平左近丞に、信濃の敵状を報じ、同人の戦功を促す。**松平左近丞は、駿河国三枚橋城(静岡県沼津市大手町)主松井松平康親(1521～1583)の長男左近丞(康次、のちに康重)(1568～1640)であろう。	4103
	11月7日	龍山(近衛前久)(1536～1612)、三河国満性寺(岡崎市菅生町)に、遠江国浜松へ下向につき宿泊を依頼する。	4104
	11月7日	**「甲州長井内拾四貫文・狩野川内寺」・「甲州原之郷原主水分弐拾六貫六百」。**家康、武田遺臣の加賀美右衛門尉・石原新左衛門尉に朱印状をもって知行充行。	4105
	11月7日	**「甲州田島内和田源介分五拾貫文・」。**徳川家康、井伊直政を奏者にして、朱印状をもって塚原六右衛門尉の信濃等の本領を改め、甲斐に於いて替地90貫400文を知行充行。	4106
	11月7日	**徳川家康、勝山城**(山梨県都留市川棚)**を修築。**	4107
	11月8日	**「甲州島上条之内四貫文、亀沢之内」・「甲州小笠原今宿市川町籾子類役」・「甲州堺沢之郷五拾貫文之事 右為」。**家康、金丸門右衛門尉・河西喜兵衛充良・岩下弥三郎に朱印状をもって知行充行。	4108
	11月9日	**「甲州桃曽祢之内進五貫文・信州平」。**徳川家康、平原内記に朱印状をもって、本領伊那郡平出の地・甲州桃曽祢之内の地を安堵。	4109
	11月9日	**「甲州之内今井弐拾貫八百七拾文」。**家康、今井主計に朱印状をもって、信濃の本領を改め、甲斐に於いて替地を知行充行。	4110
	11月9日	**「甲州東郡居尻之内七拾五貫文・三」。**家康、井伊直政を奏者にして、原半左衛門尉に朱印状をもって198貫文を知行充行。原半左衛門尉(胤従)は、千人頭の前身となる小人頭9人の一人という。	4111
	11月9日	**「甲州曲輪田拾参貫文・南条之内道」・「甲州志田内拾参貫文・同所八郎右」・「甲州大石和内弐貫文・飯田内四貫」・「甲州志田内土岐殿分五拾貫文・保」。**家康、落合惣兵衛・安部式部丞・小田切善三・小田切雅楽助に朱印状をもって知行充行。	4112
	11月10日	**「甲州小石和之内諏訪分弐貫五百」。**家康、矢田儀左衛門に朱印状をもって知行充行。	4113
	11月11日	**「甲州立川分手作前七貫文之事 右」。**家康、原田二兵衛に朱印状をもって知行充行。	4114

| 天正10 | 11月12日 | 前久、榊原康政へ「不慮之虚名共」により不遇な状態にある旨、「京都之体」は正体無く「内輪之申事共」であり、頼るべき者の分別が不可能であることを通知し、徳川家康への取り成しを依頼。詳細は倉玉主水佑に伝達させる。 | 41 |

龍山（近衛前久）(1536～1612)、甲州在陣中の榊原康政35歳(1548～1606)に書状を送り、徳川家康(1543～1616)への幹旋を依頼する。

| | 11月12日 | 「就今度船之儀被致馳走、大湊迄著岸」。家康、吉河平助に感状を送る。 | 4 |

| | 11月12日 | 「一筆令啓候、仍今度於岩村田疵数ヶ所被蒙、殊無比類働之由、芝田七九郎披露候、定感入祝着候、委曲来臨之節可申候、恐々謹言」。 | 4 |

徳川家康、書状をもって、小山田藤四郎の佐久郡岩村田に於ける戦功を賞す、尋いで19日、依田信蕃(1548～1583)、藤四郎に同郡内山等の地を知行充行。

| | 11月12日 | 「……抑今度於岩村田被蒙鑓疵切」。 |

家康、書状をもって、白幡金蔵の佐久郡岩村田に於ける戦功を賞す。

白幡金蔵は、家康の家臣・柴田康忠(1538～1593)の元で戦功を上げたと言われている白幡俊直(？～1619)か。

| | 11月13日 | 龍山（近衛前久）、三河国満性寺へ借宿の馳走を謝し、遠江国西来院(浜松市中区広沢2丁目)に宿している旨を通知。西来院の月窟廟は、徳川家康の正室・築山殿の廟堂。 | 4 |

| | 11月15日 | 是より先、北条方であった信濃国諏訪郡高島城(長野県諏訪市高島1丁目)の諏訪頼忠(1536～1606)は、徳川家康の帰陣を祝し、馬等を贈る。この日、家康、之に答謝する。 | |

| | 11月17日 | 故織田信長、正一位太政大臣に叙任される。 | |

| | 11月17日 | 「甲州長塚之内三拾四貫文・鮎川分」。 |

徳川家康、井伊兵部少輔直政を奏者にして、諏訪郡神戸平六に朱印状をもって、甲斐長塚の内等の地43貫500文を知行充行。

| | 11月17日 | 「甲州東郡之内増利之郷百五拾貫」。家康、芝田（柴田）康忠を奏者にして、内藤源介正重に朱印状をもって甲州に150貫文を知行充行。 |

| | 11月17日 | 「甲州小山之郷三拾五貫文、同夫丸」。 |

家康、以清斎に、朱印状をもって甲州に知行充行。

武田遺臣の法名「以清斎元松」の市川家光か。

| | 11月19日 | 「禁制 一於当寺中狼藉事 一同殺」。家康、一条小山の一蓮寺に禁制を与える。 |

甲斐を統治した徳川氏や豊臣系大名により一条小山に甲府城が築城され、一蓮寺は現在の甲府市太田町に移転している。

| | 11月一 | 「甲州一蓮寺領寮舎末寺并名田等」。家康、一蓮寺に判物。 |

| | 11月20日 | 「甲州北条之内定納八拾貫文・同夫」。家康、芝田（柴田）康忠(1538～1593)を奏者にして、青沼助兵衛に朱印状をもって甲州に173貫文を知行充行。 |

| | 11月20日 | 「甲府之内八日市場薬師堂広厳寺」。家康、板坂法印に朱印状をもって寺領安堵。 |

| | 11月22日 | 「……仍今節於其元忠節在之由祝」。家康、佐久郡上平尾村の平尾平三（守芳）に忠節を促す。平尾平三は、平尾郷に天正年間に平尾用水を引いたという。 |

| | 11月23日 | 「定 大宮社中門前迄、狼藉有間敷」。家康定書。 |

| | 11月23日 | 「甲州柿平内十六貫文、同所夫銭二」。 |

家康、饗場主税助に朱印状をもって甲州に知行充行。

| | 11月一 | この頃、徳川家康に従わなかった田中城(長野県上伊那郡箕輪町三日町城)藤沢頼親[よりちか]は、家康に属する保科正直(1542～1601)に攻められて敗北する。 |

敗れた頼親は、松本へ落ちたとも、自害したとも伝えられる。

天正10	11月26日	「**甲州金秤子内事、如前々不可有相**」。
		家康、朱印状をもって守随彦太郎(?～1608)に、秤座の家職を特許。父は武田信玄の長男義信で、母のおじである秤師守随家初代・吉川守随茂済の養子となり、天正4年(1576)2代目を継いだ。吉川彦太郎信義と称したが、武田氏滅亡の後、家康から守随を苗字とすることを命じられ、甲州一国の秤の特権を得た。後藤四郎兵衛家製作の分銅に合わせた秤の目盛を刻んだ秤器作製を行い、各地にひろめて、家康の度量衡統一政策の一翼を担った。3代目正次は関東一円、4代目正得は京都の神氏の西33か国と分けて、東33か国の秤を支配するようになったという。 4133
	11月26日	「**駿州片山内拾壱貫文・吉河内三貫**」・「**駿州吉河之内七拾貫文・北脇之内**」。
		家康、三浦与三郎・三浦弥一郎に朱印状をもって知行充行。三浦与三郎は、今川家臣であった三浦与右衛門元成で、駿河の片山・吉河・方之上の内に計49貫500文を本領として安堵する旨を伝えられた。三浦弥一郎は、三浦弥一郎元定で同じく、駿河の吉河・北脇の内計73貫余の本領安堵状を受けた。二人は、この時井伊直政(1561～1602)が取り次いで正式に徳川の配下に入ったという。 4134
	11月27日	龍山(近衛前久)、某へ甲斐国新府へ出陣中の徳川家康帰陣の際には内々に懇意の旨を伝え、徳川家康と見参できるよう取り成しを依頼。 4135
	11月27日	「**信州改替於甲州四貫文・曲輪田内**」。
		徳川家康、朱印状をもって矢崎又右衛門慰(義親)の信濃に於ける所領を改替し、甲斐に於いて有野の名田以下8貫500文の所領を給す。 4136
	11月27日	「**駿州上方蔵出壱貫五百三卅文余、**」・「**駿州上方蔵出三貫文、并於甲州蔵**」・「**駿州上方蔵出六貫文、並於甲州蔵**」・「**駿州上井出之内弐拾三貫五百文・**」。
		家康、武藤嘉左衛門尉・丸山半右衛門尉・後藤久右衛門尉・斎藤半兵衛に朱印状をもって知行充行。 4137
	11月27日	「**甲州上石田内七拾貫文、夫丸壱人**」・「**甲州地蔵堂分参拾貫文、並新知行**」・「**甲州小石和出作分内五貫百五十**」・「**甲州寄田内拾貫文・田中内八貫文**」。
		家康、□□右兵衛尉・榎下彦八郎・渡邊式部丞吉繁・飯島半右衛門尉に朱印状をもって知行充行。 4138
	11月28日	「**善光寺小御堂坊中井町屋敷、仏供**」。徳川家康、甲斐善光寺(甲府市善光寺3丁目)の寺領及び諸法度を、先規の如く、水内郡の人栗田永寿の計に任す。 4139
	11月28日	「**甲州西保之内山諸役共弐拾貫文・**」。家康、井伊兵部少輔直政を奏者として、石黒将監に朱印状をもって77貫800文の知行充行。 4140
	11月28日	「**一分国中山金・河金・柴原諸役免**」。
		家康、金掘共等に朱印状をもって、徳川諸役免許状を与える。 4141
	11月下旬	この頃、北条氏直(1562～1591)、軍を徹して駿府から小田原に帰着。 4142
	11月—	この月、龍山(近衛前久)(1536～1612)、遠江国浜松の徳川家康(1543～1616)のもとに、身を寄せる。前久は、竜禅寺(浜松市中区龍禅寺町)に滞在したという 4143
	12月—	厩橋城の北条安芸入道(北条高広)(1517?～1587?)は、3月の武田氏の滅亡後、滝川一益に仕え、一益の没落後は北条氏に服属する。この月、北条高広は、沼田城(群馬県沼田市西倉内町)の真田昌幸の離反に対する出兵を拒否し、上杉氏に帰順する。 4144
	12月—	この月、織田信孝(信長の三男)(1558～1583)、三法師(後の織田秀信)(信忠の嫡男、信長の嫡孫)(1580～1605)を擁し、秀吉に対して挙兵する。 4145
	12月1日	「**甲州長塚之内、塩田分四拾貫文、**」。家康、市川源五郎に朱印状をもって知行充行。 4146

天正10	12月2日	「窪八幡内山以下宗覚分幷窪田分拾」。 家康、窪田右近に朱印状をもって知行充行。窪田忠知(ただとも)は、武田家旗本より徳川家旗本になる。のち八王子千人同心9人の千人頭の一家となる。
	12月3日	家康、「甲州七覚之夫銭弐拾三貫文幷名田」金丸内蔵助・「甲州八代内分五拾弐貫文・蔵科内」以清斎・「甲州市川本所之内篠尾分七拾貫文」依田三郎左衛門尉・「甲州上村之内拾五貫五百文・巨瀬」小田切олучен太夫・「甲州西野分壱貫弐百文・同所壱貫」功刀介七郎・「甲州塚原山共拾八貫文・幷慈恩寺」石原四郎右衛門尉・「甲州大津内馬淵分八貫文・夏目原」石原主水祐・「甲州橘沢内三貫文・同内徳分七貫」坂本作右衛門尉・「甲州河東内弐貫五百文事　右為本」堀内善兵・「甲州鼻輪分手作拾弐貫文・藤巻内」田中弥右衛門・「甲州向山内朝奈分七貫五百文、藤」河野三郎(右か)衛門尉・「甲州竹居之内種田分拾九貫弐百」河野鞁負・「甲州下三蔵手作前三貫七百文・同」志村源五左衛門尉・「甲州大宿内手作拾壱貫文、同所百」大塩(垣か)図書助・「甲州内有富庄右衛門分拾壱貫文、」横打半右衛門尉・「甲州曲輪田内三貫文・宮地分内諸」小林助三郎に朱印状をもって知行充行。
	12月4日	紀伊国滞在の本願寺顕如(1543~1592)、徳川家康(1543~1616)に礼金を贈る。顕如、三河国の妙春尼(?~1598)の尽力により家康との和睦交渉を始める。家康伯母妙春尼(妙西尼、於大の姉、石川日向守家成の母、芳春院)の熱心な働きかけがあった。
	12月4日	前の美濃守護土岐頼芸(とき よりのり)(1502~1582)、稲葉一鉄の領地美濃岐礼村で没。享年81。織田信長による甲州征伐の際、武田氏に庇護されていた頼芸が発見された。頼芸の旧臣でもあり当時織田麾下であった稲葉一鉄の計らいで美濃国に戻り、半年後に死去したといわれている。
	12月5日	「甲州龍華院寺領幷寺家門前山林竹」。 家康、龍華院(山梨県甲府市上曽根)に禁制、寺領を安堵。
	12月5日	家康、本多正信・高木広正・井伊直政らを奏者にして、「甲州岩崎之郷拾三貫文・野呂之郷」中田鉤之助・「甲州国衙之内六貫五百文・立川之」辻次郎右兵衛・「甲州小倉郷之内三貫之事　右為本」市川惣十郎・「甲州西花和三拾五貫文、百々之内」小池監物丞・「甲州金風山参銭参貫文、棟別壱間」相原又左右衛門・「甲州宮原源四郎分拾貫文、林源左」田辺佐渡守・「甲州栗原・石森両郷之内七貫文、」丸山勘三・「甲州中下条之内手作前三貫五百文」羽中田彦五郎・「甲州南条之内小林分弐貫三百文、」時田作之丞・「甲州倉科之郷五貫文・同所棟酌弐」大村次左衛門・「甲州千野之内百貫文、同所棟別弐」古屋小兵衛・「甲州曲淵之内三貫五百文・窪八幡」饗場修理亮に、福徳朱印状をもって知行充行。
	12月6日	「甲州窪八幡之内拾弐貫文・浅利之」。 徳川家康、萩原市之慰に朱印状をもって、高井郡井上等の地を安堵。
	12月6日	家康、御岳衆らの、「甲州手作前五貫文・川口坊壱間拾」渋江覚右兵衛尉・「甲州金風山参銭参貫文、棟別壱間」相原才兵衛・「甲州金風山参銭参貫文之事、右本」相原助之丞・「甲州上三之蔵内弐貫文幷棟別壱間」中島新五左衛門尉・「駿州善得寺分本領内五拾貫文之事」朝日奈彦右衛門・「駿州下方善徳寺分父彦右衛門尉本」朝比奈又三郎・「甲州河西連久分増分・賀々美中条」中沢主税祐・「甲州西尾内竹川右衛門尉幷所五」岡民部丞に朱印状をもって金峰山及び御岳に対する散財3貫文を本給らとして安堵。
	12月7日	柴田勝家との講和を見せていた秀吉、さらに諸大名に動員令を発動し、秀吉軍、山崎城(天王山宝寺城)から出陣。筒井順慶、池田恒興、蜂屋頼隆ら五万の大軍、長浜城に向かう。

西暦**1582**

天正10	12月7日	家康、武川衆の米倉主計助らに朱印状をもって二次所領らを知行充行。

米倉主計助に「**本領改替甲州円井郷参百貫文、**」、折井市左衛門尉(次昌)に「**本領改替甲州折居南分参拾五貫文**」、折井長次郎(次正)に「**新知行并上内雨宮分七貫五百文・押越内清水分四貫五百文**」、小澤善大夫に「**甲州柳沢内加藤分三貫文・牧原内飯田分四貫分・同所山口分貳貫分等事　右本給改替、不可相違之状如件**」、米倉六郎右衛門(信継)に「**甲州白淵(州)内拾三貫文・宮脇内拾貫文、**」、野沢二右衛門尉に「**甲州岩崎之内三貫文、此外夫丸六**」、米蔵彦大夫に「**新知行大久保分五十九貫二百文、**」、米倉加左衛門(定継)に「**本領改替河原郡五拾貫文、同駒沢夫丸壹人事 右領掌不可相違之状如件**」、金丸善右衛門に「**新知行甲州井上内雨宮分三貫文・**」、横手源七郎に「**甲州横手郷八拾貫文之事 右不可相違之状如件**」、成島勘五郎宗勝に「**甲州二日市場手作前四貫七百文・**」、末木東市祐に「**末木淡路守跡職之事、譲与之上者**」、古屋兵部左衛門尉に「**甲州狩野川郷三沢分拾貫文、八幡**」・飯室八郎兵衛に「**甲州河東内 五貫文 同矢野馬**」・中込又右兵衛に「**甲州□貫文・西条内二貫文、信州**」・鮎河次郎左衛門尉に「**甲州西花輪内弐拾七貫文、窪八幡**」・青木尾張守(信時)に「**甲州青木郷三百貫文・新奥内拾五貫六百文・川東内三百貫文・鎮目内七百貫文等事、**」、柳沢兵部丞(信俊)に「**甲州柳沢郷七拾貫文・同所水石井五味分重恩貳貫八百文事、**」、曲淵彦助(正吉)に「**国衙并平井分五拾弐貫文・内名取文三貫文以上、内三拾八貫文者重恩之事、**」、米倉左大夫に「**甲州宮脇村百五拾貫文、同所小沢**」。

4156

	12月9日	「**甲州林部之内八拾貫文、同所之内**」。 家康、河西作右衛門尉に朱印状をもって知行充行。

4157

	12月9日	家康、武川衆の、「**甲州甘利之内山手銭六貫文・同所**」名執清三・「**甲州西野之内拾壱貫文、井尻之内**」井尻源三・「**甲州上井尻内七拾五貫文、同所夫**」荻原甚尉・「**甲州岩崎之内長延寺分四拾弐貫**」辻弥兵衛・「**甲州御嶽之参銭三貫文之事 右為**」相原神三・「**甲州松尾之内四貫文之事 右為本**」岡市丞・「**甲州南条之内壱貫五百文・狩野川**」筒井勘右衛門に、朱印状をもって所領を知行充行。

4158

	12月9日	徳川家康、朱印状をもって、「**甲州若尾之内横屋分弐拾三貫三百**」五味管十郎・「**甲州岩下手作前拾弐貫三百文之事**」原三右衛門・「**甲州市河上野分三拾貫文并上河**」大嶋五郎兵衛・「**甲州長坂・栗林三井八右衛門分弐**」飯沼藤太・「**甲州本領江草郷五拾貫文**」・石橋郷」窪田助丞(助之丞(正勝))・「**甲州万力内拾六貫文、并屋敷壱間**」窪田小右兵衛門・「**甲州在家塚内九貫百六十文・勝沼**」大塚新尉・「**甲州林部之内拾壱貫弐百文・中村**」埴原内匠助・「**甲州小曲之郷百拾壱貫弐百文、并**」下条民部丞・窪田菅右衛門(忠知)・荻原甚丞(昌之)ら信濃の士らに甲斐に於いて所領を知行充行。

4159

	12月9日	「**参州為得替甲州西郡之内式拾五**」。徳川家康、朱印状をもって徳光弥兵衛に、三河国内の所領の代わりとして、甲斐国西郡などの地を与える。

4160

	12月9日	「**甲州熊野之内三拾貫文・里吉之内**」。家康、本多正信(1538～1616)・高木広正(1536～1606)を奏者にして、朱印状をもって田澤久助正忠に所領45貫文を知行充行。

4161

	12月9日	「**甲州河内之郷之内五拾貫文、志田**」。家康、本多弥八郎(本多正信)・高木九助(高木広正)を奏者にして、朱印状をもって長井又五郎(吉昌)に知行充行。

4162

	12月10日	「**甲州上村郷之内拾貫文并屋敷分**」。 家康、法花寺(法華寺)に朱印状をもって、寺領安堵。

4163

	12月10日	家康、山本弥右衛門尉（山本忠房）に所領を知行充行。家康は、12日にかけて武川衆16人に本領安堵状を発給した。

4164

天正10	12月11日	「武川次衆事　曽雌藤助 米蔵加左衛門尉 入戸野又兵衛 秋山但馬守 秋山内匠助 戸島藤七郎 小沢善大夫 小澤甚五郎 小澤縫右衛門尉 小尾与左衛門尉 金丸善右衛門 金丸新三 伊ına信吾 海瀬覚兵衛 樋口左太夫 若尾杢左衛門尉 山本内蔵助 石原善九郎 名取刑部右衛門尉 志村惣兵衛 塩屋作右衛門尉 山主民部丞 青木勘次郎右、各、武川衆所定置也　仍如件」。

家康、武川衆曽雌定政ら26人を武川次衆に公認する旨の印書「武川次衆定置注文」一遍を発給。家康は、この年7月以来感状2通、安堵状16通、武川次衆定置注文1通、計19通を発給している。家康が天正10年の一年間に発給した書状は、すべて219通とされる(『徳川家康文書の研究　中村孝也』)。
家康の甲信二国経略の過程における武川衆の働きぶりが推察される。

	12月11日	**徳川家康、新府の陣を撤して古府**(甲府市古府中)**に帰陣。**
	12月11日	柴田勝家の使者が、徳川家康の元を訪れ、縮羅30、綿百、鱈5本を贈る。
	12月11日	深溝松平家忠(1555～1600)、甲府の徳川家康の本陣を訪れ、翌日の帰陣を命じられる。**家康は甲府に主な家臣たちを集めて帰国を命じた。**
	12月11日	秀吉(1537～1598)、兵五万を率い、堀秀政の佐和山城(滋賀県彦根市古沢町)に入り本陣を据える。越前の柴田勝家が雪で動けないのを見越した秀吉は、岐阜城の織田信孝(信長の三男)(1558～1583)が三法師を安土に戻さないことなどと大義名分とし、信孝打倒の兵を挙げる。
	12月12日	「甲州下条分二貫五百文、屋敷壱貫」。家康、下条主水佑に朱印状をもって知行充行。
	12月12日	「岩崎内新田分七貫八百文、一宮内貳拾三貫文事、右、本給井蔵出得替、不可有相違之状如件、井伊兵部少輔奉之」。家康、平尾三右衛門尉に朱印状をもって知行充行。
	12月12日	家康、石坂勘兵衛(森通)・「西郡浮分弐拾弐貫文・松林斎分内」窪田菅右衛門尉(忠知)・「万力内弐拾五貫文・市郡内五貫文」河野但馬守(通重)・「高畠内塩屋分拾八貫文・口瀬村内」志村又左衛門尉(貞盈)に所領を知行充行。
	12月12日	**徳川家康(1543～1616)、武田氏旧臣に対する所領安堵をほぼ終了。**
甲斐国の守備を鳥居元忠らに命じた家康、この日、甲府を出発、浜松に帰る。
	12月13日	織田信雄(1558～1630)、美濃地侍の吉村又吉郎(氏吉)(1533 ?～1620)に書を送り、織田信孝討伐のため美濃への出馬の意向を示す。
	12月13日	徳川氏の家臣で蟹江七本槍の一人、大久保忠員(1511～1583)、没。73歳。家康の祖父・松平清康の頃から3代に渡って仕えた宿老であった。
長福寺(愛知県岡崎市竜泉寺町前田)に供養塔が建立されたという。
	12月16日	羽柴秀吉、美濃に侵攻、大垣城(岐阜県大垣市郭町)に本陣を据える。
稲葉一鉄(良通)(1515～1589)らの臣従や織田信雄軍の合流などもあってさらに兵力を増強した秀吉は、織田信孝の家老・斎藤利堯(道三の子)(?～?)が守る加治田城(岐阜県加茂郡富加町加治田)を攻撃して降伏させる。
	12月16日	松平家忠、甲斐国から三河国深溝に帰陣する。
	12月17日	「羽柴惟任佐和山迄出陣之様子、慥」。家康、織田信雄方の水野惣兵衛(水野忠重)(1541～1600)に書状を送り、秀吉方の羽柴惟任(丹羽長秀)が佐和山城に出陣したことを知らせる。忠重実姉・於大の方は徳川家康の生母で、忠重は家康の叔父にあたり、徳川二十将の一人にも数えられている。
	12月19日	**北条氏直は使者を浜松に派して、家康次女督姫の納采の儀が行われた。家康も使者を小田原に派した。**

西暦1582

天正10	12月20日	羽柴秀吉 (1537〜1598)、柴田勝家が盟主と担ぐ織田信孝 (信長の三男) (1558〜1583) を美濃国岐阜城に攻撃し降伏させる。
		秀吉に組していた織田信雄 (信長次男) (1558〜1630) からの降伏勧告を受け入れて信孝が岐阜を開城して、生母の坂氏と娘を人質として出し、三法師を秀吉に渡したので、信雄が安土の地で、幼主三法師の後見を務めることになる。 4180
	12月21日	徳川家康 (1543〜1616)、平岩親吉 (1542〜1612) を甲府城代に命じ、岡部次郎右衛門正綱 (1542〜1584)・柴田七九郎康忠 (1538〜1593) が加衛となる。
		平岩は甲斐郡代、岡部・柴田は国奉行という。 4181
	12月22日	「かとう迄御出陣之由承候間、模様」。それまで織田家家督相続に介入しなかった徳川家康、羽柴筑前守秀吉に書状を送り、かとう迄出陣の首尾を賀し、「大悦不可之候」と織田信雄の家督相続に祝意を記す。 4182
	12月25日	「甲州窪八幡之内七貫五百文、栗原」。
		家康、丸山伝三郎に朱印状をもって知行充行。天正10年7月、北条氏が川浦口より切入りし時、光直・光定の兄弟の働きにて、藤の木まで切り返せし戦功によりて、兄弟共に本領の御朱印を賜う。伝三郎光定に残された書状という。 4183
	12月26日	織田信雄、田丸直息 (のちの直昌) (1543〜1609) らに、美濃国から清須城へ帰陣したことを伝える。 4184
	12月26日	「あうみ迄出陣之由承候間、模様好」。
		家康、羽柴筑前守秀吉に書状を送り、近江出陣の首尾を賀す。 4185
	12月27日	秀吉らの軍勢、美濃から撤兵。 4186
	12月29日	羽柴秀吉、山城国山崎城 (天王山宝寺城) に凱旋。そのまま越年する。 4187
	12月30日	織田信雄、美濃国の吉村又吉郎 (氏吉) (1533？〜1620) に同国上切などの所領を安し、新知行を与える。 4188

西暦1583

天正11	1月1日	羽柴秀吉、山崎城を発ち、姫路城に向かう。 4189
	1月5日	「別紙ニ令啓候、散々之馬ニ候得共、鴇毛之馬進候、委細鈴木伊賀守口上ニ申含候、恐々謹言、」。
		(別紙でご挨拶しました。散々な馬ですが鴇毛の馬を進上します。詳しくは鈴木伊賀守の口上に申し含めました)。
		北条氏規 (1545〜1600)、取次を務める、家康重臣の本多重次 (1529〜1596) に書状を送り、重次に外交交渉の謝礼として鴇毛の馬を贈り、伝達すべき内容は家臣鈴木伊賀守が口上で伝えるなどと伝え、ぜひ面会して若い日の思い出話しを語りたいと記す。 4190
	1月6日	松平家忠、徳川家康に年頭の礼を述べるため、三河国深溝を発ち浜松城に赴く。 4191
	1月10日	羽柴秀吉、北伊勢に出兵。 4192
	1月12日	「……高藤口甲人数つかわし候、そ」。
		徳川家康、その将井伊兵部 (井伊直政) (1561〜1602) に自筆書状をもって、井伊直政隊のうち1部隊を高遠口に派兵するよう命じる。また、兵士のまとめ役には木俣守勝 (1555〜1610) か誰かを遣わすようにと伝える。 4193
	1月12日	上杉景勝 (1556〜1623) の使者として、越中瑞泉寺の塔頭西雲寺の僧と、伊勢の御師蔵田左京助が、羽柴秀吉の元に向かう。
		景勝は秀吉と協力する道を選び、秀吉のもとへ誓詞を持たせた。 4194

天正11	1月13日	「……其家中人数悉召連、甲府へ差」。 家康、穂坂常陸介・有泉大学(信閑)(1549～1598)に感状を送る。二人は穴山信君の重臣であった。	
		天正壬午の乱において北条氏が甲斐国に侵攻すると、北条氏に加担した武田旧臣大村三右衛門と伊賀守父子が大野砦(山梨県山梨市大野)を守っていたが、穴山氏の残党穂坂常陸介らの奇襲で陥落したとされる。大村氏が笛吹川に布陣したが、穴山勢がこれに抗戦し、雁坂峠の戦いで軍功を挙げたともいう。その後は徳川軍により改修を施されて松平清宗(竹谷松平家5代当主)(1538～1605)らが守った。	41
	1月13日	「……仍甲府ニ指置候岡部次郎右」。 家康、小浜殿・間宮殿に書状を送り、甲府にて岡部次郎右衛門正綱(1542～1584)が指示すると伝える。小浜民部左衛門尉(景隆)は、志摩水軍の出身で武田信玄に招かれて武田水軍の将となり、また、北条氏の水軍であった間宮造酒丞(信高)も武田水軍の将を経て、武田氏滅亡後、両者ともに徳川家康に仕えた。	41
	1月16日	**家康42歳、浜松を発つ。**	4
	1月17日	羽柴秀吉、小早川隆景(1533～1597)に書状を送り、同月23日織田信雄が安土に入り、織田家家督を継ぐことを知らせる。	4
	1月18日	**尾張星崎城**(名古屋市南区本星崎町)を**徳川家康**(1542～1616)が訪れ、**三法師**(後の織田**秀信**)(1580～1605)の後見役となった**織田信雄**(信長の次男)(1558～1630)と会見する。織田信雄、家康に協力要請。	4
	1月19日	「駿州富士郡上井出宿中、去年甲州」。家康、上井出宿中百姓等に朱印状。	4
		静岡県富士宮市北部に位置する旧上井出村は、上井出宿とも呼ばれ、甲州街道(中道往還)と郡内道(上井出道)が通う交通の要衝であり、宿場が置かれ、伝馬役が課せられた。	4
	1月20日	**徳川家康、三河国吉良**(愛知県西尾市吉良町地区)**で鷹狩りを行う。**	4
	1月23日	羽柴秀吉(1537～1598)、長浜城(滋賀県長浜市公園町)に帰着。	4
	1月23日	**織田信雄、居城清須城を発ち、安土に赴く。**	4
	1月24日	「内々其表之儀、無心元候処ニ、竹」。 家康、加津野隠岐守(真田信尹)(1547～1632)に書状を送り、贈物を謝す。	
		前年9月、実兄の真田昌幸(1547？～1611)が北条家から徳川家に乗り換える際には間を取り持ち、そのまま徳川家康に仕えた。徳川家では5千石を与えられた。	
	1月27日	「一条山地形之儀、其国之諸侍相触」。 家康、平岩七助(平岩親吉)(1542～1612)に書状を送る。	
		家康は、一条小山に新しい城造りにかかった。親吉は家康の命令で一条小山の縄張り(甲府城の前身とも)を開始し、甲斐の郡代として武田遺臣を慰撫し、国内経営に尽力した。	
	1月28日	**秀吉、伊勢に入る。**	
	1月―	この月、上杉景勝(1556～1623)、小県郡丸子の丸子合戦(長野県上田市丸子地域)に勝利し、小県郡内の北条氏勢力を追放する。	4

西暦1583

天正11	1月一	この月、伊勢亀山城(亀山古城(若山城)で、当時は三重県亀山市若山町字古城)を本拠とする関盛信(万鉄斎)(？～1593)・一政(1564～1625)父子が、秀吉に拝謁するため上洛した留守中に、伊勢岩間党が謀反、反秀吉派の一人であった滝川一益に味方する。織田信孝を裏切り羽柴秀吉に味方をした城主関盛信に対し、その家臣岩間八左衛門らは謀反を起こし、反秀吉方滝川一益に味方し、亀山城に籠ったという。しかし、すぐに秀吉方に奪われた。一益らは、秀吉方に寝返った伊勢峯城(亀山市川崎町森字殿町)を守る岡本宗憲(重政、良勝)(1544～1600)を攻略して、滝川益氏(1527？～1635？)を置いた。次いで、伊勢亀山城を破り、亀山城を佐治新介に守らせた。 4208
	閏1月一	**「丸子合戦」。**この月、小県郡依田窪の丸子氏を中心とする地侍が徳川氏に反発。家康方の真田昌幸(1547～1611)・弟真田信尹(1547？～1632)は、小県郡の上杉勢の和田・大門・長窪・武石・内村・丸子各氏らと戦って勝つ。 4209
	閏1月4日	羽柴秀吉、丹波亀山城(京都府亀岡市荒塚町内丸)に入る。 4210
	閏1月4日	**織田信雄(1558～1630)は、三法師(後の織田秀信)(信忠の嫡男、信長の嫡孫)(1580～1605)に代わって政務を執る。** 4211
	閏1月4日	深溝松平家忠、盗人の捜索を行う。 4212
	閏1月5日	羽柴秀吉(1537～1598)、山崎城(天王山宝寺城)に入り、茶会を催す。千宗易(利休)(1522～1591)、今井宗久(1520～1593)、津田宗及(？～1591)、山上宗二(1544～1590)、重宗甫(？～？)、万代屋宗安(利休の娘婿)(？～1594)の6名が参集。 4213
	閏1月5日	**「信雄至安土被成御著城候御様子、」。**家康、織田信雄の老臣・飯田半兵衛に書状を送る。飯田半兵衛尉は、反秀吉、親家康派であった。 4214
	閏1月8日	**「立花山の戦い」。**羽柴秀吉、織田信孝傘下・美濃国郡上の遠藤氏(慶隆・胤基)追討のため、森武蔵守長可(1558～1584)・佐藤六左衛門秀方の両将に出陣を命じ、森・佐藤両将は大軍で立花山(岐阜県美濃市立花)に襲いかかった。 4215
	閏1月11日	深溝松平家忠(1555～1600)、三河国中島の堤を修築する。 4216
	閏1月14日	**徳川家康、高林又十郎昌重(79貫300文)・牛奥與三左衛門昌茂(60貫文)・青沼縫殿介昌世(昌與)(40貫文)・土屋源三正久(23貫文)・有賀式部種政(18貫文)・早川彌三左衛門尉(39貫文)・日向伝次・市河(市川)助一郎(市川昌倚)・山本十左衛門尉ら旧武田家臣17名に、朱印状をもって所領を安堵する。** 4217
	閏1月一	**この月、安土城で羽柴秀吉や筒井順慶らの旧信長家臣の諸将が、三法師の後見役としての織田信雄に臣下の礼を取る。** 4218
	閏1月25日	**羽柴秀吉、再び安土に諸将の軍勢を会せしめる。北伊勢侵攻である。** 4219
	閏1月27日	深溝松平家忠のもとに、桜井松平忠広が隼狩りに来る。 4220
	閏1月29日	「今度向干丸子及行候処、河南之者共出備候処に、遂防戦、頭2ッ被討之候条、戦功無比類候、向後弥可相稼之事肝要候者也、仍如件」。 真田昌幸(1547～1611)、飯島市之丞等の、小県郡丸子に於ける戦功を賞す。 4221
	閏1月29日	「今度向干丸子及行候処、河南之者共出備候処に、遂防戦、頭壱ッ被討之候条、戦功無比類候、向後弥可相稼之事肝要候者也、仍如件」。 真田昌幸、宮下善七郎の、小県郡丸子に於ける戦功を賞す。 4222
	2月一	この月、丹波亀山城(京都府亀岡市荒塚町周辺)の羽柴秀勝(信長五男)(1568～1586)、発病する。 4223
	2月一	**「小笠原貞慶、家康に臣従」。**この月、小笠原貞慶(1546～1595)は、子の幸若丸(秀政)を家康の許に送り、恭順臣従の意を示す。 4224

西暦 1583

天正11	2月4日	「秀吉と上杉景勝の同盟関係成立」。 羽柴秀吉の下に、上杉景勝より誓詞と書状が届く。
	2月4日	松平家忠(1555～1600)、訴訟のため三河国深溝から浜松城へ赴く。
	2月6日	織田信雄(1558～1630)、松ノ木城(岐阜県海津市海津町松木)の吉村又吉郎(氏吉)に、滝川一益攻撃のため伊勢国へ軍勢を派遣することを伝える。
	2月7日	羽柴秀吉、上杉景勝の家臣・須田満親(1526～1598)に、景勝からの誓詞の到来と返書の誓詞を認めた事を知らせる。 秀吉は柴田勝家に対抗するため、景勝と協力することを約束する。柴田上杉勝家の動きを牽制するため、景勝に越中への出馬も要請する。
	2月8日	「今度深志へ相動、在々放火、殊城」。 家康、鳥居彦右衛門尉(鳥居元忠)(1539～1600)・平岩七之助(平岩親吉)(1542～1612)に書状を送り、深志(長野県松本市)での軍功を賞す。
	2月10日	羽柴秀吉(1537～1598)、織田信雄(信長の次男)(1558～1630)を総大将に推戴して、織田家の名のもとに、伊勢国へ出陣し、柴田勝家と結んだ滝川一益(1525～1586)の長島城(三重県桑名市長島町)に向かう。
	2月12日	羽柴秀吉勢、峯城(三重県亀山市川崎町森字殿町)を包囲したのち、佐治新介の守る伊勢亀山城(亀山古城で、当時は三重県亀山市若山町)、国府城(三重県鈴鹿市国府町字長ノ城)、関城(鈴鹿市)の攻撃を行う。
	2月12日	羽柴秀吉、滝川一益の居城・桑名城(三重県桑名市吉之丸)を攻撃したが、桑名城の堅固さと一益の抵抗にあって、三里も後退を余儀なくされた。
	2月12日	徳川方小笠原貞慶の臣の苅谷原城(長野県松本市苅谷原)主赤沢式部少輔清経・小岩岳城(長野県安曇野市穂高有明)主厩戻因幡守盛勝・塔ノ原城(安曇野市明科中川手字城山)主海野三河守幸貞ら上杉氏に通じて謀反。 この日、小笠原貞慶(1546～1595)は、赤沢経頼を自害させる。塔原(海野)三河守幸貞は、松本城で誘殺されて滅亡。
	2月12日	「前山蕃替之儀、伊奈郡衆可相動候」。家康、依田右衛門佐に書状を送る。家康の将・依田信蕃(1548～1583)は、北条方の阿江木(相木)能登守の佐久郡田口城(長野県佐久市田口)を攻略する。この日家康、同地の守兵を減らさせる。
	2月14日	「就 公方様御帰洛之儀、預珍簡殊、殊信雄」。 家康、毛利右馬頭(輝元)に書を送り、足利義昭「珍簡」及び織田信雄・羽柴秀吉と他の織田「家老之衆」の「御請之諸城」を以て、備後鞆の足利義昭の「御帰洛」斡旋を行う。
	2月14日	これより先、北条氏直(1562～1591)、小諸城から撤退。北条方の禰津昌綱(1560？～1620？)ら、同城に入り上杉景勝に応じる。 この日、上杉景勝(1556～1623)、飯山・海津・長沼城将らに、援兵の派遣を命じる。
	2月中旬	本願寺顕如(1543～1592)、徳川家康らに年頭の挨拶を遣わし、太刀・馬などを贈る。 また三河国など五か国の門徒らにも書状と勧進帳を送る。
	2月16日	「伊勢亀山城攻め―2月16日～3月3日」。 柴田勝家・滝川一益連合を各個撃破するため、秀吉(1537～1598)、自ら伊勢に進出。秀吉軍の蒲生賦秀(後の氏郷)(1556～1595)や細川忠興(1563～1646)、山内一豊(1545～1605)ら、伊勢亀山城(三重県亀山市若山町字古城)を攻める。
	2月16日	「伊勢亀山城攻め」。羽柴秀吉、桑名城(三重県桑名市吉之丸)・谷山城・峯城に放火。

90

西暦1583

天正11	2月18日	**「駿州於河東弐萬五千貫文余、同河」。** 徳川家康、「東の境目」を守る、三枚橋城(静岡県沼津市大手町)主松平周防守康親(1521～1583)に、駿州於河東2万5千貫文余等を給す。 4240
	2月20日	浜松の近衛前久(1536～1612)が、島津義久(島津氏第16代当主)(1533～1611)に書を発する。「信長と自身の仲を妬まれ、本能寺の変後、一部の公家衆に讒言され、嵯峨に逼塞、続いて徳川家康を頼ることになった。家康の奔走でいずれ、帰洛は叶うと思う」と述べ、家康(1542～1616)が三河国をはじめ五か国を支配していることなどを伝える。 4241
	2月20日	徳川軍先鋒の依田信蕃(1548～1583)、北条方の大井行吉(1542～1584)の佐久郡岩尾城(長野県佐久市鳴瀬岩尾)を攻撃。 行吉は、大井吉連、浅沼半兵衛、常陸平六左衛門、阿久津藤十郎、東条新助、神津郷左衛門、依田丹波、柏山刑部左衛門、岡村式部、根々井青雲らを率いて籠城。 4242
	2月20日	「伊勢亀山城攻め」。羽柴秀吉、伊勢国府城(三重県鈴鹿市国府町字長ノ城)を制圧。 4243
	2月20日	**「此度貴殿十二萬石之知行被取上」。** 家康、小笠原みんぶ少輔に書状を送る。小笠原貞慶の甥にあたるとされる小笠原民部少輔貞頼か。 4244
	2月22日	小笠原貞慶(1546～1595)、家臣犬甘久知に、子幸松丸(秀政)(1569～1615)が三河国に到着したことなどを伝える。 4245
	2月22日	**徳川家康の将・依田信蕃(武田氏旧臣)(1548～1583)、佐久郡岩尾城(長野県佐久市鳴瀬岩尾)を攻撃、苦戦し、この日、信蕃の弟・信幸、戦死する。** **次いで、翌日、信蕃も戦死する。享年36。** 4246
	2月23日	「徳川軍、佐久郡岩尾城を開城」。 激戦の末、城方の敗色が濃厚となり、大井行吉(1542～1584)は徳川の軍監柴田康忠(1538～1593)の勧告に従って岩尾城を開城する。 4247
	2月24日	戸田尊次(1565～1615)、深溝松平家忠の妹・萬松院(松平伊忠娘)と、三河国大津(愛知県豊橋市老津町)で婚礼を挙げる。 4248
	2月25日	小笠原長時(1514～1583)、故・蘆名盛氏に客分として迎えられていた陸奥会津で、旧領へ戻る旅の準備をしていたが、その最中に怨恨を抱いていた家臣・阪西勝三郎に殺される。享年70。異説あり(病没)。三男の貞慶(1546～1595)、筑摩郡少林寺を、正麟寺(長野県松本市蟻ヶ崎)と改め、父長時を供養する、 4249
	2月28日	「賤ヶ岳の戦い─2月28日～4月21日」はじまる。 柴田勝家、羽柴秀吉に抗して前田利勝(利長)(1562～1614)を、先手として出陣させる。利長、大雪の中、近江国柳ヶ瀬に布陣。 利勝(利長)は、前田利家の嫡男、母はまつ(芳春院)(1547～1617)、正室は織田信長の四女永姫(玉泉院)(1574～1623)。 4250
	3月─	家康方真田昌幸(1547～1611)、この月、埴科郡虚空蔵山にて上杉景勝軍を破る。 4251
	3月─	**この月、徳川家康(1543～1616)、依田信蕃兄弟の死を憐れみ、信蕃の嫡子・竹福丸を浜松城に呼び、松平姓と康の字を与え松平源十郎康国14歳(1570～1590)と名乗らせ、佐久郡などを与え小諸城に置く。** そして、大久保七郎右衛門忠世(1532～1594)を後見人として佐久郡を治めさせた。 4252
	3月─	「織田信孝、再挙兵」。美濃の神戸(織田)信孝(信長の三男)(1558～1583)は、一時秀吉に降伏していたが、滝川一益と結んで秀吉に対抗して再挙兵する。 4253

天正11	3月3日	「賤ヶ岳の戦い」。柴田勝家 (1522？~1583) は、滝川一益が窮地に立たされていることを知って深雪を冒して出陣を決行。佐久間盛政 (1554~1583)・安政 (盛政の弟) (1555~1627)、柴田勝安 (勝政) (盛政の弟) (1557~1583)、前田利家 (1539~1599)、不破勝光 (直光) (？~1598)、原政茂 (長頼) (？~1600)、金森長近 (1524~1608)、徳山秀現 (則秀) (1544~1606) らを先発に出陣させ、この日、近江国伊香郡柳ケ瀬に本陣を構える。
	3月3日	「伊勢亀山城攻め—2月16日~3月3日」終結。伊勢亀山城は降伏開城、城将・佐治新介 (益氏) (1527~1635？) は長島城へと退去。秀吉は江北に向かう。
	3月5日	**「駿州富士郡由野郷おもて五拾貫文」**。 家康、本多忠勝 (1548~1610)・高木広正 (1536~1606) を奏者として、吉野助左衛門に朱印状をもって吉原 (富士市)、柚野 (富士宮市) を安堵。
	3月5日	「尚以、栗田殿之事、無沙汰申間敷候、何に而も用所之 事可申越候永壽殿之儀被申越候、少も如在不存 万事異見之儀 貴所任置候、近日 其表を仕置下候間 面に而可申達候、替事候者可承候、恐々謹言、」。 酒井忠次 (1527~1596)、大須賀一徳斎宛に書状を送り、永寿の身上を保証し、近日善光寺に至り、一徳斎に面談する旨を記す。天正9年 (寿) 2月28日遠江高天神の戦いに栗田鶴寿は討死し、跡嗣が決まっていなかった。そのために酒井忠次は鶴寿の長子永寿を家督相続人とし、被官大須賀一徳斎を後見役として家康に拝謁せしめて善光寺の寺領安堵を行った。
	3月10日	**「……仍其表之残徒等急度為可申付」**。徳川家康 (1543~1616)、真田安房守 (真田昌幸) (1547~1611) に、佐久・小県両郡の北条方の諸勢力を平定するため、家康自身が出兵をすると伝える。4月には甲府に出陣。この期、小県郡内の室賀氏・禰津昌綱 (1560？~1620？) などは独自に徳川に臣従し割拠している。禰津昌綱は北条、そして上杉から再度徳川に転じ、同年9月には家康から本領を安堵されている
	3月10日	羽柴秀吉 (1537~1598)、弟秀長 (1540~1591)・甥三好信吉 (後の豊臣秀次) (1568~1595) をはじめとして、筒井順慶 (1549~1584)・蒲生賦秀 (氏郷) (1556~1595) らの大軍を発し、北伊勢に進軍。三好信吉 (後の豊臣秀次) は、信長が開始した四国攻めにおいて、秀吉が四国に対する影響力を強めるため、当時阿波国で勢力を誇っていた三好康長 (元長の弟) (？~？) に、養子として送り込まれていた。
	3月11日	「賤ヶ岳の戦い」。秀吉、佐和山城 (滋賀県彦根市佐和山町・鳥居本町) に入り合戦準備。秀吉は北伊勢を蒲生賦秀 (氏郷) に任せて近江に戻る。
	3月15日	徳川方真田信尹 (1547？~1632)、上杉方長沼城 (長野市穂保) の島津忠直 (？~1604) を誘い、徳川家康に臣属させようとする。信尹は、佐久・小県の信州諸侍の徳川氏従属の勧誘に成功し、ついで筑北から川中島周辺における上杉方諸士に働き掛けていく。信尹は、島津忠直を調略しようとしたが失敗している。
	3月16日	羽柴秀吉、美濃国岐阜城において再度挙兵した織田信孝 (信長三男) (1558~1583) に対し大垣城 (岐阜県大垣市郭町) に入城。
	3月16日	**「字 康 天正十一年三月十六日」**。徳川家康、三枚橋城 (静岡県沼津市大手町) 主松平康親 (1521~1583) の子、松平左近丞の元服の際、「康」の一字を与え、「康次」と名乗らせる。後の松平康重 (1568~1640) であり、母は能見松平重吉 (1498~1580) の娘とも、家康の侍女賀茂氏といい、家康の落胤とする説がある。
	3月17日	羽柴秀吉、木下勘解由・山内伊右衛門 (一豊)・古田彦三郎・早川喜八郎・津田小八郎・か須屋助右衛門 (糟屋武則) に書状を送り、桑名の滝川一益征伐のさなか、土岐・多良越にて濃州に向かうことを命じる。

西暦 *1583*

天正11	3月19日	「其地江被納御馬之由、先以目出度存候、仍拙者儀、駿甲為見廻与、此地迄令出馬候、程□候之間、節〻可申談候、委細猶濃州（氏規）迄申入候条、不能詳候、恐〻謹言、」。 （その地へ御馬を納められたとのこと。まずもってめでたく思います。拙者は駿河国・甲斐国を見回ろうとこの地へ出馬しました。程（近く？）なので、時々ご連絡しましょう。詳しくは更に北条氏規に申し入れておりますので略します）。 家康、某を通じて北条氏政父子宛てに書状を送り、駿河・甲斐見廻りを知らせる。	4265
	3月21日	深溝松平家忠、三河国永良の堤を修築する。	4266
	3月21日	「……仍佐久・小縣之逆心之奴原為」。 家康、知久七郎（知久頼氏）(1541〜1584)に書状を送り、甲斐参陣を命ずる。	4267
	3月21日	「……然者佐久・小縣両郡之逆心之」。 家康、知久弥次郎に書状を送る。徳川家康、佐久・小県両郡平定のため、兵を出さんとす。**この日、家康、知久頼氏の弟頼竜に、甲斐参陣を命ずる。**	4268
	3月23日	「其表別一和之儀、急度以使者不申入候之條、以松平玄蕃允申候、氏政宜被得其意候、爰許之儀猶可有彼口上候間、令省略候、恐々謹言、」。 家康、某を通じて北条氏直(1562〜1591)に和平挨拶の書状を送り、松平玄蕃允（松平清宗）(竹谷松平家5代当主)(1538〜1605)が詳細は申すとする。北条・徳川の和平を斡旋した、伊豆韮山城主・北条氏規(1545〜1600)に宛てた書状説もある。	4269
	3月26日	これより先、徳川家康、松平（依田）康国(1570〜1590)をして、父依田信蕃(1548〜1583)の遺跡を嗣がす。この日、康国、同信守(1567〜1604)の同心衆を定める。	4270
	3月27日	「賤ヶ岳の戦い2月28日〜4月21日」。 秀吉、江北における諸将の配置を改め、柴田勝家に備える。	4271
	3月27日	秀吉(1537〜1598)、滝川一益攻撃は織田信雄（信長の次男）(1558〜1630)に委ね、伊勢より長浜城へ帰還。	4272
	3月28日	「家康、第三次甲州入り」。「信州諏訪郡之事 右今度依一味所」。徳川家康は甲府に在り、服属した諏訪安芸守（諏訪頼忠）(1536〜1606)に信濃諏訪郡を与える。 家康、その将・柴田康忠(1538〜1593)を高島城（長野県諏訪市高島1丁目）城代とする。	4273
	3月28日	「甲州五ヶ村并西河田之内踏出四拾」等々。 家康、河野又一郎・長沢主膳・鮎沢囚獄助ら14名に、朱印状をもって知行充行。	4274
	3月一	この月、諏訪社上社神長守矢信真は、玉会・守符を柴田康忠に送り、家康への取成を請う。	4275
	4月1日	**徳川家康、市川紙工（山梨県西八代郡市川大門町）の諸役を免除。**武田家の御用紙として用いられた市川和紙は、後に徳川幕府の御用紙となり、市川が栄える一因となる。	4276
	4月2日	「両使宮原武蔵・羽山右京被申合儀」。 家康、小笠原民部大輔・同喜三郎（小笠原貞慶）に書状。	4277
	4月3日	「……仍去月廿七日之御返書、委細」。 徳川家康(1543〜1616)、織田信雄（信長の次男）(1558〜1630)の老臣・飯田半兵衛尉から峯城（三重県亀山市川崎町森字殿町）攻めの様子を聞き、返書を送り、自身は甲斐に入り、佐久・小県両郡の敵を撃たんがため、自ら甲斐に在陣中なるを報ず。	4278
	4月12日	「江北之境目へ柴田差出付而、即至」。 家康、羽柴筑前守秀吉に書状を送り、柴田勝家の動向を伝える。	4279
	4月13日	「……仍其表普請以下、彼是以御辛」。 家康、下条兵庫助（下条頼安）(1556〜1584)に書状を送り、城普請等を励ます。	4280

天正11	4月13日	真田昌幸(1547~1611)は、この年、小県郡尼ヶ淵に城（上田城）(長野県上田市二の丸)の築城に着手、上杉氏に備える。家康の了解もあったのであろう。 この日付の書状で上杉景勝(1556~1623)は、諸将にその攻略を命じた。が、不成功に終わる。また、巡察使島津泰忠をして、埴科郡虚空蔵山に移り戦を監せしむ。次いで、昌幸、城下に海野郷・原郷住民を移す。 4月、上田築城にともない、観音堂、願行寺、海善寺、八幡社、紺屋町、海野町、鍛冶町等海野から移し、上田城下町が成る。
	4月16日	羽柴秀吉(1537~1598)、松ノ木城(岐阜県海津市海津町松木)の吉村又吉郎(氏吉)に書を送り、戦況を報じ、救援に赴くまで滝川一益の攻撃から同城を守備するよう伝える。これに、大谷紀之介(吉継)(1559?~1600)が添え状を発するが、このとき、紀介は名の末尾に「白頭」と署名する。
	4月16日	滝川一益と結んで秀吉に対抗して再挙兵した美濃の神戸(織田)信孝(信長の三男)(1558~1583)、岐阜城下へ進出。
	4月16日	信孝挙兵を聞いた秀吉、長浜城より直ちに、美濃に進軍。
	4月16日	家康方の小笠原貞慶(1546~1595)、秀吉方上杉景勝の麻績城(おみじょう)(長野県東筑摩郡麻績村)を攻撃する。景勝、島津泰忠を遣し迎撃して破る。 以後麻績・青柳両城の攻防が重ねられる。
	4月17日	岐阜城へ向かう秀吉、揖斐川(いびがわ)の氾濫により大垣城(岐阜県大垣市郭町)に入る。
	4月17日	織田信雄(1558~1630)・羽柴長秀(秀長)、しぶとく抵抗を続ける滝川儀太夫益氏(1527?~1635?)の守る峯城(三重県亀山市川崎町殿町)を陥す。 秀吉はこれほどの勇将を死なすのは惜しいと感じ滝川一益に使者を送り、益氏に開城をすすめるよう促したという。後に、益氏は羽柴秀吉に取り立てられ領地を与えられた。滝川儀太夫益氏は、傾き者として知られる前田慶次郎(利益)の父ともされる。
	4月17日	「甲州河内新田分壱貫参百文・永代」。 徳川家康、佐久郡内山平三をして、同郡内山等の地を安堵せしむ、家康、坂本忠豊をして、甲斐の信濃替地分の地等を安堵せしむ。
	4月17日	「甲斐国天沢寺領亀沢内拾八貫文」。 家康、天澤寺(山梨県甲斐市亀沢)に朱印状をもって、寺領安堵。
	4月18日	織田信雄、尾張国松ノ木城の吉村又吉郎(氏吉)に、滝川一益の攻撃から同城を守備していることを賞する。
	4月18日	**家康、甲斐国の大泉寺・千塚八幡神主・おひれの宮(尾鰭宮當麻戸神社)・諏訪神主・甘利八幡神主・甘利南宮・熊野・長松寺・菅田宮・海嶋寺・山梨神主・四阿山・明王院・篠原八幡・諏方神主・龍安寺・宮原神主・松尾神主ら18カ所に朱印状をもって、所領安堵。**
	4月18日	「定 一国中人足以下諸触、不恐権」。 家康、九人中に朱印状をもって定書を発給。 家康は、新しく徳川氏の所領となった甲州「国中」から国境に通じる幹線である「九口筋」の道中奉行として、家臣九人を任命した。彼らは小人頭、長柄頭などと呼ばれた。窪田正勝・荻原昌之・原胤従・中村安直・河野通重・志村貞盈・窪田忠廉・石坂森通・山本忠とされる九人は、長柄組の頭たちでここで組織された248人の同心は、後の千人同心の祖形とされる。

西暦 **1583**

天正11	4月18日	**「今度其表御普請事、被入精之由、」**。 家康、下条兵庫助頼安(1556~1584)に書状を送る。天正壬午の乱の一連の武功により、頼安ひきいる下条氏は伊那郡で大いに勢力を拡大していった。その一方で長年の宿敵であり領地が隣接している松尾小笠原氏の小笠原信嶺(1547~1598)との対立は深刻化していく。同年6月と9月の二度、合戦におよんだという。　4293
	4月19日	「賤ヶ岳の戦い―2月28日~4月21日」。秀吉が織田信孝を討伐するために美濃に赴き、秀吉の軍勢が多く近江から離れたのを好機と見た柴田勝家は、佐久間盛政に、直ちに大岩山砦(滋賀県伊香郡余呉町下余呉)を攻撃させる。 秀吉の行動を察知した佐久間盛政は、秀吉方武将・中川清秀の守備する大岩山まで密に侵入し奇襲攻撃を敢行する作戦を勝家に進言し、勝家は大岩山攻略の後はただちに兵を返すことを条件にこれを許可したという。　4294
	4月19日	市川御崎神社の社領として「曽禰内平岡分五百文」など、**家康は、甲斐国の二宮神主・壱蓮寺ら19社寺に、朱印状をもって寺社領を安堵**。　4295
	4月20日	「賤ヶ岳の戦い―美濃大返し」。 大岩山砦等の陣所の落城を知り、秀吉、北国脇往還の沿村に、一戸につき米一升の炊き出しと、炬火を命ず。14時頃、羽柴秀吉が大垣城(岐阜県大垣市郭町)を発ち、19時頃、木之本(滋賀県長浜市木之本町)に到着する。52キロを5時間で引き返した。　4296
	4月20日	**家康、塩山・慈照寺・松雲院・長泉寺・天目山ら甲斐国の15社寺に、朱印状をもって寺社領を安堵**。　4297
	4月21日	「賤ヶ岳の戦い」。羽柴秀吉、美濃今尾城(岐阜県海津市平田町今尾)の高木貞利(1551~1603)へ、柴田勝政(勝家の養子)・佐久間盛政等を撃破し、先鋒部隊が越前国府中まで進撃した旨、明日には秀吉自身も越前国府中迄進撃する予定を通知。　4298
	4月21日	「賤ヶ岳の戦い―前田利家、秀吉に降る」。羽柴秀吉(1537~1598)、堀秀政(1553~1590)をして、越前国府中に、柴田勝家の与力・前田利家(1539~1599)を、降伏させる。翌日、秀吉、それを認め、利家を味方につける。利家は、戦いには加わらないが、中立を約束したともいう。　4299
	4月21日	「賤ヶ岳の戦い―2月28日~4月21日」終結。 深夜(未明2時)、羽柴秀吉勢が佐久間盛政、柴田勝政隊への攻撃を開始する。その最中の昼前、茂山に布陣していた柴田側の前田利家の軍勢が突如戦線離脱。さらに柴田側の不破勝光(直光)(?~1598)・金森長近(1524~1608)の軍勢も退却をはじめる。秀吉、佐久間盛政を賤ヶ岳において撃破。「中国大返し」と同様に迅速に引き返してきた秀吉の反撃にあい、さらに前田利家らの裏切りもあって柴田軍は大敗を喫し、柴田勝家は越前に撤退した。家臣の毛受勝照(1558~1583)が、勝家の金の御幣の馬標を受け取り、身代りとして奮戦している間に勝家は北庄へと落ちびたといい、山路正国(1546~1583)は、加藤清正(1562~1611)に討ち取られたという。　4300
	4月21日	**「甲斐国伝嗣院領神山内四貫三百」**。 家康、伝嗣院(山梨県南アルプス市上宮地)に寺領を安堵。　4301
	4月21日	**「除田地役其外公事以下、本棟別之」**。家康、田辺喜三郎他5名に朱印状。　4302
	4月21日	**「除田地役其外公事以下、本棟別之」**。家康、中村弾左衛門尉他7名に朱印状。　4303
	4月21日	**「甲州千塚内手作分九貫文・河東内」・「本領改替甲州大田輪内六拾貫文・」**。 家康、中村弥左衛門・青木弥七郎に朱印状。　4304
	4月21日	**「分国諸商壱月に馬壱疋分之役、并」**。家康、保科惣左衛門尉に判物。　4305

天正11	4月21日	「於金山黄金無出来候間、一月二馬」。家康、黒川金山衆に判物。	4...
	4月21日	徳川家康、在陣中の甲州から、羽柴秀吉に書状を送る。 **家康の駿河・甲斐・信濃南半部地方の経営は、一応完了した。**	4...
	4月22日	羽柴秀吉、越前国府中（福井県武生市府中）に進軍。秀吉に降った前田利家は、すすんで開城したという。	
	4月22日	徳川家康（1543〜1616）、信濃平定に依り帰陣せんとする旨を、羽柴秀吉（1537〜1598）に報ずる。	
	4月24日	「越前北ノ庄城、落城―秀吉、信長三男信孝を擁立した柴田勝家を滅ぼす」。 柴田勝家（1522？〜1583）、お市の方（1547？〜1583）（小谷の御方）（信長妹）を手刃。辰下刻（午前9時）に自ら北ノ庄城（福井市中央1丁目）に放火し自刃。お市の方の菩提寺は、福井市の自性院。滋賀県高島市の幡岳寺。その前に三姉妹は城外に出され、秀吉の庇護下におかれる。茶々16歳（1569〜1615）・初15歳（1570〜1633）・お江11歳（1573？〜1626）三姉妹は、越前から浅井長政の異腹の姉（見久尼）の住む北近江の実宰庵に向かう。また、佐久間盛政（1554〜1583）は、再起を図って加賀に落ち延びようとした。	4...
	4月24日	織田信雄、尾張国松ノ木城（岐阜県海津市松木）の吉村又吉郎（氏吉）に、美濃国へ出陣したことを伝える。	
	4月24日	賤ケ岳の秀吉勝報に接した織田信雄（信長の次男）（1558〜1630）、織田信孝の岐阜城を囲み、攻略。織田信孝（信長の三男）（1558〜1583）は、秀吉に組していた異母兄・織田信雄からの降伏勧告を受け入れて岐阜城を開城。長良川を下って尾張国に退いた。	
	4月24日	家康、川窪新十郎信俊（1564〜1639）に朱印状をもって382貫800文を知行充行。 信俊の父は武田信実であり武田信玄の異母弟。信俊は、家康に信実の遺児として召され、河窪の地を与えられてその配下となった。	
	4月24日	家康、この日から翌日にかけても、10カ所に朱印状。さらに27日にかけて朱印状・判物を発給。	
	4月25日	羽柴秀吉、加賀国へ進入。	
	4月25日	徳川家康の元に、「賤ケ岳の戦い」の情報が届けられる。5月家康は、勝利を祝して秀吉に、名物茶入れ「初花肩衝」を贈る。	
	4月26日	「甲斐国有野郷内弐拾参貫文・河東」。 家康、武川衆の折井九郎二郎に、朱印状をもって知行充行。	
	4月27日	形原松平家信（1565〜1638）、長沢松平康忠（1545〜1618）の娘と三河国形原（愛知県蒲郡市形原町）で婚礼を挙げる。	
	4月28日	金沢城に入った羽柴秀吉、北陸方面の仕置を定める。	
	4月28日	高遠城（長野県伊那市高遠町）主保科正直（1542〜1601）・伊那郡松尾城（長野県飯田市松尾代田）主小笠原信嶺（1547〜1598）・佐久郡の大久保忠世（松平康国の後見人）（1532〜1594）・高島城（長野県諏訪市高島）主諏訪頼忠（1536〜1606）・深志城（松本城）（長野県松本市丸の内）主小笠原貞慶（1546〜1595）・上田城（長野県上田市二の丸）主真田昌幸（1547〜1611）、甲府において徳川家康に謁し、旧領回復。	
	4月29日	羽柴秀吉、上杉景勝家臣の直江兼続（1560〜1620）・狩野秀治（？〜1584?）宛に書状を送り、加賀・能登・越中平定を報せる。さらに、上杉側が越中に攻め入らなかったことを怒り、今までの約束を反故にすると伝える。	
	4月―	「禁制 広済寺―山林放牛馬、濫」。家康、広済寺（山梨県甲斐市上菅口）に禁制。	

西暦 *1583*

天正11	5月2日	羽柴秀吉、加賀から越前北ノ庄城に戻る。	4323
	5月2日	**「信長三男信孝、自刃」。** 織田信雄(信長の次男)(1558〜1630)に、再び岐阜城を攻められ、降伏した織田(神戸)信孝(信長の三男)(1558〜1583)、尾張国知多郡野間の大御堂寺(愛知県知多郡美浜町)に送られ、南ノ坊で自刃。(異説あり4月29日)。 信孝も自害に追い込み、やがて滝川一益も降伏した。こうして、**反秀吉陣営を滅ぼした秀吉は、信長の後継者としての地位を確立していく。**	4324
	5月3日	**「於向後城責之時節、最前ニ馳参」。** 家康、太田伊賀守他2名・金山二十二人衆に感状。家康、徳川家普請免許状を金山衆等に与える。	4325
	5月3日	**「定 みそ野之清左衛門 同所五郎」。** 家康、木本弥左衛門尉に朱印状。	4326
	5月3日	**「於江北表、合戦之模様并絵図被差」。** 家康、信雄方の水野惣兵衛(水野忠重)(家康の叔父)(1541〜1600)に書状を送り、合戦絵図の贈物到来を謝す。	4327
	5月5日	羽柴秀吉(1537〜1598)、近江国長浜城に凱旋。	4328
	5月6日	**「甲州岩崎之内弐拾八貫八百七十」** など。家康、甘利兵助助・平太・坂本武兵衛忠豊(177貫83文)・竹居郷右衛門・今井与三兵衛に朱印状をもって知行充行。	4329
	5月7日	朝廷、勅使を長浜城に下向させ羽柴秀吉の戦勝を賀す。(『兼見卿記』)。	4330
	5月9日	**3月28日から甲府に入った徳川家康、浜松に帰陣。**	4331
	5月11日	羽柴秀吉、安土を経て、近江国坂本城(滋賀県大津市下阪本)に入り、軍を休める。	4332
	5月14日	深溝松平家忠(1555〜1600)、大雨による三河国の田地被害を浜松城へ知らせる。	4333
	5月15日	「一、東国者氏政、北国ハ景勝まて、筑前任覚悟候、毛利右馬頭殿秀吉存分次第ニ被御覚悟候ヘハ、日本治、頼朝以来これニワ争か可増候哉」。 **「秀吉、天下統一の意思を表明」。** 羽柴秀吉、小早川隆景(「小早川左衛門佐」)(1533〜1597)へ、自身の政敵討滅・屈服の過程を説明し、源頼朝(「頼朝」)の名をあげて天下統一の意思を表明、毛利家を威嚇する。	4334
	5月16日	**「信州為得替河内之内大通院分弐拾」。** 家康、三沢藤三に、所領替え知行充行。	4335
	5月21日	**「秀吉は京都にも深くかかわることとなる」。** 織田信雄(信長の次男)、京都奉行に前田玄以(1539〜1602)を任命し、秀吉、これを後見する。 信雄が主筋として秀吉に立てられているけれど、完全に実権は秀吉の手に渡っていた。前任の浅野長吉(後の長政)(1547〜1611)は近江国瀬田城主、杉原家次(1530〜1584)は、近江国坂本城主となったようである。	4336
	5月21日	**徳川家康(1543〜1616)、宿老の石川数正(1533〜1592?)を使者として、坂本城の羽柴秀吉に、初花の肩衝(茶入)を贈り、賤ヶ岳の戦いの勝利を賀す。**	4337
	5月22日	美濃を平定した羽柴秀吉、従四位下に叙され、参議に任ぜられる。	4338
	5月25日	**「秀吉、摂津国も支配」。** 羽柴秀吉、森長可の舅である摂津国の池田恒興(1536〜1584)を美濃国大垣城へ、恒興嫡男元助(之助)(1559?〜1584)を岐阜城へ、次男照政(のち輝政)(1565〜1613)を尼崎城から池尻城(岐阜県大垣市池尻町)へ移し、甥・三好信吉(後の豊臣秀次)(1568〜1595)に尼崎を支配させる。	4339
	5月28日	三千院宮最胤親王(1565〜1639)、島津忠平(義珍、義弘)(1535〜1619)へ、「山門」(比叡山延暦寺)再興の勧進を促す。	4340
	5月28日	**「八幡五社内　四方見場四拾七間」。** 家康、木本弥左衛門に朱印状をもって知行充行。	4341
	5月28日	是より先、徳川家康の将酒井忠次(1527〜1596)、栗田永寿の進退を大須賀一徳斎胤清に任す、是日、重ねて、之を命ず。	4342

天正11	6月1日	羽柴秀吉、近江より上洛して多数の公家衆の出迎えを受け相国寺慈照院に寄宿。
	6月2日	「妙心寺史」には、この日に信長公夫人主催で清見寺住持の月航玄津（妙心寺44世）が一周忌を執り行った記事があり、織田信長正室・濃姫（帰蝶）(1535？～1612？)が挙行か。
	6月2日	近江より凱旋した羽柴秀吉 (1537～1598)、京都大徳寺で信長の一周忌法要を執行し、山崎経由で大坂に下向。
	6月2日	近衛前久 (1536～1612)、浜松の龍禅寺（静岡県浜松市中区）で織田信長の追善供養を執り行う。
	6月2日	**「甲州棟別之替、小曾之内吾妻分・」など。** 家康、田辺佐左衛門尉・石原新左衛門尉・諸星民部右衛門に朱印状をもって知行充行。
	6月4日	**「秀吉、信長安土城を凌ぐ、大坂城建築を目論む」。** 羽柴秀吉、黒田孝高（官兵衛）(1546～1604)・蜂須賀正勝 (1526～1586)・浅野長吉（長政）(1547～1611)らを従えて、大坂城の地を検分する。
	6月4日	家康家臣木俣守勝 (1555～1610)、石谷頼辰（いしがいよりとき）(？～1587)へ、長宗我部元親が徳川家康に忠節を尽くすように求める。 石谷頼辰は、主君明智光秀が本能寺の変を起こし山崎の戦いにて敗死したため、頼辰は妹の嫁ぎ先である土佐へ落ち延びていた。
	6月5日	**これより先、織田信雄、甲州善光寺如来を清須甚目寺（愛知県あま市甚目寺東門前）に移す。この日、徳川家康、これを三河国岡崎に移し、10日、同国吉田へ移される。次いで浜松鴨江寺（静岡県浜松市中区鴨江）を経て甲府に返す。**
	6月10日	秀吉、播州（兵庫県南西部の播磨地方）へ向かう。下旬、大坂に帰る。
	6月11日	「以鈴木申達候処、朝弥太郎被指添、始中終御懇答、殊七月可被入御輿儀、猶以御儀定之旨被顕御状候間、愚拙歓喜何事と可遂之候哉、心腹難尽筆紙候、就中五ケ条蒙仰候、一、ゝ御返答申述候、然ニ沼田・吾妻急速可渡給由、弥御真実之模様、氏直大慶、於拙者も忝候、委曲使を指添申入候間、具御返答待入候、恐、謹言、」 北条氏政、徳川殿（徳川家康）に書状を送り、「殊七月可被入御輿儀」を謝し、家康の五ヶ条の要請についても朝比奈泰勝（徳川家臣）(1547～1633)が述べると記す。当初は7月の婚儀予定であった。
	6月12日	秀吉、美濃の高木彦右衛門（貞久）(1551～1603)に書状を送り、滝川一益の降伏と来る6月20日長島開城を伝える。
	6月13日	「秀吉朱印状の初見という」。 秀吉、江州諸浦船大工四拾人中に朱印状。天正12年説もある。
	6月17日	松井松平康親（松井忠次）(1521～1583)、北条氏対陣中の三枚橋城（静岡県沼津市大手町4丁目）にて没。享年63。
	6月27日	深溝松平家忠、三河国中島の堤を修築する。
	6月28日	上杉景勝 (1556～1623)、大石播磨守綱元 (1532～1601)を使者として羽柴秀吉の元に送り、賤ヶ岳の戦いの戦勝を祝し、太刀一腰、馬一頭が贈る。 この日、秀吉 (1537～1598)、これに対して謝意の返書を記す。石田三成、副状で上杉側が今後は秀吉につくことを約束した誓紙を出したことを喜び、自分にも馬一頭、白布五十反が贈られたことを謝す。

天正11	6月—	この月秀吉、洛中洛外に、新儀諸役の廃止、喧嘩口論の双方成敗、失火の罪科、諸牢人の居住禁止など七ヶ条の掟書を下し、あわせて前田玄以に、訴訟についての指示をする。	4358
	6月—	この月、結城晴朝(下総結城城主)(1534〜1614)、多賀谷重経(下総下妻城城主)(1558〜1618)、太田資正(道誉)(片野城城主)(1522〜1591)らが、羽柴秀吉(1537〜1598)に音信を通じる。	4359
	6月—	秀吉方の伊勢亀山城(三重県亀山市若山町字古城)関盛信(?〜1593)、織田信雄方の神戸正武に攻められ、盛信自ら亀山城城下を焼くという。	4360
	7月3日	「定 一為亀千代万事申付処、非分」。徳川家康、朱印状をもって堀小三郎(堀重純)に、亀千代(桜井松平家広)(1577〜1601)の後見につき定書を与える。叔父にあたる松平忠広が後見に当たったが、忠広は、「ゆえありて遁世」したという。	4361
	7月4日	徳川家康(1543〜1616)、龍山(近衛前久)(1536〜1612)を浜松城で饗応し能楽張行。今川宗閭(氏真)(1538〜1615)も陪席。	4362
	7月4日	深溝松平家忠、三河国小美(愛知県岡崎市)で漁を行う。	4363
	7月5日	「先度御祝言之為、御使者河尻下野守被差越候間、委細御報申入候之處、御祝着之由蒙仰候、」。徳川家康、北条左京大夫(北条氏政)(1538〜1590)宛に、氏直(氏政の次男)(1562〜1591)と督姫(家康の次女)(1565〜1615)の婚礼について、使者の川尻に対し諸事申し伝えたことなどの書状を送る。	4364
	7月5日	「駿州富士茂良山池西坊職之事 右」。家康、朱印状をもって池西坊に安堵状。	4365
	7月6日	柴田勝家の滅亡を知った滝川一益、「朝山の絵」を秀吉に進上と、「宗及記」は記す。	4366
	7月7日	羽柴秀吉(1537〜1598)、近江検地開始。	4367
	7月9日	「越後国古志郡事 右一円所知行充行、」。家康、意庵・城織部佐に判物発給。家康、城景茂(1522〜1587)・昌茂(?〜1626)父子に朱印状をもって、越後国古志郡の本領を知行充行。	4368
	7月10日	「今度至津野地相働蒙疵之由、寔無」。天正11年に比定。家康、依田肥前守(信守)(1567〜1604)に書状を送り奮戦を労う。この年岩尾城攻略の際に父信幸(信蕃の弟)が戦死し、自らも手傷を負っている。また信蕃も同時に戦死したため、以後は信蕃の嫡子で自身の従兄にあたる依田康国(1570〜1590)の配下となって47騎200人を率い、伴野城攻めでも勇戦した。	4369
	7月13日	「駿州富士郡人穴宿中之事 右田畠」。家康、人穴年寄に朱印状をもって「人穴宿」を「不入」とする。	4370
	7月19日	深溝松平家忠(1555〜1600)、徳川家康娘(督姫)の北条氏直への嫁入りを祝うため、浜松城へ赴く。	4371
	7月19日	上杉景勝(1556〜1623)、相模の北条氏政・氏直父子に、越山を約す。また景勝、北条高広父子に上野国沼田への出陣を伝える。	4372
	7月20日	「随而関東諸家中惣御無事之儀、家康被申扱度之由候而、只今小倉松庵被差遣候、」。家康家臣本多忠勝、皆河山城守(皆川広照)(1548〜1628)宛に書状を送り、家康の惣無事実現の意向を伝える。	4373

天正11	7月27日	秀吉の臣蜂須賀正勝 (1526〜1586)、筒井順慶の臣竹内盛勝に、滝川一益が長島を退城したことを伝える。
		蜂須賀小六は、長島城で籠城を続けていた一益のもとに派遣され、名代として一益の投降を受け入れて、滝川領の織田信雄への受け渡しを統括したとされる。
	7月27日	**「中河市助(中川忠保)下候」。**
		家康、近藤出羽守綱秀(北条氏照家老)(？〜1590)に書状を送る。
		家康は、天正5年と7年に鷹師中川市助を奥羽に派遣して鷹を所望し、奥羽までの道筋の戦国大名らにも鷹の所望や織田政権への鷹・馬の進上を勧めていたという。天正10年北条氏との和睦後は、北条氏と東国諸氏との和睦工作をしていた。
	7月28日	北条家臣山角紀伊守定勝 (1529〜1603)、徳川家臣朝比奈弥太郎泰勝 (1547〜1633) に、小田原から徳川領国の最前線である駿河沼津までの宿駅中への伝馬供出を命じる。
	7月29日	「去六月廿六日之御状披閲、本望之至候、如来書未申通候之処、遠路預示、御懇意之段不浅候、一、去年六月二日、明智企謀叛、夜討同前、於京都信長御父子御腹召候、不慮之次第、無是非題目候、…」。
		羽柴秀吉、太田三楽斎(太田道誉)(1522〜1591)に宛、全十一条にわたって本能寺の変から賤ヶ岳の戦いに至る秀吉の活動について説明する返書を出す。
	8月1日	**「滝川一益、降伏―秀吉は織田家臣第一の地位を確立」。**
		賤ヶ岳の戦いで敗走した滝川一益 (1525〜1586) は、秀吉 (1537〜1598) に長島城を攻撃され、約一ヶ月間半の籠城戦の末に7月降伏した。北伊勢五郡を秀吉に差し出した一益は、一命を助けられる。その後、近江南郡で五千石を与えられたという。信孝も自害に追い込み、滝川一益も降伏した。
		こうして、反秀吉陣営を滅ぼした秀吉は、織田信雄を伊勢・尾張・伊賀三ヶ国に押し込め、信長の後継者としての地位を確立していく。表面上は三法師を奉りつつ、実質的に織田家中を差配することになっていった。
	8月6日	「八月六日、乙卯、川かりニ越候、雨降、羽柴筑前所より家康に津田左馬直使を被越候、進上物づとう國ゆきの刀まゐり候、」『(家忠日記)』
		羽柴秀吉、徳川家康に不動国行の刀を贈る。
	8月15日	**徳川家康次女・督姫 (1565〜1615)、小田原に着き、北条氏政 (1538〜1590) の嗣子・北条氏直 (小田原北条氏5代当主) (1562〜1591) に嫁ぐ。** 徳川氏の婚姻の使者は酒井忠次 (1527〜1596)。
		洪水等で当初の予定とは遅れたという。
	8月17日	「此度御輿入成就、誠大慶満足、何事歟可過之候哉……以川尻下野守申候」。
		北条氏政、徳川殿人々御中に書状を送る。北条氏規、副状を送る。
	8月17日	羽柴秀吉、近江国坂本城主・杉原家次へ、坂本城から摂津国大坂へ移動すべきを指示。女房達の摂津国有馬湯山への湯治も指示。
	8月24日	**「家康、第四次甲州入り」。** 徳川家康、甲斐へ向けて浜松を出発。
	8月27日	羽柴秀吉、摂津国有馬での湯治を終える。7日間ほどの湯治だったようだ。
	8月28日	**「秀吉、大坂城築城開始」。** 羽柴秀吉(「筑前守」)、摂津国大坂城「普請石持付而捉」全5ヶ条を発す。羽柴秀吉 (1537〜1598)、大坂城の普請奉行・黒田孝高(官兵衛)(1546〜1604)に、5ヶ条の掟を示す。
	8月―	羽柴秀吉、伊勢亀山城 (三重県亀山市若山町字古城) を父盛信から家督を譲られた関一政 (1564〜1625) に、峯城 (亀山市川崎町森字殿町) を佐久間正勝(信栄)(信雄家臣)(1556〜1632)に与えたという。

西暦1583

天正11	9月1日	羽柴秀吉による大坂城の築城工事が、石山本願寺の跡地の上町台地に、本格的に始まる。工事の陣頭指揮を秀吉自ら、天守の土台から始めたという。秀吉は前野長康に命じてはじめたとも。 この頃より羽柴秀吉の朱印状が初見されるともいう。	4387
	9月3日	緒川より連歌士長尊、深溝松平家忠(1555～1600)を訪れる。(『家忠日記』)。 以後、周辺で連歌会を催す。戦国時代、連歌は盛んであり、武士たちは連歌に熱中した。しかし、家康の名の載る連歌懐紙は二巻だけだという。	4388
	9月4日	近衛前久(1536～1612)、徳川家康の取り成しで、浜松より帰洛する。	4389
	9月5日	羽柴秀吉(1537～1598)、妙顕寺に替地として、寺之内小川の地を与える。 なんと、秀吉は、平安後期里内裏「閑院内裏」の跡地に政府建設を目論んだ。	4390
	9月6日	「織田信雄は、秀吉により伊勢・尾張・伊賀三ヶ国の領主とされた」。 深溝松平家忠、織田信雄が尾張・三河国境域の画定について、徳川家康に申し入れてきたことを伝え聞く。(『家忠日記』)。	4391
	9月10日	「今度在陣の議に付、度々預任存分」。 家康、禰津宮内太輔(根津政直、松鴎軒常安)に自筆書状。 徳川家を離反し北条家そして上杉家に付いていた根津宮内少輔(禰津昌綱)(1560？～1620？)が再び徳川家に従い、本領安堵状を受ける。	4392
	9月11日	「秀吉、在京中の政庁を目論む」。 羽柴秀吉(1537～1598)、妙顕寺を寺之内小川に移すため、取り壊しを始める。秀吉、跡地に妙顕寺城普請を目論む。	4393
	9月13日	福松丸(後の武田信吉)(1583～1603)、徳川家康(1543～1616)の五男として浜松で生まれる。母は武田氏家臣・秋山虎康の娘・於都摩(下山殿)(1564？～1591)。 信吉は、前の主君・武田信玄の娘で養父の正室である見性院(？～1622)の養子とした。下山殿(信君の養女)は、下山城主穴山信君が織田氏に臣従した際に、織田氏と同盟関係にある三河国の徳川家康の側室となったという。	4394
	9月15日	「猶々、其元様子之儀ニ付て、名倉松庵を以被申入候儀、御馳走忝可被存候、内々自是可被申入之所存候処、御使者家康一段祝着被申候、仍上方儀筑前守何篇尓も家康与入魂被申候、去月三日不動国行之御腰物、自筑前家康へ被進之候、只今ハ大坂ニ普請被仕候、来春者京都をも大坂へ可引取之由候、…」。 徳川家臣本多忠勝36歳(1548～1610)、下総の水谷勝俊(1542～1606)に書を送り、秀吉との友好関係や大坂築城の様子を報じ、遷都の可能性に言及する。	4395
	9月20日	「甲州本領岩手郷之内半分、所知行充行」。 家康、岩手助九郎信眞に朱印状をもって知行充行。	4396
	9月21日	「甲州万力内継統院分拾八貫文・蛇」など。 家康、保科喜右衛門尉・山下又助・保延久左衛門らに朱印状をもって知行充行。	4397
	9月21日	「年来抱置田畠屋敷永代買等、如先」「壱月ニ馬五疋、如先規諸役免許、」。 家康、八田村新左衛門尉に朱印状。	4398
	9月22日	「其方代々所持之雖為宝器、今度風」。家康、栗原内記に朱印状発給	4399
	9月24日	深溝松平家忠、駿河国江尻在番のため、三河国を出発する。	4400
	9月27日	「甲州称願寺領之事　黒駒之内拾七」。 家康、称願寺(山梨県笛吹市御坂町上黒駒)に寺領安堵朱印状発給。	4401

天正11	9月28日	「右年来被抱置知行之分、如前々領掌之上者、永不可有相違、弥以此上者、可被存忠功候者也、仍如件」。 先に、徳川氏を離反し北条氏に付いていた祢津宮内太輔(根津昌綱)が再び徳川家に従い、家康より本領安堵状を受ける。**家康は、且つ、同松鷗軒(根津政直)の養子鶴千世丸に、甲斐黒沢・駿河厚原の地を知行充行**。昌綱は、甲斐在陣の家康に書を送りて戦況を存問し、家康、之に答報す。家康は更なる先の北信地区、特に筑北から上杉勢を駆逐し、やがては川中島以北の攻略を進める目算があった。	446
	9月28日	「就当表在陣之儀、度々飛脚被差越」。是より先、屋代左衛門尉(屋代秀正)(1558～1623)、陣中の徳川家康を存問す、是日、家康、之に答ふ。	44
	9月28日	「信州本領之事 右年来被抱置知行」。 家康、祢津宮内太輔・祢津松鷗軒(政直)・広瀬美濃守景房・石黒将監・塚原六右衛門尉・坂本武右兵衛に朱印状をもって知行充行。	44
	9月28日	「音簡殊為書信吉野折敷到来、祝著」。 家康、織田家家臣の高木権右衛門尉(高木貞利)(1551～1603)に書状を送り、贈物到来を謝す。高木一族は、羽柴秀吉より麾下に加わるように求められるがこれを拒否し、織田信雄に人質を差し出したという。	
	9月30日	「甲州西光寺領鮎沢分地蔵免三貫文」など。 家康、西光寺・窪八幡神主・信盛院・青松院に朱印状発給。	4
	9月一	この月、上野国回復を目論む北条氏政(第4代の北条家前当主)(1538～1590)は、上野国厩橋城(群馬県前橋市)を攻略する。北条安芸入道(北条高広)(1517？～1587？)は耐え切れず降伏、厩橋城は北条氏直(1562～1591)の手に渡る。上杉方の北条高広は、北条家に降った。	
	9月一	この月、羽柴秀吉が下総結城城(茨城県結城市結城主)・結城晴朝(1534～1614)に書を送る。晴朝、秀吉に臣従。	4
	10月2日	**徳川家康、甲斐府中を出発し、駿河国江尻**(静岡市清水区江尻町)**に至る。**	4
	10月5日	勅使が浜松に参向。家康42歳、正四位下に遡及。遡及とは、過去にさかのぼること。	4
	10月5日	「駿州富士郡上野々郷妙蓮寺、寺内」「駿州富士上方先照寺領拾貫三百六十文幷寺内門前山林竹木諸役等免許之事」など。 家康、駿河国の妙蓮寺・文永寺・本門寺・先照寺・永明寺・大石寺などに朱印状発給。	
	10月5日	「駿州蒲原伝馬屋敷三十六間棟別以」「駿州富士上方根原之郷、前々伝馬」「甲州本須村退転之間、為新給伝馬」「甲州精進村退転之間、為新給伝馬」。 家康、蒲原伝馬人等・根原伝馬人等・本栖村伝馬人等・精進村伝馬人等に朱印状発給。	
	10月5日	「分国中以守随秤、黄金可令商売」。 徳川家康、朱印状をもって甲斐国の守随彦太郎(信義)(？～1608)に、三河国を含む分国中に守随秤のみ使用の免許状を発行。 甲斐の出で、今川氏に属し、当時人質となっていた松平竹千代(徳川家康)に仕えていた吉川茂済(守随)の跡を継いだ養子の信義は、実は武田信玄の長男の義信の子と言われ、武田氏が滅亡後、**家康は信義の「守随」を名字として名乗らせ、この日、甲府の守随秤を公用秤と定めた。**	
	10月5日	「駿州富士上方料水江鷹見点役地役」。家康、井出久左衛門に朱印状を送る。 鳥久保集落(山梨県北杜市長坂町)開拓の祖と言われる今川義元の元家臣井出久左衛門に定住地を与えたという。	4

西暦1583

天正11	10月6日	羽柴秀吉 (1537〜1598)、松下之綱 (1537〜1598) (家康配下) を召し出し、2千石の知行を知行充行い、家臣に取り立てる。 之綱は、元は今川氏に属し遠江頭陀寺城 (浜松市南区頭陀寺) 主だった。この頃、日吉丸 (後の豊臣秀吉) が3年間、之綱に仕えている。	4415
	10月6日	「駿州有度郡安養寺領弐拾貫文、并」。 家康、安養寺(静岡市駿河区小坂)玄徹長老に朱印状発給。	4416
	10月7日	家康、左近衛権中将に遡及。	4417
	10月21日	「甲州本領賀善蔵譲置上者、彼善蔵」。 家康、武田旧臣岩間大蔵左衛門尉に朱印状発給。	4418
	10月25日	「従甲州御帰城之由候間、以一翰申入候、仍信州御手置等丈夫被仰付候由肝要存候、兼而又関東者無事之儀被仰調候由被仰越候、乍去于今御遅延候、如何之義御座候哉、最前上様(織田信長)御在世之御時、何無御疎略方々候間、早速無事被仰調尤候、自然何角延引之仁御座候者其趣被仰越候者御談合申、急度其行可有之候、」。 (…、兼ねてより関東は無事のことは整ったと言われていたが、それが遅延してと聞く。如何な事でしょうか？最前の信長様御在世の時には、そのような不手際の無い方々ですから、速やかに無事を整えるように。引き延ばしの原因となる相手がいるのなら、仰せいただければ御談合します。急ぎ実行していただきますように)。 **羽柴筑前守(秀吉)、参河守(徳川家康)に書状を送る。**	4419
	10月26日	織田信雄方の三河国刈谷の水野忠重(家康の叔父)(1541〜1600)、同国碧海郡今岡村に移住した寺島小助らに、守護不入などの特権を与える。	4420
	11月2日	**徳川家康、駿府に入る。**	4421
	11月5日	「駿州富士上方料水江鷹見点役地役」。 家康、朱印状をもって井出久左衛門に徳川家諸役免許状を与える。	4422
	11月7日	「委曲相雇仁科太郎兵衛口上候」。 北条氏直(1562〜1591)、義父である徳川殿(家康)に書状を送る。	4423
	11月8日	羽柴秀吉、新営の妙顕寺城(京都市中京区押小路通小川西入北側)の工事進捗状況を視察。	4424
	11月10日	「駿州府内浅間領村岡大夫分之事」。 家康、浅間社流鏑馬奉行・村岡大夫に朱印状発給。	4425
	11月11日	「甲斐国之内熊野領之事 右如前々」。 家康、鵜殿孫次郎に朱印状発給。	4426
	11月15日	徳川家康 (1543〜1616)、北条氏政 (氏康の次男) (第4代の北条家前当主) (1538〜1590) に書状を送り、関東についての羽柴秀吉(1537〜1598)の意向を取り次ぐ。 **家康は翌日、駿府を発つ。**	4427
	11月25日	家康家臣・大須賀康高(1527〜1589)、龍巣院(静岡県袋井市岡崎)に寺領安堵状を発給。	4428

天正11	11月28日	「三河・遠江・駿河、并伊豆国、右」。 徳川家康、判物をもって可睡斎(静岡県袋井市久能)の第11代住職仙鱗等膳(せんりんとうぜん)を、東海四ヶ国(三河・遠江・駿河・伊豆の一部)の僧録司とする。 仙隣等膳は小僧時代に臨済寺で、今川義元の人質となっていた松平竹千代(後の家康)の教育を持ったことがあった。幼い家康とその父を戦乱の中から救いだし匿ったとか、家康父墓参りのために密かに清水港から船出させ岡崎に行かせたとか、人質だった家康を闇に紛れて連れ出し、篠島で70日間世話したという伝承が残る。 後に浜松城主となった家康はその時の恩を忘れず、旧交を温めるために等膳和尚を城に招いた。ところが道中の疲れもあり、当時を懐かしむ話をしている最中に、和尚は居眠りを始めてしまった。その様子を見た家康は「和尚我を見ること愛児の如し。故に安心して眠る。われその親密の情を喜ぶ、和尚、眠るべ(可)し」と言い、以来和尚が「可睡和尚」と呼ばれたことから、いつしか本来東陽軒であった寺の名も「可睡斎」となったという。 可睡斎には家康を祀る高さ1mを超える位牌や、家康の位牌所としての格式を示す屋根の棟を飾っていた三つ葉葵文の金箔瓦が残されている。
	11月30日	「駿州府内惣社領之事 右如先規之」「駿州稲河大夫職之事 右如先規之」「駿州有渡郡八幡御神領之事 右如」。 家康、駿河国の総社神主・稲河大夫・八幡大夫に判物発給。
	12月2日	「駿河国府内安西寺、寺中門前屋敷」。家康、安西寺(静岡市葵区丸山町)に朱印状発給。
	12月4日	**徳川家康、国内の巡視を終え、浜松に帰城。**
	12月7日	**徳川家康、小國鹿薗大菩薩の社頭を造立させる。**神主豊前守重勝・勾当観智(こうとうかんち)北嶋孫左衛門秀吉・当社大工高木助右衛門。 静岡県磐田市二之宮にある鹿苑神社(ろくおんじんじゃ)とされる。
	12月8日	「遠州垂木之郷内上下之宮御神領」。 家康、垂木禰宜に朱印状発給。
	12月8日	家康家臣・岡部次郎右衛門尉正綱(1542~1584)、駿河国において没。42歳。 平岩親吉や本多正信らと共に甲斐国内の統治に貢献し、譜代同然の扱いを受けるが、徳川家家臣になって1年程で急死する。
	12月9日	「甲州若尾之内横屋分拾弐貫三百」。 家康、信濃の士・五味菅十郎に朱印状をもって甲斐の地を知行充行。
	12月10日	「甲州井口郷之内弐貫文、西条之内」。 家康、信濃の士・井口織部に朱印状をもって甲斐の地を知行充行。
	12月30日	**「家康、分国中に一向宗の一部復活を許す」。** **「本くわんし門との事、このたびしやめん、せしむる上ハ分国中前々よりあり、きたるだうぢやうさういあるへからす、しからはこのむね申こさるへく、候仍如件、」**(本願寺門徒の事、この度、赦免せしむる上は、分国中前々より在り来る道場、相違あるべからず、しからばこの旨申越さるべく候、仍如件、)。 徳川家康、ひうかのかみ ははかた(石川日向守家成の母(妙春尼))(?~1598)へ、三河国など分国中の本願寺門徒を赦免し、道場の再興を認めたことを伝える。 妙春尼(妙西尼・芳春院)は、家康母・於大の方の姉妹に当たり、本願寺門主との親交もあった、三河門徒の代表格であった。慶長3年(1598)2月7日84歳で没したという。

西暦1583

天正11	12月30日	家康の臣石川家成(1534〜1609)ら、本願寺の坊官下間頼廉(1537〜1626)に、三河七か寺の還住を認めないことを伝える。
	12月30日	深溝松平家忠(1555〜1600)、その妹と跡部昌勝の婚礼のため遠江国浜松へ赴く。跡部昌勝は、信玄・勝頼に仕えた跡部勝資の次男という。深溝松平家忠妹「ちいは」は、亡くなった東条松平甚太郎家忠(1556〜1581)室であったが、家康の命により昌勝に嫁いだとされる。

西暦1584

天正12	1月中旬	この頃、お江(1573？〜1626)と佐治与九郎一成(お犬の方(信長妹・母お市の姉)長男)(1569？〜1634)の婚礼が、知多半島大野の佐治家で挙行される。浅井長政の三女お江12歳が羽柴秀吉の養女として、織田信雄家臣・佐治一成16歳に嫁ぐ。しかし、この年のうちに、お江は、信雄が家康と組んで秀吉に敵対したため離縁させられ、大坂城に戻る。一成は、後に信長の六女である於振と再婚する。於振(？〜1643)は、三河水野藩主・水野忠胤(徳川家康の母方の従弟)に嫁ぎ、1男2女をもうけた。しかし、慶長14年(1609)、夫の忠胤は家臣の起こした刃傷事件の責任を家康に糾弾され、切腹を命じられて藩は改易となった。そのため、於振は子供たちを水野家に残し、従兄に当たる佐治一成と再婚した。
	1月20日	小笠原信嶺(1547〜1598)、下条頼安(1556〜1584)を松尾城(長野県飯田市松尾代田)に誘殺する。信嶺の娘を頼安に嫁がせることで両者は和睦したが、この日、頼安は舅となった信嶺の松尾城に年頭の挨拶のために赴いたが、伺候してきたところを斬殺されたという。信濃国伊那郡の松尾小笠原氏当主小笠原信嶺は、支配力の強化を図った。
	1月一	「真田昌幸、小県郡をほぼ統一」。この月、真田昌幸(1547〜1611)、小県郡丸子城(長野県上田市丸子町腰越)を落とす。出浦・長井氏らが帰属する。
	2月1日	羽柴秀吉、入京。
	2月3日	深溝松平家忠、訴訟のため小兵衛を浜松城へ遣わす。
	2月4日	羽柴秀吉、丹波国へ下向。
	2月6日	羽柴秀吉、入京。
	2月8日	羽柴秀吉、近江国坂本に下向。
	2月一	この頃、近江三井寺(園城寺)(滋賀県大津市園城寺町)で、羽柴秀吉(1537〜1598)と織田信雄(1558〜1630)が会見する。天下人と思う信雄は、三法師と共に信長の本拠だった近江安土城に入ろうとした。しかし秀吉から近江坂本にある三井寺に急遽呼び出され、信雄は安土入城を断られたという。この月秀吉は、脇坂安治(1554〜1626)に命じて伊賀国衆を組織して、伊賀上野城(三重県伊賀市上野丸之内)の信雄家臣滝川雄利(1543〜1610)を攻めていた。秀吉は、信雄の挙兵を予期し、陣触など戦闘準備を進めていたという。
	2月17日	徳川家康(「源家康」)、従四位下に昇進。
	2月18日	深溝松平家忠、三河国中島の堤を修築する。
	2月19日	羽柴秀吉、入京、次いで大坂に帰還。

天正12	2月27日	**徳川家康43歳(1543〜1616)、従三位・参議に遡及。**
	2月29日	徳川方小笠原貞慶の兵、上杉方の水内郡鬼無里(きなさ)(長野市鬼無里)を占拠し、また千見城(長野県大町市千見)を攻略する。 松本平を掌中にした小笠原貞慶(1546〜1595)は、安曇郡仁科衆に命じて、千見城を攻略させ、貞慶の将・沢渡盛忠、渋田見源助らに、千見城番を命じる。
	3月1日	**「此度初花壺令所持差上之条、甚以神妙也、其付而知行可遣之旨候之処、及斟酌、望之子細言上之間、任其儀蔵役・酒役其外一切諸役免許等之事、右、子々孫々迄、永領掌不可有相違之状如件、」。** 徳川家康、松平念誉(親宅)(ちかいえ)(1534〜1604)に茶壺進上を賞し蔵役・酒役等を免除する。松平親宅は三河長沢の代官。天正7年出家、同11年、徳川家康に初花肩衝(はつはなかたつき)(茶入れ)を献上して諸役免除の特権を得、三河額田郡で茶園を経営した。慶長9年8月3日没、71歳。
	3月3日	織田信雄、家臣小川長保(1557〜1643)に、家中(三家老)の粛清計画を告げ、一層の忠節を求める。委細は滝川雄利が述べるとする。
	3月3日	**徳川家康、三河・遠江両国に徳政令を出して、永代売渡と質物の借銭を除き、年期売の田畑・屋敷や借銭・供米はすべて無効とする。**
	3月6日	信雄の家老・滝川雄利(かつとし)(1543〜1610)、三家老の謀反を織田信雄に報告。 雄利は、天正10年、主君・信意が「信勝」に改名したのに伴い、その偏諱を与えられて勝雅(かつまさ)と改名、さらに信勝が「信雄」に改名すると重ねて偏諱の授与を受けて雄利(としとし)と改名したという。
	3月6日	「織田信雄、秀吉と断ち家康と結ぶ」。 織田信雄(信長の次男)(1558〜1630)、秀吉(1537〜1598)に通じたとして、伊勢国松ヶ島城(三重県松阪市)主・津川義冬(玄蕃允)(信雄の義弟)(1545〜1584)、尾張国星崎城(名古屋市南区本星崎町本城)主・岡田助右衛門重孝(直景とも)(?〜1584)、尾張国苅安賀城(愛知県一宮市苅安賀)主・浅井田宮丸長時(1569?〜1584)の三家老を長島城(三重県桑名市長島町)天守において殺害。さらに、三名の居城を攻め落とす。三家老は秀吉に人質を出していた。 信雄は、秀吉との戦いを懸命に諌めていた重臣を謀殺し、秀吉に事実上の宣戦布告をした。信雄、土方勘兵衛勝利・飯田半兵衛と密談して家康に援を求める。 **信長の盟友であった徳川家康(1543〜1616)は信雄に加担し、さらに家康に通じて、四国の長宗我部元親(1539〜1599)や紀伊雑賀党らも反秀吉として決起する。**
	3月6日	織田信雄、尾張国松ノ木城(岐阜県海津市海津町松木)の吉村又吉郎(氏吉)(1533?〜1620)に、岡田重孝らの殺害を告げ、人質を伴い長島城に出向くよう命じる。
	3月7日	織田信雄、香宗我部親泰(長宗我部元親の弟)(1543〜1593)へ、羽柴秀吉が「天下之儀」を恣意に任せていることを述べ、秀吉に意を通じた信雄家老三名を成敗したことを通知、香宗我部親泰へ、上洛要請の覚悟をするよう告知。秀吉との絶交を知らせ、元親の兵を淡路に出し大坂をねらい秀吉を牽制するよう依頼した。詳細は、織田信純(信張)(1527〜1594)に伝達させる。
	3月7日	織田信純(信張)、香宗我部親泰へ、織田信雄が家老の津川玄蕃助・浅井新八・岡田長門守三名を自害させたこと、織田信雄が徳川家康と同盟した旨を、長宗我部元親に取り次ぐよう依頼。

西暦 **1584**

| 天正12 | 3月7日 | 織田信雄より三家老を誅した報告が浜松に達した。信雄の依頼を受けた徳川家康は、ただちに尾張への出陣命令を出し、浜松城を8千の軍勢で出陣。秀吉が自ら天下人になろうとする動きに対して故信長の次男信雄は家康に援助を求めた。家康はかつての同盟者の織田信長の遺児信雄を支援するためという戦う名目が立つことから、共同して秀吉と戦う覚悟を決めた。 | |

そして自領の守備のために、甲斐に鳥居元忠（1539〜1600）・平岩親吉（1542〜1612）、駿相両国境の長久保城（静岡県駿東郡長泉町下長窪）に牧野康成（1555〜1609）、興国寺城（静岡県沼津市根古屋）に天野康景（1537〜1613）、三枚橋城（静岡県沼津市大手町）に松平康重（1568〜1640）、深沢城（静岡県御殿場市深沢）に三宅康貞（1544〜1615）、田中城に高力清長（1530〜1608）、掛川城に石川家成（1534〜1609）、浜松城に大久保忠世（1532〜1594）、岡崎城に本多重次（1529〜1596）などを置き、酒井忠次（1527〜1596）、石川数正（1533〜1592?）、本多忠勝（1548〜1610）、榊原康政（1548〜1606）、井伊直政（1561〜1602）等を率いて出陣することにした。
4463

3月7日	**家康、尾張国へ出陣するため岡崎城に入る。**	4464
3月8日	羽柴秀吉、織田信雄・徳川家康の挙兵を知る。秀吉は、北陸の前田利家・丹羽長秀・上杉景勝らに佐々成政を抑えさせ、宇喜多秀家には毛利に備えるよう命じた。	4465
3月8日	羽柴秀吉（1537〜1598）、織田信雄による岡田重孝ら殺害の報をうけ、信雄詰問の使者を派遣する一方、尾張国出陣を決定する。	4466
3月8日	秀吉、若狭国高浜の堀尾吉晴（1544〜1611）らに、北伊勢出陣を命じる。	4467
3月8日	深溝城（愛知県額田郡幸田町深溝）城主・松平家忠（1555〜1600）、岡崎より下った家康の命令に従って矢作に至る。	4468
3月9日	深溝松平家忠、阿野に着陣。	4469
3月9日	**家康、岡崎から尾張に入る。**	4470
3月9日	「……仍此度羽柴余恣之振舞仕付、」。家康、北条殿（北条氏政、第4代の北条家前当主）（1538〜1590）に手紙を記す。	

家康は手紙の中で、秀吉のわがままな振る舞いを罵り、「羽柴」と敬称も付けず、さらには「凶徒（悪事を働く犯罪者）」とまで言い切る。そして、織田信長の次男信雄と組んで必ずや秀吉を討ち果たすことを誓う。
4471

| 3月9日 | **「秀吉と織田信雄・家康の戦闘、はじまる」。** | |

信雄家老の神戸城（三重県鈴鹿市神戸本多町）神戸正武（林与五郎）、秀吉方の伊勢亀山城（三重県亀山市若山町字古城）の関盛信（万鉄）（?〜1593）・一政（1564〜1625）父子を攻撃。関盛信を、蒲生賦秀（氏郷）と堀秀政が支援して、神戸正武を退ける。
4472

3月一	伊勢峯城（三重県亀山市川崎町森字殿町）の佐久間正勝（信栄）（信雄家臣）（1556〜1632）ら、羽柴秀吉に敵対し籠城する。	4473
3月10日	羽柴秀吉、家康・織田信雄連合軍と戦うべく、数万の軍勢を率いて大坂城を出陣して、入京。	4474
3月10日	織田信雄（1558〜1630）、美濃大垣の池田恒興（勝入斎）（1536〜1584）・同国兼山（岐阜県可児市兼山）の森長可（1558〜1584）らを自軍に誘う。羽柴秀吉もまたこれを誘い、秀吉は森長可へ、駿河・遠江拝領の内意を告げるという。恒興も、尾張と三河を恩賞とされ、秀吉に応ず。	4475

天正12	3月10日	羽柴秀吉、信雄方の水野忠重（家康の叔父）(1541~1600)、尾張国岩崎城（愛知県日進市岩崎町）丹羽氏次(1550~1601)、美濃国駒野城（岐阜県海津市南濃町駒野）高木貞友(1564~1659)等を（家臣として）招くが、応じなかったという。
	3月10日	**徳川家臣酒井忠次(1527~1596)、深溝松平家忠(1555~1600)らを率い鳴海（名古屋市緑区鳴海町）に着陣。**
	3月11日	**羽柴秀吉、京を発ち坂本へ下向。**
	3月11日	織田信雄、松ノ木城（岐阜県海津市海津町松木）主・吉村又吉郎（氏吉）(1533?~1620)に、妻子を人質として長島城（三重県桑名市長島町西外面）に置くよう命じる。
	3月11日	羽柴秀吉、中国筋に在陣中の蜂須賀正勝・黒田孝高に、尾張国方面への出陣を告げる。
	3月12日	「其城へ取懸候処ニ、堅固ニ相踏、無異議候由尤候」。 秀吉、關兵衛（関一政）に書状を送り、伊勢亀山城を守ったことを賞す。
	3月12日	徳川家臣酒井忠次(1527~1596)ら、愛知郡呼続の内なる山崎（名古屋市南区呼続）に着陣。伊賀・大和の諸勢が味方に馳せ参じる。
	3月12日	「急度令啓入候、改年ニ者未申承候、背本意候、仍而御分国中御静謐之由珍重候、然者関東惣無事于今未落居ニ候、被引詰様ニ頼存候、殊ニ由信（由良国繁）・長新（長尾顕長）新進退之儀、家康御威光以一度被召返儀、…」。 下野の皆川広照(1548~1628)、本弥（家康家臣・本多弥八郎正信）(1538~1616)御宿所宛に書状を送る。 由良新六郎国繁(1550~1611)と長尾新五郎顕長(1556~1621)兄弟は、天正11年11月に北条氏から離反し、佐野宗綱(1560~1585)と共に北条氏の国衆である富岡氏の小泉城（群馬県邑楽郡大泉町城之内公園内）を攻めていた。
	3月13日	本願寺の坊官益田照従、三河国慈光寺（愛知県岡崎市下青野町柳原）の僧教寿の後室に、本願寺門徒の赦免への尽力を謝し、徳川家康への返礼の取り成しを要請する。 第40代住職の教寿は、家康と親戚関係にあり、信長の本願寺攻めに参戦し、討ち死にしたといい、坊主にもかかわらず、一向一揆に向かって立ち上がったそうだ。
	3月13日	羽柴秀吉(1537~1598)、羽柴秀勝（信長五男）(1568~1586)を草津、羽柴長秀（後の秀長）(1540~1591)を守山に進めて、織田信雄（信長の次男）に対する警戒監視に当たらせる。
	3月13日	織田信雄(1558~1630)、清須城（愛知県清須市一場）に入城する。 信雄、尾張国松ノ木城の吉村又吉郎に、兵糧・玉薬の支給などについて指示する。
	3月13日	「水野藤十郎（勝成）、申刻桑名まて著陣之由、則神戸江加勢として」。 織田信雄、土方彦左衛門雄久(1553~1608)宛に書状を送り、桑名着陣水野勝成(1564~1651)の神戸城（三重県鈴鹿市神戸本多町）普請加勢を命じる。
	3月13日	**徳川家康、尾張清州城に入り、織田信雄と会見、軍儀を行うとされる。** **信雄・家康は、四国の長宗我元親、紀州の雑賀一揆・根来衆、越中の佐々成政らと協同していた。**

西暦 1584

天正12	3月13日	**「小牧・長久手の戦い（3月13日〜4月9日）―犬山城の戦い」、はじまる。** 尾張と三河を恩賞にして羽柴秀吉が味方につけた美濃の池田恒興（勝入斎）（元犬山城主）・池田元助父子、森長可らは、東美濃へ向かうと見せかけて旧領である鵜沼城（岐阜県各務原市鵜沼南町）に入城、突如、織田信雄方武将・中山雄忠の守る尾張犬山城（愛知県犬山市犬山北古券）を攻略、占拠。 城主中川定成は、秀吉軍の伊勢侵入に備え、伊勢峯城（三重県亀山市川崎町森字殿町）に出掛けていた。秀吉は犬山城を前線基地として信雄の所領である尾張国の攻略にとりかかる。	4489
	3月14日	「十四日、辛卯、北伊勢亀山堀久太郎・長谷川藤五郎・滝川・ひのゝ掃部働候て、尾州衆おひはらい、嶺の城迄のき候由候、三百余被討捕候」。（『家忠日記』）。 蒲生賦秀（氏郷）・長谷川秀一・堀秀政ら、秀吉の命で招いた伊勢通の滝川一益と共に、前日から攻め、この日、伊勢峯城を攻略する。中川定成は、城からの敗走途中に討死する。	4490
	3月―	伊勢峯城落城し、滝川一益同城に入城する。	4491
	3月14日	伊勢国桑名へ出陣中の深溝松平家忠ら三河衆、池田恒興による犬山城攻略の報を聞き、尾張国津島に引き返す。	4492
	3月14日	「小牧・長久手の戦い」。「十四日、辛卯、桑名へ出陣候処、犬山城池田紀伊守取ていちへ川より帰り候、左左ハ被返候」（『家忠日記』）。 徳川家臣酒井忠次（1527〜1596）、池田恒興（勝入斎）父子が犬山城を攻めるとの事から、深溝松平家忠（1555〜1600）と共にその辺を巡見して桑名に宿陣。	4493
	3月14日	「小牧・長久手の戦い」。 徳川家康、清須で軍議を開き、榊原康政37歳（1548〜1606）の提議により小牧山（愛知県小牧市）を本陣と定め、直ちに山上に城塁（蟹清水砦・北外山砦・宇田津砦・田楽砦）を修築しはじめる。 家康、織田信雄の長島城に居ることの不可を述べる。	4494
	3月14日	**「信州更級郡之事 右此度被対当方」。** 海津城（長野市松代町）副将・屋代秀正（1558〜1623）は、上杉景勝（1556〜1623）に背いて、酒井忠次（1527〜1596）を仲介役として徳川家康に内通する。その臣属は秘匿されていた。**この日、家康、屋代左衛門尉秀正に更級郡を知行充行。**	4495
	3月15日	龍山（近衛前久）（1536〜1612）、徳川家康が羽柴秀吉に敵対し尾張国に出陣したのを憚り、奈良に塞する。	4496
	3月15日	「昨日巳刻、於大峯表被為一戦、息時首数多取勝由神妙之至候」。 羽柴秀吉、関右兵衛（関一政）宛に感状。	4497
	3月15日	羽柴秀吉の命により、織田信兼（信長弟・織田信行の三男）（？〜1583）・九鬼嘉隆（1542〜1600）・蒲生賦秀（氏郷）（1556〜1595）・田丸具直（直昌）（？〜1609）・岡本宗憲（重政、良勝）（1544〜1600）・藤堂高虎（1556〜1630）・津川三松（義近）（斯波義銀）（1540〜1600）など、織田信雄の属城松ヶ島城（三重県松阪市松ヶ島町字城の腰）を遠巻きにして在々に放火。	4498
	3月15日	**「小牧・長久手の戦い」。徳川家康、小牧山にへ登り、堀を深めて本陣を構える。**	4499
	3月15日	「小牧・長久手の戦い」。 美濃兼山（金山）城（岐阜県可児市兼山）の森長可、兵3千を率いて、小牧山（愛知県小牧市堀の内）を狙って、尾張羽黒まで出陣。	4500

天正12	3月15日	家康方の信濃国の木曾義昌(1540~1595)、徳川家康の臣酒井忠次(1527~1596)に、家康の三河国方面出陣の目的を尋ねる。
	3月16日	羽柴長秀(後の秀長)ら秀吉軍、伊勢松ヶ島城(三重県松阪市松ヶ島町)への総攻撃を開始する。
	3月16日	「小牧・長久手の戦い」。 森長可・尾藤甚右衛門知宣(?~1590)、尾張八幡林に布陣する。 徳川家臣の酒井忠次(1527~1596)が、これを察知し、深溝松平家忠(1555~1600)、奥平信昌らを率いて出陣する。
	3月16日	**織田信雄、徳川家康に、家康の申し入れに同意することを伝える。**
	3月16日	織田信雄、松ノ木城(岐阜県海津市海津町松木)の吉村又吉郎(氏吉)に、羽柴勢が伊勢国桑名に攻め寄せるとの見通しを伝える。
	3月16日	織田信雄、松ノ木城の吉村又吉郎に、同城周辺の者が羽柴方についたとの報に接し、兵糧などの支給を約束する。
	3月17日	「船手之義者、九鬼、其方此人数以、船を寄、これも柵もかりを結せて、不北様二可被仰付候」。 羽柴秀吉(1537~1598)、田丸直昌宛に書状を送り、伊勢松ヶ島城攻めを賞す。
	3月17日	**「小牧長久手の戦い～羽黒の戦い―徳川軍勝利」。** 早朝、酒井忠次・榊原康政・深溝松平家忠ら5千の三河兵、羽黒八幡の森長可・池田元助勢の砦を攻め3百余を討ち、敗走させる。家康は、酒井・奥平らに追撃をさせないで、引揚げを命じた。
	3月17日	「請取口之普請由断之様二聞え候、……早々出来候様二被申付尤候」。 織田信雄(1558~1630)、水野藤十郎(勝成)に書状を送り、神戸城普請を督促。 しかし、神戸城は20日までには落城し、秀吉方の滝川一益に奪われたようだ。
	3月17日	「今日羽黒乗崩、数多討捕付而、早ゝ示給候、為悦之至候、然者甲賀之儀、皆ゝ山上御通路相止之由、弥以大慶候、尚追ゝ可蒙仰候、恐ゝ謹言、」。 家康、某に羽黒の戦い勝報を送る。
	3月18日	**「小牧・長久手の戦い」。敵襲の心配がなくなった徳川家康、小牧山城跡を占拠し、さらに榊原康政(1548~1606)に命じて周囲に砦や土塁を築かせ、要害本陣とし羽柴軍に備える。**
	3月18日	**「禁制 山王宮 一当手勢社塔破取」。** 徳川家康、尾張国山王宮(清須山王社)(愛知県清須市清洲)に禁制を与える。
	3月18日	**「緒川先方衆并常滑先方衆、此度帰」。** 家康、朱印状をもって尾張国緒川先方衆・常滑先方衆に、伊勢国桑名に出陣した水野忠重(信雄家臣、家康の叔父)(1541~1600)の指揮に従うよう命じる。
	3月18日	家康の臣西尾義次(吉次)(1530~1606)・阿部正勝(1541~1600)、遠山佐渡守(延友信光)に、前日の尾張国羽黒での戦いで、美濃国兼山城の森長可を敗ったことなどを伝える。 遠山佐渡守は、天正11年(1583)4月の賤ヶ岳の戦いには森長可に従わなかったため攻撃され、神箆城(岐阜県瑞浪市土岐町鶴城)を離れ徳川家康を頼って美濃を去った。この年3月の小牧・長久手の戦いでは苗木遠山氏・明知遠山氏・串原遠山氏と共に徳川方の井伊直政の配下として参戦した。

西暦 **1584**

天正12	3月19日	羽柴長秀（後の秀長）（1540～1591）ら、伊勢松ヶ島城（三重県松阪市松ヶ島町）を攻略する。	4515
	3月—	羽柴秀吉（1537～1598）、浅野長吉（長政）・岡本良勝に、峯城の普請を命じ、軍勢の配備を命じる。	4516
	3月—	この月、岡本宗憲（重政、良勝）（1544～1600）は再び伊勢峯城に、浅野氏と共に兵1千6百～1千7百で入城。	4517
	3月—	北伊勢の秀吉方の関一政ら、織田信雄軍と戦い、秀吉先陣として蒲生賦秀（氏郷）（1556～1595）などを派遣する。	4518
	3月19日	「……当表構堅固在城候間、可心安」「蟹之清水・外山村・宇田津村之要害、留守居之者申合、夜ハかきを出し、遠燗を焼、珍事在之付而は、至小巻早々注進可申候」。 徳川家康、本多豊後守（本多広孝）（1528～1598）並びに甲州穴山梅雪の配下だった穂坂常陸守（穂坂君吉）に書状を送り、尾張国蟹清水など小牧城周辺の砦の警固を厳重にし、異変があれば注進するよう命じる。	4519
	3月19日	「……爰元無案内之儀付、無其儀候」。 家康、松ノ木城の吉村又吉郎（氏吉）に書状を送り、織田信雄への一層の忠節を求め、身上の安泰を約束する。	4520
	3月19日	「……仍而其方両人早々人質被出候」。 家康、尾張国熱田の商人、加藤又八（加藤順政）（1535～1599）・美濃焼の陶工、加藤隼人佐（加藤景延）（？～1632）に人質の差し出しを賞し、熱田大宮司千秋季信などにも人質を差し出すよう命じる。	4521
	3月19日	「濃州之内依那郡・土岐郡之事、右」。 家康、鱸喜三郎に判物発給。 天正9年（1581）の遠江高天神城の戦いでは、鈴木喜三郎、鈴木越中守が頸百三十八を討ち取ったいい、鈴木喜三郎とは足助真弓山城主鈴木信重のことで、鈴木越中守は鱸重愛という。重愛は、天正11年(1583)徳川家康に従って串原・広瀬の城を攻めて功を挙げたという。	4522
	3月19日	「濃州之内妻木領之事 右、彼領中」。 家康、鱸越中守に判物発給。	4523
	3月19日	家康の臣石川数正（1533～1592？）ら、形原松平家信（1565～1638）に、尾張国犬山方面での戦功を賞する。 松平家信は、小牧・長久手の戦いでは酒井忠次に属して、森長可に仕える敵将・野呂孫一郎（宗長）（1539～1584）を討ち取るという武功を挙げたとされる。	4524

天正12	3月20日	「竹中源介(重利)口上之儀、一ゝ承届候、一、其方御子息(元助)先度者御女子有之、只今者御息男被上候、於茶湯ハたきりたる御茶湯を者□□も被申候事　一、勢州ニ者、松賀嶋一城、滝川三郎兵衛尉(雄利)相籠居申候を、市場儀者不及申、惣城乗破、天守計江追上、弐万余ニてとりまかせ置申候事　一、神戸城ニ者、滝川左近(一益)父子弐三千ニて、入城被申候事　一、峯城相拵、浅野弥太夫、岡本太郎右衛門尉両人千六七百、為留守居残置申候事　一、其外五畿内、江州、越州、両国之人数共、江州ニて相揃、早天気次第、明日廿一日ニ筑前も濃州池尻へ着陣可申候事　一、池尻へ罷越候者、其城(犬山)へ留守居堅被仰付、森武(長可)被成御同道、馬乗五騎十騎ニてこ可有御越候、懸御目談合申、可及行申候事　一、水出候者、かちわたり御座有間敷候条、船成次第ニ犬山渡りへ、上下之船を可有御寄候、森武へも被仰候て、金山より犬山之間、舟悉御よせ尤候事　一、佐藤主計ニ以一書如申入、諸人之為候条、如置目処、江留守居者、筑前かたヨリ可申付候かと、其方与州(稲葉一鉄)へ申渡候へとも、申付候て定可申入候事　一、人数備陣取以下之為にて候者、池尻ニて書付を雖可進之候、為御分別、又ハきの御くはりにて候ハんと存、先ゝ只今進候事　一、犬山を以手柄被取候条、動之儀者、其上ニ早速哉と存、満足仕候儀、非一候、御礼儀不及申候、其子細者、犬山之儀も、尾州儀も過半筑前折骨、其方御一類ニ可進候と存候条、得其方願儀候者、秀吉方ヘ取可申候、尚源介可申候、恐ゝ謹言、」 羽柴秀吉(1537〜1598)、池勝入(池田恒興)(1536〜1584)に、伊勢松ヶ島城攻めの様子などを知らせ、犬山城攻略の礼を述べ勝利が成った暁には池田一族に尾張国を与えることを約束する。また、犬山渡に舟を集めるよう指示する。
	3月20日	織田信雄(1558〜1630)、香宗我部親泰(1543〜1593)に、徳川家康が尾張国に着陣し森長可らを破ったことを伝え、長宗我部氏の摂津国出陣を求める。
	3月21日	北伊勢を制圧し織田家・徳川家と戦うため大坂から出陣した秀吉、美濃国に進軍。秀吉は、雑賀衆らに備えて、はじめは大坂から動かなかった。
	3月21日	「今度羽柴恣之砌付而、為可加成敗、西国・北国按合罩行候間、本意掌候、然者一日も急、其国被才」信雄・家康、保田花王院・寒川に書状を送り、秀吉を成敗すると記す。紀伊国有田郡保田荘(和歌山県有田市)の保田花王院(重宗)と寒川の在地領主(紀州根来・雑賀一揆の棟梁)である寒川右太夫行兼という。 峯城に籠り反秀吉方となった佐久間信栄(正勝)(1556〜1632)は、父信盛の死後、天正10年(1582)1月に信長に赦免されて信長の嫡男・信忠に仕え、本能寺の変後は信忠の弟・信雄に仕えた。佐久間家が追放の時の縁で、寒川行兼や保田花王院や湯河氏、根来衆、雑賀衆などとも懇意であった。
	3月22日	「小牧・長久手の戦い」。徳川軍の小牧山(愛知県小牧市)の防御工事完了。
	3月23日	羽柴秀吉、森長可に、尾張入国後、池田恒興(長可の岳父)と共に見舞うことを伝える。
	3月23日	羽柴秀吉(1537〜1598)、養徳院(信長乳母・池田恒興母)(1515〜1608)へ、池田恒興(1536〜1584)・池田元助(恒興の長男)(1559？〜1584)・池田長吉(恒興の三男)(1570〜1614)の戦功を賞し、領地を与えることを通知。
	3月23日	「小牧・長久手の戦い」。徳川軍の蟹清水砦・北外山砦・宇田津砦が完成。
	3月23日	「……明知之模様具得其意候、殊有」。 家康(1543〜1616)、遠山佐渡守(延友信光)・遠山与助・遠山半左衛門尉(佐渡守の子)宛に感状を送る。遠山半左衛門尉・遠山勘右衛門利景らは、森長可の属城・明知城(岐阜県恵那市明智町)の様子と城を攻めたことを3月、家康に知らせた。

西暦 1584

天正12	3月23日	「**上山城三郡、但此内大内御領并公**」。 家康、多羅尾四郎兵衛尉に山城・近江国内に所領状を発給。多羅尾光俊(1514～1609)は、本能寺の変で、堺にいた徳川家康が脱出を試みた際、五男山口光広が家康と同行していた長谷川秀一と誼があったため、光広の連絡を受けて家康を援護することを決め、嫡男光太と共に信楽へと一行を招き入れた。家康の伊賀越えには三男光雅や光広らに甲賀衆を付けて伊勢白子まで道中警固させたとされる	4534
	3月23日	「**熱田大宮司職之事 右上様并信雄**」。家康、千秋喜七郎(千秋季信)に判物をもって、熱田大宮司職を安し尾張国野並郷の所領を与える。	4535
	3月23日	「**禁制 尾州光明寺 一当手軍勢甲**」。 家康、尾張国光明寺(愛知県一宮市光明寺)に禁制を与える。	4536
	3月23日	「……**仍為内証被申越候通、令得其**」。家康、一揆中に朱印状発給。	4537
	3月24日	「**小牧・長久手の戦い**」。羽柴秀吉、岐阜城に入る。	4538
	3月24日	秀吉(1537～1598)、生駒親正(1526？～1603)に、和泉国における戦功を賞し、清須城攻撃のため岐阜に入城したことを伝える。	4539
	3月24日	深溝松平家忠(1555～1600)、尾張国比良城(愛知県名古屋市西区比良)の普請に赴く。	4540
	3月24日	「**小牧・長久手の戦い**」。**徳川・織田軍、小幡**(名古屋市守山区西城)**と比良の旧城を修理し、三河と清須への連砦とする。**	4541
	3月25日	「**前々拘持之本領不可有相違、然上**」。家康、遠山半左衛門尉に書状を送り、その軍功を賞し半左衛門尉の本領を安堵する。	4542
	3月25日	「**就商売之儀、徳政、年記要脚、国役の事、**」。 家康(1543～1616)、判物をもって、尾張国熱田の加藤隼人佐(加藤景延)・加藤図書助に、織田信雄の了承の上で徳政免除などを認める。	4543
	3月25日	信雄と共に清須城在城の**家康、尾張国長光寺**(愛知県稲沢市六角堂東町三丁目)**に禁制を与える。**	4544
	3月25日	「**先書具申入候処、従中途馳帰之条、重面以中河市介申来候、仍其表之様子委細彼口上相含候、将又羽柴日来余不儀相動付而、信雄我等申合、彼等之為可及存分、去十三日至尾州清須出馬、同十七日、尾濃之境羽黒と号所、池田紀伊守(勝入)、森武蔵守(長可)楯籠在之処、押寄即時乗崩、千余人討捕候、彼両人等敗北前代未聞之躰候、然者五畿内、紀州、西国、申国悉調略之子細数多候条、万方按合、上洛不可有程候、於様子ニ可御心安候、具市助可為演説候、恐〻謹言、**」。 徳川家康(1543～1616)、下野国長沼城(栃木県真岡市長沼)の皆川山城守(皆川広照)(1548～1628)に書を送り、尾張への出馬と羽黒の戦いでの勝利を報じる。家康家臣大久保忠隣(1553～1628)が添え状を発し、共に秀吉の不義を糾弾する。	4545
	3月26日	羽柴秀吉、黒田長政(1568～1623)に和泉国における戦功を賞し、尾張国出陣のため翌日美濃国鵜沼(岐阜県各務原市鵜沼南町)に着陣することを伝える。	4546
	3月26日	これより先、木曾義昌(1540～1595)は家康(1543～1616)に背き、秀吉(1537～1598)と結ぶ。この日、秀吉、常陸の佐竹義重(1547～1612)に、尾張等の形勢、義昌との盟約を報じ、木曾義昌・上杉景勝と共に、徳川家康に対し調略せしめんことを求める。**家康と羽柴秀吉との対立をうけて義昌は盟約を反故にし、次子・義春を人質として秀吉に恭順する。**家康が小笠原長時の子・貞慶の深志城(松本城)(長野県松本市丸の内)復帰を認めたからとも言われている。このため家康は、同年8月頃、義昌を攻め妻籠城に戦ったが、義昌が勝利する。これらによって、家康は木曾家を快く思わなくなったと史書は伝えている。	4547

天正12	3月26日	「近日者不申承候、仍今度家康構表裏、信雄若輩仁と申掠、普代之家老者両三人、無謂去六日於長嶋被為切腹侯条、不相届儀と存、則至伊賀、伊勢差遺人数侯処、佐久間甚九郎、中川勘右衛門、林与五郎、池尻平左衛門、深井以下取出侯処、先手者及一戦、即時ニ切崩悉討捕、岸、神戸、楠其外城〻、或責果、或令赦免、一国平均ニ申付侯事　一、伊賀国之事、是又平均ニ申付侯事　一、尾州表儀、池田紀伊守(勝入)・森武蔵守(長可)相働、去十三日、犬山城其外数ケ所責崩、悉刎首、過半任分侯事　一、去廿二日至泉州面、根来寺、雑賀、玉木、湯川其外一揆三万計二而取出侯所、岸和田先番者切懸、首五千余討捕侯、以其競敵城不残乗取、紀州面迄存分申付隙明侯事　一、家康清須令居陣条、即出人数可押詰処、大河数ケ所有之而、多勢依難相越、舟を寄并舟橋を懸付而遅〻侯、明日廿七日吉越河、清須近辺迄可押寄侯、自然家康於執出者、遂一戦可討果事案内侯事　一、家康表裏無是非侯、然上者向後如何様之儀候共、重而許容不可申侯、定貫辺へも、毎辺可為右之分侯、此時東州各被相談、御計策尤侯事　一、信州木曽、越後景勝、対此方無二人之魂侯間、是又被仰合、御行事肝要候、委細此使者口上申含侯、恐惶謹言」。羽柴秀吉、常陸国の佐竹義重(1547〜1612)に各地の戦況を報じ、翌日木曾川を渡り尾張国へ進攻することを伝える。
	3月27日	「小牧・長久手の戦い」。羽柴秀吉、木曽川を渡河して尾張国に進軍。
	3月27日	「小牧・長久手の戦い」。羽柴秀吉(1537〜1598)、犬山城(愛知県犬山市犬山北古券)に入り、前線を視察する。秀吉、小牧山城を包囲するように、二重堀・岩崎・小松寺山・青塚・内久保等の砦を築かせる。
	3月27日	「禁制 万徳寺并門前 一新儀課役」。 家康、尾張国万徳寺(愛知県稲沢市長野3丁目)並びに門前に禁制を与える。
	3月27日	「節々羽柴様躰被示越、真被入御精」。 家康(1543〜1616)、尾張国竹ケ鼻城(岐阜県羽島市竹鼻町)の不破源六(不破広綱)(織田信雄家臣)に、羽柴秀吉の動向を報じたことへの礼を述べる。
	3月28日	「小牧・長久手の戦い〜小牧の陣」。秀吉、尾張小牧原(楽田)(愛知県犬山市)に陣する。徳川家康、小牧山(愛知県小牧市)に本陣を移す。
	3月28日	小笠原貞慶(1546〜1595)、筑摩郡麻績城(長野県東筑摩郡麻績村)・青柳城(東筑摩郡筑北村坂北)両城を攻む、尋いで、また、之を攻む、徳川家康、貞慶の功を褒す。
	3月28日	織田信雄(1558〜1630)、尾張国松ノ木城(岐阜県海津市海津町松木)の吉村又吉郎(氏吉)に美濃国今尾における戦功を賞する。
	3月29日	丹羽長秀(1535〜1585)、羽柴秀吉(1537〜1598)に北陸方面の情報を報告し、子長重(1571〜1637)を尾張国に参陣させることを伝える。
	3月29日	「小牧・長久手の戦い」。織田信雄、小牧山に移陣。家康、田楽砦を築き、小牧山に通じる軍道を開く。小牧山の城に陣取る徳川・織田軍に大軍の秀吉は攻め上がることができず、家康も大軍の秀吉軍に攻め下ることはしないまま、全面的な合戦はなく膠着状態となった。このため秀吉軍は徳川の本拠地のひとつである岡崎城へ攻め込む作戦を立てた。
	3月29日	秀吉、尾張国二宮(大縣社)(愛知県犬山市宮山)に禁制を与える。
	3月29日	是より先、信濃国の木曾義昌(1540〜1595)、尾張在陣の羽柴秀吉を存問す、是日、秀吉(1537〜1598)、尾張国楽田城(愛知県犬山市楽田)に到着し徳川家康と対陣中であることを伝え、小牧山に於ける徳川家康の陣況を義昌に報ず、尋いで、また、同国長久手の戦況を報ず。

西暦 1584

天正12	3月29日	「禁制 一当手軍勢甲乙人等濫入狼」。家康、多賀大社町に禁制。	4560

	3月一	徳川家康、瀬名伊予守氏詮を召し寄せ、その子源五郎正勝(1566〜1616)・半右衛門定国・小源某を御家人とする。瀬名氏詮(信輝)の母は、今川氏親の娘とされ、今川義元や今川氏真に仕えたが、氏詮(信輝)は没落、流浪していたという。	4561
	3月一	家康、尾張国妙興寺(愛知県一宮市大和町妙興寺)に禁制を与える。	4562
	4月一	北条氏直(1562〜1591)、徳川家康(1543〜1616)に、先の同盟で約束した上野国沼田城を要求する。家康、真田昌幸(1547〜1611)へ、沼田領を渡すよう命じる。	4563
	4月一	「ついで真田昌幸、家康から離反する」。 この月、上田城主・真田昌幸は、徳川家康の上野国沼田領(群馬県沼田市)引き渡しの命を拒絶し、上杉景勝への接近に努める。沼田周辺は真田氏と同族である海野氏ゆかりの武士が広く多く住み、武田氏が隆盛を振るっていた頃でも統治を真田に任せていた。真田氏にとって伝統の貴重な領土を、徳川と北条の大国の都合だけで取り扱いを決められしまうことに、昌幸は納得できるわけが無く、これを受け入れることはできなかった。 真田昌幸は、上田龍城を決め、家康へこう再返答した。「それがしこと、一昨年甲州へご出張りの時、最初よりお味方に参り粉骨を尽くさせていただきました。そのため、速やかに信州がお手に入ったのです。ですからご褒美を頂戴してもよいところであるのに、その沙汰もなく、結局真田昌幸が力を尽くし鉾をもって手に入れた沼田をも、替地も下されずに召し上げるということは迷惑に存じます。そもそもこの沼田は徳川殿並びに北条家より申し受けた領地ではございません。昌幸が武勇をもって領する所ですので、意のままに支配せよとこそ仰せられるべきなのに、沼田を北条家へ渡せとは覚悟に及ばぬところです。どうして差し上げることができましょう。この上は家康公のお味方を申し、忠節を尽くしても甲斐もないことです。沼田を渡すことは思いも寄りません」ときっぱりと断わり、いよいよ手切れとなった。家康公は、大いに腹を立てられ「この上は大軍をもって上田の城を攻めよ」と評議された。	4564
	4月1日	羽柴秀吉、同秀勝(信長五男)に、尾張国における戦況を伝える。	4565
	4月1日	「小牧・長久手の戦い」。羽柴秀吉、小牧の陣所を撤退。	4566
	4月1日	「徳川家康・織田信雄連署定書」。尾張国篠木庄三郷(愛知県春日井市)宛に定書を下す。ここには、地侍の柏井衆人足が在り、鉄砲が数多く存在していたとされる。「小牧・長久手の戦い」に出撃したり、伝令や土塁作りを担ったともいう。	4567
	4月1日	「屋代秀正、家康に内通」。 上杉方の山浦景国(父は村上義清)(1546〜1603？)の部下で、海津城(長野市松代町)副将の屋代秀正(1558〜1623)が、弟の室賀満俊(1560〜1626)と連携し、上杉景勝(1556〜1623)に背いて、一族を引き連れて出奔し佐野山城(長野県千曲市桑原古家)・荒砥城(長野県千曲市大字上山田字城山)に籠城して徳川方に属する。 屋代秀正らは、酒井忠次(1527〜1596)を仲介役として徳川家康に帰属した。	4568
	4月2日	「小牧・長久手の戦い」。家康軍、姥ヶ懐にて、来襲した1千の秀吉軍を撃退。	4569
	4月2日	織田信雄、家臣の松ノ木城(岐阜県海津市海津町松木)吉村又吉郎(氏吉)に書を送り、大坂方面での戦況を報じる。	4570
	4月2日	秀吉方木曾義昌(1540〜1595)、木曽黒沢・児野などの百姓に参軍を命じ、持者・中間への取り立てなどを約する。	4571

天正12	4月2日	上杉景勝 (1556〜1623)、1日、突然離反し海津城 (長野市松代町) から荒砥城 (長野県千曲市上山田温泉) に引籠もり、徳川方となった屋代秀正を攻めるため信濃に出陣。	45
	4月3日	秀吉方の筒井順慶 (1549〜1584)、信雄方の伊勢松ヶ島城 (三重県松阪市松ヶ島町) の二の丸を占領。	
	4月3日	**「小牧・長久手の戦い」。家康軍、二重堀を奇襲。**	45
	4月3日	「小牧・長久手の戦い」。 深溝松平家忠 (1555〜1600)、北外山城 (愛知県小牧市北外山) を守る。	45
	4月3日	**「去月廿八日至麻続 ・ 青柳被及行」。**家康、小笠原右近太夫 (小笠原貞慶) (1546〜1595) に書状を送り、軍功を賞す。貞慶は、信州筑摩郡北部の青柳城、麻績城を上杉氏と争い、そして、木曾義昌の本領を攻めた。	45
	4月3日	北畠朝親、家康の臣本多忠勝に、徳川家康の尾張国出馬に際して尽力したことを述べ、伊勢五郡の返還を求める。北畠朝親は、滅亡した伊勢国司北畠家の一族か。	45
	4月4日	「小牧・長久手の戦い」。秀吉、岩崎山と二重堀の間に土塁を築く。	
	4月4日	秀吉 (1537〜1598)、木曾伊予守 (義昌) (1540〜1595) 宛に、戦況を報ずる。長久手の戦で、秀吉の別動隊の池田信輝 (恒興) らは敗北する。この直前の情況を知らせている。	45
	4月4日	**「熱田宮祝重物・神田并敵身方預ヶ.物・俵物・為何闕所地.候共、不可有異儀」。**織田信雄・徳川家康、熱田社祝師の所持する神田などを安堵する。	
	4月4日	**「……以緒川領之内三千貫文、所宛」。**織田信雄 (1558〜1630)・徳川家康 (1543〜1616)、長田弥左衛門 (長田 (永田) 久琢) (?〜1612) に、尾張国緒川領内の所領を与える。	48
	4月4日	織田信雄、紀州の保田 (佐久間) 安政 (1555〜1627) に、尾張国における羽柴秀吉との対陣の様子を伝える。佐久間安政 (佐久間盛政の弟) は、小牧・長久手の戦いでは紀州の雑賀衆、根来衆と共に徳川家康・織田信雄方に属し、岸和田城 (大阪府岸和田市岸城町) を守る羽柴方の中村一氏としばしば交戦した。	
	4月5日	「小牧・長久手の戦い」。秀吉本陣で軍議。前の敗戦で雪辱に燃える池田勝入斎 (恒興) は、「家康を小牧山に押さえておいて、長躯して三河に攻め入る」策を献じた。秀吉はこれを採用。	
	4月5日	**「小牧・長久手の戦い」。家康、小牧山北麓と八幡塚の間に土塁を築く。**	
	4月6日	「小牧・長久手の戦い」。 羽柴秀吉、小牧山の北東にある楽田の古城にに移陣、小牧山を押さえる。	
	4月6日	「小牧・長久手の戦い」。秀吉、若狭よりの鉄材を、朝妻より大垣まで運ばせる。	
	4月6日	「小牧・長久手の戦い」。 森長可や池田恒興・堀秀政による軍勢が、秀吉の甥である三好信吉 (後の豊臣秀次) (1568〜1595) を総大将に擁して、三河奇襲作戦を開始。徳川軍の丘陵陣地帯を迂回し、三河国方面にでる迂回作戦で、総勢2万兵で、夜、家康の本拠地である三河国の岡崎城へと向けて出陣。 三好康長 (元長の弟) (?〜?) は、天正9年 (1581)、四国征伐の先鋒として阿波に再び渡っていたが、この際、信長の三男・神戸信孝を養子とする事が決定され、四国統一の暁には阿波1国を与えられる約束をされたという。ところが、本能寺の変で信長が横死した為、康長は四国から逃亡し河内に帰っている。その後は、当時日の出の勢いで四国統一を目前にした長宗我部元親 (1539〜1599) に対抗するため、羽柴秀吉に従い、秀吉の甥・治兵衛 (三好信吉、後の豊臣秀次) を養子として迎えていた。	

西暦1584

天正12	4月6日	秀吉、堀尾吉晴(1543〜1611)・一柳直末(1553？〜1590)に、尾張国篠木まで人夫を移動させるよう命じる。	4588
	4月6日	織田信雄(1558〜1630)、松ノ木城(岐阜県海津市海津町松木)の吉村又吉郎(氏吉)に、今尾城(岐阜県海津市平田町今尾)の森寺忠勝の所領を与える。池田恒興家臣・森寺政右衛門忠勝という。	4589
	4月6日	**伊豆国の北条氏規(1545〜1600)、徳川家康の臣朝比奈泰勝(1547〜1633)に、北条氏政・氏直父子が家康へ加勢することを伝え、尾張国における戦況の報告を求める。**	4590
	4月7日	秀吉(1537〜1598)、伊勢国松ヶ島城(三重県松阪市松ヶ島町)を包囲中の津田盛月(1534〜1593)らに、開城後には尾張国の陣所に来るよう命じる。	4591
	4月7日	「小牧・長久手の戦い」。三好信吉(後の豊臣秀次)軍、上条村に入り、篠木(愛知県春日井市)周辺に宿営。	4592
	4月7日	**「小牧・長久手の戦い」。16時篠木の住民が、秀吉の三好信吉軍の駐屯を家康に密告。三河襲撃情報で、19時徳川先遣隊、小牧を出発し、22時に小幡城(名古屋市守山区西城2丁目)に入る。家康は、20時、小牧山本陣(愛知県小牧市堀の内)を出陣して小幡城に入る。**	4593
	4月8日	羽柴秀吉、下間頼廉へ、今度の柴田勝家の江北方面進出に際し、加賀国に於いて「一揆」蜂起を発動し、秀吉に味方する旨を申し入れてきたことを賞す。また、本願寺が忠節を尽くした場合は加賀国を織田信長「御朱印」に任せて安堵することを約束する。	4594
	4月8日	「去六日に池勝入・森武・孫七郎・左衛門督人数弐万四五千にて、至小幡表差遣、小幡城二ノ丸迄攻入、首百余討取」。秀吉、惟住(丹羽)長秀(1535〜1585)に書状を送り、尾張国における徳川家康との対陣の様子と三河国攻撃の計画などを伝える。	4595
	4月8日	秀吉、毛利輝元に、尾張国における戦況を伝える。	4596
	4月8日	「御状披見本望之至候、仍岩村へ相籠候候共被討捕之由御注進、則披」。家康の臣井伊直政(1561〜1602)、遠山半左衛門尉に、美濃国岩村における戦功を賞し、尾張国の戦況を伝える。	4597
	4月8日	**「小牧・長久手の戦い」。秀吉は池田恒興等の別働隊に2万余の軍勢を与えて出撃させた。家康は秀吉軍出動の報告を受けて先発隊を出し、自ら信雄と共に出陣した。**	4598
	4月8日	上杉景勝、信濃衆に命じて、更級郡荒砥城(長野県千曲市上山田温泉)へ脱出した屋代秀正(1558〜1623)を攻撃する。この日、秀正は、城を空けて遁る。秀正は、荒砥城を脱出して佐野山城(長野県更埴市桑原)に籠り、猿ヶ馬場峠経由で麻績方面に逃走した。	4599
	4月9日	山城国吉田社の神主吉田兼和(兼見)の使者、尾張国の羽柴秀吉陣所より帰る。兼和、使者の持ち帰った絵図を持って参内し、正親町天皇に戦況を説明する。	4600
	4月9日	「小牧・長久手の戦い―岩崎城の戦い」。未明、池田恒興勢は、丹羽氏重(氏次の弟)(1569〜1584)が守備する岩崎城(愛知県日進市岩崎)を攻撃開始。森長可軍も加わり、3時間で落城さすも、首実験など、時間を費やす。氏重は池田軍を相手に奮戦したが、最終的に氏重以下城兵約300人は全員討死した。	4601
	4月9日	**「小牧・長久手の戦い」。未明、徳川家康(1543〜1616)、地元の丹羽氏次(1550〜1601)・水野忠重(家康の叔父)(1541〜1600)と榊原康政(1548〜1606)・大須賀康高(1527〜1589)ら、4千5百人を別働隊として三好信吉(後の豊臣秀次)勢の追撃を開始させ、さらに家康・織田信雄も出陣。**	4602

天正12	4月9日	「小牧・長久手の戦い―白山林の戦い」。
		白山林(名古屋市守山区・尾張旭市)の三好信吉(後の豊臣秀次)軍を、後方から水野忠重・丹羽氏次・大須賀康高勢が、側面から榊原康政勢が一斉攻撃。
		徳川軍別働隊により信吉(秀次)勢は、ほぼ潰滅、秀次は辛くも逃げ遂せた。
	4月9日	「小牧・長久手の戦い―桧ケ根の戦い」。三好信吉(後の豊臣秀次)軍より前にいた堀秀政軍に、秀次軍の敗報が届く。堀軍は直ちに引き返し、桧ケ根(ひのきがね)(長久手町)に陣を敷く。徳川軍別働隊は、ほどなく桧ケ根辺りで、堀勢に襲い掛かるも、堀秀政の前に敗退。家康は羽柴秀吉軍を分断するために迂回し、長久手を見渡せる色金山に着陣。そこで別働隊の敗退を知り、堀軍後方の高地へ前進して池田恒興・森長可軍との間を分断。
	4月9日	「小牧・長久手の戦い(3月13日～4月9日)―長久手の陣―徳川軍の大勝利」。
		「今分ハ家康勝ニ可成歟」(『多聞院日記抄』)。午前10時頃、戦いが始まる。
		一進一退の攻防が続いたが、森長可(1558～1584)が、井伊直政(1561～1602)の鉄砲隊の銃弾を眉間に受け討死した辺りから一気に徳川軍有利となる。池田恒興(1536～1584)も槍を受けて討死。池田元助(1559？～1584)も討ち取られ、池田輝政(1565～1613)はかろうじて戦場を離脱した。永井直勝(1563～1626)が池田恒興を討ち取るとも、安藤直次(1554～1635)が恒興・元助を討取る戦功を挙げたともいう。
		合戦は徳川軍の大勝利に終わり、ただちに小幡城(名古屋市守山区西城)に引き返す。
	4月9日	長久手の戦いの際、水野六左衛門勝成(1564～1651)が、結膜炎の眼痛で兜を着用せずの参陣を、父忠重(家康の叔父)(1541～1600)に叱責される。
		勝成は反発し、暇乞いを申し出て馬に乗ると、そのまま敵中に突入し一番首を取って徳川家康に持参したという。しかし父からは「先駆けは軍法に背く者、許さぬ」と怒りを買った。以後しばらくは、家康の下で行動し家康配下の井伊直政(1561～1602)と武勇を競った。
	4月9日	羽柴秀吉、午刻(正午)、長久手の敗報に接し、楽田砦を直ちに出馬して竜泉寺(名古屋市守山区竜泉寺)に至った時、合戦はすでに終わっていた。
		20時家康、小幡城を出発し、小牧山へ戻る。秀吉、竜泉寺に泊まる。
		家康は長久手での勝利を大々的に宣伝したが、秀吉にとっては局地戦におけるひとつの敗戦に過ぎなかった。これ以降は再び膠着状態が続いた。
	4月9日	織田信照(信秀九男と伝わる)(？～1610)、小牧・長久手の戦いでは、織田信雄(1558～1630)に従って尾張奥田城(愛知県稲沢市奥田堀畑町)を守るが、秀吉方に城を落とされ捕虜となる。信長の弟ということで一命は助けられた。戦後、再び信雄に仕えたとされる。
	4月9日	「今日九日午之刻、於岩崎之口及合戦」。
		家康(1543～1616)、申刻、平岩七之助(平岩親吉)(ちかよし)(1542～1611)・鳥居彦右衛門尉(鳥居元忠)(1539～1600)に書状を送り、岩崎之口等合戦の勝報を伝える。
	4月10日	秀吉先勢の堀秀政・蒲生賦秀(氏郷)・長谷川藤五郎秀一・1万余の兵を以て、信雄の臣・佐久間駿河守正勝(信栄)(信盛の子)(1556～1631)が立籠る峯城(三重県亀山市川崎町森字殿町)を攻める。
	4月10日	秀吉、明朝の小幡城(おばたじょう)(名古屋市守山区西城2丁目)攻めを決め、軍を楽田に納め、小松寺山に陣を張る。
	4月10日	深溝松平家忠(1555～1600)、酒井忠次(1527～1596)・井伊直政(1561～1602)に従い、共に先鋒として、二重掘の前より東野に至って陣する。

_{西暦}1584

天正12	4月10日	**「今度信雄被遂御入洛、御本意之上」**。徳川家康、本願寺へ、今度の織田信雄上洛は本意であること、上坂する事に関しては本願寺を先規の如く安堵してもらうためであり、また加賀国は「信長如御判形」の如く安堵する旨を使者を通じて通達。	4613
	4月10日	織田信雄(1558~1630)、脇田城(松ノ木城支城)の吉村又吉郎(氏吉)に黒印状をもって、昨日の合戦にて池田恒興父子・森長可らを討取りし旨を報ずる。	4614
	4月10日	**「昨日於岩崎之口合戦之儀付、早々」**。家康、美濃の吉村又吉郎(氏吉)に、昨日の岩崎口での合戦にて池田恒興父子・森長可らを討取りし旨を報ずる。	4615
	4月10日	**徳川家康(1543~1616)、北条氏直(1562~1591)に、長久手の戦いの戦勝を報じる書を送る**。	4616
	4月10日	**「就其国之様子使者被差越候、委細」**。 家康、使者をよこした蘆田弥平兵衛尉(赤井時直)に本多忠勝をして書状を送る。知行は貴方の望み次第であり、その他の国衆には国替えをすると伝えるなど、おだてとおどしの両方で煽動している。 荻野悪右衛門直正の末弟赤井(芦田)弥平次時直が「尾張小牧陣」や「長久手合戦」に羽柴秀吉と対戦した織田信雄・徳川家康の連合軍に呼応し、丹波の一揆勢力の中心となり黒井城(兵庫県丹波市春日町黒井他)と余田城(丹波市市島町上鴨坂)に挙兵し籠城したという。	4617
	4月11日	秀吉(1537~1598)、伊藤牛介らに、岐阜城留守居羽柴秀勝(信長の五男、秀吉の養嗣子)(1569~1586)の補佐を命じ、尾張国大浦城(岐阜羽島市正木大浦)の加勢および同城普請について指示する。	4618
	4月11日	秀吉、池田照政(のち輝政)(1565~1613)に、疵の見舞を述べ軍勢・武具の用意を促す。	4619
	4月11日	秀吉、池田照政の臣河合英清・同尭定に、尾張国大浦城への加勢派遣を伝え、岐阜城に人質を差し出すよう命じる。	4620
	4月11日	羽柴秀吉、養徳院(信長乳母・恒興の母)へ手紙を出し、「長久手の戦い」での池田恒興・池田元助戦死の愁歎を慰労。	4621
	4月11日	秀吉、池田照政の臣土橋四郎兵衛尉に、尾張国長久手で戦死した池田恒興・元助父子への弔意を述べ、家臣団の離散防止を求める。	4622
	4月11日	秀吉、石川家清を尾張国の陣所に呼び寄せる。	4623
	4月11日	**「併一昨日九日池田隼人(恒興)森武蔵(長可)三州堺目相動、岩崎城責崩首数多討捕得大利候処、郎岡崎面へ深々と相動及一戦失勝候、定其辺雑説共可」**。 秀吉、信濃国木曾義昌(1540~1595)に返報を送り、池田恒興の三河国侵攻失敗後も、尾張国の戦況が安泰であることを伝える。	4624
	4月11日	**「書状令披見候、仍去九日参州岡崎表池田相領候処、敵夜中人数をくり候て」**。 秀吉、長船五左衛門に返書状を送る。	4625
	4月11日	**「其地被普請、堅固被相拘之由、最」**。 家康、尾張国熱田宮惣中に書状を送り、堅固に防備を整えることを賞する。	4626
	4月11日	**「禁制 曼陀羅寺 一当手軍勢甲乙」**。 家康、尾張国曼陀羅寺(愛知県江南市前飛保町寺町)に禁制を与える。	4627
	4月11日	織田信雄(1558~1630)、山口重勝・長田(永田)久琢に、羽柴秀吉が尾張国二之宮山に城普請したことにつき、その動向に注意するよう命じる。	4628
	4月11日	織田信雄、松ノ木城(岐阜県海津市海津町松木)の吉村又吉郎(氏吉)に、尾張国楽田から岐阜方面に移動した羽柴勢への対処を命じる。	4629

天正12	4月12日	秀吉軍、伊勢国峯城(三重県亀山市川崎町)を攻略。
	4月12日	「尚以昨日者乗替被申候へ共、大らの城二者牛介可被置候事」。 秀吉(1537～1598)、岐阜城留守居・羽柴秀勝に書状を送り、尾張国大浦城(岐阜県羽島市正木町大浦新田7丁目)に伊藤牛介を在番として置くこと、同城の普請を優先すべきことなどを指示する。
	4月12日	羽柴秀吉、池田照政(輝政)の臣河合定元に、尾張国大浦城に伊藤牛介を加勢として派遣することを伝え、同城の普請を命じる。
	4月12日	秀吉、一柳直末に、伊藤牛介と共に尾張国大浦城に在陣するよう命じる。
	4月12日	秀吉、池田照政の臣伊木忠次に、尾張・美濃国境域の諸城の守備などについて指示する。
	4月12日	「木造之城未相済由候、民少被相談、取出四ツ可被申付候」。 秀吉、伊勢国松ヶ島城在番中の津田四郎左衛門尉(津田盛月)・富田平右衛門尉・八重羽左衛門尉宛に書状を送り、付城を複数普請するよう命じる。 秀吉は木造氏が籠る戸木城(三重県津市戸木町)の攻略に手こずっていた。
	4月12日	「今度被属于当方幕下之段、忠信之」。 徳川家康(1543～1616)、屋代左衛門佐(屋代秀正)(1558～1623)に書状を送り、秀正の帰属を賞し、真田昌幸(1547～1611)・依田康国(1570～1590)と共に計略せしむ、尋いで、柴田康忠(1538～1593)を遣はし、屋代秀正と共に調略にあたらしむ。
	4月15日	京都で尾張国の戦況に関する雑説が流れ、動揺が広がる。
	4月15日	「払切三尺五寸月山之刀、日来其方望之由」。 家康、簗田鬼九郎に書状を送る。鬼九郎は、斯波家臣の簗田弥次右衛門という。
	4月17日	**徳川家康 (1543～1616)、深溝松平家忠 (1555～1600) ら譜代の諸将三名に、5日代わりで北外山城(愛知県小牧市北外山)を守るよう命じる。** **家康は5月中旬過ぎまで、小牧山に在陣する。**
	4月17日	九鬼嘉隆(1542～1600)の軍船が志摩国から三河国渥美郡に来襲し、放火する。九鬼嘉隆は、滝川一益の誘いによって秀吉陣営に寝返り、伊勢国の松ヶ島城(三重県松阪市松ヶ島町城之腰)の海上封鎖や三河国沿岸の襲撃、蟹江城合戦に参陣したという。
	4月17日	明知遠山利景(1540～1614)らは、森長可家臣石黒藤蔵・関左門の守る明知城(岐阜県恵那市明智町城山)をこの日襲い、城を奪還すると共に首級15を挙げた。そのうち3つを小牧の家康本陣に送り、西尾吉次と本多正信が首実検をし、論功行賞で明知の所領安堵が認められた。さらに加勢を受けて手薄な森長可領を攻撃したが、森長可家臣各務元正(1542～1600)の守る岩村城(岐阜県恵那市岩村町)への攻撃は失敗し、逆に遠山半左衛門などが討ち取られたため、それ以上の侵攻は頓挫したという。 遠山利景は、金山城主・森長可の圧迫を受け、明知城を去り徳川家康に仕えた。
	4月18日	「……仍其表之様子付、行等有度之」。(それより芝田七九郎 (柴田康忠) 殿差し遣わし候、いかようにも相談せられ、(中略)委細は大久保七郎右衛門尉(忠世)が申すべく候)。家康、屋代左衛門尉(屋代秀正)に書状を送る。
	4月19日	「去ル四日、信州之内麻続・青柳城」。 家康(1543～1616)、小笠原右近太夫(小笠原貞慶)(1546～1595)に書状を送り、3月28日そして4月4日、上杉氏と戦った貞慶の軍功を賞す。
	4月21日	徳川方の小笠原貞慶(1546～1595)、信濃麻績城(長野県東筑摩郡麻績村)を攻めるも、秀吉方の上杉家臣・島津義忠(？～1598)に撃退される。

西暦 1584

天正12	4月21日	「……真上洛之節候間、祝着無申計……由良・長尾之儀付而、中川市助（忠保）差越候キ…去九日及合戦、始池田父子、森庄三（森長可）・木下勘解由・同助左衛門、」。

<table>
<tr><td rowspan="2">天正12</td><td>4月21日</td><td>「……真上洛之節候間、祝着無申計……由良・長尾之儀付而、中川市助（忠保）差越候キ…去九日及合戦、始池田父子、森庄三（森長可）・木下勘解由・同助左衛門、」。
徳川家康（1543～1616）、下野国長沼城（栃木県真岡市長沼）の皆川山城守（皆川広照）（1548～1628）に書状と使者を送り、尾張国長久手における戦勝を伝え、秀吉との対陣が長引いているが、「討留」めて上洛するので安心するよう伝える。
そして家康は、相模の北条氏直（1562～1591）と、常陸の佐竹氏をはじめとする反北条方との対立の仲介に乗り出す意向を示す。</td><td>4645</td></tr>
<tr><td>4月22日</td><td>上野国に在陣中の北条氏直の元に、4月10日付徳川家康からの書が届く。</td><td>4646</td></tr>
</table>

	4月23日	「……此表近日任存分候、近々至長」。家康、信濃国の小笠原右近太夫（小笠原貞慶）（1546～1595）に、羽柴秀吉を討ち取る意思を伝える。	4647
	4月23日	「十日之御状、昨廿二日至于上州参着、抑於岩崎口被遂一戦、為始池田父子、森庄三、堀久太郎、三好孫七郎、一万余被討捕由、誠以日出大慶、何事歟可過之候哉、心腹更難述筆紙候、併此度之御戦功前代未聞候、先段朝弥太書状披見、則以川尻氏直申達候、猶以使可申述候、恐々謹言」。 北条氏政（1538/1539～1590）、徳川殿（家康）（1543～1616）に宛、家康の長久手での戦勝報告を受け、「目出大慶、御戦功前代未聞」とまで記した返書を送る。 北条氏直（1562～1591）、徳川家康の長久手での戦勝報告を受け、返書を送る。	4648
	4月24日	「両人かたへ之書状并口上之趣、得」。家康、土山右近大夫に書状を送り、伊勢亀山城（三重県亀山市若山町字古城）での軍功を賞す。	4649
	4月25日	家康の臣酒井忠次（1527～1596）、尾張国二宮（大縣社）の社領を安し、軍勢による乱妨・狼藉などを禁止する。	4650
	4月25日	「其方身上之儀、江州本知如前々申」。 家康、三雲新左衛門尉（三雲成持）（1540～1603）に本知知行充行状を送る。 三雲成持は、この頃に織田信雄に仕え、旧領復帰の約束を受けて、小牧・長久手の戦いでは信雄方として参戦、兵約700人を率いて伊勢松ヶ島城に滝川雄利（1543～1610）らと共に籠城した。家康はその軍功を認めた。しかしその後、信雄と羽柴秀吉が和睦した為に旧領復帰は果たせず、和睦後は織田氏を離れ、蒲生氏郷に4千石で仕えた。後、蒲生氏が没落すると徳川氏に仕え、子の成長は文禄2年（1593）に徳川家康に召し出されており、その後は関ケ原の合戦等での功によって近江甲賀郡のうち千石を加増されるなど旧領復帰を果たしたという。	4651
	4月26日	「筑前うるまへ罷越ニ付而、重而子」。 家康、信雄家臣の尾張国竹ケ鼻城の不破源六（不破広綱）（？～1600）に、羽柴秀吉の美濃国鵜沼陣替を報じたことへの礼を述べる。	4652
	4月26日	「ほんりやうの事　一山しろのくに」。家康、山口とうさゑもんのせうに、知行充行。 山口藤左衛門尉は、山口光広（1563～1647）か。 山口光広は、家康が本能寺の変に遭難した際、家康と同行していた長谷川秀一の仲介によって家康に協力し、養父長政（秀景）（？～1583）や実父多羅尾光俊（1514～160）に要請して宇治田原・信楽を無事に通過させ、また伊賀越えに際しても実兄山口光雅（1555～1636）と共に甲賀衆を率いて警固し、伊勢白子まで同道した。徳川家に通じていることを羽柴秀吉に嫌われて養父の遺領を没収されたが、家康からは信楽に600石の朱印状を与えられた。小牧・長久手の戦いでは、兄光雅らと共に徳川軍に加わり軍功で山城国に所領を与えられた。	4653
	4月26日	織田信雄配下の軍勢、尾張国内の羽柴秀吉方陣所を夜討する。	4654

天正12	4月27日	「……**仍今度合戦様子先度委細申候**」。家康、屋代左衛門尉に書状を送る。信濃国の屋代秀正は、尾張長久手に在陣中の徳川家康を存問した。是日、家康は之に答へ、尾張国における戦勝への見通しを述べ、併せて油断なきよう警戒するよう伝える。
	4月29日	羽柴秀吉(1537~1598)は、長久手の戦いで思わぬ敗戦を喫し、矛先を織田信雄居城の長島城攻撃に向けようとして、犬山の戦線を離脱して大浦城(岐阜県羽島市正木町大浦新田)に入り、2日間にわたって作戦を練る。
	4月29日	深溝松平家忠、尾張国外山砦の守備に赴く。
	4月30日	「……**仍爰元弥任存分候、可御心易**」。 家康(1543~1616)、板坂法印(板坂宗商)に薬の礼を述べ、尾張国における戦況を伝える。板坂は、足利義輝の侍医、武田氏の侍医を務め、武田氏滅亡の後、父子ともに加藤清正に仕えた。子の板坂宗高(卜斎)(1578~1655)は、まもなく辞して徳川家康に仕え、『板坂卜斎覚書』・『慶長年中卜斎記』などを著した。
	4月30日	家康重臣本多正信(1538~1616)、徳川家康と長宗我部元親の交渉の仲立ちをしていた香宗我部親泰(1543~1593)へ、好を通ず。そして、尾張国における戦勝への見通しを述べる。
	4月下旬	この頃、慶宝比丘尼、羽柴長秀(秀長)の陣に講和を斡施し、岡本宗憲(重政、良勝)(1544~1600)が、伊勢松ヶ島城(三重県松阪市松ヶ島町)を受取る。 慶宝尼は、伊勢松ヶ島城籠城の織田信雄方の滝川雄利(1543~1610)が、亡夫の旧主だったことから再三秀吉に訴え、包囲を解かせたという。雄利は津川義冬の居城であった松ヶ島城に日置大膳亮と共に入れられ、徳川家康の送った服部正成の援軍を得て、羽柴秀長の包囲に対し40日にわたって篭城していたという。
	4月—	家康、尾張国の鋳物師頭水野太郎左衛門に、鉄屋大工職および家屋敷を安堵する。
	4月—	この月、徳川方・小笠原貞慶から千見城(長野県大町市美麻)を奪還した上杉景勝(1556~1623)は、須田信正(?~1585)に千見城番を命じた。
	5月1日	「**秀吉、尾張国小牧撤退、美濃国に陣を移す**」。羽柴秀吉、犬山で織田・徳川軍に対峙していた10万の全軍に羽島方面への反転を命じる。秀吉が小牧原(楽田)から美濃国へ移動。堀秀政(1553~1590)、楽田に留まり、加藤光泰(1537~1593)は犬山城を、山内一豊(1545~1605)は羽黒を守る。その退陣振りが見事なのを望見して、家康は追撃しなかったという。秀吉は、今後を見据え、伊勢進出を計画した。
	5月1日	「**秀吉、比叡山再興を許す**」。「山門の儀は他に異なり、王城の鬼門として天下の安全を守る霊地と云々。秀吉都鄙静謐国家鎮護を思うに依て、旧廃を起さんと欲する者なり」。 小牧・長久手の戦いで出軍している羽柴秀吉、犬山城において、正覚院豪盛(1526~1610)と徳雲軒(施薬院)全宗(1526~1599)に、山門再興判物を発し、造営費用として青銅1万貫を寄進。羽柴秀吉、奏聞を経て、諸国勧進を条件に、比叡山延暦寺の根本中堂・戒壇院の再興を許可する。これより先、2月11日、豪盛が延暦寺復興のため西国に勧進に赴くにあたり、その活動を認める綸旨と令旨を賜るよう施薬院全宗が鳥居小路大蔵卿に請うていた。
	5月2日	秀吉、尾張国犬山・楽田などの占領地支配について指示する。
	5月2日	「**今度凶徒等悉可令対治之処、路次**」。(今度の凶徒等を悉く退治せしむ可きところ、(中略)その表いよいよ油断有る可からず事肝要に候)。 家康、屋代左衛門尉(屋代秀正)に書状を送り、秀吉軍を退治したと記し、上杉景勝軍が更級郡に深く侵攻してきたため、その対応を依頼する。

西暦 1584

天正12	5月3日	織田信雄(1558〜1630)、小牧山(愛知県小牧市)から長島城(三重県桑名市長島町西外面)に帰城する。	4667
	5月3日	織田信雄、香宗我部親泰へ、羽柴秀吉と尾張国犬山において対陣し、美濃国においては、池田恒興父子・森長可らを討ち取った旨を通知すると共に、長宗我部氏の畿内出陣を求める。	4668
	5月3日	「禁制 一身田 無量寿寺 一当手」。 徳川家康、一身田無量寿寺(三重県津市)に禁制を下す。	4669
	5月3日	「……依此度従信雄被成御書付面、」。家康、越知(越智)修理進に書状を送る。 かつて奈良県にあった新庄町(現在は葛城市)史に掲載。	4670
	5月3日	「就当表出馬之儀、一章令披閲候、」。家康(1543〜1616)、本多忠勝をして丹波国の大槻久太郎に書状を送り、尾張国における戦勝と油断なく堅固に城を守備するよう指示、そして、上洛の意思を伝える。	4671
	5月3日	羽柴秀吉(1537〜1598)、進軍し尾張国の加賀野井城(岐阜県羽島市下中町)・奥城(愛知県一宮市奥町字下口西)・竹ヶ鼻城(岐阜県羽島市竹鼻町)を包囲。	4672
	5月4日	羽柴秀吉、加賀野井城を攻略する。	4673
	5月5日	秀吉、中国在陣の木下重堅(?〜1600)に尾張国加賀野井城攻撃の様子を伝える。	4674
	5月5日	秀吉、弟同長秀(長秀)(1540〜1591)に、尾張国加賀野井城包囲の様子を伝え、長秀にも同地に来るよう指示する。	4675
	5月5日	織田信雄、尾張国竹ケ鼻城の不破広綱に、同城周辺の戦況を報告したことを賞し、徳川家康と救援に向かう意思を伝える。	4676
	5月5日	織田信雄、松ノ木城(岐阜県海津市海津町松木)の吉村又吉郎(氏吉)に、同城の外構を放棄して本城のみ守備するよう命じる。	4677
	5月5日	「於今度勢州生津・村松、敵数多打」。 徳川家康、小浜民部左衛門尉(景隆)・間宮造酒丞(信高)宛に書状を送り、小牧・長久手の戦いの際、伊勢国の生津(多気郡明和町大淀の海岸部)、村松(伊勢市(の海岸部)村松町)で行われた戦いで敵を多く討ち取った軍功を賞し、一層の忠勤を励むことを命じる。小浜景隆は、小牧・長久手の戦いでは、徳川方の水軍の中核として伊勢から尾張にかけて転戦し、羽柴方の水軍と戦っている。	4678
	5月5日	「……此表敵敗北候、構切所、築土」。家康、信雄に仕える藤方刑部少輔(藤方朝成)(1530〜1597)に伊勢国における戦功を賞し、尾張国の戦況を伝える。	4679
	5月6日	羽柴秀吉、加賀野井城を攻め落とし、ついで竹ケ鼻城への攻撃を開始する。	4680
	5月7日	「昨日六日之書状具披見候、加賀野井後詰之儀、其元案内者を小牧へ折々」。 織田信雄(1558〜1630)、尾張国竹ケ鼻城の不破広綱に、同国加賀野井城落城につき、竹ケ鼻城が包囲された際には救援に向かう意思を伝える。	4681
	5月7日	織田信雄、松ノ木城の吉村又吉郎(氏吉)に鉄炮の玉薬を送り、寺西忠左衛門尉らを加勢に遣わすことを伝える。	4682
	5月7日	信雄の臣織田信純(信張)(1527〜1594)、香宗我部親泰へ、長宗我部元親「誓詞」を小牧在陣の織田信雄・徳川家康へ進上したこと、4月9日に羽柴秀吉軍の池田恒興・元助父子・森長可ら「随一之者共」を討ち捕らえたことを通知。速やかに摂州・播州を制圧することを依頼。	4683
	5月9日	秀吉、毛利輝元に、尾張国加賀野井(加賀井)・奥両城を攻略したこと、同国竹ケ鼻城を包囲する予定であることを伝える。	4684

天正12	5月9日	「……仍於其表可有馳走之由候、誠」。 家康、「石右」に書状を送る。
	5月9日	織田信雄(1558〜1630)、紀州の保田(佐久間)安政(1555〜1627)に、尾張国における戦況を伝え加勢を求める。
	5月11日	羽柴秀吉が竹ヶ鼻城攻略のため、水攻めの堤防構築を始める。
	5月12日	秀吉(1537〜1598)、秀吉猶子・宇喜多秀家(1572〜1655)に尾張国竹ヶ鼻城包囲の様子を伝える。宇喜多秀家は、小牧・長久手の戦いでは大坂城を守備し、雑賀衆の侵攻を撃退した。
	5月12日	織田信雄、松ノ木城(岐阜県海津市海津町松木)の吉村又吉郎(氏吉)に、竹ヶ鼻城(岐阜県羽島市竹鼻町)の戦況報告を聞き届けたことを伝える。
	5月13日	織田信雄、松ノ木城の吉村又吉郎に、同城が敵の攻撃を受けるまでは加勢を送らないことを伝える。
	5月13日	上杉景勝(1556〜1623)、海津城将・山浦景国(村上国清)(1546〜1603?)を謀反の嫌疑により越後に召還し、上条宜順(政繁)(1553?〜?)を同城将とする。 副将の屋代秀正(1558〜1623)が4月、家康に内通したためである。
	5月14日	「……仍其方自前々被相拘本領之儀」。 家康(1543〜1616)、蘆田弥平兵衛尉(赤井時直)に書状を送る。家康は、荻野悪右衛門直正の末弟 赤井(芦田)弥平次時直に旧来の知行を安堵する。
	5月15日	秀吉、伊藤祐時・山内一豊に、尾張国竹ヶ鼻城攻めにおける付城の普請について伝える。
	5月16日	家康の臣本多忠勝(1548〜1610)、丹波国の蘆田時直(赤井時直)に、尾張国境周辺における戦況を報告し、油断なく堅固に城を守備するよう指示している。特に、知行は貴方の望み次第であり、その他の国衆には国替えをすると伝える。
	5月18日	「信雄江御注進状、即此方へ御越候委細遂披見候、仍去十四夜松ヶ嶋へ被取懸、宿城悉放火其上被及合戦、」。 家康(1543〜1616)、木作左衛門佐(木造具政)・戸木入道に書状を送り、主君信雄に討たれた信雄家老の津川義冬の家臣団が松ヶ島城(三重県松阪市松ヶ島町城之腰)に籠城した際には、これを攻めての軍功を賞す。 木造具政(1530〜?)は、織田信雄の家老で、戸木城(三重県津市戸木町)の城主。
	5月19日	秀吉、朱印状をもって塩田長左衛門尉に干の礼を述べ、尾張国における自軍の優勢を伝える。
	5月19日	秀吉、山城国松尾社の神主中に、祈祷巻数などの礼を述べ、尾張国での戦勝への見通しを述べる。
	5月19日	「……差儀者有間敷事候、相替儀候」。 家康、信雄に仕える尾張国赤目城(愛知県愛西市赤目町杉土居)の横井伊折助(時泰)に、同城周辺の戦況報告を聞き届けたことを伝える。
	5月19日	「……然者景勝引出付被及一戦、敵」。 (わざわざ使者を差し越され、ことに太刀一腰、馬一疋、祝着の至りに候、……然らば景勝を引き出すに付き、一戦に及び、敵百余りを討ちとらえの由、比類なき事に候)。 家康、信濃国の屋代秀正に、贈物の謝意をあらわすと共に上杉景勝との合戦における戦功などを賞し、尾張国における自軍の優勢を伝える。

西暦1584

天正12	5月19日	「**屋代左衛門・室賀兵部大輔・塩崎六郎次郎**」。 家康(1543〜1616)、大久保七郎左衛門尉(大久保忠世)(1532〜1594)に書状を送り、三人の所領は、一任するからと特に命じる。さらに上杉景勝領との境の地には、屋代秀正と室賀の両人が守備するよう申し送る。屋代左衛門(屋代秀正)・室賀兵部大輔(室賀正武)であろう。	4700
	5月21日	織田信雄(1558〜1630)、信雄に同心した美濃今尾城(岐阜県海津市平田町今尾)の高木貞利(1551〜1603)・高木貞友(1564〜1659)ら一族へ、合わせて1万貫を知行充行。	4701
	5月23日	深溝松平家忠、尾張国岩倉(愛知県岩倉市)へ出かける。	4702
	5月24日	「……**然者後詰之儀聊無由断候、関**」。 家康、尾張国竹ケ鼻城の不破源六(広綱)(?〜1600)に、後詰の出兵を約束し、あわせて関東から援軍が到来する見通しを伝える。	4703
	5月25日	「**城中之儀内々無心本之処、書状・**」。 家康、尾張国竹ケ鼻城の不破源六(広綱)親類衆に、後詰の出兵を約束し、北条氏の援軍が到来するまで持ち堪えるよう求める。	4704
	5月25日	「……**此表之儀、逐日任存意候間、**」。家康、信濃国の屋代左衛門尉(屋代秀正)に、尾張国における自軍の優勢を伝え、さらなる尽力を求める。	4705
	5月25日	深溝松平家忠(1555〜1600)、小牧城(愛知県小牧市堀の内一丁目)へ出仕する。	4706
	5月29日	秀吉(1537〜1598)、伊勢国田丸城(三重県度会郡玉城町田丸)の田丸直息(のちの直昌)に、尾張国竹ケ鼻城攻めの戦況を報じ、同城落城後速やかに伊勢国へ陣替する意思を伝える。田丸直昌は織田信雄に属したが、信雄と羽柴秀吉が対立し始めると秀吉に近付いた。	4707
	6月1日	深溝松平家忠、小牧城へ出仕する。	4708
	6月2日	「**其国御本領事、聊不可有相違者、**」。家康、斎藤次郎右衛門に判物発給。天正11年(1583)佐々成政と神保氏張の軍勢によって城生城(富山県富山市八尾町城生)は攻められ落城、城主斎藤信利は、姉小路頼綱を頼って飛騨へ逃れたという。	4709
	6月3日	織田信雄、尾張国竹ケ鼻城の不破広綱に、同城を羽柴方に渡し長島城に来るよう命じる。	4710
	6月4日	羽柴秀吉、常陸の佐竹義重(1547〜1612)に書を送り、尾張・伊勢・伊賀三国における戦況を伝え、上杉景勝・木曾義昌等の秀吉と入魂なるに依り、安んじて北条氏直(北条家第5代当主)(1562〜1591)を攻略すべき旨を報ず。	4711
	6月7日	羽柴秀吉、前田利家へ、美濃国竹ヶ鼻城の水攻めの状況を報告。竹ケ鼻城の不破源六広綱を助命し、十日に退城させることを伝える。	4712
	6月7日	これより先、三河国本證寺内の九郎左衛門の悪行が発覚する	4713
	6月8日	秀吉、尾張国竹ケ鼻城攻撃を終え、美濃国墨俣(岐阜県大垣市墨俣町墨俣)で茶会を行う。	4714
	6月10日	「**水攻めにより竹ヶ鼻城開城**」。 織田信雄の属城・竹ヶ鼻城(岐阜県羽島市竹鼻町)が1ヶ月の籠城の末、羽柴秀吉方・伊木忠次(池田家老臣)(?〜1603)らに開城される。 城主・不破源六広綱(?〜1600)、伊勢長島に去る。	4715
	6月11日	羽柴秀吉、美濃多芸に軍を進め、直江の砦(岐阜県大垣市直江町)を築き、丸毛三郎兵衛兼利(?〜1647)に守らし、兵を率いて大垣に還る。	4716
	6月11日	秀吉に従軍中の小早川秀包(1567〜1601)、伊勢神宮御師村山大夫に、尾張での戦闘を終え、美濃国大垣城(岐阜県大垣市郭町)に入城することを伝える。	4717

天正12	6月11日	羽柴秀吉(1537〜1598)が上杉景勝(1556〜1623)に対し、人質を要求する。
		景勝は、当時景勝に実子がいなかったため、卜条宣順(政繁)(1553?〜?)の孫の義真(または景広)(義春の子)(1579?〜1674)を、養子として人質に送る事とする。
		この日、景勝、宣順に、軍役等諸役を免除。
	6月12日	**徳川家康(1543〜1616)、小牧より清須に入る。** 小牧城に酒井忠次(1527〜1596)を移す。
	6月12日	「……将亦玉薬之事、遣之候、無油」。織田信雄・徳川家康、松ノ木城の吉村又吉郎(氏吉)らに、同城に迫った羽柴方に大した動きはないとの見通しを述べる。
	6月13日	羽柴秀吉、軍勢を尾張国に留め、岐阜城(岐阜市金華山天守閣)に入る。
	6月13日	蒲生賦秀(氏郷)(1556〜1595)、伊勢松ヶ島12万石へ転封。
		氏郷、近江国日野城(滋賀県蒲生郡日野町)から松ヶ島城(三重県松阪市松ヶ島町)へ入城。
	6月13日	「去十日至長嶋参着之由、一章令披」。
		家康、竹ケ鼻城を退城し、10日長島城に移った不破源六(広綱)を慰める。
	6月13日	「其表へ敵相動之由候之間、昨日至」。家康、松ノ木城の吉村又吉郎(氏吉)に、自身が清須城に入城したことを伝えると共に、吉村又吉郎の戦功を賞する。
	6月13日	「……敵之様躰具注進、得其意候、」。家康、松ノ木城の吉村又吉郎に、羽柴勢の動向を伝えてきたことに対し礼を述べる。
	6月13日	「其方本領、如前々申付候処、永不」。家康、小里助右衛門尉に判物発給。
		小里光直は長久手の戦いにて負傷し死去。父親の小里光明(1536〜1601)はその労いにより、徳川家康から相模国に300石を賜ったという。
	6月15日	秀吉、羽柴秀勝(信長の五男)(1569〜1586)らに尾張国楽田城(愛知県犬山市楽田)への加勢を命じると共に、六月二十日より十日分の兵糧を支給する。
	6月16日	**「蟹江城の戦い6月16日〜7月3日」、はじまる。** 秀吉の命で出陣した滝川一益(1525〜1586)、清須と長島を結ぶ要衝の尾張蟹江城(愛知県海部郡蟹江町)の留守将・前田与十郎種定(?〜1584)を寝返らせて、蟹江城を攻略、味方とし、自分も九鬼嘉隆(1542〜1600)と共に、蟹江城の守備に加わる。同時に種定の弟・前田長俊の守る下市場城(愛知県海部郡蟹江町蟹江新田下市場)及び、長男前田長種(1550〜1631)の守る前田城(名古屋市中川区前田西)も秀吉陣営となったが、大野城(愛知県常滑市金山)の山口重政(1564〜1635)は、母親を人質に取られているにも関わらず調略に応じなかった為、滝川・九鬼勢は城攻めを行い、陥落寸前まで追い込んだ。
	6月16日	**「蟹江城の戦い」。蟹江城落城の報せを聞いた徳川家康・織田信雄は大軍を率いて蟹江城に急行、入城中の滝川一益軍を攻める。** 大野城(愛知県常滑市金山)で戦いで陸路を断たれた滝川勢は、海上経由で蟹江城に、九鬼勢は下市場城(愛知県海部郡蟹江町)に、それぞれ逃れ籠城。家康(1543〜1616)は大野城に入城した。
	6月16日	「……敵之様子承令祝著候、早々被」。家康、尾張国赤目城の横井伊折助(時泰)に、敵方の動向を伝えたことに礼を述べる。
	6月16日	秀吉、宮木らに尾張国竹ケ鼻城を落城させ、美濃国駒野などに陣城の築城を命じ、やがて帰陣することを伝える。
		宮木は、秀吉に仕える譜代の家臣の宮城豊盛(1555〜1620)か。
	6月17日	秀吉、木曾義昌(1540〜1595)に、尾張国竹ケ鼻城を落城させ、同国蟹江城(愛知県海部郡蟹江町)などを調略し滝川一益が占拠したことを伝える。
	6月17日	**家康、尾張国前田城(名古屋市中川区前田西町)を攻撃すべく、酒井忠利(1559〜1627)をして攻撃の地点を調査させる。**

西暦**1584**

天正12	6月18日	「……**仍此表之儀、外構迄悉令放火**」。家康、松ノ木城の吉村又吉郎(氏吉)に、尾張国蟹江城の落城が間近であることを伝える。	4734
	6月18日	「**蟹江城の戦い—6月16日〜7月3日**」。夜、家康・信雄の大軍、蟹江城(愛知県海部郡蟹江町城一丁目)を攻めて破る。一益の馬標を取り、一益は逃れて蟹江城に入る。	4735
	6月19日	「**蟹江城の戦い**」。舟入の戦いにおいて九鬼嘉隆が敗北し、織田・徳川陣営による**海上封鎖が完成する**。	4736
	6月19日	「**蟹江城の戦い**」。徳川家康・織田信雄、尾張国下市場城を攻め落とした後、同国**蟹江城の攻撃を開始する。前田長俊が討ち取られる**。織田長益(後の有楽斎)(1547〜1622)も信雄に属して戦う。	4737
	6月19日	「**敵□□□□□付面、早々書状令為悦**」。家康、松ノ木城の吉村又吉郎(氏吉)に、敵を残らず討ち取ったことを伝える。	4738
	6月19日	織田信雄(1558〜1630)、徳川家康の臣井伊直政(1561〜1602)の戦功を賞する。	4739
	6月20日	**家康、尾張国蟹江城攻撃で得た首を小牧城(愛知県小牧市堀の内1丁目)に送る**。同日、深溝松平家忠(1555〜1600)ら同国青塚砦(愛知県犬山市青塚)を攻撃する。	4740
	6月20日	「**敵方模様、被入精御注進令祝著候**」。家康、松ノ木城の吉村又吉郎に、敵方の動向を伝えたことに礼を述べ、戦況が変わったなら連絡するよう求める。	4741
	6月20日	「**敵方様子被入精御注進本望候、異**」。家康、赤目城(愛知県愛西市赤目町)の横井伊折助(時泰)に、敵方の動向を伝えたことに礼を述べる。	4742
	6月21日	秀吉(1537〜1598)、大垣より近江国佐和山城(滋賀県彦根市佐和山町)に入る。	4743
	6月21日	秀吉より美濃国八神城(岐阜県羽島市桑原町八神)主・毛利広盛(掃部)(1533〜1616)へ、忠節により新知及び本知都合2660貫文を知行充行とされ、同日、広盛へ知行方目録が下された。尾張国石田・東方などの所領を安し、同国奥村城屋敷・加賀野井などの地を加増する。	4744
	6月21日	「……**此表之儀、今明日之内敵可為**」。家康(1543〜1616)、織田信雄の臣・祖父江五郎右衛門尉(祖父江秀重)に、尾張国蟹江城の落城が近いことを伝える。	4745
	6月22日	「……**此表之儀、今明之内凶徒落城**」。家康、松ノ木城の吉村又吉郎(氏吉)に、尾張国蟹江城の落城が近いことを伝える。	4746
	6月22日	「**書状披見、仍敵之様子注進得其意候、此表蟹江之儀、今明之内、可令落城候、可御心安候、尚期後音候、恐々謹言**」。徳川家康(1543〜1616)、織田信雄与力の美濃国駒野城(岐阜県海津市南濃町駒野)の高木権右衛門尉(高木貞利)(1551〜1603)・同名衆中へ、羽柴秀吉軍の動向注進を賞し、間もなく蟹江城が陥落する旨を通知する。	4747
	6月22日	「**蟹江城の戦い—6月16日〜7月3日**」。徳川家臣深溝松平家忠(1555〜1600)、織田信雄と同じく兵を発して蟹江城を囲み、諸将の攻め口を定められ、家忠は酒井忠次(1527〜1596)、丹羽氏次(1550〜1601)らと共に、大手の海門寺口に屯する。城中不意に打ち出て戦いを挑んでくるには、寄手は備えを乱さずに勇戦したところ、城兵は大いに敗走するので、忠次・家忠は諸卒を励まして、急に城中に攻め入り、黄昏におよんで忠次の兵が戦いに疲れたので、榊原康政(1548〜1606)がこれに代わり、松平家忠の兵と共に二の丸・三の丸を攻め破り、滝川一益を本丸に取り込めらる。	4748
	6月23日	「**蟹江城の戦い—6月16日〜7月3日**」。**家康・信雄軍、前田城(名古屋市中川区前田西町)を攻略**。本拠の下之一色城(名古屋市中川区下之一色町中ノ切)にいた前田長種(1550〜1631)は降伏、北陸の縁戚・前田利家(1539〜1599)の許に身を寄せることになる。	4749
	6月23日	**家康、尾張国前田城を受け取る**。	4750

天正12	6月23日	**「敵方模様入念被聞届、以条目御注」**。 家康、尾張国赤目城の横井伊折助(時泰)に、敵方の動向を伝えたことに礼を述べる。
	6月25日	木曾義昌(1540〜1595)、秀吉に、徳川方小笠原貞慶の木曽鳥居峠侵攻を報じ援軍を請う。この日、秀吉(1537〜1598)、美濃兼山城(岐阜県可児市兼山)主・森長重(のちの忠政)(1570〜1634)の派遣を約する。そして、来月十五日に諸国の軍勢を集結し、尾張国に攻め込むことを伝える。
	6月27日	羽柴秀吉、近江国坂本に到着。
	6月28日	スペイン商船が平戸に来航。生糸、絹織物を持ち込む。
	6月28日	**羽柴秀吉、大坂城に帰還。尾張国小牧方面への再出陣が日程にのぼる。**
	6月28日	徳川方の小牧衆、尾張国楽田近辺で、同国小口城(愛知県丹羽郡大口町小口)在番の羽柴方と戦闘する。
	6月29日	**「蟹江城の戦い—6月16日〜7月3日」**。滝川一益は、寄せ手の猛攻を受けて織田長益(後の有楽斎)(1547〜1622)らの仲介で降伏を願い出、和平交渉が開始される。
	6月一	**徳川家康(1543〜1616)、室賀正武(？〜1584)に書状を送り、真田昌幸討滅を命じる。** 室賀正武は、真田氏の麾下に入った事は不本意であったとされ、この年、家臣の鳥井彦右衛門尉を家康の元へ使いに出すと、家康より昌幸を謀殺すべしとの指示を受けたという。
	7月一	これより先、真田氏は、小県郡の覇権を巡り笹洞城(長野県上田市上室賀)の室賀氏と対立する。この月、真田信幸(後の信之)(1566〜1658)は、父昌幸(1547〜1611)と共謀して、和睦に持ち込んだ室賀氏当主・室賀正武(室賀義澄、室賀兵部少輔)(？〜1584)を、上田城で謀殺する。真田氏は小県郡を統一、支配下に治めた。
	7月1日	**「……抑今度為凶徒追討、至尾州出」**。 家康、高野山清浄心院に、尾張国での戦勝を伝え、協力を依頼する。
	7月1日	「蟹江城の戦い—6月16日〜7月3日」。滝川一益、織田信雄(1558〜1630)に誓書を書く。
	7月3日	**秀吉(1537〜1598)、木曾義昌(1540〜1595)に、七月十五日に西国・北国の軍勢を率いて尾張国から三河・遠江両国まで出陣することを伝える。**
	7月3日	「蟹江城の戦い—6月16日〜7月3日」、終結。尾張蟹江城の滝川一益(1525〜1586)、織田信雄を裏切った前田与十郎種定の首を差し出し、信雄・家康に降る。
	7月5日	**徳川家康、桑名に至る。**
	7月-	羽柴秀吉、脇坂安治・山岡景隆に、滝川一益の尾張蟹江退城につき伊勢へ出陣することを伝える。
	7月-	この頃、水野六左衛門勝成(1564〜1651)は陣中で、父忠重の部下を自らの不行状を報告したとして斬り殺したことから、忠重(家康の叔父)(1541〜1600)は激怒し、勝成を、奉公構(事実上の他家への仕官禁止)としたという。
	7月6日	秀吉、弟羽柴長秀(秀長)(1540〜1591)に、七月十五日の尾張国への軍事行動を八月に延期することを伝える。
	7月6日	滝川一益、伊勢に退く。
	7月8日	秀吉、常陸の東義久(佐竹義久)(1554〜1601)・武蔵の梶原政景(1548〜1615？)に、八月に北国・西国の軍勢を率いて、三河・遠江両国まで攻撃する予定であることを伝える。
	7月9日	**羽柴秀吉、大坂を発す。** 秀吉、尾張国に出陣するために、近江国坂本に向かう。

_{西暦}**1584**

天正12	7月10日	「……南辺深々令放火、浜田普請申」。 織田信雄・徳川家康、松ノ木城の吉村又吉郎(氏吉)に、伊勢国浜田城(三重県四日市市鵜の森一丁目)の普請を命じたこと、普請が完成次第長島へ帰城する旨を報じる。	4771
	7月11日	上杉景勝(1556~1623)、羽柴秀吉の命で人質として上条宜順(政繁)の孫を送る。 この日、木村清久(？~1615)・石田三成(1560~1600)・増田長盛(1545~1615)が、秀吉に代わって直江兼続(1560~1619)に答謝。	4772
	7月12日	羽柴秀吉、滝川一益に隠居料として3千石、家督を継がせた次男・滝川一時(1568~1603)に、1万2千石の地を与える。これは、起用される際の約束であった。 一益は、降伏について秀吉の叱責を受け出家し「入庵」と号し、越前国大野へ蟄居することになる。嫡男・一忠(1553~1615)は、責任を負わされ追放、羽柴秀長に身柄を預けられた。	4773
	7月12日	「至其城糧米可相籠之由存之処、打」。 家康(1543~1616)、松ヶ島城(三重県松阪市松ヶ島町城之腰)蒲生賦秀(氏郷)の攻めに、戸木城(三重県津市戸木町)に籠城する木作左衛門佐(木造長政)、戸木入道宛に書状を送り、戸木城へ兵糧米を搬入しようとしたが、長引く強風のため輸送ができないことを伝える。また、戸木城においては堅固に籠城を継続することを指示する。	4774
	7月13日	羽柴秀吉、大坂より近江に入る。	4775
	7月13日	**徳川家康、伊勢国より清須城**(愛知県清須市一場)**に帰る。**	4776
	7月14日	秀吉、津田小八郎(右京、大炊)に朱印状を送り、浜田砦を敵が攻略したことを了承。敵にとっては萱生砦へのつなぎの城になるだろうという。秀吉は明日美濃へ行くので一柳直末・小野木重次は美濃へ来るよう指示。	4777
	7月14日	「為音信湯帷五到来、令祝著候、仍」。 家康、平岩七之助(平岩親吉)(1542~1612)に書状を送り、贈物到来を謝し、以前に伊勢方面へ出馬し、所々に砦を申し付けて13日に清州へ帰った旨を報じる。	4778
	7月14日	「木造左衛門佐陣所之儀、其方次第」。 家康、苅屋喜左衛門尉に書状を送り、木造長政と共に、松ヶ島城を攻めるよう伝える。	4779
	7月15日	深溝松平家忠、尾張国田楽・岩倉の寺社に参詣する。 小牧城の徳川方の兵、羽柴方の物見兵と戦う。	4780
	7月16日	「甲・駿路次往還為警固、渡辺囚獄」。 家康、九一色衆の渡辺囚獄佑・渡辺次郎右衛門他15名に朱印状発給。	4782
	7月17日	深溝松平家忠(1555~1600)、清須城へ出仕し、軍勢の半分を三河国深溝に帰す。	4783
	7月18日	羽柴秀吉、美濃国岐阜城に入城。	4784
	7月18日	「追々注進、羽柴岐阜迄引出候由、」。 織田信雄・徳川家康、松ノ木城の吉村又吉郎(氏吉)に、羽柴秀吉が岐阜まで着陣したとの報告に答え、秀吉が美祢に到着し、吉村氏吉に対して「調略」がある旨、方々から信雄の元へ言ってくる向きがあるので昼夜ともに「番」について油断しないように命じる。	4785
	7月26日	「御備之様子朝暮無心元存候」。 伊豆国の北条氏規(1545~1600)、酒左御陣所(酒井左衛門尉忠次)(1527~1596)に書状を送り、羽柴秀吉の尾張国再出陣の実否を尋ねる。	4786

天正12	7月28日	秀吉、小島民部少輔（織田信孝の異父兄）・蒲生賦秀（氏郷）宛に書状を送る。信雄方戸木城（三重県津市戸木町）からの詫び言の件について許す場合は、人質として木造具康の実子を秀吉方へ出すことなどのほか「城」は破却することという講和条件の提示について指示。講和条件について木造氏が承諾しないのなら再び戸木城を包囲して砦を10くらい申し付け城兵を一人も逃さないようするよう指示。
	7月29日	羽柴秀吉（1537~1598）、岐阜から大坂に帰還。この後いろいろな動きがあるが大きな合戦はなく、決着がつかなかった。そこで**秀吉は信雄に的をしぼり信雄の領地に軍を進めて圧力をかけ、信雄に講和を決意させる方針をとる。**
	7月30日	秀吉、本願寺の坊官下間頼廉（1537~1626）に、昨日29日大坂へ帰った旨を報じ、大坂帰城への見舞いに礼を述べ、来月十五日に三河・遠江両国に向けて出陣することを伝える。
	7月—	徳川氏配下の従属国衆の保科正直（1542~1601）、家康の異父妹・多劫姫（久松俊勝の娘）（1553~1618）を娶り、徳川氏と縁戚となる。 多劫姫は、母は於大の方で、桜井松平忠正の室、のち松平忠吉の室であったが、信濃国高遠城主、保科正直に再々嫁した。
	8月2日	羽柴秀吉、摂津国有馬に湯治。虫気治癒のためという。
	8月2日	徳川方・小笠原貞慶の軍、更級郡に進攻を計り、上杉軍が撃退する。 この日景勝、信濃国長沼城（長野市穂保）に出陣する。
	8月3日	松平家忠（1555~1600）、叔父の同親規定室病気見舞のため三河国深溝へ帰る。
	8月3日	上杉景勝（1556~1623）、小田切左馬助の、小笠原貞慶の兵を更級郡稲荷山口・青木島（長野市）に迎撃して破るを賞す。 7月、小笠原貞慶は猿ヶ馬場峠を越え稲荷山城（長野県佐久市臼田）を急襲し落城させて青木島まで進出するが、小田切左馬助の迎撃により撤退したという。
	8月4日	大石芳綱が上方より戻り、羽柴秀吉との盟約が固まったことを上杉景勝に伝える。 大石芳綱（？~？）は、関東管領上杉憲政傘下の武蔵国人衆。憲政が北条氏康に追われて越後に逃げた際に同伴、そのまま上杉謙信・景勝の家臣となった。御館の乱の際には景勝側につき、天正9年には越中魚津城・松倉城の監視役を務めた。
	8月5日	「今度小笠原右近大夫至木曽谷中被」。 家康（1543~1616）、保科越前守（正直）に書状を送り、小笠原右近大夫貞慶の木曽谷占拠を報じ、家康代官菅沼定利の指揮に従って、秀吉方となった木曾義昌を撃つよう伝える。
	8月5日	徳川方小笠原貞慶（1546~1595）、木曽に攻め入り、秀吉方木曾義昌（1540~1595）を攻め、福島館（長野県木曽郡木曽町福島）を占拠する。**この日家康は、菅沼定利（？~1602）・保科正直（1542~1601）・諏訪頼忠（1536~1606）らに命じ、義昌が山村良勝（1563~1634）に守らせる木曽妻籠城（木曽郡南木曽町吾妻）を攻めさせる。 木曾義昌・山村良勝は、9月にかけて徳川方を退けたとされる。**
	8月8日	「**大坂城第一期工事竣工**」。 秀吉（1537~1598）、本丸御殿が竣工した大坂城に正式に移徙。
	8月8日	「**……仍讃州表敵拘之城何も被責詰**」。 徳川家康、讃岐国を攻略した香宗我部左近大夫（香宗我部親泰）（1543~1593）へ、淡路国への進出を奨励し、秋には徳川軍も（京都を目指して）動動する予定を通知し、詳細は本多正信（1538~1616）に伝達させる。

西暦**1584**

天正12	8月9日	「御報示預候 委細披見恐悦至存候 仍其表御様子、十河之城取巻、前夜義堅（十河存保）懸落、残党之備正体無由候」。本多正信、阿波国十河城を攻略し淡路国へ進出を目論む香宗我部親泰へ、美濃国へ進出してきた羽柴秀吉軍を打ち破り、秋には京都を目指して進軍する予定を通達。	4800
	8月10日	**「……仍今度信雄北国表へ御出馬、」**。家康(1543～1616)、執庵に書状を送る。本能寺変後は甥の信雄に仕え、検地奉行などを務めた、クリスチャンネーム「如庵」の織田長益(有楽斎)(1547～1622)か。	4801
	8月11日	羽柴秀吉、大坂から入京。	4802
	8月13日	羽柴秀吉、京から近江国坂本に下向。	4803
	8月14日	蒲生賦秀(氏郷)(1556～1595)、伊勢国口佐田城(三重県津市白山町佐田字馬場)を攻める。	4804
	8月14日	織田信雄、吉村又吉郎(氏吉)へ、羽柴秀吉出陣の報を伝達し、守備を厳重にするよう命令。	4805
	8月15日	羽柴秀吉(1537～1598)、美濃国大垣城に入城。	4806
	8月17日	**「……其元無由断模様被聞届、相替」**。徳川家康、羽柴秀吉出陣に際し、吉村又吉郎(松ノ木城主)に書状を送り、脇田の守備厳重を激励。	4807
	8月18日	**「去六月十一日対井伊兵部少輔芳」**。徳川家康、井伊直政に書状をよこした香宗我部左近大夫（香宗我部親泰）(1543～1593)に書状を送り、羽柴秀吉と美濃国で対峙している旨を報告。近日中に羽柴秀吉軍を討ち果たす意向であることを通達する。	4808
	8月18日	井伊直政(1561～1602)、香宗我部親泰へ、羽柴秀吉と美濃国で対峙している旨を報告し、秋には徳川軍が入洛する予定であること、また織田信雄「御判」と徳川家康の「一行」を以て3ヶ国を進上し、長宗我部元親の身上を安堵する意向であることを通知。	4809
	8月18日	織田信雄(1558～1630)、松ノ木城の吉村又吉郎(氏吉)へ、羽柴秀吉の美濃国大垣着陣を報じたのに答え、羽柴秀吉の移動次第状況報告を上申するよう命令。	4810
	8月18日	羽柴秀吉、上杉家臣須田満親(1526～1598)へ、答書として美濃国大垣城着陣を報告、徳川家康の三河国襲撃予告を通知。翌日木曽川を越え、小牧城の徳川家康を攻撃するとし、家康が逃げられぬよう企画するとした。	4811
	8月19日	秀吉軍先勢、尾張国小口・羽黒に兵を進める。	4812
	8月19日	「六月十一日、芳翰披見祝着候。仍十河要害攻崩由珍重候」。織田信雄(1558～1630)、十川城(十河城)(香川県高松市十川東町)を攻略した香宗我部親泰へ返書で、淡路国侵攻を勧める。信雄は親泰に備前を与えるとしている。さらに羽柴秀吉と美濃国での対戦状況を報告。	4813
	8月19日	織田信雄、美濃今尾の高木貞利(1551～1603)・高木貞友(1564～1659)へ、一向宗徒の法泉寺の安田空明・太田金七郎を派遣し後援させる旨を通知。	4814
	8月19日	**「……仍羽柴濃州表へ雖差出候、差」**。徳川家康、香宗我部左近大夫(香宗我部親泰)(1543～1593)へ、美濃国の羽柴秀吉軍を退治する予定を通知。**家康は長宗我部元親に3か国を与えることを約束した上で渡海して摂津か播磨を攻撃して欲しいと依頼した。**	4815
	8月19日	本多正信(1538～1616)、「誓詞」を送付してきた香宗我部親泰へ、徳川軍は伊勢国へ進軍する予定であったが、羽柴秀吉軍の美濃国進出によって延引せざるを得ず、長宗我部軍の淡路国・摂津国・播磨国への攻撃を勧める。	4816

天正12	8月20日	信雄家臣織田信純(信張)(1527〜1594)、香宗我部親泰へ、十川城(十河城)攻略を賞す。さらに美濃国における羽柴秀吉との対峙状況、北陸情勢などを報告。	48
	8月20日	「今度下伊奈無出陣衆へ相触、其地」。 家康(1543〜1616)、信濃国伊那郡統括の菅沼小大膳亮(菅沼定利)(?〜1602)に書状を送り、下伊奈無出陣衆へ出陣を触れるよう指示する。	
	8月21日	羽柴秀吉、蛛庵不迅の下着を報じてきた石川小七郎(石川家清/貞通)へ厳重なる守備を命令。	
	8月24日	「条々 一山城国醍醐・山科谷惣郷」。 家康、多羅尾作兵衛尉に、山城国醍醐・山科谷惣郷、近江国内に所領を与える。伊賀越えの際の功労があった、多羅尾光俊(1514〜1609)か。	
	8月24日	深溝松平家忠、小牧城の物見番を勤める。	48
	8月26日	羽柴秀吉(1537〜1598)、木曽川を越え尾張国に入る。	48
	8月26日	「家康分国の多くの郷村に動員令」。 家康、駿河志太郡の六つの郷に対し、十五歳から六十歳までのこらず大旗一本と自分たちの持つ小旗を一本ずつ、弓・鉄砲・槍をもって出陣せよと命令。	
	8月26日	「御候之模様無御心本候之条、以飛」。 徳川家康、織田信雄家臣の織田源五(織田長益(有楽斎))・滝川雄利・土方雄良(雄久)・飯田半兵衛尉らへ、尾張国での戦況を問う。	
	8月27日	秀吉、羽黒楽田に至り、自ら斥候する。	42
	8月28日	羽柴秀吉、小折(愛知県江南市)に本陣を移す。	42
	8月28日	秀吉、尾張小牧付近に放火し、徳川の兵を破る。	
	8月28日	**秀吉の動向を知った徳川家康、清州城**(愛知県清須市一場)**を出て岩倉城**(愛知県岩倉市下本町)**に入る。**	
	9月1日	前田利家、楽田に苅田働きす。	
	9月1日	秀吉、蛛庵不迅・石川小七郎(石川家清)へ書状を送り、尾張国奈良・赤見など数ヶ所への放火を賞し、徳川家康の軍勢が一宮を出陣した報を通知。	
	9月1日	「……将亦今朝至嶋東被相撲敵被討」。 徳川家康、尾張国黒田城(愛知県一宮市木曽川町黒田字古城)の沢井左衛門尉(沢井雄重)(?〜1608)に書状を送り、同国島東での羽柴秀吉軍との交戦を賞す。	
	9月2日	**羽柴秀吉と徳川家康の間で和議が持ち上がる。**	4
	9月6日	**秀吉と家康の間で和議交渉が行われる。**	4
	9月6日	羽柴秀吉、女房いわ(正室おねの侍女)へ、小牧戦において織田信雄・徳川家康に人質を提出させ講和が成立するので、やがて凱旋する予定であると通知する。	
	9月7日	**羽柴秀吉と徳川家康の和議交渉が決裂し、家康は尾張国重吉(茂吉)**(愛知県一宮市丹陽町重吉)**に本陣を移す。**	
	9月7日	「西衆至尾州表打出之由候、依様子家康へ可為加勢候、其心懸専肝候、」。 戦雲を察知した北条氏直(正室督姫は家康次女)(1562〜1591)、武蔵国の太田越前守へ、羽柴秀吉の尾張国出馬を通知。さらに義父の徳川家康への加勢準備を油断なく急いで出陣の支度をするようにと記す。	
	9月8日	秀吉、講和の決裂により軍法を定める。	

西暦**1584**

天正12	9月8日	「……如来意和与之儀事切候て、昨」。 家康(1543〜1616)、織田信雄の臣・不破源六(不破広綱)に書状を送り、講和の決裂により昨日7日尾張国重吉に軍勢を移したことを伝える。	4838
	9月9日	羽柴秀吉(1537〜1598)、某に書状を送る。 尾張で放火をしたほか、要害を数か所申し付けたことを報じ、信雄と家康が実子を人質として出す旨を望んでいるが秀吉は同意しない旨を報じる。	4839
	9月12日	千宗易(利休)(1522〜1591)、福寿院へ、羽柴秀吉から6日に「東国和平」、すなわち織田信雄・徳川家康との和議に及んだ旨を通知。	4840
	9月13日	「今度鷹山鶉左衛門尉相談、鉄炮五百…」。 家康、高野山惣分中・金剛峰寺惣分中に判物を発給し、鉄炮の調達を依頼する。高野山・金剛峰寺は、行人の「惣分」によって政策が決められていた。	4841
	9月15日	羽柴秀吉方の蒲生賦秀(氏郷)(1556〜1595)、織田信雄方の伊勢戸木城(三重県津市戸木町)を攻略する。	4842
	9月15日	「……仍河州表被打出、度々之一戦」。 家康、保田久六郎(佐久間安政)(1555〜1627)に感状。 織田家臣であった保田久六郎(佐久間盛政の弟)は、この年の小牧・長久手の戦いでは紀州の雑賀衆、根来衆と共に徳川家康・織田信雄方に属し、岸和田城(大阪府岸和田市岸城町)を守る羽柴方の中村一氏としばしば交戦した。	4843
	9月16日	小牧・長久手の戦いから三河へ帰る徳川家康(1543〜1616)が大野川を渡りかねていたところを、佐治一成(1569?〜1634)が船を出して手助けしたこと聞いた秀吉は、お江を茶々(1569〜1615)の病気を理由に呼び戻し、佐治家へ返さなかったという。秀吉は「佐治は予の相婚には不足なり」と激怒し、一成は、所領を没収されると共に、お江(1573?〜1626)と離縁させられた挙句に追放された。	4844
	9月17日	羽柴秀吉、尾張国から退去する。	4845
	9月18日	「……筑前者河田ニ陣取候、其元無」。 織田信雄・徳川家康、松ノ木城(岐阜県海津市海津町松木)の吉村又吉郎(氏吉)に、羽柴秀吉が尾張国河田城(愛知県一宮市浅井町河田神明社)に在陣していることを伝える。	4846
	9月19日	羽柴秀吉、前田利家の北陸版・小牧長久手の戦い(末森城攻防戦)など一連の戦いの勝利を賀す。	4847
	9月19日	「……仍敵之模様等慥被聞届、注進」。 家康、織田信雄に仕える、尾張国赤目城(愛知県愛西市赤目町)の横井伊折助(時泰)に、敵方の動向を伝えたことに礼を述べる。	4848
	9月19日	**家康、信雄重臣滝川雄利(1543〜1610)に、「戸木城が苦戦していることについて注進があった。いまだ堅固に守備しているならば家康が急ぎ出馬するつもりなのでよくよく戸木城の様子を聞き届けて、再度滝川雄利から承りたい旨」を伝える。**	4849
	9月23日	「今年木下助左衛門(木下祐久)・同勘解由相付候処、両人なからあとに残討死、不便ニ候」。 羽柴秀吉、羽柴秀次(後の豊臣秀次)(1568〜1595)へ、小牧戦における敗戦を叱責し、詳細を宮部継潤・蜂須賀正勝に通達させる。 木下祐久は、4月9日に白山林で休息していた際に、後方から水野忠重・丹羽氏次・大須賀康高勢、側面から榊原康政勢の一斉攻撃に見舞われ信吉(秀次)の隊は壊滅。祐久は敗走する際に徳川軍の追撃に捕捉され討たれたという。この頃、秀吉甥・三好信吉は、「羽柴秀次」と名乗るようになったという。	4850

天正12	9月23日	「先日者預一簡候、祝着候、面談之心地面詠入候、陸地之通用可有之事猶有間敷候、必一夜備ニ御越彼むかしを承届度候、自先年者少年寄候へ共、彼覧之書を承度候、仍箱一給候、御心指祝着候、秘蔵可申候、但茶之湯与成らん不存候間如何然共自家康節、無上御音信候、賞味不浅候、遂面上積御物語申度候、委細者朝弥可被申候条早、申候、恐、謹言。追而到来之間、鮭進之候、」。
		(先日は書簡をいただき祝着です。面談の心地を歌に詠みましたが陸地の通用は望めないでしょう。一夜備えにお越しいただきあの昔話を承りたく思います。先年よりは少し年寄になりましたが、かれらの昔をお聞きしたいものです。茶箱1つを頂戴し祝着です。秘蔵いたします。ただし茶の湯やらは存じませんのでどうでしょう。でも家康より節々に音信をいただいています。味わい深いものです。直接お会いして積もる話をしたいところです。委細は朝比奈弥太郎が口上します。追伸 ちょうど到着しましたので鮭を進上します)。
		北条氏規(1545〜1600)、某に書状を送る。
	9月24日	秀吉、羽柴秀勝の臣藤懸永勝(1557〜1617)に、秀吉の帰陣に際して、犬山城を警備するよう命じる。
	9月24日	家康の臣本多広孝(1528〜1598)、尾張国印場(愛知県尾張旭市)の天神社に禁制を与える。
	9月24日	**「……仍河内表行之儀、遊佐与被申」。** 家康、金剛峰寺惣分中に書状を送り、河内表を遊佐信教に任すと記す。
	9月25日	**「今度方々為才覚遠路参陣被申候儀」。** 家康(1543〜1616)、遊佐河内守に書状を記し、「信雄・家康連合軍」への参陣を謝す。遊佐河内守は、尾州畠山氏の家臣、遊佐信教(1548〜?)のようである。徳川方として紀伊で活動しており、旧畠山家臣団の一員として挙兵したとされる。
	9月27日	**徳川家康、清州に帰陣。**
	9月29日	秀吉、尾張国から大坂城へ帰陣する。
	9月—	羽柴秀吉、伊勢国の知行配分を行う。
	9月—	この月、秀吉、佐々成政攻略にあたり、家臣木村秀俊を使者として、改めて上杉家との好誼を求める起請文を送る。
	10月4日	羽柴秀吉(1537〜1598)、第106代正親町天皇(1517〜1593)譲位により、仙洞御所の造営にかかる。寛永4年(1627)、後水尾天皇(1596〜1680)が上皇となった際に造営された現在の京都仙洞御所とは違う。上皇・法皇は退位後、内裏から退去して京都仙洞御所に移るのを常とし、里内裏が多くそれにあてられた。
	10月4日	深溝松平家忠、小牧城を普請する。
	10月5日	**「被対石川伯耆守来礼、具遂披見候」。** 徳川家康(1543〜1616)、石川数正(1533〜1592?)の報告により、小笠原右近大夫(小笠原貞慶)(1546〜1595)の木曽に攻入り戦功を顕はすを賞す。
	10月9日	八王子城(東京都八王子市元八王子町)の北条陸奥守氏照(1542〜1590)、徳川殿(家康)宛に書状を送り、常陸国江戸崎城(茨城県稲敷市江戸崎)主の土岐治綱が家康に馬2疋献上を伝える。江戸崎土岐氏は、北条氏傘下となっていた。
	10月11日	深溝松平家忠(1555〜1600)、徳川家康に尾張国小幡城(名古屋市守山区西城)在番を命じられる。

天正12	10月12日	大久保忠隣(「大久保新十郎」)(1553〜1628)・本多正純(「本多弥八郎」)(正信の長男)(1565〜1637)、波木井四郎左衛門へ、甲斐国下条分10貫文・渋沢内1間と諸役免許を「新給」として領掌する旨を通達。 当時、本多正純父本多正信が一向一揆勢に協力しており、家康と敵対していた。そして、一揆が平定されると、正信は大和の松永久秀を頼っていた為、本多正純は母と共に大久保忠世に保護されていたとされる。その後、**父正信が大久保忠世の仲介で松平家(徳川家)に帰参すると、この年には、本多上野介正純(19歳)も徳川家康に仕えたという。**	4865
	10月15日	**「秀吉、初めて朝官に補任」**。羽柴秀吉(1537〜1598)、従五位下左近衛権少将に任じられる。	4866
	10月16日	秀吉が伊勢に軍を出すと聞いた徳川家康、酒井忠次(1527〜1596)を小牧より清州に移らせ、榊原康政(1548〜1606)を小牧に移し、菅沼定盈(1542〜1604)を深溝松平家忠(1555〜1600)と同様、小幡に移らせる。	4867
	10月16日	「吉良之庄之内冨田之郷三郎二郎屋敷之内蔵之事」。家康、朱印状をもって鈴木八右衛門尉に、三河国冨田郷の三郎二郎屋敷の蔵を安堵する。	4868
	10月16日	「吉良之庄内冨田之郷三郎二郎屋敷之内蔵之事」。 家康、三河吉良庄(幡豆)冨田之郷に朱印状。	4869
	10月16日	「赤見在城之事 右扶持方五百人之」。 家康(1543〜1616)、朱印状をもって西郷孫九郎(西郷家員)(1556〜1597)に、尾張国赤見城(愛知県一宮市赤見)を守備するために、五百人分の扶持方を与える。	4870
	10月16日	「佐々木陸奥守被申越之趣、委曲得其意候、此上弥被尽戦功、奉対信雄於被抽忠節者、年来別而申談之上者、御身上之儀渋分無疎意可引立申、於時宜者可御心易候、」。家康、不破彦三(不破直光)(?〜1598)に書状を送り、信雄への忠節に励まれれば、佐々成政(?〜1588)の身について疎意の無いことを伝える。織田信雄方尾張竹ヶ鼻城主不破広綱(不破源六)(直光弟という)は、開城していた。	4871
	10月17日	在番替えを行った徳川家康、岡崎に帰城する。	4872
	10月17日	「急度申入候、仍於其元越中往覆通用之衆、別而馳走」。 徳川家康、大久保忠隣(「大久保新十郎」)・本多正純(「本多弥八郎」)(正信の長男)を奏者として、信濃国安曇郡新屋(榛葉)但馬守の、越中往復通用衆のために、便宜を計れるを賞す。天正13年説もある。	4873
	10月17日	「其表之様子急度御注進、則披露申候、仍半左衛門尉殿打死之由驚入候、御勝事千万に候、殿様一段御をしみ被成候、其方より仰越候様、一段神妙成儀に候由にて候、是以御かんし被成事候、半左衛門尉殿之儀、中々不及申候乍去定事候間不是非候、御弟子御之上者、少も御無沙汰被成間敷之由被仰出候、返々右旨我々方より相心得可申入候之由候、恐々謹言　返々、半左衛門尉殿之儀、不及是非事とは申なから御せうしにて候御書を被遺候はんか、明日御馬を被納候間、御取紛之時分に候条、我々より申越候、なにさま遠州より重而可申上候、其元御存分之由、先以目出度候、以上」。 家康家臣井伊直政、遠山佐渡守(延友信光)に返書を送り、遠山半左衛門の死に家康が弔意を表していることを知らせる。	4874
	10月18日	「……仍半左衛門討死之儀、無是非」。家康、信州伊那の遠山佐渡守(延友信光)に書状を送り、「小牧・長久手の戦い」の佐渡守長男・遠山半左衛門の討死に弔意をあらわし、半左衛門の弟・遠山茂兵衛に忠勤に励んでほしいと記す。	4875

天正12	10月18日	「…其元之様子石川伯耆守任差図」。
		家康、和田助右衛門尉に書状を送り、石川伯耆守数正の差図に従うよう指示する。和田助右衛門尉は、小里光明(1536〜1601)か。小里光明は、本能寺の変ののち、美濃国主となった織田信孝に仕えた。信孝は羽柴秀吉と不和となり、多くの東美濃の国人達が降るなか、羽柴方の金山城主・森長可と対峙し、天正11年に信孝が自害するまで仕えたが、森長可により小里城(岐阜県瑞浪市稲津町小里)を落とされ、同地を離れ義兄弟の三河国足助の鈴木信義を頼り、和田姓を名乗って家康に仕え三河国小原(愛知県豊田市小原町)に住したという。
	10月20日	羽柴秀吉、大坂城を発し近江国坂本に到着。
	10月22日	秀吉、津田小八郎に書状を送り、坂本まで出馬したことを報じ、明日23日には北伊勢へ向けて出馬するので、神戸城(三重県鈴鹿市神戸本多町)での「番」等について油断しないよう指示。
	10月23日	織田信雄(1558〜1630)、一向宗徒の法泉寺の安田空明と、美濃の高木貞利・高木貞秀・高木貞俊・高木貞友へ、羽柴秀吉の北伊勢出陣に際して、駒野城(岐阜県海津市南濃町駒野)らの防御を命令。
	10月23日	深溝松平家忠(1555〜1600)、尾張国小幡城から清須城に赴く。
	10月24日	羽柴秀吉、近江国土山に到着。土山は滋賀県甲賀市(旧土山町)。
	10月24日	秀吉、池田照政(のち輝政)の臣・片桐半右衛門尉(?〜1597)に、本日土山に着陣したことを報じる。明日25日には神戸方面へ行く予定なので各人数を城々へすべて集めて「番」等について油断せず申し付けるよう指示。
	10月24日	「……作手・足助被相談、無異儀之」。
		家康(1543〜1616)、下条牛千代(のちの下条康長)に書状を送る。下条氏の家督は、下条頼安の甥で信正の嫡男であった牛千代丸(康長)が継いだが、未だ10歳と幼く弔い合戦に踏み切る力はなかった。
	10月25日	羽柴秀吉(1537〜1598)、伊勢国神戸城(三重県鈴鹿市神戸本多町)に進撃。 **秀吉は、家康の力が及ばぬ、織田信雄の伊勢をねらった。**
	10月28日	羽柴秀吉、脇坂安治(賤ヶ岳七本槍の一人)(1554〜1626)へ書状を送り、伊賀国の在地領主が9月27日に人質を出した旨を了承。伊賀国の城々の破却について厳しく行うよう指示。北伊勢での戦局は桑名の際まで攻め込み放火・刈田などを申し付けると共に「付城」を四、五ヶ所申し付けたことを報じる。数日中には決着が付くと思われるので11月5日頃には伊賀国へ巡視のために秀吉が行く予定であり、伊賀国の城々の破却が済んでいればよいが遅延しているようなら成敗する旨を通達。
	10月28日	羽柴秀吉、丹羽長秀(1535〜1585)へ、織田信雄方の滝川雄利(一益の娘婿)の伊勢国浜田城(三重県四日市市鵜の森)を攻囲、付城を四、五ヶ所申し付ける予定の旨を報じる。砦の完成までに10日くらい必要、完成次第大坂へ帰る予定である旨を通知。また丹羽長秀が、能登国の前田利家に援兵を派遣したことを賞し、この書状を前田利家にも届けるよう指示。
	10月29日	「……仍敵之様子心得候、明日朔日」。
		徳川家康、織田信雄の老臣・飯田半兵衛尉に書を送り、明日1日に出陣を告げる。
	11月3日	羽柴秀吉、脇坂安治へ、伊賀衆からの人質受理は済んだが「城破却」が不徹底である旨を通知。秀吉は近日中に伊賀国へ巡察する予定であるから、それまでに諸城破却の貫徹を促す。

西暦**1584**

天正12	11月3日	「……殊其元無御由断被遂才覚之」。 家康、蘆田弥平兵衛尉(赤井時直)に書状を送る。赤井直正の弟である芦田時直(赤井時直)が徳川方として黒井城(兵庫県丹波市春日町黒井)で兵を挙げ、この活躍が家康の目に留まり、赤井直正の兄家清の子、弟幸家、末弟時直らは旧知の縁をたどって徳川旗本となり、直正の子孫は藤堂氏の重臣となった。	4889
	11月4日	**秀吉、本願寺顕如に、織田信雄・徳川家康への取り成しを依頼する。**	4890
	11月4日	「……然者、有様子三刕(州)迄出馬候、俄可申越候間、陳用意候」。 徳川家康(1543〜1616)、三河に出陣し、信濃国諏訪郡の諏訪安芸守(諏訪頼忠)(1536〜1606)に参陣の用意を命ず。	4891
	11月4日	深溝松平家忠、尾張国小幡城を普請する。	4892
	11月5日	「今度、家康於京都御仕合能、早ゝ御下向之由、目出大慶候、依之、以山角紀伊守申達候、悉皆指南任入候、仍為祝儀、馬一疋、黒、并三種一荷、進之候、委曲令附与口上候、恐ゝ謹言、」。 (今度家康が京都で交渉に成功し、早々に下向とのこと、大慶に存じます。山角定勝が申し上げます。全ての指南をお任せします。祝儀として黒馬1疋と三種一荷を進上します。詳しくは口上として付与しました)。 北条氏直(1562〜1591)、北条氏取次の徳川家臣榊原小平太(康政)宛に書状を送る。	4893
	11月5日	秀吉、伊勢に至り羽津(三重県四日市市羽津町)に陣する。	4894
	11月6日	「**秀吉、北伊勢五郡を制圧**」。秀吉、加藤嘉明(1563〜1631)に書状を送る。 北伊勢において四ヶ所の砦(羽津・萩原・泊・河尻)が堅固に完成した旨を報じる。攻撃のために5日羽津に着陣し、本日桑名方面へ出陣して桑部と柿多の構を攻略して縄生と桑部の両所では砦の普請を申し付けたことを報じる。	4895
	11月6日	織田信雄(1558〜1630)、領国の伊勢国桑名に至る。	4896
	11月6日	「為御加勢其城へ被相越之由、苦労」。 徳川家康、信雄家臣・山口半左衛門尉(山口重政)(1564〜1635)に書状を送り戦功を称える。重政は、織田信雄が籠城する尾張国大野城(愛知県愛西市佐屋町)を死守して豊臣秀吉方の滝川一益と戦った(蟹江城合戦)。	4897
	11月6日	**家康、織田信雄の臣山口重勝(山口重政の養父)(1547〜1595)に、軍勢が揃い次第、北伊勢へ出陣する意志を伝えるとされる。**	4898
	11月7日	秀吉、縄生城(なおじょう)(三重県三重郡朝日町大字縄生字城山)まで出陣。 **膠着状態の中、長嶋攻撃と見せかけた秀吉は、信雄と家康の分断をはかる。**	4899
	11月7日	織田信雄、吉村又吉郎(氏吉)に書状を送り、福田氏の秀吉方への内通を報じる。松ノ木城への加勢を承知。秀吉が縄生に在陣している旨を報じる。。	4900
	11月8日	「就其表之様子、使札被差越候、令得其意候、明日九、出馬之事候之間、以面可申候間、不能巨細候、恐々謹言、」。家康、信雄方の水野宗兵衛尉(水野忠重)(家康の叔父)(1541〜1600)に書状を送り、明日9日の出陣を告げる。	4901
	11月9日	**徳川家康43歳、岡崎より清州に至り、織田信雄の声援をなす。**	4902
	11月10日	「……将又長久保之儀早速被仰付候」。織田信雄・徳川家康、松ノ木城の吉村又吉郎(氏吉)に、長久保城(岐阜県海津市海津町長久保)に拠る敵方を鎮圧したことを賞する。	4903
	11月11日	「信雄、秀吉との和議を決める」。織田信雄(信長の次男)(1558〜1630)、徳川家康(1543〜1616)と相談することなく、羽柴秀吉(1537〜1598)との和議を結ぶこととする。信雄は、小牧・長久手の陣から兵を引く。	4904

天正12	11月11日	「信雄種々望につき」。 秀吉、津田小八郎に書状を送り、北伊勢においては、砦を堅固に構築し、すべて隙が明けたので二、三日中に納馬する予定でいたところ、信雄より種々懇望があり、講和について同心した旨を報じる。津田小八郎は、秀吉と近い関係にあった人物とされ、天正13年(1585)には従五位下大炊頭に改任されている。
	11月11日	**家康、下条牛千代(のちの康長)に書状を送り、味方に付いたことに謝意をあらわし、木曽之儀(木曾義昌との抗争)が落ち着いたのは祝着とし、飯田に進出した家康代官菅沼定利の指示に従うよう命じる。**
	11月11日	大義名分を「信長の遺児である信雄を助けて、秀吉を討つ」としていたため、**信雄が秀吉と講和したことで名分を失った徳川家康は、撤兵して清州出発。**
	11月12日	深溝松平家忠(1555〜1600)、小牧城の酒井忠次(1527〜1596)より、講和が結ばれたことを知らされる。
	11月13日	**「秀吉と信雄の和議なる」。**羽柴秀吉(1537〜1598)、織田信雄(信長の次男)(1558〜1630)と伊勢国桑名の南にある矢田川原(矢田磧)において会見し和睦を締結。 **信雄が秀吉に人質を出すこと・秀吉は北伊勢四郡を信雄に返還すること・伊賀と南伊勢に加え北伊勢の一部と尾張犬山城らを羽柴秀吉に割譲すること。** 秀吉は、この和議後は自らは「羽柴」の苗字を使用しなくなったという。
	11月13日	秀吉、池田照政(のち輝政)の臣伊木忠次(1543〜1603)、池田教正・荒尾次郎作(隆重)(輝政の叔父)に書状を送り、縄生城で秀吉が越年して長島城を攻略することを申し付ける様子を信雄が見て取って講和を懇望したので秀吉は同心した旨を報じる。講和条件として北伊勢四郡は信雄に渡し、郡内で今回構築した城々は敵味方ともに破却すること、尾張国内では犬山城と河田城に秀吉の人数を入れる以外は城々は敵味方ともに破却することを報じる。
	11月13日	**「就納馬之儀、遠路飛脚被差越、令祝着候、於様子可被心安候、」。** 家康、家康の納馬を祝した小笠原右近大夫(小笠原貞慶)(1546〜1595)に返書を送る。
	11月15日	秀吉、某へ報じる。講和成立による尾張国内における城々破却の事後処理として以下の諸点を秀吉が命じる。 楽田城(愛知県犬山市楽田)の諸道具は犬山(犬山市大字犬山字北古巻)へ移す。小口城(愛知県丹羽郡大口町小口)の堀・柵は犬山町へ移す。下奈良(愛知県一宮市春明南本郷1丁目)の諸道具は河田城(一宮市浅井町河田字神明社・黒岩字郷裏)へ移す。宮後城(愛知県江南市宮後町上河原)は生駒家長へ預ける。楽田城の兵糧は加藤光泰へ預ける。小口城の兵糧は長島へ移す。下奈良・宮後城の兵糧薪以下は長島へ移す。
	11月15日	**この日、家康(1543〜1616)も、羽柴秀吉と講和ともいう。** 家康は会見に姿を見せず、織田信雄の講和に従うという態度を示す。家康は戦いには勝利したものの、和議においては信雄・家康両者から秀吉へ人質を差し出す等、秀吉優位の和議であった。 家康異父弟・松平定勝(1560〜1624)を人質にするべきところ、故障あって於義丸(家康次男の秀康)(1574〜1607)が、秀吉養子として選ばれるという。
	11月15日	「信雄・家康人質差出につき」。秀吉、津田小八郎に、織田信雄と徳川家康が人質を出すことに同意したので、翌日帰陣することを伝える。
	11月15日	**徳川家康、羽柴秀吉と織田信雄の講和により、三河国へ帰陣する。**
	11月16日	故信長の息子を援助するという名目を失った**徳川家康、岡崎に帰る。** 深溝松平家忠、尾張国小幡城より岡崎城に到着する。

西暦 1584

天正12	11月17日	羽柴秀吉、伊勢国より近江国坂本に到着。	4917
	11月17日	秀吉の臣小野木重次(?~1600)、羽柴秀長の臣藤堂高虎(1556~1630)に、同月十五日に秀吉と織田信雄が講和したことを伝える。	4918
	11月17日	「対美濃守給候番状披見」。 北条氏規への書状を見た北条氏政、徳川家康の臣酒井左衛門尉(酒井忠次)(1527~1596)に書状を送り、羽柴秀吉と講和したことを聞き情報を求める。	4919
	11月18日	秀吉、前田利家に、織田信雄との講和により、犬山・河田・小牧以外の尾張国内の城を破却することを伝える。	4920
	11月21日	羽柴秀吉、入京。	4921
	11月21日	**秀吉、家康に使節を派遣して講和をはかる。** 織田信雄の斡旋で徳川家康(1543~1616)、次男・義伊丸(於義丸、後の結城秀康))(1574~1607)を秀吉の養子(実質の人質)として差し出すとし講和。日は異説あり。	4922
	11月21日	**家康、岡崎から浜松に帰城する。**	4923
	11月22日	「**実質的な秀吉政権が誕生**」。 はじめて従五位下左近権少将に叙位任官された秀吉(1537~1598)は、そのわずか1ヶ月余りで、朝廷より従三位・権大納言に叙任される。公家のなかでも別格の公卿に列するという異例の昇進を果たした**秀吉は、武力一辺倒による天下統一の方針を転換し、朝廷への接近を図り、朝廷官位を利用して羽柴(豊臣)政権を築こうとした。**この急速な昇進のための辻褄合わせが行われ、従五位下左近権少将叙爵の綸旨は、2年さかのぼった天正10年に発給された事になっている。	4924
	11月23日	「成政のさらさら越え11月23日~12月25日」、はじまる。上杉氏の侵攻にあえぐ佐々成政(1536?~1588)、「秀吉・家康講和」に愕然とし、徳川家康(1543~1616)に会い秀吉との戦闘再開を説得するため為、越中富山城を発ち、アルプス越えを敢行。	4925
	11月27日	羽柴秀吉、大坂城に帰還。	4926
	12月5日	「**甲州小曽郷之内拾参貫之事 右為**」。家康、橋爪宮内助に朱印状発給して知行充行。本多称□(本多正信)・高木九助(高木広正)を奏者とした。天正10年の本給安堵状か。	4927
	12月6日	「**家康、和睦の証に次男秀康を秀吉に差し出す**」。 於義丸(秀康)11歳(1574~1607)、遠江浜松城を出発。傅役小栗大六(重国)と小姓石川勝千代(康勝、石川数正の次男)(?~1615)・本多仙千代(成重、重次嫡男)(1572~1647)が従う。家康、「童子切安綱」の刀と采配を餞別として授ける。	4928
	12月9日	「……去夏之節も預音章候、度々御」。家康、高野山の清浄心院に書状。	4929
	12月10日	深溝松平家忠(1555~1600)、岡崎城代の石川数正(1533~1592?)を訪れる。	4930
	12月12日	**家康次男・於義丸(義伊、秀康)11歳、秀吉養子として大坂に到着。その直後、元服して養父・秀吉と実父・家康の名を一字ずつ取り「羽柴三河守秀康」と名乗る。従五位下侍従兼三河守。**秀吉は、秀康に河内で1万石を与えた。	4931
	12月14日	**織田信雄(1558~1630)、浜松に赴き家康と会見、徳川氏の援軍の労に感謝の意を表しつつ、これを宥めている。**	4932
	12月15日	羽柴秀吉、上杉氏家臣須田満親(1526~1598)に、上杉景勝の越中出兵を賞し、織田信雄、徳川家康との講和を報じる。	4933
	12月15日	家康の臣本多正信(1538~1616)、本證寺の僧空誓に妙春尼(?~1598)と懇意になることを促す。家康の伯母にあたる妙春尼は、妙西尼ともいい、家康乳母、家康母於大の姉、石川日向守家成の母という。	4934

天正12	12月17日	羽柴秀吉、入京。
	12月18日	羽柴秀吉、大坂に下向。
	12月20日	この日、羽柴秀吉(1537~1598)が、関東下野の佐野宗綱(1560~1585)に書を送り、徳川家康と北条氏直から人質が提出された旨を報じ、これに従わない場合は来年討伐する意向を示す。北条氏直は人質を出してはない。
	12月25日	「成政のさらさら越え」。 織田信雄、越中国の佐々成政に、三河国吉良(愛知県西尾市吉良町)で対面する。
	12月25日	「成政のさらさら越え11月23日~12月25日」。 佐々成政(1536 ?~1588)が浜松城に到着する。アルプスを越えて浜松の家康(1543~1616)へ決起を促すが受け入れられない。この、冬のアルプス山脈越えをした行動は、日本山岳史上初の快挙だったという。
	12月26日	秀吉養子・羽柴秀勝(信長五男)(1568~1586)(丹波亀山城主)と毛利輝元の娘(養女)が、大坂城内で婚礼の儀を行い、羽柴・毛利両氏の同盟関係が成立。
	12月26日	**家康家臣・石川数正(1533~1592 ?)、講和のために大坂城伺候。** 軍事・外交共に優れていた石川数正は、家康創業より長年、西三河(愛知県東部の岡崎中心地域)の「旗頭」として、東三河(豊橋中心地域)の酒井忠次(1527~1596)と並ぶ、徳川家の柱石であった。数正は徳川家の使者として何度も秀吉(1537~1598)に謁見していた。外交感覚の優れた数正は、旭日の勢いで伸びる秀吉に対し、あくまで強硬な態度を取り続ける家康に不安を覚えた。 **そんな数正に、「人たらし」といわれた秀吉の調略の手が伸びてきた。**
	12月26日	「信雄様御鷹野ニ御座候、御礼申候、吉良ニむかいにてふる舞候」。(『家忠日記』)。
	12月27日	羽柴秀吉、この日を大坂城において元日参賀のため諸将に対し召集予定日とする(~28日)。
	12月30日	松平家忠(1555~1600)、年頭の挨拶のため、三河国深溝より浜松城に赴く。
	一	家康は尾張の鳴海(名古屋市緑区鳴海町)において、井伊谷三人衆一族に対し、井伊直政(1561~1602)に仕えるよう命じる。 直政は、井伊谷4万石に加増されたという説あり。

天正13	一	この頃、秀吉弟・羽柴秀長(1540~1591)、紀州征伐の功績を賞されて、大和国を加増される。(大和・紀伊・和泉百万石)。
	1月4日	**家康、浜松城で諸将の参賀を受ける。**
	1月10日	深溝松平家忠、三河国吉田へ正月の礼に赴く。
	1月12日	羽柴秀吉、伊木忠次(池田輝政老臣)へ、池田照政(のち輝政)(1565~1613)に、美濃国大垣より岐阜への移動を命令。輝政は岐阜城13万石を領す。
	1月13日	羽柴秀吉、長浜町人中に宛、長浜城の天守閣を破壊するので、奉行を遣すから協力するよう命じる。**この時点の秀吉は、国内の余分な城は破却して、反対勢力の拠点をなくす政策を打ち出していた。**
	1月15日	**家康44歳、岡崎に赴き、16日三河の吉良辺りで鷹狩を行う。**
	1月17日	羽柴秀吉、摂津国有馬へ湯治。

西暦 1585

天正13	1月17日	毛利輝元の使者・口羽春良（くちばはるよし）、羽柴秀吉に謁見のため上洛。秀吉は上機嫌で春良を饗応し、備中国の松山城と伯耆国の八橋城の返還に加え、小早川秀包の一時帰国を申し出たという。	4953
	1月17日	秀吉家臣・蜂須賀正勝と黒田孝高（官兵衛）、「四国征伐」の方針を毛利氏に伝え、伊予・土佐両国を毛利氏に進呈する旨を報じる。	4954
	1月17日	**常陸の佐竹義重（1547〜1612）、徳川家康（1543〜1616）に書状を送り、羽柴秀吉との和睦を祝す。**	4955
	1月17日	常陸の東義久（佐竹義久）（1554〜1601）、大久保忠隣（ただちか）（1553〜1628）へ、徳川家康・羽柴秀吉間の和議締結を祝す。	4956
	1月18日	荒廃したままの仙洞御所（現在の御所ではない）、秀吉によりが普請始り、この日、手斧始めが行われる。	4957
	1月19日	「人たらし秀吉の石川数正調略がはじまる」。羽柴秀吉（1537〜1598）、摂津国有馬において茶会を開く。石川数正（1533〜1592？）・千宗易（後の利休）（1522〜1591）・津田宗及（？〜1591）が参席。	4958
	1月22日	佐竹義重属将・多賀谷重経（下総国下妻城城主）（1558〜1618）、家康家臣・大久保忠隣（ただちか）（1553〜1628）へ、家康・秀吉間の和議締結を祝し、羽柴秀吉関東出馬の際は従軍する意思を伝達。	4959
	1月25日	羽柴秀吉、摂津国有馬湯山へ赴く。石川数正（1533〜1592？）・蜂屋頼隆（1534？〜1589）らが随行。	4960
	1月25日	羽柴秀長（1540〜1591）、飯田半兵衛尉（織田信雄老臣）へ、織田信雄との折衝のため自身が派遣された旨を通知。	4961
	1月-	秀吉側から羽柴秀長が、信雄側から飯田半兵衛尉が名代として出向き、講和を結ぶ。	4962
	1月28日	羽柴秀吉、飯田半兵衛尉（織田信雄老臣）へ、名代として羽柴秀長に対する馳走を謝す。近日織田信雄上洛の際しては羽柴秀長・富田一白が詳細を伝達する旨を通知。	4963
	1月30日	「三州吉良よし野之内にて開発新田」。徳川家康、鈴木又太夫・原次左衛門に判物発給して、三河国吉良の開発田畠の年貢納入高を定め、その権利を保障する。	4964
	1月30日	「三州吉良赤羽郷草野之内令開発田畠」。家康、高須新三郎に判物発給して、三河国赤羽郷の開発田畠の年貢納入高を定め、その権利を保障する。庄屋に任命された高須新三郎は、高須クリニックの高須克弥氏のご先祖だという。	4965
	1月30日	「三州吉良赤羽郷草野之内令開発田畠之事」。徳川家康、三河吉良（幡豆）赤羽郷へ判物発給。	4966
	2月1日	これより先、三河国本證寺、徳川家康によって上宮寺・勝鬘寺（しょうまんじ）が再び追放された事情を本願寺に伝える。この日、本願寺、上宮寺に事情を尋ねる。	4967
	2月1日	「肴之役御代官被仰付、仰国中諸口宿役、」。徳川家康四奉行連署状。桜井、以清斎、石四郎右、玄随斎より坂田甚八へ。武田旧臣の桜井安芸守信忠・市川以清斎昌忠・工藤玄随斎善盛・岩間大蔵左衛門（のち石原四郎右衛門昌明）の四奉行とされる。	4968
	2月1日	**家康44歳（1543〜1616）、浜松城に帰城。**	4969
	2月3日	羽柴秀吉（1537〜1598）、摂津国有馬から大坂城に帰城。	4970
	2月3日	家康叔母妙春尼（？〜1598）、本證寺の行状を責めたことや岸弥左衛門を処罰すべきことなどを、上宮寺に伝える。	4971

天正13	2月5日	徳川方は、引き続き秀吉軍に備えるため領国の百姓を動員し、吉良城（東条城）の普請を行う。その後も岡崎城、東部城の普請を行う。
	2月10日	羽柴秀吉、石清水八幡宮惣中へ、織田信雄上洛に際し路次普請を命令。
	2月12日	二条昭実(1556～1619)、関白に就任。
	2月12日	「来三月廿七日至雑賀表筑前守出陣付面、何も人数指遣候、」。 織田信雄(1558～1630)、水野勝成・吉村又吉郎(氏吉)へ、紀伊国雑賀表への羽柴秀吉出陣予定を通知。玉薬の準備を命令。 父水野忠重(家康の叔父)(1541～1600)に、奉公構(事実上の他家への仕官禁止)とされていた水野六左衛門勝成(1564～1651)は、秀吉に仕官し、淡路洲本城の仙石秀久(1552～1614)に属したという。
	2月14日	羽柴秀吉(1537～1598)、本多重次(徳川家臣)(1529～1596)へ、徳川於義丸(羽柴秀康、家康次男))に、息子・本多成重(1572～1674)を同行させたことを賞す。
	2月14日	「……仍 信雄被遂御上洛候哉、様」。 徳川家康(1543～1616)、羽柴三郎兵衛(滝川雄利)(織田信雄家臣)(1543～1610)へ、織田信雄の上洛について詳細の報告を依頼。
	2月一	この頃、織田信雄(信長の次男)が伊勢国長島から上洛し、大坂に向かう。
	2月22日	「織田信雄、秀吉に臣従―織田政権の復権は完全に潰えた」。 織田信雄(1558～1630)、大坂城へ到着し、羽柴秀吉(1537～1598)に臣従する。
	2月22日	「禁制 建穂寺 一当手軍勢甲乙人」。 家康、朱印状をもって、建穂寺(静岡市葵区建穂)に禁制。
	2月24日	「殿様御上洛之儀、様子不承候条、」。 家康、織田信雄の老臣・飯田半兵衛尉に書状を送り、信雄上洛の様子を尋ねる。
	2月26日	織田信雄、大坂から上洛し、高倉中御門の頂妙寺へ宿泊。 「高倉中御門」は、現在の京都御苑内の厳島神社付近にあたる。
	2月26日	秀吉の奏請で、織田信雄(信長の次男)は、従三位権大納言に任じられる。
	2月26日	「改年之為祝儀来札祝著候、殊其表」。 家康、屋代左衛門尉(屋代秀正)に書状を送り、祝儀到来を謝す。
	2月28日	羽柴秀吉、入京。
	3月1日	今出川晴季・勧修寺晴豊・久我敦通と中山慶親が口宣案(任命書)を持参し、羽柴秀吉が迎え、頂妙寺を宿所としている織田信雄を訪問し口宣案を伝達。
	3月2日	織田信雄、伊勢国への帰国の途に就く。
	3月2日	深溝松平家忠(1555～1600)、浜松城に出仕する。
	3月5日	羽柴秀吉、羽柴秀勝(信長五男)の病気見舞のために丹波国亀山城(京都府亀岡市荒塚町周辺)に下向。
	3月6日	羽柴秀吉、入京。
	3月7日	深溝松平家忠、三河国永良・中島の堤を修築する。
	3月8日	羽柴秀吉、大徳寺総見院において盛大な茶会を開催し、京都・堺の数寄者13人に茶を賜わる。

西暦1585

天正13	3月10日	羽柴秀吉(1537~1598)、仙洞御所造営の功により、従三位に叙されてからわずか4ヶ月で、正二位・内大臣に昇進し初めて参内。 この人事のため、左大臣二条昭実をやめ、それまで内大臣だった近衛信輔(信尹)(1565~1614)が左大臣に、菊亭晴季(1539~1617)が右大臣に任じられる。 **秀吉、朝廷の権威を借りて、この昇進によって、秀吉(50歳)は主家筋の織田信雄(28歳)の官位(正五位下左近衛権中将)や、室町幕府15代将軍足利義昭(49歳)の官位(従三位権大納言)を凌ぐ地位を得た。主筋を追い抜き、「織田家の臣」という立場を、完全に払拭する。** 4993
	3月11日	正親町天皇(1517~1593)、比叡山再興の綸旨をだす。 4994
	3月12日	羽柴秀吉、近江国坂本に下向し、ついで大坂城に帰城。**秀吉は、昨年、織田・徳川側に呼応して自分に敵対した勢力の討伐をねらう。その相手が紀州の根来・雑賀衆、土佐の長宗我部元親、そして越中の佐々成政であった。** 4995
	3月19日	「……仍石河伯耆守如口上之、義尹」。 家康(1543~1616)、民部卿法印(前田玄以)(1539~1602)に書状を送る。前田玄以は天正12年(1584)2月、民部卿法印に叙せられている。 4996
	3月19日	深溝松平家忠、遠江国浜松へ訴訟のため人を派遣する。 4997
	3月21日	「紀州攻め3月21日~4月22日」、はじまる。 秀吉、10万の大軍を以て大坂を発し、岸和田にて部署を定める。岸和田城(城主・中村一氏)は、秀吉の根来・雑賀攻略の拠点であった。 4998
	3月23日	「紀州攻め3月21日~4月22日ー根来寺陥落」。 羽柴秀吉軍、抵抗するものが、ほとんどいなくなった紀伊国根来寺(和歌山県岩出市根来)を、大塔・大師堂などの堂塔を残して全山焼き払う。津田算長次男・津田監物照算は、増田長盛に討たれ戦死。長男の津田監物算正は秀吉に帰順、3千石を付与される。 4999
	3月26日	秀吉、木曾伊予守(義昌)(1540~1595)に感状。山村良勝(1563~1634)は、妻籠城篭城戦の功により秀吉から書を賜る。 天正12年9月、義昌と山村良勝は、妻籠城に於いて徳川方攻撃を退けた。 5000
	3月一	**家康、御坊の再興を許可。** 設けられたのが平地御坊(岡崎市美合町平地)。 平地御坊はもとの御坊である本宗寺の跡を継ぐかたちで同年12月に開かれ、大坂天満本願寺の顕如は、顕尊(教如の弟)を平地御坊住持に任じた。 5001
	3月30日	家康の臣酒井忠次(1527~1596)ら、本願寺の坊官下間頼廉(1537~1626)に、三河七か寺の同国への還住を認めないことを伝える。 **徳川家康、自らが許可していない上宮寺・勝鬘寺の三河還住を責め、七か寺の還住を再び禁じる。** 5002
	4月5日	深溝松平家忠、三河国中島の堤を修築する。 5003
	4月10日	「紀州攻め3月21日~4月22日ー高野山屈服」。羽柴秀吉、紀伊高野山に服従を迫り、高野山は秀吉に屈服。秀吉、高野山に朱印状を発する。 5004
	4月12日	「一対普済寺江諸末寺近年無沙汰之」。 家康、普済寺(静岡県浜松市中区広沢1丁目)に判物発給。 5005
	4月14日	秀吉、小早川隆景(1533~1597)に返書を送り、和泉・紀伊の平定を告げて、愈々近く四国に出馬することを知らせ、出陣の準備を要請した。 5006
	4月15日	深溝松平家忠(1555~1600)、岡崎城代石川数正(1533~1592?)のところへ当年の礼に赴く。 5007

天正13	4月16日	柴田勝家に続く織田家二番家老の丹羽長秀(1535〜1585)(若狭・越前・加賀二郡の約123万石の領主)、没。享年51。織田氏をないがしろにする秀吉のふるまいを見て、信長の恩義に応えることができなかったことを悔いて、北ノ庄城(福井市中央1丁目)で割腹自殺したという説もある。その跡は子の長重(1571〜1637)が継ぐ。
	4月17日	織田信雄(1558〜1630)、出陣して雑賀在陣の秀吉を見舞う。
	4月22日	「紀州攻め(3月21日〜4月22日)、終結。紀州平定」。 羽柴秀吉より農具などの返還を約束する朱印状が出される。 雑賀の最後の拠点・紀伊太田城(和歌山市太田(来迎寺))が開城する。
	4月25日	秀吉、紀州から大坂に凱旋。
	4月一	この月、大坂城天守閣が完成する。
	4月一	**この月、徳川家康(1543〜1616)、視察のため甲府に在り。家康は甲府に新城を縄張、一蓮寺を倉田(甲府市太田町)へ引っ越し、同寺跡へ新城を計画。** 躑躅ヶ崎館の南約3kmほどの一条小山に築かれた平山城、甲府城(山梨県甲府市丸の内)の前身とされ、徳川家は完成前に関東へ転封になったという。後、文禄3年(1594)頃、秀吉の命で、普請は浅野左京(幸長)ではじめられ完工。関ヶ原の戦い後の慶長6年(1601)から再び工事がはじまり、慶長12年(1607)頃、石垣は平岩親吉(1542〜1612)、諸造作は鳥居土佐守成次(鳥居元忠の三男)(1570〜1631)により完工という。
	5月3日	「秀吉、本願寺に大坂の地を与える」。 羽柴秀吉、本願寺へ、摂津中島(渡辺)の地を寄進。
	5月4日	「四国の役ー5月4日〜8月6日」はじまる。羽柴秀吉、自身の四国征伐の出馬の期日を、6月3日と定める。秀吉、黒田孝高(官兵衛)(1546〜1604)に四国攻めの先鋒として淡路に向かうよう、また一柳直末(1546〜1590)には、明石で待機するよう命じる。
	5月4日	秀吉、イエズス会日本準管区長ガスパル・コエリョに対し、日本統一は目前であり、朝鮮や明をも制圧するつもりだと述べた。そして、ポルトガルに対して支那への布教を許可する代わり軍船の派遣を要請。
	5月10日	羽柴秀吉、入京後に近江国坂本へ下向。
	5月13日	本願寺、三河七か寺が還住できない事情を、上宮寺・本證寺に上洛して報告するよう命じる。
	5月18日	「北国征伐ー5月18日〜閏8月23日」はじまる。 羽柴秀吉、北国征伐への準備行動としては、前田利家を上洛させて打ち合せ。
	5月20日	「四国の役」。羽柴秀吉(1537〜1598)、坂本(近江国)にて体調を崩す。 羽柴秀吉、一柳直末、斎村広英、加藤嘉明、津田小八郎へ、6月3日の大坂城(摂津国)よりの出陣を、6月16日に延期することを伝えるとともに、それまでに明石(播磨国)に参集するよう命じる。
	5月20日	家康の臣石川数正(1533〜1592？)、三河国小美山での人殺し調査のため信光坊を遣わす。
	5月21日	山本為次、上宮寺の僧尊祐(1563〜1604)に、尊祐の本願寺への出頭に理解を示し、家康の臣本多正信(1538〜1616)らへ使者を送ったことを伝える。
	5月24日	「旧冬成政御越候以後、度々芳心喜」。家康、佐々成政家臣・佐々喜右衛門尉(？〜1585)に書状を送り、度々の心遣いを謝す。
	5月25日	家康の臣酒井忠次(1527〜1596)、浄妙寺(愛知県岡崎市中之郷町字寺畔)に、同寺屋敷地について妙春尼(？〜1598)の意見を受けて家康に働きかけることを伝える。

西暦**1585**

天正13	5月27日	「本領改替、甲州折居南分参拾五貫文・折居内五貫文・六科内網蔵分五貫五百文・同所山下分拾貫文・亀沢内渡辺分六貫九百文・甘利内土屋出雲分拾六貫文・同所寺分廿七貫文・同所竹内ひかへ前廿五貫文(山屋敷・河原共)・御前分弐拾貫文・卯時免拾貫文・相良分六貫文・新奥内弐貫文・甘利内北方分夫丸壱人并山屋敷等之事 右、所知行充行之所領、最前於遠州兼約候之条、不可有相違、者守此旨、」。 家康、折井市左衛門尉(次昌)(1533〜1590)に、本領改替で171貫400文余の所領を知行充行。折井次昌は米倉忠継と共に、家康に属した武川衆の領袖として抜群の軍功をあらわし、天正10年7月15日に感状を与えられて以来、同年8月17日新恩、12月7日には新恩を与え、小牧の陣が起こると、真田昌幸の押さえとして信州に赴き、ついで尾張に参陣して長久手の戦いに大いに戦功を励み、一宮・楽田に転戦した。 5025
	5月27日	「甲州信立寺之事 一当寺中可為如」。家康、身延山久遠寺(山梨県南巨摩郡身延町身延)の宛名をもって信立寺(山梨県甲府市若松町)へ朱印状を下附。 5026
	5月30日	「甲州心経寺之内四拾四貫百八拾五」。家康、渡邊囚嶽佐(佑)(?〜1591)に甲斐国心経寺(甲府市心経寺町)など172貫文余の知行地を知行充行。 5027
	6月5日	徳川家康(1543〜1616)、甲府より浜松に帰る。7日とも。 5028
	6月7日	本證寺宗けい、三河国や本證寺の状況を聞き及び、不審に思うことがあると妙春尼(?〜1598)に伝える。 5029
	6月8日	「秀吉の刀狩の初見」。 羽柴秀吉(1537〜1598)、高野山の武器不携帯を誓約させ寺の置目を制定、前田玄以(1539〜1602)を通じて禁裏に奏上し、後代のため綸旨を賜わることを要請させる。 5030
	6月10日	徳川家康、秀吉に降って上洛した織田信雄に対して下向を促す。 5031
	6月11日	下向を促された織田信雄(1558〜1630)、徳川家康に対し、逆に、秀吉に従い質(人質)を尾張清須に出すべきこと、北国征伐により佐々成政が家康領国中へ逃入った場合は差出すべきことを報じる。 5032
	6月11日	羽柴秀吉、高野山に対し、綸旨にもとづいて所領の安堵するも、僧徒の兵具を帯することを禁じ、一山の支配を、木食応其(1536〜1608)に命じる。 「刀狩り」の最初ともいう。 5033
	6月12日	深溝松平家忠、三河国野田留の後、浜松城に出仕する。 5034
	6月14日	羽柴秀吉、病気が回復し、近江国坂本から大坂城に帰城。 5035
	6月14日	家康の臣石川家成(1534〜1609)、三河国浄妙寺(愛知県岡崎市中之郷町字寺畔)に、寺内屋敷が渡されることを伝える。 5036
	6月15日	「俗方之上ニも珍敷事」。 家康の臣本多重次(1529〜1596)、本願寺の坊官下間頼廉(1537〜1626)に、本證寺の虚言について迷惑していることを、本願寺顕如に伝えるよう依頼する。本證寺空誓(1545〜1614)は、仲介に立っていた本多重次の書状を改竄し、家康の許可を得たと偽って幡豆郡荒川に道場を建立するという事件を起こしたとされる。 5037
	6月16日	「四国の役」。羽柴秀吉、四国征伐の出馬の期日を、7月3日予定とする。 5038
	6月16日	「四国の役5月4日〜8月6日」開陣。 四国の長宗我部元親攻撃の羽柴秀長軍は堺から船出し、海路洲本に至り、羽柴秀次軍は明石から淡路へ渡り、合流して阿波国土佐泊に上陸。北から宇喜多秀家が、蜂須賀正勝・家政父子、黒田孝高(官兵衛)らと讃岐屋島へ、西から毛利輝元軍・小早川隆景らが伊予へ上陸という三方面からの侵攻である。 5039

天正13	6月23日	家康の臣酒井忠次(1527～1596)ら、本願寺の坊官下間頼廉に、本多重次(1529～1596)の書状により、三河七か寺が赦免されたという本證寺の言い分が虚言であることを伝える。	50
	6月25日	「北国征伐」。 羽柴秀吉、宇都宮の結城氏、越後の上杉氏に対し、近く佐々成政征伐を行う旨を通告。	50
	6月25日	家康の臣酒井忠次(1527～1596)、三河国船形寺(普門寺)(愛知県豊橋市雲谷町ナベ山下)に寺域の山境などを安堵する。	
	6月26日	**深溝松平家忠、徳川家康の腫物見舞のため浜松城へ赴く。**	
	6月30日	家康の臣石川家成(1534～1609)、母である妙春尼(?～1598)のもとを訪れ、三河本願寺教団のことを内談する。ついで、山本為次は、その内容及び本證寺のことなどを上宮寺に伝える。	50
	7月1日	家康の臣石川家成、三河国浄妙寺に道場造営の了解が得られたことを伝える。	
	7月5日	山本為次、上宮寺の僧尊祐に、妙春尼が本證寺の詫言を認めないこと、また、家康の臣本多重次(1529～1596)らが偽文書の証人申請などをする動きがあることを伝える。	50
	7月7日	羽柴秀吉、入京。	5
	7月7日	**秀吉の臣富田一白(?～1599)・津田盛月(1534～1593)、徳川家康に佐々成政の処遇を伝えるため三河国に向かう。**	
	7月7日	本多重次(1529～1596)、本證寺の謀略を本願寺に伝え、その処罰を求める。	5
	7月8日	「北国征伐」。佐々成政征伐は、徳川家康の斡旋により和議成立寸前も破談。	5
	7月11日	**「秀吉49歳、関白就任」。** 羽柴秀吉(1537～1598)への関白宣下が決まり、勅使として勧修寺晴豊(1544～1603)、中山親綱が妙顕寺城に滞在する秀吉にこの旨を伝える。 秀吉、近衛前久(1536～1612)の猶子となり、平姓を「藤原」と改め、二条昭実にかわり従一位・関白に叙任する。 関白とは「天下の万機を関かり白す」の意。 この強引な「藤原」借姓により、朝野は驚愕し、新しい「豊臣姓」下賜につながる。 秀吉は、武家出身でないため源氏流征夷大将軍の地位を諦め、買収と圧力で公卿の最高位・関白太政大臣に任官して豊臣政権への箔付とした。	5
	7月11日	**羽柴秀康(家康次男)(1574～1607)、従四位下左近衛権少将。三河守如元。**	
	7月12日	「四国の役」。関白藤原秀吉、長宗我部元親(1539～1599)へ、土佐一国を知行充行い「名字」を寛宥(寛大な気持ちで罪過を許すこと)、今後は無二の忠節を尽くすよう通達。	
	7月12日	関白藤原秀吉、安土宗論に敗れて以来禁圧されていた日蓮宗の復興を許す。	
	7月12日	**諏訪頼忠(1536～1606)、菅沼定利(?～1602)に誓詞を捧げ、徳川家康(1543～1616)及び定利に異心なきを誓ふ、 頼忠、家康の納馬を祝し、馬以下を贈り、家康、これに答謝す。**	
	7月15日	関白となっ藤原秀吉、早速、「親王と准后座次」の裁決を下す。 「親王・准后相論」の件を大徳寺に於いて糺明し、制定した全3ヶ条を「後代亀鏡」(模範)とすることを決定。	

西暦1585

天正13	7月15日	**「真田昌幸、家康と断交、上杉氏に従属」**。信濃国上田城主・真田昌幸(1547～1611)、徳川家康(1543～1616)に対抗するため、上杉家臣・須田満親(1526～1598)を介し、異心無きを誓い、これまで敵対していた上杉景勝に援助を求める。 **景勝、この日、昌幸に9ヶ条の誓紙を与え、上野国沼田・吾妻、信濃国小県郡を安堵し、信濃国佐久郡、甲斐国の一郡、上野国箕輪長野氏領跡などの地を充行い帰属を認める**。徳川氏と北条氏の都合で領地を取られることを避けたい昌幸は、味方になるよう伝えてきた秀吉と同盟を結んでいた上杉氏を頼る。真田昌幸は家康から上野国の沼田領を北条氏に渡すようにと命令を受けたが「沼田は家康から拝領した土地ではなく自力で取った領地である。しかも家康が約束した恩賞の一部さえもらっていない」と拒否した。そして越後国の上杉景勝と結び秀吉に通じ、徳川軍の襲来を予想して上杉の援軍を受入れた上に様々に作戦を立て備えた。	5057
	7月17日	「北国征伐」。関白秀吉、家臣加藤光泰を通じて前田利家に、佐々成政征伐の目録を交付。陣立書によれば、羽柴軍の先発隊の軍勢は、臣従した織田信雄を総大将とする5万7千余の大軍勢であった。	5058
	7月18日	秀吉、四国攻めの家臣伊藤祐時に、尾張国などの軍勢を越中国へ出陣させることを伝える。	5059
	7月19日	**「石川伯耆守かたへ来書披見候、仍」**。 家康(1543～1616)、千利易(千利休)(1522～1591)に書状を記す。利休が茶の湯の道具を世話したことに対して、家康が礼を述べた書状。	5060
	7月19日	「天正度御在城、御座所となりしは、天正十四年より同十八年までなりき、家忠日記追加にいう。第十、天正十三年乙酉七月十九日、大神君駿府の城に来臨あり、閏八月十四日府の城の経営に依って大神君の命を奉りて松平主殿助家忠駿府に至る。同十四年丙戌九月十一日大神君浜松の城より駿府の城に移りたまう。諸士群参してこれを祝し奉る。松平主殿助家忠太刀一腰ならびに樽肴を献ず云々。今日吉日たるに依って仮に駿府城に移りたまいて浜松に還御あり」(「家忠日記」)。 **病気が治った家康、浜松から駿府に赴く。駿府城(静岡市葵区駿府公園)の修築計画であった。**	5061
	7月21日	「四国の役」。関白秀吉、四国平定の状況を大坂に報告してきた安国寺恵瓊へ、毛利氏の戦功を褒賞し越中・関東征伐の予定を通達。	5062
	7月21日	関白藤原秀吉(1537～1598)、川船で淀を経由し大坂城に帰城。	5063
	7月25日	「四国の役5月4日～8月6日」。 秀吉弟・羽柴秀長(1540～1591)、一宮城で奮戦する長宗我部家臣の江村親俊・谷忠澄へ、長宗我部元親に対しての土佐一国安堵を保証する旨を伝達。	5064
	7月27日	「四国の役」。関白秀吉、羽柴秀長へ全5ヶ条の「覚」を発す。長宗我部元親の降伏に際する人質の提出は、秀長の交渉に一任すること。一宮城・脇城は厳重に包囲し、攻撃に専心すべきことを命令。詳細は毛利重政に伝達させる。また、秀吉、家臣伊藤秀盛へ、長宗我部元親より種々の懇望があった旨に接し、秀吉存分は羽柴秀長に伝達したことを通知。詳細は毛利重政(1551～1597)に伝達させる。	5065
	7月下旬	**家康、自分の命令に逆らった真田昌幸を討伐する為に、鳥居元忠(1539～1600)・大久保忠世(1532～1594)・同忠教(1560～1639)・平岩親吉(1542～1612)、柴田康忠(1538～1593)らに譜代衆6千余騎に近い大軍を率いさせ上田城に出撃を命じる。**	5066
	8月2日	「北国征伐」。秀吉の越中征伐軍先鋒、出陣。	5067
	8月4日	「四国の役」。羽柴秀長(長秀)の元に、兄関白秀吉からの書状が届く。	5068

天正13	8月5日	「北国征伐」。総大将織田信雄(1558〜1630)、佐々成政(1536？〜1588)へ、関白秀吉に対しての降伏勧告を送付。信雄の意見で秀吉の北国出陣が延期になったので、家臣滝川雄利(1543〜1610)・土方雄良(雄久)(1553〜1608)と相談し勧告容認を促した。	50
	8月6日	「四国の役—5月4日〜8月6日」、終結。 講和が成り、長宗我部元親(1539〜1599)は、羽柴秀長(1540〜1591)を頼って降伏。 関白秀吉は、元親に、土佐一国を安堵することになる。	50
	8月7日	「北国征伐5月18日〜閏8月23日—秀吉、大坂城を出陣」。 関白秀吉(1537〜1598)、越中国の佐々成政討伐のため大坂城を出陣、淀を経て上洛。公家衆、出迎える。吉田兼見は、いつもの如く不参加。	50
	8月8日	「……仍其国之衆各引卒、何時成共」。 家康、平岩七之助(平岩親吉)(1542〜1611)に書状を送り、上田城に出撃を命じる。	50
	8月12日	「駿州志駄郡智満寺領事 右如前々」。 家康、智満寺(静岡県島田市千葉)に朱印状発給。	50
	8月14日	「深溝松平家忠、駿河城普請のため三河国を出発する」。 徳川家康(1543〜1616)、深溝松平家忠(1555〜1600)に命じて、駿府城を起工。 しかし、この築城が関白秀吉の不快を買うところとなり、工事を一時中断。	50
	8月18日	「北国征伐」。関白秀吉、敦賀、府中(福井)を経て、加賀金沢に到着。	50
	8月20日	「北国征伐—富山の役8月20日〜26日」。 秀吉が倶利伽羅峠に布陣する。秀吉軍は国内の要所を放火して周り、富山城を包囲。	50
	8月20日	北条氏直との約定履行のため、徳川家康は、室賀正武謀殺を理由に、上杉方についた真田昌幸討伐を決意。 「……仍各小県へ出陣せられ、鳥居」。真田討伐に、甲斐・佐久郡の兵を出陣させ、この日、家康は、小笠原掃部大夫(信嶺)他4名に書状を送り、小県郡への出陣を命じる。小笠原信嶺(1547〜1598)・松岡貞利・飯島為政・諏訪・保科・屋代・依田・下条・知久・遠山・芦田などの中信南信の諸侍にも小県郡への出陣を命じる。	50
	8月23日	関白秀吉、「四国仕置き」を発表。 服属した長宗我部元親(1539〜1599)は、土佐一国を安堵され、秀吉政権に繰り込まれることとなる。阿波国の大部分を蜂須賀家政(1558〜1639)、一部を赤松則房(1559〜1598)、讃岐国の大部分10万石を仙石秀久(1552〜1614)、一部を十河存保(1554〜1586)に、それぞれ与える。伊予国は、毛利氏が領有を主張していたのに配慮して小早川隆景(1533〜1597)、安国寺恵瓊(1539?〜1600)、来島通総(1561〜1597)らを封じる。脇坂安治(1554〜1626)には、大和国高取で2万石を与える。	
	8月26日	「北国征伐—富山の役(8月20日〜26日)—佐々成政、降伏」。 佐々成政(1536？〜1588)、織田信雄(信長の次男)を仲介に早々に降伏を申し出、28日越中国富山城を明け渡す。 成政は、剃髪して僧形に身をやつして、は呉服山(呉羽山)の秀吉本陣を訪れ、秀吉の前に出て降伏したという。	
	8月26日	上田城主・真田昌幸(1547〜1611)、矢沢三十郎頼貞(頼康)・海野喜兵衛を使者として、再び、上杉景勝(1556〜1623)に救援を求める。 この日、景勝、井上源六郎・市河信房・夜交左近助・西条治部少輔など北信諸士を出陣させ、海津城(長野市松代町松代)将・須田満親(1526〜1598)の指揮下に置く。 上杉軍5千を率いる須田満親が戸倉に陣を張る。	

西暦1585

天正13	8月末	**徳川方、上田小県に到着。** 徳川方の主力部隊は鳥居元忠(1539～1600)・大久保忠世(1532～1594)・大久保忠教(彦左衛門)(1560～1639)・平岩親吉(1542～1612)・柴田重政(？～？)・岡部長盛(1568～1632)らが主力部隊で、さらに信濃の地侍である屋代秀正(1558～1623)・諏訪頼忠(1536～1606)・依田康国(1570～1590)・知久頼氏(1541～1584))・室賀満俊(1560～1626)らに加え、旧武田家臣である三枝昌吉(1550～1624)・保科正直(1542～1601)らも動員し、約7千人が集まった。	5081
	8月26日	**「第一次上田合戦(8月26日～閏8月28日)。** 徳川軍、上田城攻城中、城内から不意打ちにあい損害が出る。真田昌幸は長瀬河原へ出て鉄砲で諏訪軍の背後をついた。これを見た岡部長盛は軍を三手に分けて出撃し、火を放って真田軍を退け、辰ノ口側から丸子城に攻めかかり撃退した、岡部長盛・家臣大井又五郎・大塚兵右衛門尉・稲垣善三・所具勝・小鹿又五郎・奥山新六郎・近藤平太・向山久内・内藤久五郎・笛吹十助に、同年閏8月26日家康より感状。	5082
	8月30日	**「本願寺、大坂天満へ移る」。**本願寺第十一世顕如光佐(1543～1592)、関白秀吉の寄進を受けて、約2年間の貝塚願泉寺より、大坂天満へ寺基を移す。	5083
	8月末	本拠地信濃国上田で徳川方と交戦中であった真田氏の隙をつき、北条氏の大軍が上野国沼田城(群馬県沼田市)へと侵攻する。	5084
	閏8月1日	**「北国征伐5月18日～閏8月23日」。**関白秀吉、検分のため越中国富山城に入城し、上杉景勝の出仕に備える。また丹波亀山の藤懸永勝(羽柴秀勝(信長の五男)の補佐役)(1557～1617)・伊藤牛介らへ、越中国制圧が終了に付き、越中国中の諸城物主に対し「置目」などを下す旨を通知。さらに北国出兵には及ばない旨を通達。	5085
	閏8月2日	**「第一次上田合戦(8月26日～閏8月28日)―神川の戦い・国分寺の戦い」。** 真田昌幸(1547～1611)・信幸(後の信之)(1566～1658)父子、領内農民子女をも動員して、徳川軍に備える。しかし、一説では、兵力は2千(うち騎馬は約200騎)という。昌幸はこれを向け撃つべく、自ら率いる4～5百余を上田城本丸に止め、城の横曲輪など諸所に兵を配置。城の東南の神川に人数2,3百を引き分けて嫡子源三郎信幸・二男源次郎信繁(幸村)に添え、戸石城(長野県上田市上野)、矢沢城(上田市殿城)や丸子城(上田市腰越)にも兵を配した。上田城下には互い違いの千鳥掛け柵を構え、複雑に並び侍屋敷・町家と、城下に迫る太郎山に約3千の武装農民を配し、紙幟を用意させ伏兵とした。 徳川軍は小県郡祢津に集結、この日、上田城東方の国分寺方面に押し寄せた。その先手が城の東南の神川に差し掛かると2,3百の真田前衛部隊がこれを迎え撃つ。多勢に押され後退する。これが「**神川の戦い**」の始まりであった。真田軍は上田城二の丸門近くまで押し返されて行く。時に城下の侍屋敷・町家に火が放たれた。折からの強風に煽られ猛火となって四方から徳川軍を襲った。山野に伏していた武装農民がこの火を合図に、一斉に陣太鼓を鳴らし紙幟を掲げて、火勢から逃れる徳川勢に打ちかかった。すかさず城内の総兵5百の兵が大手門より一丸となって打って出た。動揺する徳川軍の背後から真田信幸の指揮する戸石城からの8百が、鬨の声を上げ横合いから攻めるに及び徳川勢の退路を遮断する様相を呈した。徳川勢は恐慌、大混乱に陥り指揮系統が寸断された。追撃戦には矢沢勢も加わり神川で多数の将兵が溺死した。 真田軍は国分寺付近まで押し返して多数を討ち取った。これが「**国分寺の戦い**」。この真田方の地の利を活かした戦法により、徳川軍は1千3百人もの戦死者を出したと言われる。一方、真田軍は40人(3百人とも)ほどの犠牲ですんだという。	5086

天正13	閏8月2日	**家康(1543〜1616)、感状を海野弥兵衛に与える。駿府「安倍町」の由来。**
		安倍奥(安倍口の奥地全体を呼んだ地名)の井川の領主安部大蔵元真(1513〜1587)が駿府での居住地として家康から与えられたことから、安部大蔵元真にちなんで「安倍町」と呼ばれ、50間四方の屋敷地に住んでいた。安部大蔵元真は今川氏配下の武将であったが、今川氏が武田信玄に敗れると武田に属すことなく家康に従ったことから優遇された。元真の婿養子となった海野弥兵衛は、井川の郷士として家康の巣鷹役や笹間金山や井川大日峠の御茶蔵小屋の諸事にあたり、子孫も海野弥兵衛を襲名し安倍町の屋敷も使用していた。また、江戸時代初期は、大井川上流域での御用材伐採も井川の領主海野弥兵衛が命じられたという。
	閏8月3日	**「第一次上田合戦」。** 徳川軍、上田城支城である丸子城(上田市腰越)を攻めるが、失敗。
	閏8月3日	**「第一次上田合戦─丸子表の戦い」。** 徳川方は近隣の小豪族で真田氏に味方した丸子三左衛門の籠る丸子城(上田市腰越)を攻めるが、これも要害と頑強な抵抗に阻まれ攻略できず、以後20日間程対陣を続ける。
	閏8月10日	「北国征伐5月18日〜閏8月23日」。関白秀吉(1537〜1598)、越前国北ノ庄へ凱旋。
	閏8月13日	真田昌幸の嫡男信幸(信之)、沼田城番の恩info伊賀守・同越前守・発知三河守らに、「第一次上田合戦」国分寺での戦勝を報せると共に、「然者、南衆其表へ相動く可き之由必然に於かれれば、堅固之備え任せ入り候」と、北条軍の動きに備えるよう命じる。
	閏8月14日	**「禁制 智満寺 一伐採竹木事 右」。** 家康、朱印状をもって智満寺(静岡県島田市千葉)に禁制。
	閏8月17日	秀吉、近江国坂本に到着。
	閏8月19日	**「第一次上田合戦─丸子合戦」。** 徳川方の諏訪頼忠(1536〜1606)ら、上田城支城である丸子三左衛門が守る丸子城(上田市上丸子)を攻めるが失敗する。
	閏8月20日	**「第一次上田合戦─丸子合戦」。** 真田昌幸父子3人が丸子川に出張って、足軽を先頭に鉄砲を撃ち掛け、合戦を仕掛けた。徳川方は、小笠原氏・下条氏・飯島氏・松岡氏といった信濃の家臣達に出陣を命令。丸子城付近の丸子河原で再び徳川方と真田方が衝突したが、丸子城は陥落せず。
	閏8月20日	**「第一次上田合戦─(8月26日〜閏8月28日)」。** 家康の命令で徳川主力軍、上田より撤退、留まった諸将は、真田勢と小競り合いを繰り返す。
	閏8月21日	**「其元入精堅改之由尤候、尚々」。** 家康、酒井与九郎(酒井重勝)(1549〜1613)・村串与三左衛門の戦功を賞す。両人は、上田合戦では軍監として出陣し、敗走中にも敵の首を取るという高名があった。
	閏8月23日	「北国征伐─5月18日〜閏8月23日」終結。関白秀吉、京都に凱旋。
	閏8月23日	**徳川家康、駿府城(静岡市葵区駿府城公園)を本格的に修築しはじめる。**
	閏8月26日	**「……殊其方家中之者共、無比類之」。** 徳川家康、岡部弥次郎(長盛)(1568〜1632)の、小県郡丸子の戦功を賞す。
	閏8月26日	**「……最前合鑓無比類之条、太以神」。** 家康、大井又五郎に判物発給し、その軍功を賞す。
	閏8月26日	**「……即最前鑓合之無比類之旨、尤 岡」。** 家康、大塚兵衛門尉に判物発給し、その軍功を賞す。
	閏8月26日	**「……無比類弓仕之条、太以神妙也」。** 家康、稲垣善三に判物発給し、その軍功を賞す。

^西_暦*1585*

天正13	閏8月26日	「……即於鑓下遂高名之条、尤以神」。 家康、所藤内(具勝)に判物発給し、その軍功を賞す。	5104
	閏8月26日	「合鑓之条、其方一心之覚悟勝」・「……鑓脇之弓尤以神妙也、弥可励」。 家康、小鹿又五郎・奥山新六郎に判物発給し、その軍功を賞す。	5105
	閏8月26日	「……殊場中之高名、其心懸一入勝」。 家康、近藤平太に判物発給し、その軍功を賞す。	5107
	閏8月26日	「……於崩際遂高名之条、尤以神妙」。 家康、向山久内・内藤久五郎に判物発給し、その軍功を賞す。	5108
	閏8月26日	「殊打留之高名、其方抽而一人」。 家康、笛吹十助に判物発給し、その軍功を賞す。	5109
	閏8月27日	関白秀吉、大坂城に帰城。	5110
	閏8月28日	「第一次上田合戦─8月26日〜閏8月28日」終結。 家康、信州に向けて援軍を出すと共に一時撤退を下令、これを受け徳川軍は、この日、上田より撤退する。	5111
	閏8月28日	「……頸一討捕之由、粉骨無比類候」。 家康、大沢勘兵衛に判物発給し、その軍功を賞す。	5112
	閏8月28日	「……被官人金沢杉千代敵陣前江」。 家康、大久保七郎右衛門(忠世)に判物発給し、被官人金沢杉千代の軍功を賞す。	5113
	閏8月28日	「……被官人松井孫一郎敵陣前へ押」。 家康、大久保七郎右衛門に判物発給し、被官人松井孫一郎の軍功を賞す。	5114
	閏8月28日	「……大久保七郎右衛門尉かたより」。 家康、参陣した屋代左衛門尉に書状を送る。屋代秀正(1558〜1623)は、天正12年(1584)4月1日に実弟の満俊と連携し一族を引き連れて出奔し、大久保忠世(1532〜1594)を頼り、徳川方に属し第一次上田合戦を戦った。	5115
	閏8月28日	「今度於其表、動已下昼夜之労察之」。 家康、井伊兵部少輔同心中に書状を送り、その戦功を賞す。 井伊直政付属する甲斐衆らは、真田攻めのために上田に派遣された。兵士のまとめ役は、木俣守勝(1555〜1610)であったようだ。	5116
	閏8月28日	「其表昼夜之辛労令察候、尚々無油」。 家康、保科弾正忠の戦功を賞す。保科正直(1542〜1601)であろうか。	5117
	閏8月28日	「……殊生取已下迄被入情、粉骨之」。 家康、松平源十郎の戦功を賞す。松平源十郎は、依田松平康国(1570〜1590)である。	5118
	閏8月─	「秀吉、朝廷・公家ばかりか寺社にも、自らの地位を浸透させる」。 関白秀吉、伊勢神宮式年遷宮に際しての内宮・外宮の日程前後争論を裁定。	5119
	9月3日	関白秀吉、家臣・一柳末安(直末)(1546〜1590)に、「秀吉、日本国は申すに及ばず、唐国迄仰せ附けられ候心に候歟」と伝える。 この頃には、秀吉は明に攻め込むことを考えていた。	5120
	9月3日	関白秀吉(1537〜1598)、弟・羽柴秀長(1540〜1591)と共に、5千に兵を率いて大和国郡山城に入る。	5121
	9月5日	徳川方の信濃国小県郡禰津の禰津昌綱(1560?〜1620?)が、反徳川の真田昌幸(上田城主)(1547〜1611)の同心となる。上杉景勝の説得仲裁によるという。	5122

天正13	9月8日	「書面之趣一〻、得心候、然者其地為仕置、疾罹可令出勢候、遠州衆於信州真田与対陣、沼田表へ之手合頻ニ所望候間、令出馬、森下城不移時日責落、楯籠候敵数百人切掛、其上向沼田城押詰陣取、越国境奥境迄、在〻所、不残一宇、沼田庄打散、」。北条氏直(1562〜1591)、援軍要請の書状をよこした、配下の原豊前守(胤長)に、沼田領に攻め入り森下城・沼田城(共に群馬県沼田市)を落とした様子を伝える。実際には沼田城は落とせていない。
	9月11日	「……致先懸尽粉骨之処、無比類働」。家康、松井与兵衛尉・松井与三兵エに判物発給し、その軍功を賞す。
	9月12日	「就山門御再興之儀、被成下綸旨候」。左京大夫家康(1543〜1616)、左中弁宛に書状を送る。
	9月12日	「……抑就山門御再興之儀被成下」。左京大夫家康、大蔵卿宛に書状を送る。
	9月12日	「就山門御再興之儀、綸旨并座主宮」。左京大夫家康、山門別当代宛に書状を送る。
	9月13日	**鳥居元忠(1539〜1600)ら徳川軍、小諸城**(長野県小諸市丁)**に陣を移して、佐久・諏訪方面の安定を図る。** 小諸城に駐留していた徳川方に、後詰である井伊直政(1561〜1602)と松平康重(1568〜1640)の5千人の部隊が到着する。毎度の恥辱を雪ぐべくか、20余日対陣して度々軍を仕掛けたが上田城中からは一人も出ず、取り合わなかった。こんな中、松平周防守康重の忍びの者が、周防守に「真田安房守が越後へ加勢を請われた。また甲州の広淵寺に故武田四郎勝頼の御舎弟・龍峯という住職がおり、これを真田の家来らが担いで一揆を起こそうと謀っている様子。」と告げた。周防守はこれを井伊直政に告げた。直政は「越後から加勢を出すほどならば、定めて大軍であろう。また一揆が所々に起きるならば、昌幸は思慮深き大将なので、いかなる謀をしておくかも測り難い。味方の軍勢は路を遠く隔てている。その上、度々の負け軍で気疲れもしているので、戦っても利あるまい。その上、家康公の仰せは、我々に人数を引き揚げて帰れと言われたのに、今、戦を企て、もしも多く人数を討たせては、甲斐もないことである」と、この旨を諸大将へ相談した。その時、大久保七郎右衛門忠世(1532〜1594)が「総勢が引き取るといっても、押さえの兵を残して置くのがよかろう」と言った。井伊も松平も「もっとも」と同意したが、自分が「上田の押さえに残ろう」と言う者は一人もいなかった。大久保忠世が舎弟平助忠教を近くに呼んで「なんじ、真田の押さえとしてこの国に残れ」と告げると、平助は「我、所領に望みあってここにとどまるのではありません。主君のため兄の命令に従ってここに残りましょう」と言った。忠世は大いに喜んで井伊と松平に告げ、小諸の城に大久保平助を入れ置き、「信州の先鋒衆、諏訪・保科・知久・遠山・下条・大草の面々は居城・居館に籠って、大久保平助の催促に従え」と申し渡した。
	9月14日	関白秀吉、石田三成・増田長盛・大谷吉継・千宗易(利休)・施薬院全宗・今井宗久・今井宗薫(宗久の子)(1552〜1627)ら側近を随行させ摂津国有馬に湯治。その途上秀吉は、摂津国中島において本願寺顕如光佐を訪問。顕如へは縮羅100端、教如光寿(顕如の長男)へは50端、佐超(顕尊)(顕如次男)へは30端を、北政所方(如春尼、顕如室)へは料紙10樟百束を贈与。本願寺において食事をした侍は52名であった。紀州鷺森から泉州貝塚へと移っていた顕如は、石山本願寺の寺内町をもとに秀吉が建設した大坂の郊外にある摂津中島(後の天満の町)に転居して、天満本願寺を建立していた。
	9月14日	「駿州総社領之事 右如先神主領掌」。家康、総社新蔵に判物発給。駿河国総社、静岡浅間神社か。

西暦**1585**

天正13	9月15日	家康、駿河から浜松城に帰城。	5131
	9月17日	家康の将・平岩親吉(ちかよし)(1542〜1612)・鳥居元忠(1539〜1600)・井伊直政(1561〜1602)ら、佐久郡高野に禁制を掲げる。徳川軍は、ここに陣を布き再出撃の機会を窺っていた。	5132
	9月18日	是より先、真田氏が上田から十分な援軍を送れないこの時を狙って、北条氏直勢は、真田氏の沼田城(群馬県前橋市)を攻める。 真田氏は上杉氏に支援を要請し、上杉氏は人質として信繁(幸村)(1567？〜1615)と一緒に越後新発田に来た矢沢頼幸(頼康)(1553〜1626)を、この日、沼田に帰し、さらに援軍も送る。	5133
	9月20日	山本為次、上宮寺の僧祐明に、徳川家康が三河七か寺の還住を認めたことを伝える。	5134
	9月21日	深溝松平家忠(1555〜1600)、徳川家康の秀吉への対応につき、浜松城に赴く。	5135
	9月25日	家康(1543〜1616)、吉田城普請を視察のため三河に入る。	5136
	9月29日	北条勢、真田氏の沼田城を攻めるが、失敗に終わる。	5137
	9月29日	北条氏直勢は、真田氏の沼田城を攻めるが失敗し、この日、撤退する。 北条氏の大軍を迎え撃つために、城代矢沢頼綱(1518〜1597)は、沼田の中心へ向かう途中にある木戸口付近に薪を集めさせ、北条方が城内へ侵入しようと木戸口付近に大挙して攻めてきた時に、城内から農民達に松明を敵兵に向かって投げつけさせた。その火によって甲冑が燃えたり、馬が暴れるなど北条方は門の前で混乱に陥る。頼綱は城内から兵を出撃させたため、北条方は十分な攻撃ができずに撤退したという。	5138
	9月30日	家康、西尾より岡崎に至る。	5139
	9月―	この月、関白秀吉、家康に新たな人質が要求する。	5140
	10月2日	「秀吉、九州地方に惣無事を促す」。 「就勅定染筆候、仍関東不残奥州果迄被任倫命、天下静謐処、九州事于今鉾楯儀、不可然候条、国郡境目相論、互存分之儀被聞召届、追而可被仰出候、先敵味方共双方可相止弓箭旨、叡慮候、可被得其意儀尤候、自然不被承此旨候者、急度可被成御成敗候之間、此返答各為二者一大事之儀候、有分別可被言上候也」。 関白秀吉(1537〜1598)、九州で残すところは豊後の大友氏のみになっていた薩摩の島津義久(1533〜1611)へ、勅命により関東を平定した旨を報告、「天下静謐」の勅命を奉じ九州国郡境目の紛争停止を促す。停戦勧告を遵守しなければ「御成敗」の対象となるべきことも通達。	5141
	10月2日	「拾八貫五百文 小宮山之内 市川」。 家康、中沢田左衛門に朱印状発給。	5142
	10月3日	家康、浜松城に帰城。	5143
	10月4日	関白秀吉、入京。禁中茶の湯の段取りを相談するため、内裏の小御所を訪れる。今度御興行の水コボシ、柄杓立など金を以て新調。	5144
	10月4日	家康の臣石川家成(1534〜1609)、三河国刈谷の水野忠重(家康の叔父)(1541〜1600)に、三河七か寺赦免につき水野領内の同国篠目を上宮寺に返付することを依頼する。	5145
	10月6日	藤原秀吉、関白就任の返礼で参内、内昇殿を許された10人も供奉。細川忠興6番目。千宗易(利休)(1522〜1591)に「利休居士号」下賜。細川幽斉(1534〜1610)、二位法印叙任。	5146
	10月7日	「秀吉の禁中献茶」。 禁中小御所で茶の湯が行われる。関白藤原秀吉茶頭で、参席は正親町天皇・親王・若宮他7人。天皇・親王・若宮お帰りの後、利休茶頭にて台子の茶。	5147

天正13	10月7日	家康の臣酒井忠次（1527～1596）、堀小三郎に、三河七か寺赦免につき堀領内の三河国西端・高取道場の地を上宮寺に返付することを命じる。堀小三郎は、堀内城（愛知県安城市堀内町屋敷）城主という。
	10月11日	上宮寺の僧尊祐、近江国常楽寺の僧証賢に、勝鬘寺の僧了順と共に三河国に潜入するも徳川方に発見され、信濃国に退去したことを伝える。
	10月16日	深溝松平家忠（1555～1600）、三河国吉田へ人質の件につき使者を遣わす。
	10月17日	**「真田昌幸、秀吉と結ぶ―昌幸、秀吉の取り成しにより、徳川氏との戦いを終結させることに成功」。** 上田城主真田昌幸（1547～1611）、徳川軍との対陣の最中、関白秀吉に援助を求め、この日関白秀吉（1537～1598）は、初めて昌幸に承諾の返書を送る。 深志（松本）城主・小笠原右近大夫貞慶（1546～1595）が動いていた。 「未申遣候処、道茂所へ之書状披見候、委細段被聞召届候、其方進退之儀、何之道ニも不迷惑様ニ可申付候間、可心易候、小笠原右近大夫与弥申談、無越度様ニ其覚悟尤候、猶道茂可申候也、」。「未だ申し遣はさず候の処ところ、道茂所への書状、披見候。委細の段聞し召し届けられ候。其の方進退の儀、何れの道にも迷惑せざる様に申し付くべく候の間、心易かるべく候。小笠原右近大夫（貞慶）と弥いよいよ申し談じ、越度なき様に其の覚悟尤に候。なほ道茂申すべく候也」。 真田昌幸から徳川家康との関係改善の道を求められた羽柴秀吉は、昌幸に進退の保障を伝える。
	10月22日	山本為次、上宮寺の僧尊祐に、徳川家康の三河七か寺赦免につき、門徒の受け入れ準備が整ったことを伝える。
	10月23日	関白秀吉、大坂城に帰城。
	10月27日	深溝松平家忠、遠江国浜松に赴く。
	10月27日	**三河国平地御坊の妙春尼（?～1598）、上宮寺の僧尊祐に、徳川家康の三河七か寺赦免について喜びを伝える。**
	10月28日	**「徳川家康、秀吉への人質を出すかどうか国衆に諮る」。** 家康は浜松城で家臣と協議して、関白秀吉への人質呈出を拒否することに決した。この日に北条氏から家老衆28人の起請文が届き、徳川方も起請文を送った。
	10月28日	**「三州馬頭寺内之事 右諸式法度以」。** 家康、本願寺に判物発給し、三河国馬頭寺内での執務などを従来通り認めることを伝える。
	10月28日	**「家康、三河三か寺の寺院・屋敷を安し、諸役を免除する」。** **「野寺道場屋敷之儀、自今以後不可」・「針崎道場屋敷之儀、自今以後不可」・「佐々木道場屋敷之儀、自今以後不」。** 家康（1543～1616）は、かつて一向一揆を起こした三河の浄土真宗院の内、天正11年以後もその再興が禁ぜられていたが、この日、本証寺・勝鬘寺・上宮寺などの寺院に対して、その再興を許可した。
	11月3日	秀吉、織田信雄の属城・美濃竹ヶ鼻城の攻略に功あった伊木忠次（池田家老臣）（?～1603）に、その城主・不破源六広綱分など5千5百83貫文を知行充行。
	11月3日	**「三州材賀寺領并自所々寄陣之諸供」・「渋沢村之内妙林寺領田方四貫八」。** 家康、三河国財賀寺（愛知県豊川市財賀町観音山）などの寺領などを安堵する。
	11月11日	家康家臣石川家成ら、三河三か寺に、三か寺末道場門徒支配を前々の通り認める。

西暦1585

天正13	11月13日	**「石川数正、出奔」。**

「石川数正、出奔」。
家康は徳川家の団結のために家臣から人質を浜松へ出させた。家康重臣・岡崎城 (愛知県岡崎市康生町) 城代の石川数正(1533〜1592？)が、小笠原貞慶の人質幸松丸(長男貞政、後の小笠原秀政)(1569〜1615)を拉致して、妻子・一族郎党百余人を伴って関白秀吉(1537〜1598)の元へ出奔する。それに伴い、刈屋城主水野忠重(家康の叔父)(1541〜1600)、松本城主小笠原貞慶(1546〜1595)らも、羽柴(藤原)家へ出奔する。
石川数正出奔の理由について、「兼知如此、特ニ亦為人質三男ヲ秀吉公ニ指置之間、猶以右之通也」とあり、数正の三男が秀吉の人質となっていたことが要因ではないかと記されている。(『当代記』)。数正は徳川の軍事的機密を知り尽くしており、この出奔は徳川にとって大きな衝撃であった。徳川軍は、上田より完全撤退することになる。**以後、徳川軍は三河以来の軍制を武田流に改めることになった。**「御家御軍法万事之儀、自今以後武田流に被遊候間、左様相心得候様」(『駿河土産』)。

5162

11月13日　**徳川家康、その臣石川数正出奔の知らせを受け、三河国岡崎に帰る。**

5163

11月13日　夜、石川数正が岡崎城を立ち退くと聞き、深溝松平家忠(1555〜1600)は速やかに兵を率いて馳せつけるに、諸将が未だ至らなかったので、従卒を配して岡崎の郭内を守らせる。

5164

11月15日　**「……委曲仁科太郎兵衛尉口上二申含候」。** 徳川家康(1543〜1616)、北条殿(北条氏政)に書状を送り、石川数正の尾張国への出奔を伝える。

5165

11月15日　雅楽頭系酒井家6代酒井重忠(1549〜1617)、三河国八幡宮(愛知県豊川市八幡町本郷)を再興する。

5166

11月中旬　**突然、上田城攻めの徳川全軍が遠江に引き返した。**

5167

11月16日　**岡崎城に入った家康、直ちに警備を厳しくさせ、家臣の動揺を戒め鎮める。そして、家臣たちを集めて「石川数正出奔」対策を協議。**

5168

11月16日　深溝松平家忠(1555〜1600)、家康御前に招かれ、この度の石川数正の事が不慮に出るのところ、家忠は急ぎ馳せ参って守衛する事は、常に忠義を励み武備を怠る事無くしている故にあると御感を蒙る。

5169

11月17日　**関白秀吉、石川数正へ、岡崎出奔を喜び、津田隼人正(盛月)(1534〜1593)・富田一白(？〜1599)を出迎えに派遣。**
秀吉、石川数正に、尾張国熱田に到着したことにつきその受け入れを伝える。

5170

11月17日　**「秀吉、家康征討を進める」。** 秀吉は翌年の家康征討を計画し、家康方の動向を真田昌幸に報じ、支援を約束する。「信州・甲州両国之儀、小笠原・木曾伊予守相談し、諸事申合わせ、越度無き様才覚尤も候事」とあった。
関白秀吉(1537〜1598)、家康離反につき、真田昌幸(1547〜1611)に命じ、小笠原貞慶(1546〜1595)・木曾義昌(1540〜1595)と共に、徳川家康に敵対し、信濃・甲斐のことを計策させる。

5171

11月17日　是より先、徳川家康、諏訪・佐久両郡の鎮将平岩親吉(1542〜1612)・柴田康忠(1538〜1593)を遠江浜松に召し談合す、是日、真田昌幸、之を上杉景勝に報ず。

5172

11月18日　**「深溝松平家忠、岡崎城へ普請に赴く」。**
家康、岡崎城(愛知県岡崎市康生町)**の修築を開始。**

5173

11月18日　秀吉、家康に対する要衝である美濃大垣の一柳末安(直末)(1546〜1590)に指示を与える。20日も。秀吉は、徳川攻めの前線基地となる大垣城に兵糧蔵を建てさせた。「5000俵ほど入れ置き・川端の船着きに建て、まわりに堀を掘り用心の良い場所にせよ」「古米と新米を入れ替えよ」。

5174

天正13	11月18日	徳川家康(1543〜1616)、北条美濃守(北条氏規)(1545〜1600)に「石川数正出奔」を報ずると共に、居城浜松から急遽岡崎に入る。 この事件によって秀吉・家康両者の緊張関係は一挙に高まり、家康は直ちに岡崎城の修築に取り掛かる。 北条氏規は、北条家氏政に次ぐ立場の重臣(氏政の弟)であった。実は家康とは幼少時に今川家への人質同士であった。
	11月19日	この日付の秀吉からの真田安房守昌幸宛の花押状には、「年内は日がないので、正月十五日以前には(徳川攻めに)必ず出陣する」・「石川伯耆守去る十三日、足弱引連れ尾刕迄罷り退く候事」とあり、同文に「信州小笠原人質召し連れ」とあった。 石川数正出奔で、家康が上田攻略を諦めたという事情を昌幸が知ったのは、この日付の秀吉書状によってだった。
	11月19日	「真田昌幸、関白秀吉に臣従」。この日、上田城主・真田昌幸は、関白秀吉に臣従を誓う書を送付する。真田氏は秀吉への接近によって、上田から吾妻地方にかけての支配者として秀吉に認められることになり、一族である祢津、矢沢、鞠子等を真田家臣とすることができた。 これ以後、真田氏は勢力を増し、戦国大名として成長していくことになる。
	11月19日	「今度石川伯耆尾州へ退散候、乍去」。 家康、信濃国の下条牛千代(のちの下条康長)に書状を送り、石川数正出奔を報せ、問題ないと記す。
	11月20日	秀吉、美濃大垣の一柳末安(直末)(1546〜1590)に、来春の徳川家康攻撃の準備を命じ、尾張国星崎城(名古屋市南区本星崎町本城(笠寺小学校))から三河国の情報を収集するよう伝える。
	11月21日	関白秀吉(1537〜1598)、これより先、山城の検地を行い、この日、公家・寺社への所領を安堵する。
	11月21日	秀吉、真田昌幸を放免し、上洛を命じる。家康と与した信濃国上田城主・真田昌幸、それを許した関白秀吉より上洛を求められる。
	11月21日	「……仍伯耆退散付而、其家中為証」。 家康、家中もめ事のある下条牛千代(のちの下条康長)に書状を送り、下条牛千代が人質を伊那郡鎮将菅沼定利に送り、自ら同郡知久に参陣せるを嘉す。
	11月21日	「両人かたへの文すなハちみまいらせ候、さてハそこもとかちうの人たち、こと」。 家康、うし千世との御らうおまいる申給へと、某に返書を送る。
	11月24日	秀吉、小笠原長慶の子息幸松(のちの秀政)(1569〜1615)に、同人が人質として居た三河国岡崎から石川数正と共に出奔したことを父長慶に伝えたと報告する。
	11月28日	「秀吉、家康の上洛を要求、家康は拒否する」。 「長久手では秀吉の有力武将を多く殺したから、徒(いたずら)に京には行けない」(武徳大成記)。 関白秀吉(1537〜1598)・織田信雄(1558〜1630)、織田長益(有楽斎)(1547〜1622)・滝川雄利(1543〜1610)・土方雄久(雄良)(1553〜1608)を使者として岡崎城(愛知県岡崎市康生町)へ派遣し、徳川家康(1543〜1616)の上洛を促す。 家康は拒否する。家康「わしがなぜ秀吉に従い、京都に上る必要があるのか」といえば、使者は「ならば、秀吉は大軍をもって攻めてきますぞ」と脅した。

天正13	11月28日	「去廿二日之御状委令披見候、仍石河伯耆退出已後、爰元手置等弥堅固申付候、上方之儀至于今無殊子細候、於時宜者可被心安候、将亦御加勢之儀付而、無□□□御心懸、雖不始□□□欣悦、不少□…□、〔反転〕一左右次第先□□、可被□…□候随而、真田(昌幸)方□被入御念、御懇意祝着之至候、委曲榊原小平太可申入候、恐々謹言」。 (石川数正出奔以後、当方は堅固にしており、上方(秀吉)の間にも変事はありません。状況は安心してよいものです。沼田城へのご加勢には感謝しております。真田方には念を入れて下さい。詳細は榊原小平太(康政)に申し入れて下さい。恐れながら謹んで申し上げます)。家康(1543〜1616)、11月22日の返書として北条美濃守(北条氏規)(1545〜1600)宛に書状を送る。

5186

	11月29日	「**天正大地震**」(白川地震)。畿内隣国の範囲で大地震が発生。マグニチュード(M)8クラス、最大震度6だったとされる。秀吉、近江国坂本に滞在。秀吉は当面の計画を全て中止し、最も安全とみられた大坂城へ一目散に避難したという。 中部から近畿地方にかけて発生した大地震によって、越中木舟城(富山県高岡市福岡町)が倒壊し、前田利家の弟・秀継夫妻が被災死。 飛騨帰雲城(岐阜県大野郡白川村保木脇)も崩れ抜け落ちた膨大な岩石土砂により倒壊し、城主内ヶ嶋氏理はじめ、一族が滅亡する。

5187

	11月29日	**織田信雄の居城であった伊勢長島城はこの地震で倒壊し、信雄は居城を清洲城に移すことになる。**

5188

	11月ー	妙春尼(？〜1598)、「仏法之肝煎」を辞退する。

5189

	12月2日	**岡崎城の修築、一応工事終了。** 家康(1543〜1616)は、岡崎城を守る城代に本多重次(1529〜1596)を任命。そして、信濃国小諸城に在番していた大久保忠世(1532〜1594)を浜松に呼びもどした。信濃や甲斐の地元武士の動揺も心配されるため忠世はすぐには応じられないでいた。しかし家康が度々使者を出したので、忠世は弟に任せ浜松へ向かった。

5190

	12月2日	「**信州之内被拘来本領之事 右如前**」・「**濃州之内上村七拾五貫文・落合七**」。 徳川家康、判物発給して下条牛千代(のちの康長)に、信濃の本領を安堵、朱印状をもって、美濃の所領の替地を知行充行。

5191

	12月2日	深溝松平家忠(1555〜1600)、三河国当部(東部)城の普請を行う。

5192

	12月3日	「鉾持桟道の戦い」。幸松丸(秀政)を秀吉方に置かれた小笠原貞慶(1546〜1595)は、徳川家康(1543〜1616)と絶ち、秀吉への忠誠の証をみせるため、徳川方保科正直(1542〜1601)を高遠城(長野県伊那市高遠町)に攻める。正直は、これを退ける。

5193

	12月4日	「今度之大地震ニ天主以下焼散之処、其方長島ニ有合、茶湯道具取出候事、奇特に候、すきの段不及聞召候へとも、茶湯道具心をかけ候事、心中之程床しく成候、委細津田小平次相含候也、」。(このたびの大地震で天守以下城が火災に遭うに、長島に居合わせたそなたが、茶湯道具を救い出したこと実に立派です。そなたに風流を愛でる趣味があるとは聞いておりませんが、茶湯道具を一番に心がけるとは床しいことです。詳しくは津田秀政に申し含めております)。関白秀吉、織田信雄老臣・飯田半兵衛尉宛てに朱印書状を送る。

5194

	12月ー	この月、関白秀吉・おね(北政所)、摂津国有馬湯山薬師堂および本尊を新築し、まもなく湯治に訪れる。秀吉、有馬湯山の年寄衆を面謁し「古之系図」に関して談合する。談合の内容は、秀吉は「平家朝臣」であり、有馬湯山の年寄衆はその末流であるということを公表させることであった。

5195

天正13	12月6日	「**徳川軍、甲州流軍法制定**」。 石川数正が出奔した。家康(1543〜1616)は、この非常事態に、甲府城代・平岩親吉(1542〜1612)に対してすぐさま新しい兵法の制定を命じる。親吉はこの家康からの大命に応えて僅かの時間で、甲州武田軍学を導入し、これを徳川軍の新しい軍法とする。家康は、武川衆折井次昌(1533〜1590)に信玄旗本大番六備軍令書を、同衆米倉忠継(1544〜1599)に分国政務掟書・典厩信繁九十九箇条書をそれぞれ提出させた。武田氏の軍法をもって徳川の軍法に代えようとしたという。
	12月8日	「……**然者其方進退之儀、知行同心**」。家康、本多丹下に判物発給。 本多丹下は、本多成重(1572〜1647)。 小牧・長久手の戦の講和の際、家康の次男秀康と共に人質として上京した。この年父重次のはからいで浜松に帰りこの日に元服した。
	12月10日	秀吉養子・羽柴秀勝(於次、織田信長五男)(1568〜1585)、丹波国亀山城(京都府亀岡市荒塚町周辺)で病没。享年18。墓所は高野山と大徳寺総見院に存在する。 木像は知恩寺瑞林院(京都市左京区田中門前町)、肖像画が大徳寺本坊と知恩寺に残る。遺領は、羽柴秀勝(幼名小吉)(1569〜1592)が継ぐことになる。
	12月12日	**徳川家康、下条牛千代(のちの康長)に書状を送り、天文23年に下条氏が武田信玄から与えられて領地としていた美濃恵那郡落合村を苗木遠山氏の遠山久兵衛に、恵那郡上村を遠山勘左衛門に引き渡すよう命じる。** 遠山勘左衛門は、勘右衛門利景(1540〜1614)であろうか。
	12月14日	「**今度小笠原右近太夫企逆意遂一戦之処…**」。 徳川家康、小笠原貞慶を退けた高遠城・保科弾正忠(保科正直)(1542〜1601)の戦功を賞する。
	12月21日	「**駿河国府内長谷寺屋敷之事 右如**」。家康、長谷寺に朱印状発給。
	12月21日	「**駿州府内修福寺旦過堂事 右自旧**」。家康、慶阿弥に朱印状発給。
	12月24日	「**於当院甲乙人等濫妨狼藉、禽獣殺**」。家康、真珠院に朱印状発給。
	12月24日	「**駿州由井・寺尾之内拾七貫五百文**」。 家康、佐野兵左衛門尉に朱印状をもって知行充行。
	12月28日	家康の臣酒井忠次(1527〜1596)、三河国山中八幡社の社領を安堵する。 山中八幡宮は、愛知県岡崎市舞木町宮下。
	12月―	この月、関白秀吉の「黄金の茶室」が披露される。 平三畳の随所に黄金が施された茶室で、組み立て式であり、御所や名護屋城など各所に運び込まれて披露、また、北野大茶湯でも披露されているという。

天正14	1月3日	米倉主計助忠継(1544〜1599)は、武川衆を代表して駿府に人質を差し出した。 **石川数正の出奔により甲斐・信濃の国衆の間では動揺が起こり、武川衆も家康に対して人質を提出した。**
	1月9日	秀吉、上杉景勝(1556〜1623)に、徳川家康に対する尾張国への2月10日出陣の予定を伝え、景勝の出馬を要請する。
	1月10日	**家康、浜松から岡崎に赴く。**
	1月12日	秀吉、入京。

西暦 1586

天正14	1月13日	「今度証人之儀ニ付而、従平七・成吉其断被申候処、御差図之外若き衆まて、妻子駿州へ被」。

（今度、証人の事申越し候処、各々馳走あり、差図のほか兄弟親類を駿州へ差越し、無二の段、まことに感悦し候。殊に去る秋の真田表において万事に精を入れ、走廻り候旨、大久保七郎右衛門披露し候、走れ亦悦害せしめ候、委細は両人申すべく候、恐々謹言）。 5211

家康（1543〜1616）、武川衆中宛に書状を送る。

秀吉と家康の間には冷戦が続き、家康は、武川衆に人質の提出を要求した。
この時、武川衆諸士は家康の要求のほか、兄弟親類までを人質として駿河に送り届けたので、家康は感状を与えて誠意を褒め、さらに去年秋、信州上田での戦功をも追賞した。

1月13日　「……各馳走、差図之外兄弟親類駿」。

（差図のほか若衆まで妻子、駿州へ引越慌て、無二御奉公有るべきの由、御祝着に思召し候、殊に去る候、真田において大久保七郎右衛門申上げられ候、毎度御無沙汰存ぜられず候間、御喜悦成され候、恐々謹言）。 5212

家康、武川衆中宛に書状を送る。

1月14日　関白秀吉、参内して新年を賀す。 5213

1月15日　関白秀吉、禁裏小御所に大坂城の黄金茶室を運び組み立て、千利休を随伴し、茶会を開催、茶湯を献上。 5214

1月19日　秀吉（1537〜1598）、家臣宛に十一ヶ条からなる定書を発する。奉公人や百姓をどう扱うべきか定めた朱印状であった。 5215

1月23日　家康の臣石川家成（1534〜1609）、三河国本證寺に、寺内・山林などの同寺領安について、家康に取り次ぐことを伝える。 5216

1月24日　織田信雄（1558〜1630）、秀吉の三河国出陣の意思に対し、同国へ下向し徳川家康（1543〜1616）との調停をはかる。 5217

1月27日　**織田信雄、三河岡崎に赴いて家康に会い、上洛を勧め、関白秀吉との和議を説得。秀吉は、異父妹・朝日姫（旭姫）を家康に嫁がせることを約していた。秀吉は、「家康成敗」を掲げつつも、家康を懐柔し、臣従化を図ろうとしてきた。** 5218

1月29日　**家康、浜松城に帰城。** 5219

1月一　この月、関白秀吉、石川数正（1533〜1592？）に、和泉河内で8万石を宛がう。
数正は、この時、「出雲守吉輝」と改名という。 5220

1月一　この月、秀吉政権、京枡十合枡を一升と定める。17世紀末には全国がこの京枡に統一される。 5221

2月2日　「今度於其元情を入之由、殊真田筋」。
家康、小池筑前守信胤・津金修理亮（津金胤久）（1546〜1622）・小尾監物の当地情報報告を賞す。 5222

2月8日　**「家康、秀吉と和議」。**徳川家康（1543〜1616）、関白秀吉（1537〜1598）との和議を承諾。秀吉は家康の討伐中止を決定する。 5223

2月16日　家康の臣本多正信（1538〜1616）、三河国本證寺に、同寺内山林などの寺領を安堵することを伝える。 5224

2月16日　家康の臣石川家成（1534〜1609）、三河国本證寺に、家康が同寺領の安をなおざりにしないことを伝える。山林を寺内と認める徳川家康の意向を伝えた。 5225

天正14	2月21日	「聚楽第工事、はじまる」。
		関白秀吉、平安京大内裏の故地である内野に、新第(聚楽第)の工事を始める。総責任者に豊臣一族である近江八幡山城43万石の羽柴秀次(1568〜1595)、前野長康(坪内光景)(但馬出石5万3千石)(1528〜1595)が作事奉行として殿舎の建築、高力清長(家康家臣)(1530〜1608)が造営奉行として石垣工事を担当という。
	2月22日	関白秀吉、妹の朝日姫(旭姫)を徳川家康に嫁がせるため、織田信雄家臣・滝川雄利(1543〜1610)と、土方雄久(1553〜1608)を三河に向かわせる。家康の重臣である酒井忠次(1527〜1596)と協議させる。
		秀吉は家康を上洛させようとして異父妹旭姫を離別させた上で、家康の正室に送り込むことにした。正室として嫁がせるといっても、家康を上洛させるための人質であることは秀吉・家康双方ともに承知であった。
	2月23日	関白秀吉(1537〜1598)、入洛。この日、新第(聚楽第)の縄打ちがある。
	2月23日	関白秀吉、加藤左馬助(加藤嘉明)(1563〜1631)宛に、朱印状をもって大坂築城石運定書を発給。翌年正月より大坂城第二期普請が本格的にはじまる。
	2月23日	深溝松平家忠、駿河国での徳川家康と北条氏政との会談のため遠江国浜松へ赴く。
	2月26日	**徳川家康、北条氏政と対面するため浜松を発ち伊豆に向かう。**
	3月2日	「肴之役、年中黄金三拾両ニ相定之候」。徳川家奉行連署状。
		桜井、以清斎、石四郎右、玄随斎、日下部、成瀬が、坂田甚八へ、領内の魚商統制権を与える。
		武田旧臣の桜井安芸守信忠・市川以清斎昌忠・石原四郎右衛門昌明・工藤玄随斎善盛、家康家臣甲斐国奉行の日下部兵右衛門定好(1542〜1616)・成瀬吉右衛門正一(1538〜1620)である。
	3月5日	**家康家臣・本多忠勝39歳(1548〜1610)、関白秀吉の名指しで幣帛使として出立。**
		忠勝は、小牧・長久手の戦いでの活躍などにより、秀吉からも東国一の勇士と賞賛されていた。幣帛使(へいはくし)とは、官国幣社・府県社などの祈年祭・新嘗祭の際に、幣帛を供進するための使者。
	3月8日	**家康、駿河国と伊豆国の国境を越え北条氏領の三島に赴く。**
		北条氏直との同盟中でありながら、秀吉に臣従した事を説明するためである。
	3月8日	家康の臣大久保喜六郎忠豊(ただとよ)(1543〜1586)、没。晩年は榊原康政の与力。
	3月9日	「**家康、北条氏政と会見**」。家康(1543〜1616)、黄瀬川を渡り、伊豆三島で北条氏政(1538〜1590)と会見、同盟関係を再確認して強める。
		北条方は北条氏規・垪和氏続(はがうじつぐ)・山角康定ら、家康方は酒井忠次・榊原康政らがメンバーであったという。
	3月11日	「**徳川領の沼津に北条氏政が来て会見**」。
		氏政、黄瀬川を渡り、沼津にて家康と会見。両者はまたまた黄瀬川を渡り直し、北条領側の「惣河原」で酒宴を催すという。
		北条氏規は、家康を三枚橋城(静岡県沼津市大手町)まで送る役(山角が送ったとも)を命じられ、家康は労として氏規に三枚橋城兵糧米1万俵を贈り、宿老朝比奈泰寄にも別に兵糧米千俵を与えられた。氏規への過分な米贈呈も心からの詫であった。また、家康は沼津の城の一部を取り壊すなどして北条氏に対して感謝を示した。戦国大名同士が同盟を締結する場合、国境の砦や城は破却されるのが原則であった。

西暦 1586

天正14	3月11日	家康家臣本多忠勝、京都内野の第にて、関白秀吉に正式拝謁。夜、秀吉より粟田口吉光の脇差と小倉山荘の色紙を拝領。	5238
	3月14日	「今度令遂対談、弥御入魂、散日来」。 家康、小田原に書状を送る。「委細朝比奈弥太郎可申入候」と記した。	5239
	3月16日	イエズス会の日本副管区長ガスパル・コエリュ（ポルトガル人）らの南蛮人一行、大坂城で秀吉に対面する。 関白秀吉、明国征服に関して、南蛮船の支援を要請。島津氏の侵攻で、布教に苦慮する南蛮人からは九州への秀吉の出馬を要請する。秀吉、己の死せる後、名と権勢を伝え残すために大陸を攻める決意を伝える。 「下賎より身を起こした予も、すでに最高の地位に達し、日本国内を無事安穏に統治したく、それが実現したうえは、この日本国を弟の美濃殿（羽柴秀長）に譲り、予自らは専心して朝鮮とシナを征服することに従事したい。そのうえで予は日本に帰るつもりである。将来日本人の半ば、もしくは大部分のものがキリシタンになろう」。	5240
	3月16日	「百石積船壱艘事 右、分国中諸役」。 家康、末木土佐守に朱印状発給。末木土佐守は、末木新左衛門尉（八田村新左衛門尉）という。	5241
	3月19日	「其地江被納御馬之由、先以目出度存候、仍拙者儀、駿甲為見廻与、此地迄令出馬候、程□候之間、節〻可申談候、委細猶濃州迄申入候条、不能詳候、恐〻謹言、」。 家康、某を通じて、北条氏政・氏直に書状を送る。	5242
	3月21日	家康、浜松に帰城。	5243
	3月23日	「其表別一和之儀、急度以使者不申入候之條、以松平玄蕃允申候、」。 家康、某を通じて、北条氏規(1545〜1600)に書状を送る。	5244
	3月26日	深溝松平家忠、浜松城に出仕する途上、三河国吉田に立ち寄る。	5245
	3月27日	「墨付覚之事 一年来申談候ニ付面」。 家康(1543〜1616)、安房館山(千葉県館山市)の里見殿(里見義康)(1573〜1603)に起請文を送る。本多佐渡守(本多正信)(1538〜1616)も、里見太郎殿(里見義康)に起請文を送る。 家康は、東国地方での地位を固めるのに努力する。	5246
	4月一	家康、関白秀吉の妹・朝日姫(旭姫)を正室とすることを約す。 秀吉は他家に嫁していた朝日姫を、家康正室に押し付ける。 この時家康は、「朝日姫が家康の子を産んでも嫡子とはしないこと」・「長丸(のちの秀忠)を秀吉の人質としないこと」・「万一、家康が死去しても秀吉は徳川領五ヶ国を長丸に安堵して家督を継がせること」を条件にしたという。	5247
	4月1日	大坂に赴く途次の秀吉、大仏殿建立の地を東福寺近傍に定める。 当初は東福寺付近に建立予定であった。	5248
	4月3日	深溝松平家忠(1555〜1600)、三河国当部(東部)城へ赴く。	5249
	4月3日	天正11年(1583)に駿河久能城(くのうじょう)(静岡県駿河区根古屋)七千石の城主に取り立てられた、家康異父弟の松平康俊(1552〜1586)は、足の障害のため出陣できず、病気がちとなって、久能にて没。35歳。	5250

天正14	4月5日	「**九州の役（天正14年4月5日〜天正15年6月7日）」はじまる。** 大友宗麟（義鎮）(1530〜1587)、関白秀吉(1537〜1598)に面会し、島津氏の豊後侵入を訴えて島津討伐を要請。これを受諾した秀吉、大坂城内を案内、その後茶で饗応。宗麟は、この城のあまりの豪華さに驚き、「三国無双の城である」と称えた。 羽柴秀長、大友宗麟へ、「内々之儀者宗易、公儀之事者宰相（秀長）相存候。御為ニ悪敷事ハ不可有之候」(内々の儀は宗易(千利休)、公儀の事は宰相(秀長)が存じ候。御為に悪しきことはこれあるべからず候。)と発言。 宗麟、千利休の馳走に感動し「宗易ならてハ関白様へ一言も申上人無之と見及申候」(宗易ならでは関白様へ一言も申しあぐる人これなしと見及び申し候)と観察。 宗麟、羽柴秀吉・松井友閑・宮木宗賦らより贈物を賜わる。
	4月5日	秀吉、美濃国大垣城の一柳直末に、徳川家康と秀吉の妹（朝日姫）の祝言につき、尾張国清須までの人足・馬を用意するよう命じる。
	4月5日	家康の臣酒井重忠(1549〜1617)・久松長家(俊勝)(1526〜1587)、僧粟田教円に、三河国平地御坊建立の竹木を調達することを伝える。
	4月12日	「**参州岡崎極楽寺領局寄進之地、壱」。** 家康、朱印状をもって、三河国極楽寺の2石5斗2升の地と山を安堵する。
	4月13日	家康の名代として榊原康政39歳(1548〜1606)が遣わされ、大坂城にて、家康と朝日姫（旭姫）との結納が成立。
	4月16日	「**天正十四年卯月十六日　康　家康」。** 家康、松平（依田）新六郎の元服に際し「康」の一字を与え、康貞と名乗らせる。依田信蕃の次男・依田康勝(1574〜1623？)という。
	4月16日	深溝松平家忠、普請のため三河国長沢へ赴く。
	4月22日	「**方広寺大仏殿建立開始」。**秀吉、大仏殿建立の用材の運上を諸将に命じる。
	4月22日	秀吉、伊藤秀盛・一柳直末に、徳川家康と秀吉の妹（朝日姫）の祝言につき人夫・伝馬の用意を命じる。
	4月22日	深溝松平家忠(1555〜1600)、徳川家康に三河国当部（東部）城普請の破損を伝える。
	4月23日	秀吉、山内一豊・堀尾吉晴に、徳川家康と秀吉の妹（朝日姫）の祝言につき、人夫を美濃国大垣まで派遣することを命じる。
	4月23日	本多忠勝、祝言の使者として大坂へ出発。
	5月1日	長宗我部元親、大沢橘太夫へ、徳川家康への材木引物を京着させたことを賞す。また茶屋四郎次郎清延へもその旨を報じた事を通知。
	5月4日	**関白秀吉、イエズス会に対してキリスト教布教の許可証を発給。**
	5月7日	「**去々年者芳墨殊預音信候、祝着至」。** 家康、書状を送ってきた高野山成慶院に返書を送る。
	5月12日	朝日姫（旭姫）一行が吉田(愛知県豊橋市)に到着した。 輿は長柄の輿が12挺、釣輿15挺。代物3千貫。金銀2駄。御道具は数知れずと記録されている。

西暦*1586*

天正14	5月13日	「三月十四日書状加披見候、家康事種々依懇望、誓紙・人質等堅相卜令赦免候、然者東国儀近日差遣使者、境目等之儀可相立候、若相滞族有之者、急度可申付候之間、可被得其意候、何茂不図為富士一見可相越之条、猶其刻可申候也、」。 関白秀吉、三楽斉(太田資正)に書状を送り、家康が誓紙と人質を差し出すと懇願してきたので赦免することとした。関東の境目について近日中に使者を派遣し定めます。もし抵抗する者がいれば制圧すると思って下さい。いずれにしても富士山を一目見たくそちらへ出向きたく存じます。	5267
	5月14日	**「家康、朝日姫を娶る」。** 徳川家康45歳(1543～1616)と秀吉の妹・朝日姫44歳(1543～1590)の婚儀が浜松城で行われる。(日は異説あり、4月28日)。 秀吉に命じられた浅野長吉(後の長政)(1547～1611)らが、赴いたという。 秀吉は引手物として、黄金を馬五疋(五駄)分を家康に贈呈した。 黄金一駄とは金四十貫文にあたり、黄金一両は約四匁だから総計黄金五百両、十両大判で五千枚という莫大な数量であった。 そして朝日姫(旭姫)と家康の後継者である三男の長丸(秀忠)と母子の盃を交わしたとされる。	5268
	5月16日	**婚儀祝いの御能が浜松城で催される。**	5269
	5月19日	深溝松平家忠、三河国当部(東部)へ赴く。	5270
	5月25日	関白秀吉、陸奥搦目城(白川城)(福島県白河市藤沢山)の白河氏に書を送り、徳川家康を赦免した事と、関東静謐に乗り出す意向を示す。	5271
	5月26日	**婚儀無事終了の報告のため、家康の名代として榊原康政39歳(1548～1606)、上洛。** 秀吉はかつて康政の首を欲したが、今はその気がないと伝え、康政の武勇と忠誠心を褒め称えたという。	5272
	6月7日	上杉景勝(1556～1623)、菊姫(大儀院)(1563～1604)と共に初めて上洛し、本国寺(後の本圀寺)を宿所とする。 直江兼続(1560～1619)も、お船の方(1557～1637)と同道。	5273
	6月10日	吉田兼見、徳川家康家臣・奥平貞能(定能)(「牧庵」)(1537～1599)の摂津国有馬湯治の予定前に病状が悪化した報に接し南豊軒を見舞に派遣。	5274
	6月11日	**「家康、本證寺の「御願」を認める」。** 久松長家(俊勝)(1526～1587)、三河国本證寺に、入用があれば申し出るよう伝える。	5275
	6月14日	上杉景勝、大坂城で関白秀吉(1537～1598)に謁見し、臣下の礼を取り、白銀5百枚、越後上布3百反を贈る。 石田三成、周旋する。	5276
	6月19日	深溝松平家忠(1555～1600)、徳川家康より三河国当部(東部)城の塀を下ろすことを命じられる。	5277

天正14	6月20日	「天正十四年六月廿日 康 家康」。 徳川家康、伊那郡の下条六郎次郎に、名乗一字を許す。 下条頼安(1556〜1584)の死後、甥にあたる信正(1552〜1582)の嫡子牛千代が継ぎ、家康から一字を与えられて「康長」と名乗った。 下条頼安死後に統制を欠いてきた下条氏家中に対する家康の慰撫策であり、いまだ年少である当主康長に権威を持たせて下条氏の統制を旧に復せしめようとするものであった。 閏8月の「第一次上田合戦」で徳川方として陣中にあった下条氏は、陣小屋で火事騒ぎを起こしてしまい、謀叛の嫌疑がかけられた。康長はすぐさま家康に陳謝したため、特別に許された。騒動は一件落着したと思われたが、失火の因を作った佐々木新左衛門は、含むところがあって事を構え家康に讒訴した。家康はあらためて康長の重臣らを駿府に召し出し、尋問吟味した。これに対し老臣らは申し訳がたたず窮地に陥り、ついには下条へ逃げ帰ってしまった。 翌天正15年3月、康長は徳川氏から受けた恩に対する下条氏の忘恩の措置許されずとして、飯田城(長野県飯田市追手町)に招致され、拘禁される。その後、康長は飯田城から逃れたものの、その後、世に出ることはなく下条氏は没落した。	52
	6月24日	木曽川で大洪水、美濃と尾張の国境が変化する。 のちに秀吉は、木曽川河線の川筋をもって濃・尾の国堺と定め、尾張国葉栗・中島・海西の三郡を両国に分割すという。	52
	7月10日	深溝松平家忠、三河国中島の堤を修築する。	52
	7月15日	上杉景勝(1556〜1623)、矢沢薩摩守頼綱(昌幸の叔父)(1518〜1597)に手紙を送る。 真田昌幸(1547〜1611)が去年味方に属しながら、日を経ずして離反したことを糺す。 昌幸は、秀吉臣下となっていた。昌幸は、上杉に助力を頼み、さらに秀吉その人にも窮状を訴えて助力を懇請、秀吉から「心易かるべく候」との言質を得た。 「いまだ書面はできないが、書状をお送りする。その地での在城のご苦労は何とも致し方ないことである。さて真田安房守が去年当方に属し日を経ずにやめたことは、いかようの存念があるのか不審千万なことであった。しかしながら、北条安芸守(北条高広)から使者をもらい、その返答から始め、中、終わりの心底を確かに聞き届け、拠らないことだと思っている。今後のことは猶予し入魂にするのであれば、少しも別儀はない旨をよくよく伝えてほしい。なお、使いの僧が口上を申し上げる。恐る恐る謹んで申し上げる」。	52
	7月17日	**徳川家康(1543〜1616)、真田昌幸を討つために、駿府まで出馬する。19日、甲府着。 秀吉は家康の計画を知り、真田昌幸を説諭し家康にも中止を要請。**	52
	7月18日	三河国当部(東部)城の塀・門が壊される。	
	8月一	この月、「天正の北山一揆－8月〜天正17年(1589)5月」。関白秀吉の検地に反対し、奥熊野(紀伊国牟婁郡東部)に起きる。	
	8月3日	石田三成(1560〜1600)、増田長盛(1545〜1615)と共に、真田昌幸に関する秀吉裁定および関東・奥羽の安堵についての方針を、上杉景勝(1556〜1623)に伝える。 **真田昌幸、秀吉に「表裏比興の者」と評される。** 秀吉は景勝に伝えた。「真田は「表裏比興者に候之間」であれば成敗しなければならない、ついては家康の兵が働くが、上杉氏は真田を一切支援してはならない」。	
	8月7日	**秀吉から真田攻撃を延期するよう伝えられた徳川家康、関白秀吉の調停により真田攻めを延期する。**	52

西暦 **1586**

天正14	8月9日	「家康自身相働かれ、真田の首刎ねられる儀専一に候事」。 秀吉、家臣水野惣兵衛忠重(家康の母方の叔父)(1541〜1600)に書を送り、信濃より浜松に帰りて、真田昌幸討伐のこと等につき、家康に伝へしむ。この頃に忠重は、秀吉の直臣となっていたようである。	5287
	8月9日	「禁制 塩山 一於当山剪採竹木、」。家康、塩山に判物発給。	5288
	8月10日	「神主居屋敷門内并二之宮之郷社」。家康、二之宮神主に朱印状発給。	5289
	8月10日	「定 一宮中殺生禁断之事 一竹木」。家康、二之宮に朱印状をもって定書。	5290
	8月14日	「山西藤枝白子町之事、云新所、云他国者」。 家康、小川孫三に朱印状発給。駿河国外の者が白子町(名古屋市)へ居住することを奨励し、白子町に居住して来た者が貧窮していたため、諸役を免除したという。	5291
	8月14日	「当寺中竹木見伐并棟別五百四拾五」。家康、妙慶寺に朱印状発給。	5292
	8月16日	関白秀吉、上杉景勝(1556〜1623)に、信濃郡割に付いて意を伝え、併せて、徳川家康と協力すべきを命ず。	5293
	8月18日	「駿州声聞士等、自先規郷次之普請」。家康、駿中院内に朱印状発給。	5294
	8月20日	**家康、上田城再攻撃を取りやめて駿府から浜松に帰る。**	5295
	9月6日	秀吉、木村吉清(?〜1598)を、上杉景勝の許に遣わし、越後新発田並びに真田昌幸の属城上野沼田表らのことにつき指図する。 秀吉、上杉景勝に、真田氏は国に敵対するものだから成敗すると伝えた。	5296
	9月7日	「遠州浜松庄新橋之郷大通院於寺中」。家康、大通院に判物発給。	5297
	9月7日	「遠州浜松庄鴨江寺領、同寺中門前」。家康、鴨江寺に判物発給。	5298
	9月7日	「遠州井伊谷龍潭寺之事 一彼寺為」。家康、龍潭寺に判物発給。	5299
	9月7日	**家康、浜松より駿河に下る。**	5300
	9月7日	深溝松平家忠(1555〜1600)、徳川家康の屋敷引越し祝いのため駿府に赴く。	5301
	9月9日	「秀吉、豊臣姓を賜る」。 関白秀吉(1537〜1598)、「藤原」に替わり「豊臣」の本姓を、朝廷より受ける。月日は太政大臣に昇った時(12月19日)など異説あり。	5302
	9月11日	「天正度御在城、御座所となりしは、天正十四年より同十八年までなりき」。家忠日記追加にいう。「第十、天正十三年乙酉七月十九日、大神君駿府の城に来臨あり、閏八月十四日駿府の城経営に依って大神君の命を奉りて松平主殿助家忠駿府に至る。同十四年丙戌九月十一日大神君浜松の城より駿府の城に移りたまう。諸士群参してこれを祝し奉る。松平主殿助家忠太刀一腰ならびに樽肴を献ず云々。今日吉日たるに依って仮に駿府城に移りたまいて浜松に還御あり」。(『家忠日記』)。 **家康、この日は吉日ということで、仮に駿府城に移る儀式(御屋渡りの祝言)を行う。**	5303
	9月14日	「就駿河在国、以奇瑞、浅間造宮勧進之事、」。 家康、朱印状をもって遠江国中・甲斐国中に、駿河国浅間社造営のため家ごとに米を賦課する。	5304
	9月15日	「就駿河在国以奇瑞浅間造営勧進之」。 家康、朱印状をもって三河国中に、駿河国浅間社造営のため家ごとに米を賦課する。	5305
	9月23日	本願寺顕如、興正寺顕尊(1564〜1599)の三河国下向のため、徳川家康に書状などを送る。平地御坊住持顕尊(顕如の次男、教如の弟)、大坂天満を三河に向けて発つ。	5306

天正14	9月25日	「真田事先書の如被仰遣候表裏者候間、御成敗之儀、家康雖被仰出候、此度之儀先以相止候」。豊臣秀吉(1537～1598)、真田征伐の中止を上杉少将(景勝)に伝える。
		秀吉は家康の服属が決まり、真田氏討伐を止めた。
	9月26日	徳川家康(1543～1616)、三河国岡崎へ赴き、秀吉の使者浅野長吉(長政)(1547～1611)らと会う。豊臣秀吉・織田信雄、徳川家康に使いを遣わし大政所(1513～1592)を人質に送ることを約し、家康の上洛を促す。
	9月26日	「家康の上洛が決定」。 徳川家で羽柴(豊臣)家への対応に関する評定が岡崎城で行われ、家康の上洛が決定される。大政所は、朝日姫(旭姫)見舞いの名目で、岡崎に赴くことになる。 **家康は、酒井忠次(1527～1596)ら家臣の反対を押し切って上洛を承諾した。**
	9月27日	**家康、岡崎より浜松城に戻る。**
	10月1日	豊臣秀吉と徳川家康の確執により、興正寺顕尊の三河下向が停止される。 平地御坊住持顕尊、天満に戻る。
	10月4日	**秀吉の奏請によって、羽柴秀長(1540～1591)と徳川家康45歳(1543～1616)が、権中納言に昇進。**
	10月5日	石田三成・増田長盛、上杉家臣直江兼続へ、景勝上洛の際に真田討伐後は真田領を与えるとしたが、成敗を中止することを伝える。
	10月7日	奈良興福寺の僧・多聞院英俊、秀吉の母大政所が、人質として三河国へ下向することを伝え聞く。
	10月8日	豊臣秀吉、美濃国大垣城の一柳直末に、秀吉の母大政所の三河国下向のため、尾張国清須まで送り届けるよう命じる。
	10月8日	「…仍屋敷普請之儀付而被入情」。 家康(1543～1616)、藤堂与右衛門尉(藤堂高虎)(1556～1630)に書状を送る。 家康の京都邸造営作事奉行を担当したのは、藤堂高虎であった。
	10月10日	秀吉、田中吉政・一柳直末(1553？～1590)に、秀吉の母大政所の三河国下向日が一日早まったことを伝え、人夫・伝馬の用意を命じる。 羽柴秀次家老・田中吉政(1548～1609)、秀吉生母・大政所の岡崎行きについて、途中警護を命じられる。
	10月12日	「定 一於当寺中狼籍禁制之事 一」。 家康、称願寺(山梨県笛吹市御坂町上黒駒)に朱印状をもって禁制発給。
	10月14日	関白豊臣秀吉の母・大政所74歳(1513～1592)、朝日姫(旭姫)を訪ねるという名目で、三河へ向け京都を出発。
	10月14日	**申し合わせた徳川家康45歳、大政所出発同日、浜松を発ち岡崎城に向かう。** **家康、上洛のため三河国吉田に到着する。**
	10月15日	家康の臣本多広孝(1528～1598)、芝田(柴田)康忠(1538～1593)に、岡崎城の酒井忠次(1527～1596)に代わり、三河国などに山伏法度が発せられたことを伝える。
	10月18日	岡崎城に秀吉の母・大政所が到着する。 深溝松平家忠(1555～1600)は、池鯉鮒に至ってこれを迎える。
	10月20日	秀吉(1537～1598)、美濃大垣城の一柳直末に、母大政所の三河国岡崎到着につき、様子を報告するよう命じる。

西暦**1586**

天正14	10月20日	上洛を拒み続けた徳川家康、酒井忠次・本多忠勝・榊原康政等の軍勢と共に岡崎城（愛知県岡崎市康生町）を発ち、上洛の途に就く。	5324
		家康は、大政所を任せた井伊直政と大久保忠世へ、自分に万一のことがあれば大政所に腹を切らせること、妻の朝日姫は助命して返すことを伝えるという。	
	10月24日	徳川家康、上京して、百足屋町新町（中京区新町通蛸薬師下ル）の茶屋四郎次郎清延（初代）（1545〜1596）の館に入る。	5325
	10月24日	家康重臣酒井忠次（1527〜1596）、秀吉の奏請により、家中では最高位の従四位下左衛門督に叙任。関白豊臣秀吉から在京料として近江国千石と京に邸宅（京都桜井邸）を下賜される。 人たらし秀吉の魔の手は、石川数正に続き、酒井忠次にも伸びてきた。	5326
	10月26日	家康、大坂に赴き、羽柴秀長邸に宿す。接待役は藤堂高虎。	
		当夜、関白秀吉来訪、秀吉自身が家康に臣従を求める。秀吉は、翌日の対面時には、自分に対して非常に丁寧に挨拶してほしいと家康へ依頼した。家康が自分を敬えば、諸大名も自分へ主君の礼を尽くすと考えたからであった。（『武徳編年集成』）。	5327
	10月27日	「家康、秀吉に臣従」。徳川家康（1543〜1616）、大坂城において諸大名列座の場で、上段の間に座す関白豊臣秀吉(1537〜1598)に謁見し臣従を誓う。 秀吉から家康に白雲つぼ、正宗の脇差等が、家康から秀吉に金子百枚・縮百端・御馬等進呈。 秀吉の真田氏に対する徳川氏への対抗勢力としての価値が変化したことにより、態度の転換が見られ、昌幸は「表裏比興者」などと称されている。	5328
		これ以降、真田氏の存在は秀吉にとって、家康に対する外交のために利用されることになっていく。	
	10月28日	羽柴秀長（1540〜1591）、猿楽を興行して、家康を響す。	5329
	10月28日	「…仍採燈護摩札御守并」。 家康、聖護院の僧勝仙院に、三河国などの山伏を疎略にしないことを伝える。	5330
	11月1日	徳川家康、再度京都に入る。	5331
	11月1日	豊臣秀吉、家康と共に内野第（聚楽第）の工事進捗を見、家康第（長者町屋敷）を内野に営ます。 家康の京都邸造営作事奉行を担当したのは、藤堂高虎（1556〜1630）であった。秀吉は、家康の屋敷を聚楽第の邸内に作るよう秀長に指示、秀長は作事奉行として高虎を指名した。高虎は渡された設計図に警備上の難点があるとして、独断で設計を変更、費用は自分の持ち出しとする。 のちに家康に引見され、設計図と違う点を尋ねられると、「天下の武将である家康様に御不慮があれば、主人である秀長の不行き届き、関白秀吉様の面目に関わると存じ、私の一存で変更いたしました。御不興であれば、ご容赦なくお手討ちください」と返した。	5332
		家康は高虎の心遣いに感謝し、高虎との長き付き合いの始めとなる。	

天正14	11月4日	「去月廿一日之書状、今月四日加披見候、随而家康於無上洛者、三川境目ニ為用心殿下被成御動座、北国衆其外江州何も宰相ニ相添、関東江可差遣旨相定候之処ニ、家康上洛候て令入魂家様にも関白殿次第与申候間、別而不残親疎、関東之儀家康と令相談、諸事相任之由被仰出候間、被得其意、可心易候、真田・小笠原・木曽両三人儀も、先度其方上洛之刻如申合候、徳川所へ可返置由被仰候、然者真田儀可討果ニ相定候といへとも、其方日比令相談られ候間、真田を立置、知行不相違様ニ被仰定、家康ニ可召出之由被仰聞候、真田儀条〼不届段先度被仰越候時、雖被仰聞候其方為候間、真田儀被相止御遺恨、右分ニ可被成御免候之条、其方よりも真田かたへも可被申聞候、委細増田右衛門尉・石田治部少輔・木村弥一右衛門尉可申候也、」。
		(先月二十一日付の書翰、今月四日に拝読した。家康上洛がなきときは三河境目に用心のため出陣し、北国衆や江州衆は秀長に付け、関東へ派遣すべきと決めたところ、家康が上洛して臣従し「処分は関白殿のお気に召すまま」と申してきたので、親疎問わず関東のことは家康と相談の上、景勝に万事任せると定めた。真田昌幸・小笠原貞慶・木曽義昌三名のことも先日其方が上洛した際に話した通りに、徳川へ土地を返すべきである。真田は本来討ち果すべきところではあるものの、そなたが日頃から付き合いがあるとのことで、真田を間に立てて、知行地の境界に間違いないように定め、家康に返すべきである。真田は数々の不届きがあると先日申したものの、そなたのためでもあるので真田への遺恨は捨て、赦免したので其方より真田へ伝えるように。詳しくは増田長盛・石田三成・木村吉清が申す)。
		秀吉、上杉少将との(景勝)へ書状を送る。
	11月5日	**秀吉、家康らと参内。従三位の羽柴秀長・徳川家康、正三位に昇進。**
	11月5日	「今度家康於京都御仕合能、早々御下向之由、誠目出太慶候、依之以山角紀伊守申達候、悉皆指南任入候、価為祝儀馬一疋黒井三種一荷進之候、委細令附与口上候、恐々謹言、」。
		北条氏直(1562〜1591)、家康家臣榊原小平太(康政)に書状を送り、家康上洛中の様子を尋ねるため山角定勝を使者として派遣するので悉くの指南を依頼する。
	11月7日	**和仁親王、正親町天皇の譲位を受けて践祚、後陽成天皇(第107代)(1571〜1617)となる。改元は行われない。**
		和仁親王は、正親町天皇の第一皇子誠仁親王(陽光院太上天皇)の第一皇子。正親町天皇(1517〜1593)は、仙洞御所に隠退。関白豊臣秀吉(1537〜1598)は、正親町天皇を廃し、若い和仁(後に周仁)親王を推戴、即位させた。
	11月8日	**九州征伐に従軍を申し出たが秀吉に止められた家康一行、京を出発、岡崎に向かう。家康は、九州の陣には本多広孝(1528〜1598)らを従軍させた。**
		11月「御在京ノ節厨料トメ江州守 山以下ノ地三万石付属セラル、酒井左衛門尉(忠次)ニモ京師二宅地ヲ賜フ、且江州ニテ采邑千石ヲ授ラル、」(『武徳編年集成』)とあり、秀吉から家康は在京賄料として江州に3万石、酒井忠次は屋敷及び千石を賜ったようだ。
	11月9日	徳川家臣榊原康政(1548〜1606)、従五位下・式部大輔に叙任。
	11月11日	**家康、岡崎に帰る。**
		深溝松平家忠(1555〜1600)、尾張国大高付近で徳川家康を迎え、三河国岡崎まで随行する。

西暦**1586**

天正14	11月12日	**徳川家康(1543～1616)、井伊直政(1561～1602)に護衛を命じて、関白秀吉母・大政所(1513～1592)を大坂に向け出発させる。**	5340

11月12日　**徳川家康(1543～1616)、井伊直政(1561～1602)に護衛を命じて、関白秀吉母・大政所(1513～1592)を大坂に向け出発させる。**
大政所は帰洛後、秀吉に語る。「岡崎にて井伊直政・本多重次なるもの我居所を守りしに、側に薪を積み置て、若し京都に変事あらむには、すみやかに焼殺さんとせし恐ろしさ今に忘れやらず」。
本多重次(1529～1596)は、秀吉の心証を著しく損なったという。
5340

11月15日　「関東惣無事之儀付而、従羽柴方如此申来候、其趣先書申入候間、只今朝比奈弥太郎為持、為御披見進之候、好々被遂御勘弁、御報可示預候、此通氏直江も可申入候処、御在陣之儀候条、不能其儀候、様子御陣江被下届、可然之様専要候、委細弥太郎口上申含候、恐々謹言、」。

徳川家康、北条左京大夫(北条氏政、第4代の北条家前当主)に対して、関白豊臣秀吉が示した「関東惣無事之儀」についての添状を送る。家康は、朝比奈泰勝(1547～1633)を北条氏の下に派遣して、その趣旨を伝えたという。年度比定は異説あり。
5341

11月16日　朝日姫(旭姫)が三河国から遠江国浜松城に帰る。
5342

11月19日　「就元三会領之儀、使僧并杉原十帖・段子壱巻贈賜、令祝著候、座主宮(尊朝法親王)御判形之差符到来、遂拝閲候、弥可被抽天下之御祈祷・子孫繁昌之精祈候、恐々謹言、」。
家康、比叡山の三(山)門別当代御房に、贈物到来を謝す。
5343

11月20日　**徳川家康、岡崎から浜松に帰る。**
5344

11月21日　前田利家、三河国に在国中の遠山佐渡守(延友信光)に、上洛して豊臣秀吉に挨拶したことを祝う。
5345

11月21日　「其の方事、家康存分これ有りと雖も、此方に於いて直に仰せ聞けられ候。殿下も曲事に思し召し候と雖も、此の度の儀は相免ぜられ候条、其の意を成し、早々罷り上るべく候。猶、様子仰せ含めらるべく候。委細尾藤左衛門尉申すべく候也」。

秀吉(1537～1598)、真田昌幸(1547～1611)へ、家康がお前を恨んでいる件については、自分から直接言い聞かせてやった、自分もけしからぬことだとは思うが、今度だけは許してやるので上洛するようにと伝える。
5346

11月23日　**関白豊臣秀吉は、徳川家臣井伊直政26歳(1561～1602)の武力・政治的手腕を秀吉は高く評価し、この日、従五位下に叙位させ、豊臣姓を下賜したという。**
秀吉が母・大政所を送り届けた労いとして茶席を設けた際に、秀吉が井伊直政の見知った石川数正(1533～1592 ?)を相伴させようとすると、直政は「先祖より仕えた主君に背いて殿下に従う臆病者と同席すること、固くお断り申す」と同席を断ったという。
5347

11月25日　後陽成天皇(第107代)(1571～1617)、即位。関白豊臣秀吉らが、お庭の弓場で舞踏する。
5348

11月25日　関白豊臣秀吉(1537～1598)、後陽成天皇の女御として、猶子(近衛前久三女・前子)を入内させる。南北朝期以来の女御再興となる。
後水尾天皇母となる中和門院(1575～1630)である。
5349

12月1日　「九州の役(天正14年4月5日～天正15年6月7日)」。
関白豊臣秀吉、「島津征討令」を発し、九州征伐の出陣日を明年3月1日と発表、37ヶ国に兵を徴す。
島津攻めに際し、石田三成・長束正家・大谷吉継が、尼崎の兵站奉行となる。
5350

天正14	12月3日	**「秀吉、関東・奥羽の諸将に惣無事(大名間の私戦禁止)を出す」。**

「対石田治部少輔書状遂被見候、関東奥両国迄惣無事之儀、今度家康ニ被仰付条、不可有異儀候、若於違背族者、可令成敗候、猶治部少輔可申候也、」。

豊臣秀吉、石田三成へ書状を送付した下総国下妻城(茨城県下妻市本城町)城主・多賀谷修理進(多賀谷重経)へ、「関東・奥両国迄惣無事」の件は徳川家康に「仰付」けたので異議無きようにすべきこと、違反者については「成敗」することを通達。詳細は石田三成に伝達させる。

九州下向を間近に控えた秀吉は、北条氏をはじめとする東国の諸勢力を牽制する必要があり、家康の果たすべき役割を明確にしておく必要があった。

12月3日

「対富田左近将監(一白)書状披見候、関東惣無事之儀、今度家康ニ被仰付之条、其段可相達候、若相背族於有之者、可加成敗候、可成其意候也、」。

秀吉、白土右馬助との、片倉小十郎とのへそれぞれ、関東惣無事の件の書状を送る。岩城氏家中の白土右馬助はかつて上洛し、羽柴時代の秀吉と相識する仲となっていた。伊達政宗の伝役が片倉小十郎景綱(1557〜1615)である。

12月4日 「家康、居城を浜松城から駿府城へ移す―家康、駿府を五カ国の行政府とする」。

「十二月四日、大神君浜松城より駿府の城に移りたまう。御家人等月迫りたるの間、家を駿府に移す者少し」(『家忠日記』)。

秀吉との緊張関係が改善され西方の心配がなくなると、徳川家康45歳は、29歳から17年の間住み慣れた浜松より、居城を正式に駿府城へ移す。五ヶ国(駿河・遠江・三河・甲斐・信濃)の本城と定めた。

家康が駿府に移ったのは、秀吉から惣無事の事を託されたからとも、石川数正が家康を裏切ったため浜松城内の手の内を読まれてしまう恐れがあり、新たな戦略上からも駿府に移ったとも、家康が東海五カ国の大名となったため新しく領国の拠点を駿府としたとする説もある。

これ以降家康は浜松城に住むことはなかった。なお駿府城は家康が移ってからも工事が続けられ天守閣などの普請が完了したのは天正17年である。

12月12日

「九州の役〜戸次川の戦い」。豊薩合戦最後の戦いである。

島津家久(貴久の四男、義久の弟)(1547〜1587)率いる島津軍、豊後国戸次川で、仙石秀久(1552〜1614)、長宗我部元親(1539〜1599)・信親父子、大友義統(吉統)(1558〜1610)、十河存保らが率いる秀吉九州征伐勢を破る。

鶴賀城の危急に、長宗我部らの意見に耳をかさず渡河をした仙石秀久は小倉城に撤退。

秀吉の大友義統評価を決定付けた敗戦といい、後の秀吉朝鮮出兵における「文禄の役」での敵前逃亡の汚名を一身に負わされる結果を招く。

12月16日

豊臣秀吉猶子(近衛前久三女・前子)(1575〜1630)、後陽成天皇(1571〜1617)の女御宣下なる。摂家からの入内は久しく無く、南北朝期以来の女御再興となった。

12月16日

深溝松平家忠、三河国吉田へ知行地の不作についての文書を送る。

12月19日

豊臣秀吉、内大臣辞職。

12月21日

家康の鷹匠衆、三河国西尾から深溝松平家忠(1555〜1600)のところに立ち寄る。

^{西暦}1586

| 天正14 | 12月24日 | 「九州の役－天正14年4月5日～天正15年6月7日」。
豊臣秀吉、毛利輝元（1553～1625）へ、九州征伐に先立ち全7ヶ条の「条々」を発す。宇喜多秀家・羽柴秀長らの出陣予定と、秋月種実・龍造寺政家は「殿下御下知次第」になったことと、龍造寺政家の筑後国方面に於ける戦勝に触れ、秀吉の出馬以前は軽率な動向を戒め、今度の豊後国で「若輩之奴原」が秀吉の「御置目」に違反し「不届動仕越度を取」ったので、仙石秀久へ「跡職闕所」（罷免）を命令し、讃岐国の件は尾藤知宣（？～1590）を「奉行」に任命することなどを通達。そして秀吉出馬に備える防御態勢を調えるよう命令し、島津氏との境界にある要害の守備の徹底、島津氏に対する軽挙を戒めるなどの指令を下す。 | 5359 |
| | 12月25日 | **「豊臣政権が確立」。豊臣秀吉（1537～1598）、太政大臣（従一位）宣下。** | 5360 |

^{丙戌}1587

天正15	1月1日	豊臣秀吉、摂津国大坂城において公家衆・諸大名の参賀を受ける。羽柴秀次（1568～1595）、津田宗及の邸にて衣冠・衣紋を着し秀吉に祇候。 秀吉、年賀祝儀の席で、九州侵攻の部署を諸大名に伝え、軍令を下す。 総大将は豊臣秀吉、本軍10万の指揮は織田（羽柴）信秀（？～？）、副将として蒲生氏郷・池田照政（輝政）・堀秀政、徳川長丸（秀忠）の名代として本多忠勝（1548～1610）・榊原康政（1548～1606）が指名される。 真田昌幸の名代として信繁（幸村）（1567？～1615）が、秀吉から指名されて本軍・馬廻衆に組み入れられ、秀吉を護衛することとする。 別動隊15万の大将は豊臣秀長、副将には毛利輝元・長宗我部元親・細川忠興、軍師として黒田孝高（官兵衛）を指名。九鬼嘉隆・堀内氏善（1549～1615）・村上（能島）武吉（1533？～1604）・村上（来島）通総（1561～1597）らには、日向灘から薩摩・錦江湾に入らせ、島津家・本拠地の内城を攻撃するように命じる。	5361
	1月3日	秀吉、摂津国大坂城において大茶湯。堺衆5人（神屋宗湛、津田宗及ら）が出席。石田三成は饗応役で、宗湛の給仕をする。	5362
	1月4日	豊臣秀吉、書状を上杉景勝に送り真田昌幸の赦免を伝え、景勝をして、真田昌幸に上洛を命じる。	5363
	1月5日	深溝松平家忠、家康の臣酒井忠次（1527～1596）の上洛を見送るため、三河国吉田へ赴く。	5364
	1月6日	**北条氏、北条（太田）氏房（氏政の三男）（武蔵岩付城主）（1565～1592））に命じて、本城小田原城普請開始。対秀吉戦準備である。**	5365
	1月14日	真田昌幸（1547～1611）、秀吉から上杉景勝を通し、上洛を促される。	5366
	1月15日	**「駿遠両国鋳物師・惣大工職之事」。** 徳川家康、かな屋七郎左衛門（山田七郎左衛門門戸）に「駿遠両国鋳物師惣大工職」の朱印状を与える。当時の鋳物師は最新の兵器を製造する技術者でもあった。	5367
	1月18日	深溝松平家忠（1555～1600）、岡崎城代本多重次（1529～1596）のもとへ新年の挨拶に赴く。	5368
	1月21日	**徳川家康、駿府城築城工事を再開。**	5369
	1月25日	「九州の役－天正14年4月5日～天正15年6月7日」。 備前国岡山城（岡山市北区）主・宇喜多秀家（1572～1655）、豊臣秀吉に命じられ、1万5千を率い島津氏征伐のため秀吉の先陣として出陣。	5370

天正15	2月2日	「当寺庭中木石者不及沙汰、山林門」。家康、建穂寺に朱印状発給。 家康は建穂寺の観音会に参詣し、稚児たちが奏でる舞いが気に入り、浅間神社に奉納し天下泰平・五穀豊穣を祈願させた。その見返りとして、建穂寺に家康は駿河国最大の456石の寺領その他を寄贈した。現在の静岡市葵区建穂の建穂神社。
	2月7日	関白豊臣秀吉、新第(聚楽第)に於いて、公家たちの歳首の礼を受ける。
	2月10日	「九州の役」。羽柴秀長、1万5千5百を率い、島津氏征伐のため出陣。
	2月13日	**家康駿府城築城工事、一応完成する。**
	2月20日	「下方・厚原并久爾郷事一年来畠」。家康、百姓廿二人中に朱印状発給。駿河国富士市か、新田開発の諸規定が定められる。
	2月24日	「駿州江相越大儀候、早々可申述処、九州面出馬之儀付而延引候、次小笠原并真田両人事召上、対其方可被心之旨被仰聞、則酒井左衛門尉申合、伊藤大郎左衛門尉相添遣候条、被得其意、入魂簡要候、随而関東無事之儀、条々左衛門尉仁被仰含候、是又急度北条へ可被相進候、留主中五月以前ニ可被相極儀尤候、猶両人可　申候也、」。 **豊臣秀吉、徳川中納言(家康)に直書をもって、「関東惣無事」を託す。**
	2月24日	「去二日書状、加披見候、関東無殊儀之由、被申越候、然者八州儀、最前家康上洛刻、具被仰聞候間、定而御請可申候、自然北条相背御下知、佐竹・宇都宮・結城へ於相動者、従此方可被仰聞間、後詰可有之、用意可被申付候、猶石田治部少輔・増田右衛門尉・木村弥一右衛門尉可申候也、」。 徳川家康、上杉少将との(景勝)(1556〜1623)へ直書を送り、北条氏が北関東の諸将を攻撃した場合の戦闘支援を命じる。
	2月30日	豊臣秀吉、真田昌幸に、信濃の矢留を命ずる。
	3月1日	「九州の役(天正14年4月5日〜天正15年6月7日)―秀吉出陣」。 羽柴秀次と前田利家に京を守らせた豊臣秀吉、九州征伐のため約8万の軍勢を率い大坂城を発し、勅使・公家衆・織田信雄らがこれを見送る。
	3月6日	家康の臣酒井忠次(1527〜1596)、専修寺の僧慈智院に、家康が同寺による三河国内の末寺支配を承認することを伝える。
	3月11日	**家康、遠江巡視のため、駿府を発つ。**
	3月12日	「九州の役」。豊臣秀吉(1537〜1598)、備後国赤阪(広島県福山市赤坂)に到着し、足利義昭(1537〜1597)の出迎えを受ける。備後国沼隈郡津之郷村にある田辺寺で、対面という。遂に足利義昭は、秀吉の前に頭を下げる。
	3月14日	徳川家康の生母・於大の方の再婚相手、久松俊勝(1526〜1587)、三河国西郡で没。61歳。於大の方は、俊勝菩提寺の安楽寺で剃髪して「伝通院」と号した。
	3月17日	**家康、駿府に帰城。**
	3月18日	「真田昌幸、再び徳川氏に臣属」。 秀吉の命により、上田城主・真田昌幸(1547〜1611)・小笠原貞慶(1546〜1595)ら、駿府の徳川家康(1543〜1616)の下へ赴き、臣下の礼をとる。
	3月28日	「九州の役」。豊臣秀吉、長門国赤間関(山口県下関市)より豊前国小倉に渡海。 秀吉、吉川経言(後の広家)へ、豊前国小倉に到着した旨を通知し、詳細は大谷吉継に伝達さす。吉継、吉川広家へ、明日は豊前国馬嶽に進軍し古処山城を攻囲する旨を伝達。秀吉、豊臣秀長・宇喜多秀家らをして豊後より日向へ、自らは筑前・肥後へと二手に分かれて進軍とする。

天正15	3月一	「九州の役」。この月、九州攻めの秀吉養子・羽柴秀康(家康次男)(1574〜1607)、14歳で初陣。	5387
	4月1日	「「九州の役ー豊前岩石城(がんじゃくじょう)の戦い」。 豊臣秀吉、吉川経言(後の広家)・蒲生氏郷・前田利勝(利長)らをして、秋月氏の支城・豊前国岩石城(福岡県田川郡添田町添田)を陥落させる。秋月種実(1548〜1596)は、秀吉に各個撃破されることを恐れて支城の益富城(たねざね)を破却して全軍で古処山城に立て籠もった。 家康が軍中お見舞いとして遣わした本多豊後守広孝が加わり軍功を立てたという。	5388
	4月1日	「九州の役」。秀吉の本隊2万5千が、古処山城(福岡県朝倉市野鳥)の包囲に加わった同日深更、家康の使いとして九州に赴いた本多忠勝(1548〜1610)・榊原康政(1548〜1606)や真田信繁(幸村)(1567？〜1615)らが抜け駆けの夜討ちを古処山城に懸ける。	5389
	4月3日	「九州の役」。古処山城(福岡県朝倉市野鳥)の秋月種実、子の種長(1567〜1614)共々剃髪し、娘を人質に出し、黄金百枚、米2千石と、茶入「楢柴肩衝」を秀吉に献上して、降伏。豊臣秀吉は「天下三肩衝」の内、既に「新田」・「初花」は、手に入れていた。	5390
	4月17日	「九州の役ー根白坂の戦い」。根白坂赴援の豊臣秀長ら、日向国根白坂で、夜討ちに遭うも、島津軍を撃破。秀長(1540〜1591)は、木食応其・一色昭秀らを島津氏へ派遣し降伏を説かせる。改易された仙石秀久の後継として軍監に就任した尾藤知宣(？〜1590.)は、敗退する島津軍に対して、深追いは危険とし諸将を抑え、追撃を行わず、島津氏討伐の決定的な好機を逃してしまうこととなる。このことが、秀吉の怒りを買い所領を没収される。	5391
	4月21日	豊臣秀吉、肥後国八代で副管区長ガスパル・コエリュと定航船のポルトガル人を引見し、再び海外派兵を口にする。 「日本全土を平定し秩序立てたうえは、大量の船舶を建造せしめ、20万から30万の軍勢を率いてシナに渡り、その国を征服する決意であるが、ポルトガル人らはこれを喜ぶや(いなや)と付け加えた。そしてその問に対する(ポルトガル人らの)答えを聞くと、関白は無上に満悦(した様子)を示した。」	5392
	4月21日	「九州の役ー天正14年4月5日〜天正15年6月7日ー島津氏、和睦を申し入れる」。根白坂の敗戦を受けて、島津義久(島津氏第16代当主)(1533〜1611)、筆頭家老・伊集院忠棟(？〜1599)を人質として木食応其(1536〜1608)のもとに送る。 忠棟、豊臣秀長(1540〜1591)の本営を訪問、島津義久の謝罪を告げる。	5393
	4月28日	「下野国高田専修寺住持職相続事」。 家康、高田専修寺尭真之御房に判物発給。徳川家康、専修寺尭真に、明眼寺等の三河国内の末寺支配を承認することを伝える。	5394
	5月3日	「九州の役ー秀吉、全軍に休戦を令す」。 島津義久、秀吉の陣所に使いを出して降伏を申し入れる。豊臣秀長からも義久の無条件降伏を知らされた秀吉、これを認める。	5395
	5月4日	「……追而平均可被仰付候由、令推」。 家康、藤堂与右衛門尉(藤堂高虎)に書状を送り、「九州の役」戦功を褒める。	5396
	5月8日	「九州の役(天正14年4月5日〜天正15年6月7日)」ー秀吉、九州平定」。 島津龍伯(義久)(1533〜1611)、秀吉の布陣する泰平寺へ参謁。佐々成政・堀秀政の取り成しにより豊臣秀吉に拝閲。	5397
	5月11日	三河明眼寺・満性寺、三河城主に対し一身田への出仕を断る。	5398

天正15	5月13日	「九州の役」。豊臣秀吉、弟・秀長へ全11ヶ条の「条々」を下す。 大隅・日向両国の人質解放を命令したこと、長宗我部信親の戦死を悼み大隅国を長宗我部元親へ下す予定、島津義久降伏の様子、黒田孝高(官兵衛)を添えて毛利輝元・小早川隆景・吉川元長を薩摩国に移陣させること、岡城の志賀親善の忠節に報い大友宗麟の判断で日向国内に城を与えること、大友義統(吉統)と談議し豊後国内の不要な城の破却命令、日向国における大友宗麟の知行取分は宗麟の覚悟次第とすること、宇喜多秀家・宮部継潤・蜂須賀家政・尾藤知宣・黒田孝高(官兵衛)に日向国・大隅国・豊後国の城普請及び城わりを命令、豊前国の不要な城の破却と豊後・豊前国間に一城構築すべきこと、越権行為は成敗することを通達。
	5月20日	「九州の役」。秀吉軍・秀吉養子羽柴秀康(家康次男)(1574〜1607)ら、大隅国へ侵攻。
	5月22日	「九州の役ー島津義珍(後の義弘)、出仕」。 兄・龍伯(義久)(1533〜1611)が降伏した後も島津義弘は徹底抗戦を主張したが、兄の懸命な説得により、子の島津久保を人質として差し出すことを決め、ようやく豊臣秀吉に降伏。 この日、秀吉、薩摩鶴田で島津義弘(1535〜1619)の出迎えを受ける。
	5月23日	家康家臣、竹谷松平家4代当主であった松平全保(清善)(1505〜1587)、没。享年82。
	5月26日	「九州の役」。豊臣秀吉、島津義弘へ全11ヶ条の「覚」を下す。 島津義久・義珍(後の義弘)より人質を徴し、義弘を日向国飯井城に配置し島津久保(義弘の子)(1573〜1593)には日向国真幸郡を知行充行うこと、 義弘に大隅国を知行充行うこと、久保は人質としないこと、 伊集院忠棟には居城に付く一郡(大隅国肝付郡)を知行充行うこと、 島津豊久(1570〜1600)には人質を提出させて羽柴秀次の与力とするので日向国佐土原城と城付の知行を知行充行うこと、 島津歳久(義久、義弘の弟)(1537〜1592)は、本知を安堵すること、 北郷時久には人質を提出させて本知を安堵すること、特に北郷時久の場合は日向国内に千町を知行充行う「国切」であるから人質の他に子息1人を島津久保同前に奉公させるべきこと、北郷時久についてはこの2ヶ条に違反した場合は成敗すること、更に北郷時久が違反した場合は羽柴秀次・毛利輝元・宇喜多秀家・大友義統(吉統)・小早川隆景・吉川元長・宮部継潤・蜂須賀家政・長宗我部元親・尾藤知宣・黒田孝高(官兵衛)・島津義久・島津義弘が大隅・日向両国の軍勢を率い攻囲、その跡職は島津義弘に知行充行うことを通知。詳細は安国寺恵瓊・石田三成に伝達させる。
	5月28日	「去月廿六日書状、今日肥後國於佐敷到来、被見候、一、嶋津修理大夫ニ薩摩一國、被下候、」。 肥後国佐敷に在る豊臣秀吉、徳川中納言(家康)に、4月26日家康が発した書状に返信を送る。九州沙汰の九ヶ条定書であった。
	6月2日	「駿河国府内報土寺之事、寺中并大」・「禁制 報土寺 一於寺内殺生事」。 家康、報土寺に判物発給、朱印状をもって禁制。

西暦1587

天正15	6月7日	「九州の役、終結(天正14年4月5日〜天正15年6月7日) 一秀吉の九州国分」。 豊臣秀吉、筑前国箱崎(福岡市東区)に凱旋。筑前箱崎にて戦後の論功行賞を加味して九州国分を決定。小早川隆景(1533〜1597)には筑前1国と筑後・肥前各2郡の約37万石、小早川秀包(毛利元就の九男)(1567〜1601)に筑後3郡7万5千石、黒田孝高(官兵衛)(1546〜1604)には豊前国のうち6郡の約12万5千石、立花統虎(宗茂)(1567〜1643)には筑後柳川城(福岡県柳川市)に13万2千石、毛利勝信(吉成)(?〜1611)には豊前小倉(福岡県北九州市)約6万石をそれぞれ与える。宗麟の子・大友義統(吉統)(1558〜1610)には豊後1国が安堵された。大村純忠の子・大村喜前(1569〜1616)、松浦鎮信(1549〜1614)、宗義調(対馬)(1532〜1589)、有馬晴信(1567〜1612)、宇久純玄(五島純玄)(1562〜1594)、深堀純賢(後の鍋島茂宅)、龍造寺政家(1556〜1607)などの諸氏には旧領を安堵。帰順しなかった肥前国高来郡伊佐早領主・西郷信尚(?〜1587)の領地は没収、龍造寺家晴(?〜1613)に与える。また、大規模な蔵入地も設定される。	5406
	6月7日	故穴山信君の遺子・勝千代(武田信治とされる、母は武田信玄の娘・見性院)(1572〜1587)、没。享年16。嗣子が無いため、穴山家は断絶。 **家康(1543〜1616)はその後、自らの五男・信吉(1583〜1603)に、武田(穴山)家の名跡を継がせる。**	5407
	6月18日	**豊臣秀吉(1537〜1598)、キリシタン禁制11ヶ条の覚書(伴天連門徒統制令)を出す。**	5408
	6月19日	「伴天連(バテレン)(宣教師)追放令」。 豊臣秀吉、筑前筥崎で、キリシタン禁制定書5ヶ条を発布。日本は神国・仏教国であり、邪法キリスト教が説かれることは不適当であるから宣教師は20日間以内に国外退去せよなど。	5409
	6月25日	**「一分国中、山金・河金・柴原諸役免許之事　一、分国中、在留所棟用諸役免許之事 但 全掘之外可除之事　一、譜代之者、何方有之共　加前々可返之事　右条々不可有相違者也　仍加件」。** 徳川家康、分国中の金掘六十人衆に条書を下し、諸役を免ず。	5410
	7月14日	九州の役を終えた豊臣秀吉、大坂城に凱旋。	5411
	7月16日	長篠合戦の英雄、鳥居強右衛門尉の位牌が三河国甘泉寺(愛知県新城市作手鴨ヶ谷)に納められる。	5412
	7月22日	深溝松平家忠、三河国中島の堤を修築する。	5413
	7月25日	豊臣秀吉、上洛、聚楽第で公家たちの凱旋の祝言を受ける。	5414
	7月28日	豊臣秀吉、10月1日から10日間の北野大茶会を開催の高札(七ヶ条の触書)を、洛中をはじめ畿内一円に掲げる。	5415
	7月29日	関白豊臣秀吉、参内して九州平定を奏上。	5416
	7月29日	**徳川家康(1543〜1616)、秀吉の凱旋祝賀のために、駿府を発つ。**	5417
	7月29日	深溝松平家忠(1555〜1600)、徳川家康が上洛の途次に三河国岡崎に到着するため、同国欠まで迎えに行く。	5418
	7月30日	秀吉家臣・三河国刈谷の水野忠重(家康の叔父)(1541〜1600)、従五位下和泉守に叙任される。豊臣姓を賜わるとされる。	5419
	7月30日	**北条氏、諸郷村に対して「人改め令」を発する。軍事動員準備に入る。**	5420
	8月5日	**豊臣秀吉、凱旋を祝賀するため上洛した徳川家康を、近江国大津に出迎え共に入京。家康宿舎は茶屋四郎次郎清延(初代)邸。 家康、招かれた聚楽第で秀吉に謁し、九州平定を賀す。**	5421

天正15	8月6日	「肥後国人一揆8月6日～12月5日」、はじまる。 これより先、肥後国菊池郡の隈部親永、新領主・佐々成政の検地に抵抗し隈府城(熊本県菊池市隈府)に籠城。この日、成政が6千の兵力で隈府城を攻めると、同城を放棄して、嫡子・親泰のいる城村城(熊本県山鹿市)に移る。「肥後国衆一揆」となる。
	8月8日	**「家康、秀吉の下に、前田利家と並ぶ有力大名となる」。** 関白豊臣秀吉(1537～1598)の奏請によって、織田信雄((1558～1630)は正二位に、豊臣秀長(1540～1591)は権大納言・従二位に、家康46歳(1543～1616)は権大納言・従二位に、宇喜多秀家(1572～1655)は参議・従三位に昇進。**家康三男・長丸(秀忠)(1579～1632)、豊臣長丸として、従五位下に叙し、侍従に任官、蔵人頭を兼帯。**
	8月12日	**徳川家康、帰国のため、京を発つ。**上野国草津に湯治から帰洛した前太政大臣近衛龍山(前久)(1536～1612)に見送られたという。14日、岡崎。
	8月14日	**深溝松平家忠、三河国岡崎に到着した徳川家康に、同国長瀬の家忠領につき、呼び出しを受ける。**
	8月15日	「肥後国人一揆8月6日～12月5日」。 国人領主たちが、隈部但馬守親永に呼応、佐々成政が山鹿城を攻めているのに乗じ、隈本城(城代は神保氏張)を囲み、蜂起。中国地方の各地に放浪した水野六左衛門勝成(1564～1651)は、この頃、佐々成政に仕えていたという。
	8月17日	**家康、駿府に帰城。**
	8月18日	家康の臣石川家成(1534～1609)、三河三か寺に、本願寺教如の上野国草津下向に際し、三河門徒中としてもてなすよう依頼する。
	8月20日	三河国上宮寺の僧尊祐、家康の臣石川家成に、本願寺教如の下向の際、同国平地御坊にてもてなすことを了承し、教如の意向に従うことを伝える。
	8月26日	本願寺教如ら三門跡、上野国草津湯治の途次、三河国平地御坊に到着する。
	9月2日	豊臣秀吉、島津龍伯(義久)を随行して、聚楽第に入る。
	9月3日	**家康、10月3日まで三河の田原で鹿狩を行う。**
	9月8日	酒井忠次(1527～1596)、三河国本證寺に対し、石原三郎左衛門を寺内にとどめないよう命じる。
	9月13日	**「聚楽第完成」。** 豊臣秀吉(1537～1598)、聚楽第が大略完成し、大政所(1513～1592)、如春尼(本願寺顕如光佐室)(1544～1598)、おね(北政所)(1549？～1624)と共に、大坂城より正式に移徙する。
	9月14日	豊臣秀吉一行、大坂へ帰る。
	9月16日	豊臣秀吉、聚楽第において多数の公家衆の祝賀を受ける。秀吉の聚楽第お披露目。
	9月18日	深溝松平家忠(1555～1600)、徳川家康が三河国田原へ鹿狩りに赴くことを、同国大津の戸田忠次(1531～1597)より聞く。
	9月26日	深溝松平家忠、駿府城普請のため三河国を出発する。
	9月-	伊勢神宮の御師御巫清広、上志賀伊勢入道に、三河国などを治める徳川家康が伊勢神宮への信心が深いことなどを伝える。
	9月	伊達政宗(1567～1636)、秀吉への使節を上洛させ、関白秀吉に書を呈出、馬などを献上。

西暦**1587**

天正15	10月1日	**「北野大茶湯」**。豊臣秀吉、京都北野において大茶会を開催。 秀吉は九州を平定し実質的に天下統一を果たした祝勝と、内外への権力誇示を目的として、史上最大の茶会「北野大茶湯」を北野天満宮で開催する。黄金茶室、秀吉自慢の茶道具なども展覧された。千利休 (1522～1591)、津田宗及 (？～1591)、今井宗久 (1520～1593) と共に秀吉の御茶事四席の茶頭としてこの茶会の演出に関わる。境内には8百ヶ所に及ぶ茶点て所が設けられたといわれており、当時の茶の湯の流行に大きな影響を与えた。北野天満宮境内には、「北野大茶湯之址」と記した石碑のほか、太閤井戸などが残る。	5441
	10月6日	浜松坊主衆、三河三か寺に徳川家康への礼銭を上納したことを伝える。	5442
	10月16日	家康の臣石川家成 (1534～1609)、三河七か寺に、徳川家康への礼銭を門徒衆に催促するよう伝える。	5443
	10月17日	賀藤信世、三河国上宮寺に、徳川家康への礼銭が調達できるよう門徒中に割り付けることを命じる。	5444
	10月18日	本願寺の坊官下間頼竜ら、三河三か寺・五か寺に、徳川家康とのもめごとについて問い合わせる。	5445
	10月23日	三河国本證寺の僧空誓、家康の臣石川家成に、家康への礼銭を納めるよう末寺の坊主衆に申し付けたことを伝える。	5446
	10月24日	三河国上宮寺の僧尊祐、家康の臣石川家成らに、家康への礼銭を納めるよう末寺の坊主衆に申し付けたことを伝える。	5447
	10月29日	「新発田重家の乱―天正9年(1581)～天正15年(1587)10月29日」、終結。 上杉景勝、重家の家臣・池端鴨之助が守る池ノ端城(新潟県新発田市池ノ端)を攻略。	5448
	11月5日	**「六百五拾文籾三拾俵五升納相済」**。家康、朱印状発給。	5449
	11月11日	家康の臣酒井忠次 (1527～1596) ら、三河三か寺に、同寺が従来通り道場および門徒を組織することを了承する。	5450
	11月15日	松平(戸田)康長 (1562～1633)、三河国大崎郷の八幡宮社殿を建立する。	5451
	11月18日	本願寺の坊官下間頼廉 (1537～1626)、三河三か寺に、徳川家康への礼銭を納めるよう進言する。	5452
	11月19日	織田信雄(信長の次男) (1558～1630)、内大臣に任官。	5453
	11月23日	**家康 (1543～1616)、鷹狩りのため三河国に到着する。12月19日までは、三河の田中・西尾で鷹狩を行う。**	5454
	11月28日	**「人壱人、自中泉駿府迄無相違可出」**。 家康、遠・駿宿中に朱印状発給して、中泉から駿府までの人夫派遣を命じる。	5455
	11月29日	三河三か寺、僧秀了らに、徳川家康への礼銭を徴収するよう命じる。	5456
	12月3日	**「伝馬壱疋、従駿府甲州迄可出之者」**。 家康、甲州鍛冶被下右衛門中に朱印状を送り、伝馬を命じる。	5457
	12月5日	「肥後国人一揆―8月6日～12月5日」、平定。大将・小早川(毛利)秀包・立花宗茂ら、安国寺恵瓊・鍋島直茂と共に、和仁親実・辺春親行らが立て籠って抵抗していた田中城(熊本県玉名郡和水町和仁)を攻め落城させる。この戦いを通じて、秀包 (1567～1601) と宗茂 (1567～1643) は、義兄弟の契りを結んだという。	5458
	12月6日	豊臣秀吉、大坂に下向して越年。	5459
	12月6日	「顕如、本願寺を准如に譲る」。 第十一世顕如光佐 (1543～1592)、三男准如光昭 (1577～1630) に、譲状を書く。	5460

西暦 1587

天正15	12月9日	家康の臣酒井忠次(1527〜1596)、専修寺の僧慈智院に、三河国明眼寺(のち妙源寺)(岡崎市大和町在市場)に本山へ出仕するよう求めることを伝える。
	12月24日	**北条氏照(氏康の三男で氏政の弟)(八王子城主)(1540〜1590)、対秀吉戦の陣触を領内に発する。**
	12月24日	深溝松平家忠(1555〜1600)、三河国吉田城代酒井忠次に歳暮を贈る。
	12月28日	**家康(1543〜1616)、左近衛大将・左馬寮御監両官職兼任。翌年1月13日までに早々辞す。**
	12月28日	**北条氏政(氏康の次男)(第4代の北条家前当主)(1538〜1590)、対秀吉戦に備え、分国の将士に軍備・小田原参陣らを指示する。**

西暦 1588

天正16	1月5日	**長丸(のちの秀忠)、豊臣長丸として正五位下に昇叙し、武蔵守を兼任。侍従如元蔵人頭を辞す。**
	1月5日	北条氏照、朱印状をもって自領の寺社に銅鐘の供出を求める。
	1月6日	豊臣秀吉、入京。
	1月13日	関白豊臣秀吉、准三后の足利義昭(昌山道久)と共に参内。
	1月14日	北条氏、伊豆国山中城(静岡県三島市山中新田)の普請を命ずる。
	1月16日	**「三州岡崎商人問屋之事、可相勤之」。** 家康、浜島新七郎に朱印状もって、岡崎において問屋を営むことを認める。
	1月19日	豊臣秀吉、小早川隆景(1533〜1597)に書を送り、肥後国一揆鎮定の功を賞し、検使として浅野長吉(後の長政)(1547〜1611)の派遣を伝える。
	1月20日	深溝松平家忠、三河国永良の堤を修築する。
	1月25日	秀吉、聚楽第にて和歌会を催す。
	1月28日	松平家忠(1555〜1600)、普請のため三河国深溝より駿府へ赴く。
	1月29日	**家康、遠江の中泉で放鷹。**
	2月3日	**「伝馬壱疋、自駿府岡崎迄可出之者」。** 徳川家康、朱印状をもって、駿府・岡崎間の宿に伝馬を出すよう命じる。
	2月5日	**家康、放鷹から駿府に帰城。**
	2月13日	本願寺、三河三か寺に、徳川家康への礼銭をめぐる相論の報告を命じ、山本為次の処遇は本願寺で決定することを伝える。本願寺は、三河三か寺に対し、山本為次を独自に裁断しないよう求める。
	2月15日	家康の臣石川家成(1534〜1609)、三河三か寺に、京都へ普請材木を搬送する人足役を勤めるよう家康が門徒中に命じたことを伝える。
	2月中旬	**「北条氏は、対秀吉和平交渉を、はじめだす」。** この頃、北条氏政(第4代の北条家前当主)に派遣された家臣・笠原藤左衛門康明(北条氏直宿老)が、氏政書状を秀吉侍医の施薬院全宗(1526〜1600)に届ける。全宗は内容を確認し、北条氏規(氏康の五男)(1545〜1600)に宛て、上洛を待つ旨返書。
	2月16日	出雲の巫女と称する阿国、禁裏に参上して、神歌や小歌にあわせて舞を披露。
	2月20日	家康の臣本多重次(1529〜1596)、三河七か寺に、京都へ普請材木を搬送する人足役を勤めるよう家康が門徒中に命じたことを伝える。
	2月26日	本多正信(1538〜1616)、駿遠信甲州に書状を送る。

西暦***1588***

天正16	2月26日	家康の臣石川家成(1534〜1609)、三河国本證寺ら八か寺に、京都へ普請材木を搬送する人足役を勤めるよう再度伝える。	5485
	3月1日	家康の臣酒井忠次(1527〜1596)、三河七か寺に人足役を勤めるよう伝える。	5486
	3月1日	「……仍今月七日大野迄可罷着之由」。家康、織田信雄老臣飯田半兵衛尉に、尾張国大野に同月七日到着することを信雄に伝えるよう依頼する。	5487
	3月1日	**徳川家康(1543〜1616)、天皇の聚楽第行幸に参列のため、朝日姫(旭姫)と共に、駿府を発つ。**	5488
	3月2日	三河国上宮寺の僧尊祐、同国平地御坊の留守居山本為次に、京都への普請材木搬送について徳川家康に訴訟中であることを伝える。	5489
	3月5日	本願寺の坊官下間頼廉(1537〜1626)、三河三か寺に、京都へ普請材木を搬送する人足役について、相談のうえ徳川家康へ懇願するよう指示する。	5490
	3月6日	「就上洛岡崎迄参著候、被入御念、」。家康、羽柴侍従に、駿府から上洛の途次岡崎に到着したことを伝える。羽柴侍従は、羽柴岐阜侍従となった池田照政(のち輝政)であろうか。	5491
	3月9日	「出羽庄内之儀付而、富田方迄被申越候通、則披露被申候処、於上意聊無御別条、御懇之由、此方へも自去近方来候、為御一覧彼書状進候、先以目出候、京都之様子、其方使者淵底候、家康も軈而上洛申候、弥可申上候、寔殿下不可有御異儀候之間、可御心安候、雖然境目聊爾之御行御無用候、将又伊達之儀、骨肉之御間之由、御入魂にて尤候、其由伊達へも申越候間、玄悦可申候、委細彼口上ニ候、恐々謹言、」。家康、山形出羽守(最上義光)(1546〜1614)に書状を送り、自らも上洛するが、「出羽庄内之儀」は安心するがよいとし、最上家・伊達家との和平をはかる。天正15年10月、大宝寺義氏の弟・義興が上杉景勝に接近を図っているという情報を知った最上義光は、庄内に侵攻して武藤義興を攻撃して自刃させた。	5492
	3月11日	刈谷城主水野忠重(家康の叔父、秀吉家臣)(1541〜1600)、本證寺が牢人となった際は、水野領に移ることを認める。	5493
	3月14日	**家康、上洛のため岡崎を出発。**	5494
	3月17日	「庄内之儀、日々京都へ申上候処、」。家康、山方出羽守(最上義光)に書状を送る。	5495
	3月17日	「従殿下其方江被成御朱印候之間、」。家康、山方出羽守(最上義光)に書状を送る。	5496
	3月17日	「其表之様子、委関白様へ申上候処、右御朱印被成候上者、弥少も無御別条候、然者其方自最前殿下無二依与申寄、其元国人偏執之由申上候ヘ者、一段御懇之御意候、御身上之儀、何様ニも被成、御不沙汰間鋪由、被仰出候、時宜可御心安候」。家康、最上義光に書状を送る。	5497
	3月17日	家康の臣本多重次(1529〜1596)、三河七か寺に、京都へ普請材木を搬送する人足役について石川家成(1534〜1609)と協議するよう指示する。	5498
	3月17日	本多重次(1529〜1596)、浅井道忠(1531〜1589)に、三河国から京都へ普請材木を搬送するに際し、美濃国津屋・近江国朝妻間で必要な人足の員数を尋ねる。	5499
	3月17日	三河国平地御坊の留守居山本為次、正西房らに、談合に出席しないことを伝え、同国上宮寺の僧尊祐への取り成しを依頼する。	5500
	3月18日	**徳川家康ら、入京。**	5501
	3月21日	家康の臣石川家成(1534〜1609)、三河三か寺に、京都へ普請材木を搬送する人足役を勤めるよう再度伝える。	5502

天正16	3月22日	**家康(1543～1616)、豊臣秀吉(1537～1598)を、東寺に出迎える。**
	3月23日	三河三か寺・五か寺、家康の臣石川家成らに、京都へ普請材木を搬送する人足役を勤めることを門徒衆が拒否したため、寺を退出することを伝える。
	3月23日	伝通院(家康母於大の方)(1528～1602)、三河国に到着する。
	3月24日	三河三か寺・五か寺、徳川家康の臣本多重次(1529～1596)らに、同寺らの退出につき、家康への取り成しを依頼する。
	3月25日	三河国平地御坊、本願寺の坊官下間頼廉らに、三河三か寺退出への対応について指示を仰ぎ、あわせて徳川家康との協議を依頼する。
	3月26日	浅野長吉(長政)(1547～1611)、徳川家康の臣酒井忠次(1527～1596)に、三河国明眼寺(のち妙源寺)を専修寺へ出仕させるよう取り成しを依頼する。
	3月28日	**「伝馬四定、自駿府岡崎迄可出之者」。家康、宿中に朱印状をもって指示。**
	3月28日	家康の臣石川家成(1534～1609)、三河三か寺・五か寺に、同寺らの退出の件について家康に報告したことを伝える。
	3月28日	三河国七か寺、本願寺の坊官下間頼廉(1537～1626)・興正寺の坊官同頼亮らに、三河七か寺らの退出の事情を説明する。
	3月29日	**「家康、清華成」。** 織田信雄、徳川家康、豊臣秀長、豊臣秀次、宇喜多秀家が、摂家、親王、門跡の列に清華家として加えられたとされる。
	3月29日	**豊臣秀吉、家康と京都近郊で鷹狩りをする。**
	3月─	石川家成、和泉郷などの五郷に、材木京上を命じる。
	4月─	この月、上杉景勝・直江兼続、再び上洛。
	4月1日	**「其家古例、於禁中殿中儀式之時、」。** 家康、関白秀吉と連署して、小笠原民部少輔に書状を送る。徳川家臣小笠原貞頼(?～1625)であろうか。室町時代以降、武家社会で有職故実の中心的存在となり家の伝統を継承していったことから、時の幕府からも礼典や武芸の事柄においては重用された。これが今日に知られる小笠原流の起源である。煎茶道や兵法などにも小笠原流があるが、その起源は多様である。
	4月6日	**「……則上洛申候て、其表之様子委」。** 家康(1543～1616)、伊達政宗(1567～1636)と戦う山形出羽守(最上義光、出羽山形城主)(1546～1614)に書状を送り、上洛を促す。
	4月6日	秀吉家臣・富田一白(?～1599)、陸奥の白川氏に服属の使節派遣を勧告。
	4月6日	豊臣秀吉(1537～1598)、東国・関東の群雄へ、戦闘停止と服属を求める指令を発し、惣無事令伝達の上使・金山宗洗を派遣。 「天下一統」強行を望む弱小大名の要請に応じた石田三成・増田長盛・上杉景勝ら強硬論者の画策。その対極に、家康・豊臣秀次・前田利家・浅野長吉(長政)・千利休ら分権派が形成され、秀吉政権内の権力闘争を生み出す。
	4月10日	上杉景勝(1556～1623)・毛利輝元(1553～1625)、参議・従四位下に昇進。 直江兼続(1560～1619)は、従五位下を授かる。兼続は、更に関白豊臣秀吉の推薦により朝廷から「山城守」を授かる。
	4月吉日	**「敬白起請文前書之事 一就今度粟」。** 徳川家康他四名連署起請文を金吾殿(小早川秀俊(秀秋))(1582～1602)に記す。 小早川秀俊は、天正13年(1585)、叔父である羽柴秀吉の養子になり、幼少より高台院に育てられた。元服して木下秀俊、のちに羽柴秀俊(豊臣秀俊)と名乗った。
	4月12日	三河国平地御坊の留守居山本為次、正西房らに、三河八か寺の還住が京都の徳川家康から命じられたことを伝える。

西暦**1588**

天正16	4月14日	天皇に先立ち、これに伺候する徳川家康の家臣・井伊直政(1561～1602)に侍従職が任ぜられる。 徳川家中で当時筆頭家老であった酒井忠次(1527～1596)をはじめ、古参の重臣達が諸大夫に留まる中、直政のみが昇殿を許される一段身分が上の公家成に該当する侍従に任官され、家中で最も高い格式の重臣となった。この時に「井侍従藤原直政」という署名が見られ(『聚楽行幸記』)、豊臣姓ではなく藤原姓を称したという。	5523
	4月14日	「聚楽第行幸」。後陽成天皇(1571～1617)、聚楽第に行幸、5日間滞在する。豊臣秀吉は、過去2回の行幸において将軍が自邸の門外で迎えたという古例を越えて、禁裏まで迎えに出る。行幸の行列は盛大で、先頭が聚楽の門をくぐった時、後尾はまだ宮中にあったという。秀吉の前駈(右列)に石田三成、大谷吉継、片桐且元が、前駈(左列)に増田長盛、加藤嘉明が供をする。秀吉に続き、織田信包、織田長益、前田利家、蒲生氏郷、長宗我部元親、蜂屋頼隆、細川忠興が、鳳輦についで織田信雄(内大臣、信長次男)、徳川家康(駿河大納言)、豊臣秀次(近江中納言、秀吉甥)、豊臣秀長(大和中納言、秀吉弟)、宇喜多秀家(備前宰相、秀吉養子)、近衛信輔、烏丸光宣、持明院基孝、東坊城盛長、広橋兼勝が、近衛大将の左として鷹司信房が供奉する。豊臣政権下では、前田利家・織田信包(信長弟)・豊臣秀勝(秀吉養子、秀吉甥)・豊臣秀康(秀吉養子、家康次男)・織田秀信(三法師、信長嫡孫)・豊臣秀俊(秀吉養子、後の小早川秀秋)が列する。	5524
	4月14日	北条氏照(氏康の三男で氏政の弟)(八王子城主)(1540～1590)、伊達政宗(1567～1636)からの書状を受けて、政宗家臣の片倉景綱(1557～1615)に、今後は北条・伊達連携が重要と書簡。氏照は、進行する対秀吉和平路線に批判的である。	5525
	4月15日	「家康47歳、絶対服従の誓紙を差し出す」。行幸二日目、関白秀吉(1537～1598)、後陽成天皇に京中地子銀5530両余を禁裏御料所とし、正親町上皇・六宮智仁親王に地子米8百石を献上。また諸門跡・廷臣には近江国高島郡8千石を配分して授与。天皇の見守る中で、織田信雄・徳川家康・豊臣秀長・豊臣秀次・宇喜多秀家・前田利家は、金吾(豊臣秀俊)(小早川秀秋)宛に連署をもって、関白豊臣秀吉に違背のないこと、朝廷に疎意のないことらを誓わされる。	5526
	4月15日	関白秀吉、天皇の伝統的権威を借用し織田信包・羽柴(豊臣)秀勝・豊臣秀康・里見義康・長谷川秀一・堀秀政・蒲生氏郷・細川忠興・織田秀信・毛利秀頼・蜂屋頼隆・前田利勝(利長)・丹羽長重・織田長益・池田照政(のち輝政)・稲葉貞通・大友吉統・筒井定次・森忠政・井伊直政・京極高次・木下(豊臣)勝俊・長宗我部元親に、金吾(小早川秀秋)宛で、聚楽第行幸に際し皇室領への無道に対する処罰、秀吉に対する忠誠を誓約した起請文を提出させる。	5527
	4月16日	聚楽第行幸で和歌御会がある。関白秀吉、准后勧修寺らに御料所を献じる。	5528
	4月19日	豊臣秀次(近江八幡山城43万石)(1568～1595)、越階で従二位に昇進。	5529
	4月20日	徳川家康、豊臣秀長の仲介に従い三河本願寺教団に対する材木京上の賦課を停止する。	5530
	4月22日	家康(1543～1616)、京都を発ち、27日、駿府に帰城。	5531
	4月23日	家康の臣酒井忠次(1527～1596)、専修寺に、家康が三河国明眼寺(のち妙源寺)など領内の末寺を専修寺に出仕させるよう命じたことを伝える。	5532
	4月27日	豊臣秀長の臣羽田正親、本願寺の坊官下間頼廉(1537～1626)に、秀長が徳川家康に意見したことにより、京都へ普請材木を搬送する人足役が免除されたことを伝える。	5533

天正16	5月一	この月、豊臣秀吉(1537〜1598)、富田一白(？〜1599)らを使者とし北条氏直(北条家第5代当主)(1562〜1591)の上洛を催促。他の大名同様、関白豊臣秀吉に違背のないこと、朝廷に疎意のないことらを誓わせようとする	55
	5月-	「徳川家山例五十三箇条」。年次には天正1年(1573)、慶長16年(1611)など諸説がある。徳川家康が駿河国安倍郡梅島郷日藤沢金山において、山師・金掘衆に定めた鉱山仕法の箇条書。最初の条文で、見石(みいし)(見本の鉱石)所持の者は関所が通過できる、鉱山を見立てたならただちに注進することなどが定められる。また、金格子を破り、柱根(支柱)を掘り、鑿角(みかど)(盗掘防止のためのしるし)を送った者は重罪に処すとある。そのほか鉱山内の治安秩序の保持や出入りを取り締まる規定、鉱山役人や山師などの座席順序、山師など稼業関係者の特典格式、公納分や運上免除の条件を定めた山例金銀売高格合の仕法、さらに金筋の発見、採掘、製錬、売却の手順や方法、日常生活などの規定もされた。	55
	5月3日	「……兼又庄内之儀付面、自殿下被」。家康(1543〜1616)、山形出羽守(もがみよしあき)(最上義光)に書状を送り、庄内を手中に入れたことを賀す。	55
	5月5日	家康与力・上田城主真田昌幸(1547〜1611)、叔父の矢沢頼綱(真田幸隆の弟)(1518〜1597)を上野国沼田から呼び戻し、替地として信濃国小県郡内の上田原・保屋・長窪・武石・吉田など都合361貫600文を知行充行。 昌幸は、既に引き上げの準備をしていた。しかも利根川郡内3分1の名胡桃城(群馬県利根郡月夜野町下津城平)と吾妻郡は保持されていた。この時期、昌幸は京都にいたが、名胡桃城に先の城主鈴木主水重則(1547〜1589)を置き、矢沢頼綱には吾妻郡の拠点岩櫃城を守備させ、後に家康に出仕する嫡子信幸(信之)(1566〜1658)に上野支配を委ねた。一方、景勝に人質として出されていた次男信繁(幸村)(1567？〜1615)は、既に大谷刑部少輔吉継(1559？〜1600)を介して秀吉の下に出仕していた。	55
	5月10日	家康の臣石川家成(1534〜1609)、三河国本證寺に、家康が諸役免除(材木京上の賦課が停止されたこと)を再確認したことを伝える。	
	5月15日	「方広寺大仏殿造営に再着手」。豊臣秀吉(1537〜1598)、方広寺大仏殿造営に再着手し居礎の儀を執行。一時、工事は沙汰止めとなっていたようだ。 東福寺近辺から東山の麓、南六波羅の地であった。	
	5月19日	家康の臣石川家成、本願寺の坊官下間頼廉(しもつまらいれん)(1537〜1626)に、今後も三河七か寺の諸役が免除されることを伝える。家成は、材木京上の賦課に関し、徳川家康は三河三か寺が諸役免許状とされていたことを知らなかったと本願寺に弁明する。	
	5月21日	「苦境を物語る家康起請文」。 「敬白 起請文 一其方御父子之儀、於 殿下御前、悪様申なし、伝人之覚悟を構へ、御分国中毛頭不相望事。一、今月中、以兄弟衆京都へ御礼可被申上事。一、出仕之儀、於無納得者、家康娘返給事・右条〻、存曲折、令違犯者、」。 北条氏直に娘督姫を娶わせている徳川家康、氏政・氏直と秀吉の調整に苦慮し、書を送り、北条父子の上洛を促す。北条左京大夫氏直・北条相模守氏政へのその起請文の形の3ヶ条は、一、父子が上洛時、秀吉御前で中傷する、捕縛・処罰する、北条領を家康が得る、などの風聞があり、これに家康が関与しているなどの疑惑を否定し潔白を主張。二、今月中に北条兄弟の上洛を要請。三、秀吉への出仕に納得いかぬなら、娘(督姫・氏直夫人)を返してもらいたい、北条・徳川同盟を解消する。**北条氏は従属か対決かを迫られる。**	
	5月26日	上杉景勝(1556〜1623)、従三位に任じられる。	

西暦**1588**

天正16	閏5月4日	「**家康、三河七か寺の還住を認める**」。本願寺の坊官下間頼廉、三河七か寺に、徳川家康が豊臣秀長の意見を受け入れたことを伝える。	5543
	閏5月6日	深溝松平家忠(1555～1600)、徳川家康の室(朝日姫)を迎えるため三河国来迎寺に赴く。	5544
	閏5月12日	**家康駿府城の天守閣完成する。**	5545
	閏5月14日	「**駿河安倍三ヶ村中、棟別諸役如先**」。徳川家康、朱印状をもって、諸役免許状を浅倉六兵衛に下賜する。井川の海野弥兵衛(海野元定)と共に、名品茶壷管理をした駿河井柿島の朝倉六兵衛(在重)であろうか。	5546
	閏5月14日	「**遠州志都呂致在留瀬戸之者共等、**」。家康、瀬戸者等に朱印状。家康、尾張国瀬戸から遠江国志戸呂に在留する焼物商人に、分国内での商売役を免除する。	5547
	閏5月14日	「**一分国中、山金・川金・柴原諸役免許之事**」。家康、金山衆に、山金等採掘等徳川家免許状を与える。そして、同月、金掘等に関する徳川家条目を定める。	5548
	閏5月16日	豊臣秀吉、長崎惣中にあて、外国との貿易は従来通りであること、長崎の地子(土地税)を免除することを申し渡す。 秀吉は、南蛮貿易の独占を企て布教と貿易を分離する。	5549
	閏5月20日	「**伝馬壱定、自金屋駿府迄可出者也**」。家康、宿中に朱印状をもって伝馬を命ずる。	5550
	6月23日	**徳川家康(1543～1616)、豊臣秀吉の母大政所の病気見舞のため、大坂に向け駿府を出発し、三河国岡崎に到着する。**	5551
	6月27日	三河三か寺・五か寺、本願寺の坊官下間頼廉に、再び徳川家康が下坊主らに京都へ普請材木を搬送する人足役を命じたので、本願寺より家康への取り成しを依頼する。	5552
	7月8日	**配下の諸大名に3ヶ条の「刀狩令」発布。** 秀吉の刀狩令は、名目は大仏鋳造であるが、百姓身分の者の武器所有を禁止し、それらを没収して農村の武装解除を図った。農民から武器類を取り上げ、兵農分離することで領主の支配を一段と強くすること、秀吉政権を安定させることであった。	5553
	7月8日	「**定(海賊禁止令)」発布。** 豊臣秀吉の3ヶ条の海賊禁止命で、従来のように海上を航行する船舶に対し、ほしいままに関銭を徴収する水軍の在り方は禁止される事となった。	5554
	7月14日	「**濃州上洛依遅延、重而其方差越候**」。 この年二回目の上洛した家康、朝比奈弥太郎に書状を送る。家康(1543～1616)は、北条氏規(氏康の五男)(1545～1600)の上洛が遅れている為、家臣・朝比奈泰勝(1547～1633)を、北条氏政・氏直父子に派遣。	5555
	7月24日	毛利輝元(1553～1625)、聚楽第で初めて豊臣秀吉(1537～1598)と対面。 「輝元公上洛日記」は、この輝元上洛のことを平佐就言が筆録した詳細綿密な記録。	5556
	7月29日	北条氏直(北条家第5代当主)(1562～1591)、伊達政宗(1567～1636)に宛て連携しての佐竹攻撃を提案。政宗は、氏直に宛て了解の旨の返書を送る。	5557
	8月1日	豊臣秀吉、聚楽第において諸大名・公家衆から八朔の祝賀を受ける。	5558
	8月7日	**北条氏政の弟氏規(氏康の五男、氏直叔父)(1545～1600)、伊豆韮山を発する。上洛資金は2万貫文。**	5559
	8月10日	秀吉、近江国大津に下向。	5560
	8月10日	伊豆国の北条氏規、上洛の途次三河国岡崎に到着する。	5561
	8月16日	深溝松平家忠(1555～1600)、三河国坂崎・長嶺の田地をめぐり天野景房と争う。	5562

天正16	8月16日	上杉景勝の将・村上城主本庄繁長(1540～1614)・義勝(1573～1623)父子が、数千の大軍で庄内に攻め入る。 山形城の最上義光(1546～1614)が、伊達政宗との合戦で動けない隙に乗じた。
	8月17日	**北条氏規、上洛し、相国寺に宿す。家康家臣榊原康政(1548～1606)・成瀬藤八郎が付き添っていたという。** 成瀬藤八郎は、信康鷹匠衆であった成瀬国次か。
	8月22日	「家康、北条氏規(氏康の五男)を秀吉に引き合わせる」。 豊臣秀吉、北条氏直の名代として上洛した北条氏規(氏康の五男、氏直叔父)(1545～1600)を聚楽第で接見。氏直(北条家第5代当主)(1562～1591)は、氏政(氏康の次男)(第4代の北条家前当主)(1538～1590)の立場の釈明、人質など家康と同程度の待遇を求めた。そして、兄氏政が上洛する以前に、上野国沼田に関する上田城主・真田昌幸(1547～1611)との問題の決裁を要望。 これに対して**秀吉は、沼田のことは徳川・北条両氏間の問題だから、関係者を上洛させよと、告げる。**
	8月24日	北条氏規、帰国の途に就く。29日ともいう。氏規は懸案の上州沼田領問題が解決すれば、兄氏政も上京すると言い、秀吉はともかく氏政を上京させよと要求した。
	8月29日	**2ヶ月程在京して公家衆や諸大名と交流を重ねた家康(1543～1616)、この日に奈良に遊ぶ。家康、郡山城へ、豊臣秀長(1540～1591)、木津まで出迎える。**
	9月1日	**家康、豊臣秀長の案内で南都見物をする。**
	9月2日	**家康、伊勢に至る。**
	9月2日	豊臣秀吉(1537～1598)は、反北条派の佐竹義重(1547～1612)・結城晴朝(1534～1614)・太田道誉(資正)(片野城城主)(1522～1591)・梶原政景(太田道誉の次男)(1548～1615/1623)に宛て、北条氏が上意次第と懇望したので「御赦免」したと連絡し、関東八州には上使を派遣して境界を確定する、上洛の折に仰せ聞かせると、この日付で朱印状発行。
	9月4日	**伊勢から乗船した家康、三河の田原大津に着岸。**
	9月7日	豊臣秀吉、淀を経由し大坂城に帰城。
	9月8日	島津龍伯(義久)(1533～1611)、大坂城の豊臣秀吉へ出頭。三女亀寿(1571～1630)、秀吉と北政所(1549？～1624)に面会、北政所から着物、孝蔵主から帯を頂く。
	9月9日	家康の室(朝日姫)、駿府へ下向の途次、三河国岡崎に留する。
	9月10日	「覚 一九両 天神瓦 拾三俵 一」。 徳川家康、日下・成せに、自筆朱印状。日下・成せは、日下部定好・成瀬正一か。
	9月13日	施薬院全宗(1526～1600)、伊達左京大夫殿人々御中(伊達政宗)(1567～1636)に、北条氏規上洛を報じ、政宗の上洛を要請。
	9月14日	家康の臣大久保忠隣(1553～1628)・本多正信(1538～1616)、本多重次(1529～1596)に、三河国長瀬八幡領内にある深溝松平家忠(1555～1600)の所領を安堵するという家康の命を伝える。
	9月18日	豊臣秀吉、河内国道明寺に放鷹。
	9月20日	家康の臣成瀬国次(正一の叔父)ら、三河国六所社神主に、同社境内を確定したことを伝える。
	9月28日	「下方・厚原・久爾郷掛樋之事、於」。 家康、植松右近に朱印状発給。家康、掛樋(水路橋)の設置のため、名主植松右近に20貫を補助、新田開発を進める。

西暦**1588**

天正16	10月5日	秀吉家臣富田一白(？〜1599)、伊達政宗(1567〜1636)に、来年早々の上洛を要請。最上氏・岩城氏は必ず上洛すると明言してきた為、先を越されると従来からの友好関係が無になる可能性があると指摘。	5581
	10月5日	深溝松平家忠(1555〜1600)、徳川家康の臣酒井家次(1564〜1618)の家督相続祝いのため、三河国吉田へ赴く。家次は、父忠次(1527〜1596)の隠居に伴って家督を継ぎ、三河吉田城主となった。隠居は加齢ともされるが、眼病を患い、殆ど目が見えなかったからだともいわれる。京都におり、豊臣秀吉からは京都桜井の屋敷と世話係の女と在京料として1000石を与えられ、この頃、入道して「一智」と号したという。	5582
	10月26日	「其表惣無事之儀、家康可申噯旨、従 殿下被仰下候間、御請申、則以使者、和与之儀可申噯由存候処、」。家康(1543〜1616)、伊達左京太夫(伊達政宗)に書状を送り、秀吉から「其表惣無事之儀」を承ったことを告げ、政宗に、出羽の最上義光との和議を促す。	5583
	10月26日	「其表惣無事之儀、家康可被噯之旨、従 殿下被仰下候間、御請申、則以使者、和与之儀可申噯由存候処、早速御無事之由、尤可然儀候、殊義光之儀、御骨肉之事候間、弥向後互御入魂専要候、将亦羽折一、無上茶三斤進之候、委細玄越口上相合候、恐々謹言、」。家康、伊達政宗の伝役・片倉小十郎景綱(1557〜1615)に書状を送り、「関東奥両国迄惣無事之儀」は、秀吉より家康に託され承諾していることを告げる。	5584
	10月一	三河八か寺、材木京上免除の礼金を、徳川家康に上納するよう督促される。	5585
	11月11日	「甲州身延山之事　一久遠寺中、同」。家康、甲斐久遠寺に五箇条の定書を下す。	5586
	11月15日	「右、千籾納也、戊子十一月十五日」。家康、某に朱印状発給。	5587
	11月15日	家康の臣本多康重(1554〜1611)、三河国大窪長興寺に田地を寄進する。	5588
	11月22日	**家康、岡崎に赴き、三河の吉良・西尾で放鷹。**	5589
	11月27日	加藤景直、松平(大給)家乗(1575〜1614)の家老・松平近正(1547〜1600)に、徳川家康の三河国吉良来訪を伝える。	5590
	11月28日	豊臣秀吉、上洛。	5591
	11月30日	「御隠居様又御隠居之由、被仰下候、去拙者上洛之時分より無二御引籠、聊之儀ニも、重而者御綺有間敷由、仰事ニ御座侭シ、無是非御模様与奉存候、」。北条氏規(氏康の五男、氏直叔父)(1545〜1600)、京都の酒井忠次(1527〜1596)に書状を送り、足利事件(長尾顕長の足利城攻撃)を報告し、秀吉の介入を懸念。また、北条氏政が隠居と称して引き籠もり取合わないと伝える。	5592
	12月一	「伝馬三拾疋、無相違可出候、仍如」。家康、駿甲信宿々に、朱印状をもって伝馬を命じる。	5593
	12月4日	**豊臣秀吉(1537〜1598)、徳川家康に、三河国での鷹狩で獲得した鶴を贈られたことの礼を述べる。**	5594
	12月15日	本多正信、本證寺に、水野忠重(家康の叔父)(1541〜1600)が肝煎となることについて、徳川家康が了解したと伝える。	5595
	12月22日	**家康、三河国吉良で鷹狩りを行う。**	5596
	12月24日	**家康、駿府に帰城。**	5597
	12月24日	**亀松丸(松平家治、奥平信昌・家康の長女亀姫の次男)(1579〜1592)、外祖父・徳川家康の養子となる。** 後の元服に際しては、外祖父の1字と松平姓を拝領、「家治」と、名乗る。	5598

天正16	12月26日	松平家忠、年頭の挨拶のため三河国深溝より駿府に赴く。
	12月末	この頃、豊臣秀吉、大坂城に戻り越年。
	一	**この年、徳川家康、信濃等三箇国の宿駅に命じて、上杉景勝の使者板谷光胤のために、伝馬三拾疋を出さしむ。**
	一	「茶々、秀吉側室になる」。この頃、茶々（後の淀殿）(1569～1615)、豊臣秀吉(1537～1598)の聚楽第に、側室として迎えられるという。

西暦 **1589**

天正17	1月1日	秀吉、未明より足利義昭(昌山道久)・織田信雄・織田秀信・豊臣秀長・宇喜多秀家ら諸大名及び公家衆を大坂城に出仕させ、全員より新年祝賀の太刀進上を受ける。
	1月一	この月、小笠原秀政(幸松丸)(1569～1615)、徳川臣下となった父貞慶(1546～1595)から家督を譲られ、小笠原当主となる。
	1月7日	「就今度其方代替之儀、関白殿御意」。是より先、小笠原貞慶(1546～1595)の子秀政、家督を嗣ぐ、是日、徳川家康(1543～1616)、書をもって小笠原信濃守(小笠原秀政)(1569～1615)をして、所領を安堵せしむ。
	1月9日	「甲州身延山会式之関之事、右永所令免許、不可有相違者也、仍如件、」。家康、久遠寺大坊に朱印状もって、毎年10月10日から13日まで行われる会式に向かう参詣者の関銭免許を保証した。
	1月10日	豊臣秀吉、入京。13日、秀吉、参内して歳首を賀す。
	1月27日	**徳川家康、三河国などの連歌師を駿府城連歌会に招く。**
	1月28日	松平家忠(1555～1600)、駿府城普請のため、三河国深溝を出発する。
	2月一	この月、北条氏家臣・板部岡江雪斎(1537～1609)が上洛。秀吉に、「沼田問題」の事情説明。
	2月5日	三河三か寺、本願寺からの馬・人足の要請を断る。
	2月5日	この日より7日まで、遠江国周智郡草ヶ谷付に徳川氏の総検地が実施される。
	2月5日	**最上義光、徳川家康の使者玄悦に黒印状を送り、伊達政宗との和解の労をねぎらう。**
	2月8日	**徳川家康の領内の連歌士を駿府城に呼び集め、点取り連歌が行われる。三州・遠州・駿州の連歌士であった。（『家忠日記』）。**
	2月10日	「伝馬壱疋、自駿府岡崎迄可出者也」。家康、宿中に伝馬朱印状を出す。
	2月12日	家康の臣成世(成瀬)国次、織田信雄の臣長田(永田)久琢に、三河国の医師法安の尾張入国につき信雄への取り成しを依頼する。
	2月13日	「真田信幸、徳川家康に仕える」。家康48歳(1543～1616)は、徳川氏の与力大名となった真田昌幸嫡男・信幸(後の信之)(1566～1658)の才能を高く評価し、この日、駿府城に信幸を出仕させる（実質は人質である）。
	2月一	**松平家忠ら、駿府城「小天守」を普請。4月完成。**
	2月20日	「天正一六子一四まい四両二分十」。家康、甚介に覚書発給。

天正17	2月24日	「……仍以菅沼小大膳申入候、可然」。 家康(1543～1616)、上杉家臣須田相模守(須田満親)(1526～1598)に書を送る。 菅沼小大膳(菅沼定利)は、伊那郡内の領国内にて自律的な領域支配を行いつつ、同郡の徳川方国衆への指南を務め、国衆に対する軍事指揮と進退保証を担当した。また、信濃国の領有を巡って対立していた家康と上杉景勝が共に秀吉の傘下に入ると両者の国境確定が課題となり、飯田城(長野県飯田市追手町)にいた菅沼定利と上杉氏から海津城(長野市松代町松代)に派遣されていた須田満親が現地において交渉していた。	5620
	2月24日	「旧冬者、為使者被上候、辛労共候、乃以菅沼小大膳申候、可然之様取成肝要候、謹言、」。 家康、国境確定課題で奔走する上杉家臣板屋佐渡守に書を送る。板屋佐渡守は、板屋修理亮で名は英胤(光胤)で、のちに越後国出雲崎の代官となったという。	5621
	2月28日	**家康、駿府を発ち京に向かう。**	5622
	2月29日	豊臣秀吉、大坂城に帰城。	5623
	3月7日	**家康、上洛。**	5624
	3月13日	豊臣秀吉、茨木・淀を経由して入京。	5625
	3月17日	関白豊臣秀吉(1537～1598)、禁裏造営を始める。	5626
	3月26日	黒田孝高(官兵衛)(1546～1604)、秀吉の命により、検地のため肥後に赴く。この年から文禄4年にかけて行われた関西、九州を主とする全国的な一連の検地を称して「太閤検地」という。	5627
	4月6日	方広寺大仏殿、大略完成する。	5628
	4月14日	**家康駿府城、天正16年(1588)閏5月12日には本城天守が完成し、この日に二ノ丸までの全ての普請が完成。**	5629
	5月3日	**家康、伊達政宗の伝役・片倉小十郎景綱(1557～1615)に書状を送り、伊達政宗が最上義光と友誼を篤くするよう要請。**	5630
	5月4日	豊臣秀吉、大坂城に帰城。	5631
	5月13日	「伝馬壱疋、従甲府駿府迄可出之者」。家康、宿中に朱印状をもって、伝馬を命じる。	5632
	5月15日	秀吉に隠居を願い出た黒田孝高(官兵衛)(1546～1604)、家督を長政(1568～1623)に譲り隠居の身となり、「如水軒」と号した。同時に黒田長政は、従五位下に叙せられ、甲斐守に任ぜられる。	5633
	5月17日	豊臣秀吉(1537～1598)、入京し聚楽第に入る。	5634
	5月19日	**家康側室お愛の方(西郷局)(1552/1561～1589)、駿府城にて病没。** 28歳とも38歳ともいう。三男秀忠(1579～1632)、四男忠康(後の忠吉)(1580～1607)の生母。 **西郷局の死により、側室須和(阿茶局)(1555～1637)が、長丸(秀忠・11才)・於次(忠吉・10才)の養育に当たったという。** 阿茶局の父・飯田直政は甲斐武田家の家臣であった。今川家の家臣で主家没落後に一条信龍に属した神尾忠重に嫁ぎ、二男(神尾守世、神尾守繁)をもうけるが、天正5年(1577)7月に忠重は亡くなる。その後、天正7年(1579)に家康に召された。同じ時期に長男の神尾守世が、家康の三男「長丸」(徳川秀忠)の小姓に召し抱えられている。阿茶局は、戦場においても幾度となく家康に供奉し、小牧・長久手の戦いの陣中で一度懐妊するも流産したという。	5635

天正17	5月20日	「太閤の金賦り(大判振舞)」。 関白秀吉(1537~1598)、聚楽第で、智仁親王ら公家、諸大名に金銀を配る。配った大名は豊臣一族の秀長と秀次、娘が秀吉の養女と側室という一族に準ずる前田、大大名の徳川、上杉、毛利という。 淀殿が生む鶴松は、秀吉が天下を掌握した後に生まれた子で、まさに、生まれながらの「天下人の後継者」であった。秀吉の喜びようは尋常ではなかった。
	5月21日	深溝松平忠忠、三河国野田の菅沼助兵衛が喧嘩により死亡したことを聞く。
	5月22日	松平家忠、徳川家康の側室西郷局の弔いのため、三河国深溝を出発する。
	5月27日	**徳川家康、織田信雄・豊臣秀長・豊臣秀次・宇喜多秀家と共に参内して馬・太刀を献上。**
	5月27日	秀吉側室の茶々(淀殿)(1569~1615)、淀城において第一子の男子を出産し、「棄丸(のち鶴松)」(1589~1591)と名付ける。
	5月30日	棄丸(のちの鶴松)の祝賀のため、公家や諸大名、淀城に参集する。
	5月30日	朝廷より淀城へ棄丸誕生の祝いに女房が遣わされる。 後陽成天皇女御・近衛前子から茶々(淀殿)へ、三重・樽が贈られたのを始めとして人々から贈り物が淀殿に届けられる。
	6月4日	**家康、帰国のため京を発つ。**
	6月5日	北条氏直(北条家第5代当主)(1562~1591)は、秀吉使者の妙音院と一鴎軒宗虎に、上野国沼田を渡すという約束を前提として、父・北条氏政(第4代の北条家前当主)(1538~1590)上洛は、12月上旬の予定と伝える。
	6月5日	「摺上原の戦い―蘆名氏の滅亡」。米沢伊達政宗軍、会津蘆名義広軍を破る。 前年10月以来、秀吉に属していた蘆名義広(1575~1631)は、黒川城(会津若松城)を奪われ、実家の常陸佐竹氏を頼りに逃げ込む。
	6月7日	**深溝松平家忠(1555~1600)・竹谷松平家清(1566~1610)、京都より帰国する徳川家康を、三河国大津(愛知県豊橋市老津町)に出迎える。** 竹谷松平家清は、元服の際には祖父以来の通字「清」の上に家康から「家」の一字を拝領して家清と名乗り、家康の異父妹(久松俊勝の娘・天桂院)を妻として娶った。
	6月7日	常陸の佐竹義重(1547~1612)、弟・蘆名義広を援助するため出陣。
	6月11日	蘆名義広を破った伊達政宗(1567~1636)、陸奥会津黒川城に入る。 政宗、秀吉の停戦と上京命令を無視した行動をとる。
	6月12日	「景勝、佐渡を平定」。 上杉景勝、千余艘の船を率い、佐渡へ上陸。河原田本間家の城を攻略。佐渡は鎌倉以来、地域豪族本間家が治めているが、戦国期に本間一族が割拠し、同族間の争いに明け暮れ、秀吉・景勝の度々の停戦勧告に応じなかったという。
	6月16日	豊臣秀吉、淀城から大坂城へ移る。
	6月22日	深溝松平家忠、岡崎城代本多重次(1529~1596)のもとへ礼に赴く。
	6月23日	**徳川家康の臣・大須賀康高(1527~1589)、没。享年63。** 男子が無かったため、榊原康政(1548~1606)に娶わせた康高娘が生んだ国千代(忠政)(1581~1607)を、養子に迎えて後継ぎとする。外祖父のもとに養子にいったことになる。康高の死に伴い8才にして横須賀城(静岡県掛川市西大渕)主となる。慶長1年2月、秀忠より一字を賜り「大須賀忠政」とする。

天正17	7月4日	「秀吉、伊達政宗討伐を命じる」。 豊臣秀吉(1537～1598)、摺上原の戦いの伊達政宗(1567～1636)を詰責して撤兵を命令し、また上杉景勝(1556～1623)・佐竹義重(1547～1612)に、政宗討伐を命じる。	5653
	7月7日	「七ヶ条定書ー家康、五ヵ国領内の支配を固める」。「定 一御年貢納所之儀、請納証文」。 徳川家康、この日から同年12月にかけて、伊奈熊蔵家次(のち忠次)らを奏者にして遠州・駿州ら領内の村々に公布。文頭に「福徳」の朱印が押され、文末には代官の大久保忠左(1537～1613)の名前と花押。農民に対する年貢の取り立てや夫役に関する取り決めである。 豊臣秀吉の軍門に降った家康は、関東の後北条氏攻めの先鋒を勤めさせられる可能性が高く、五ヵ国領内の農民体制を強める必要から発給した文書という。 同日、佐倉郷に奏者彦坂小刑部、遠州鎌田医王寺領に奏者原田佐左衛門尉で発給。 家康は駿府時代に独自の領国経営の手腕を発揮した。領国支配の法令「七ヶ条」を制定し、農業政策や五ヵ国総検地の実施、領国の宿駅(交通機関)の一部整備もこの時代に行った。特に年貢(税金)や陣夫(軍事力)の取り決めを明確にし、土地の所有関係を明らかにしたのは民生の安定と軍事体制の強化を狙ったものである。この考え方は、後の士農工商の基本的考え方にも通ずるものであり、中世の中にすでに近世社会を萌芽させていたことになる。 のちの家康は関東入国後、慶長、元和の頃より関東一円の検地を始めた。世にいう石見検地(大久保石見守長安)や備前検地(伊奈備前守忠次)である。	5654
	7月7日	**徳川家康、領国の諸郷村に七ヶ条定書(谷崎・牛飼・福田地・天方・谷河・薄場・橘・森・天宮)を下す。山原(大河内村平野)にも下す。**	5655
	7月一	「秀吉が沼田領土問題を裁定」。 この頃、豊臣秀吉、北条氏政12月上洛を受け、沼田領の措置を下す。その裁定は、利根川を挟んだ東側は北条氏の領地にして、西側を真田氏の領地とする。 沼田3万石の地を両分し、上野の真田領の2/3は沼田城に付けて北条氏に割譲、1/3は上田城主・真田昌幸に安堵。家康は割譲する2/3相当分を真田に所領として知行充行。 秀吉、北条氏政・氏直父子のどちらかが至急上洛することを命じる。	5656
	7月10日	秀吉は、真田昌幸に、「関東から出羽・陸奥の分領・境目等の検使として津田隼人正(盛月)・富田左近将監知信(一白)等を派遣する。小県郡上田・上野沼田間往復の伝馬・人足・路次宿を手配するよう」命じる。	5657
	7月13日	豊臣秀吉、富田一白・前田利家らに命じて、書を遣わし、伊達政宗の会津侵略を責める。僧良覚院栄真を使いに富田知信、前田利家らが政宗へ葦名攻めの弁明を促す。しかし、政宗は動ぜず、勢力拡大に奔走する。	5658
	7月14日	上田城主・真田昌幸(1547～1611)、秀吉の裁定に基づき、上野国沼田領利根川以東を北条氏に明け渡し、代替地として信濃国伊那郡箕輪領を与えられる。	5659
	7月14日	「十二日之一礼十四日申刻披見、一 沼田吾妻之儀付而、自是も申候」。 北条氏政、同氏邦に、沼田城請け取り人として北条氏光を派遣させた旨を伝える。	5660
	7月17日	深溝松平家忠、大仏の用材伐り出しのため駿河国に赴く。	5661
	7月18日	「伝馬壱定、従甲府駿府迄可出之者」。 家康、宿中に朱印状をもって、伝馬を命じる。	5662

天正17	7月21日	「秀吉、真田昌幸所領の沼田を北条氏直に渡すことを命ずる」。
		秀吉、富田一白(？～1599)・津田隼人正(盛月)を信濃上田城に遣わして真田昌幸を諭す。昌幸、沼田城(群馬県沼田市)・吾妻城(岩櫃城)(群馬県吾妻郡東吾妻町)を、北条方へ明け渡す。
		北条氏直(北条家第5代当主)(1562～1591)は、沼田城を受け取って叔父北条氏邦(氏康四男)(1541～1597)に管理を依頼、氏邦は武将・猪俣範直(邦憲)を城代として沼田に入れる。沼田城の引き渡しに徳川重臣榊原康政があたった。
	7月21日	**今川氏真(1538～1615)、家康の使者として働き、秀吉のもとに出仕する。**
	7月23日	秀吉、大坂城へ移る。
	8月17日	小田原の北条氏の不利を解した伊達政宗(1567～1636)、豊臣秀吉(1537～1598)に使者を送り、会津攻略について弁明し、許しを請う。
		秀吉は信長の統一事業を継承しており、秀吉から上洛して恭順の意を示すよう促す書状が何通か届けられており、政宗はこれを黙殺していた。
	8月18日	**家康、三河国今水寺領の検地を行う。**
	8月19日	豊臣秀吉、棄丸(鶴松)の大坂移徙に備えて上洛。
	8月22日	秀吉、この日に大坂へ下向する。
	8月23日	鶴松丸・淀殿、大坂城に移り、朝廷は勅使を派遣し太刀を下賜し、多数の公家衆が大坂に下向し祝賀。棄丸改め「鶴松」(1589～1591)は、誕生後初めて淀城を出て大坂へ移徙する。付き従う諸大夫は皆悉く衣冠姿で供や前駆を務める。鶴松の輿は美麗の限りが尽くされ、貴賎群衆が皆見物した。
		なお、秀吉は前日に鶴松より先に大坂へ移り、鶴松を出迎えた。
	8月27日	**家康(1543～1616)、秀吉の命を受けて、方広寺大仏殿の棟木を求め、駿河の大宮まで赴き、さらに富士山麓から甲斐国新府へ赴く。**
	8月一	**この月、豊臣秀吉の仲介で家康と和睦した信濃国松本城主小笠原秀政(1569～1615)、家康の孫娘と結婚。松平信康の娘・登久姫(徳姫)(峯高院)(1576～1607)である。**妹の国姫(熊姫)(1577～1626)は、天正18年(1590)もしくは天正19年(1591)に、家康の命令で徳川家臣本多忠政(本多忠勝嫡男)の正室となった。
	9月1日	**「諸大名妻子上洛令」。**豊臣秀吉、1万石以上の諸大名に妻女の滞京を命令。諸大名は惣無事令を受け容れた証として上京し、秀吉に拝謁して服属の儀礼を行い、諸国大名の妻子を在京させ人質とすることを要求。
	9月3日	「浅野長吉宛上郡山仲為覚書―伊達政宗、上郡山仲為を遣わし、秀吉に蘆名氏討伐の弁明をする」。政宗は、上郡山仲為を上洛させ、秀吉側近の前田利家らへの進物や浅野長吉(長政)宛に葦名攻めの弁明をする。
	9月3日	**家康、三河国正宗寺領の検地を行う。**
	9月4日	**家康、遠江梅田村に七ヶ条の定書を発給。文頭に「福徳」の朱印が押され、文末には代官の倉橋昌次の名前と花押。**
	9月9日	是より先、豊臣秀吉、信濃の小笠原信嶺(1547～1598)等に命じて、京都大仏殿の材料を駿河富士山より引かしむ、是日、信嶺の臣、三河野田衆と静ふ。
	9月13日	鶴松・淀殿、淀城から大坂城に移り、朝廷は、勅使勧修寺晴豊を派遣し太刀を下賜し、多数の公家衆が大坂に下向し祝賀。
	9月13日	**「右七ヶ条之趣被定置訖、若地頭令難渋者、以目安可申上者也、仍如件、」。**家康、水野平右衛門をして山綱郷へ、七ヶ条定書を下す。

西暦1589

天正17		
9月13日	「右被定置七ヶ条之趣、若地頭令難渋者、以目安可申上者也、仍如件、」。 家康、島田次兵衛尉重次をして、三河幡豆すミ之郷へ、七ヶ条定書を下す。	5680
9月13日	**家康、水野平衛門をして、阿佐井郷へ、七ヶ条定書を下す。** 家康、三河国の郷村に、年貢・夫役の徴収方法に関する七か条の定書を出す。	5681
9月15日	**家康、三河国幸徳寺領の検地を行う。**	5682
9月17日	「江州知行方之儀付而、被成下御朱印候、則頂戴仕候、仍而江州知行方之儀、当年之事ハ御代官　仰付、以物成可被下之旨、」。 「追而申候、長丸（徳川秀忠）上洛之儀、供者知行方をも請取候之間、少相延て不苦之由、上意之旨候之由承候て、少相延し申候、」。 家康、木下半介（吉隆）、長束大蔵大輔（正家）へ宛て、秀吉から在京賄料として近江に知行を与えられた件に関する書状を送る。 近江の知行について、既に秀吉の朱印をもって家康に宛がわれており、今年の物成については秀吉からの代官が派遣され、物成の収納分が家康に下されている。この際に路次辺りの知行については知行替えが行われている。「長丸」（秀忠）が上洛することは、「供者」の知行をも請取っていることを理由として多少ながら延期されており、それを秀吉が了解しているという内容である。	5683
9月17日	「右被定置七ヶ条之趣、若地頭令難渋者、以目安可申上者也、仍如件、」。 家康、島田次兵衛尉重次をして、三河国貝吹郷へ年貢・夫役の徴収方法に関する七か条の定書を出す。	5684
9月18日	**徳川家康、甲斐浄古寺（牧丘町）に城を修築、内藤信成（1545〜1612）を守らせる。** 信成は、6000石を加増されて甲斐浄古寺城（山梨市牧丘町城古寺）の城主となる。	5685
9月23日	**徳川家康、水野平衛門をして三河国宮地村に、年貢・夫役の徴収方法に関する七か条の定書を出す。**	5686
9月26日	**家康、駿府に帰城。**	5687
9月28日	上宮寺の末寺、灯明銭の進上について日限などを決める。	5688
9月28日	大岡郷（愛知県新城市黒田字大岡）の中記、検地に関し年貢換算用の帳簿を作成する。	5689
9月—	**家康（1543〜1616）は、真田信幸（後の信之）（1566〜1658）に、家康重臣の本多忠勝（1548〜1610）の娘・小松姫（1573〜1620）を娶らせた。家康養女、または秀忠養女としたとされる。天正18年説もある。** 長篠の戦いで戦死した伯父真田信綱の娘・清音院（？〜1619）を、信幸は既に正室に迎えていたが、小松姫を迎えた際に、清音院を側室に格下げしたとされる。	5690
—	この頃、豊臣秀吉（1537〜1598）は、鶴松（1589〜1591）を生後4ヶ月で豊臣氏の後継者として指名。 **そのため養子の秀康（家康の次男）（1574〜1607）は、さらに養子に出されることとなる。下総国の名門大名家・結城晴朝（1534〜1614）の姪・鶴子（蓮乗院）（？〜1621）との婚姻である。**	5691
10月2日	豊臣秀吉、伊達政宗（1567〜1636）に上洛を促す。秀吉は11月、12月にも促した。	5692
10月2日	常陸国の佐竹義重（1547〜1612）は、石田三成（1560〜1600）と増田長盛（1545〜1615）に書状を送り、自身が隠居したことを報告して、家督相続した義宣（1570〜1633）の秀吉へのとりなし方を懇願する。	5693
10月9日	**家康、三河国府中郷の検地を行う。**	5694

天正17	10月10日	豊臣秀吉(1537~1598)、小田原攻めの準備として軍役の動員と兵糧の配置を指示した軍事動員令を発する。同時に、兵糧奉行・長束正家(1562?~1600)と小奉行17人を任命。
	10月14日	北条氏政(氏康の次男)(第4代の北条家前当主)(1538~1590)、家中に、上洛資金の拠出を求める。
	10月17日	豊臣秀吉、諸大名・公家衆を従え奈良・郡山に下向し鷹狩りを行う。
	10月20日	秀吉、大坂城に帰城。
	10月20日	**家康、三河国細谷郷の検地を行う。**
	10月22日	「名胡桃城事件」。中山九兵衛尉にだまされた名胡桃城主鈴木主水、矢沢頼綱居城の岩櫃城に着くと伝える。
	10月23日	「名胡桃城事件」。武蔵国鉢形城主・北条氏邦の家臣・猪股邦憲(沼田城代)が、思慮もなく、真田領の名胡桃城(群馬県利根郡みなかみ町下津)を奪う。 城代補佐をしていた中山九郎兵衛が、猪俣邦憲からの誘いに乗った。
	10月24日	**「伝馬壱疋、自駿府岡崎迄可出之者」。**家康、宿中に朱印状をもって伝馬を命じる。
	10月25日	「名胡桃城事件」。偽書状を見せられて城外へおびき出され、その留守中に北条氏邦の家臣・猪股邦憲に名胡桃城を乗っ取られてしまった城代の真田昌幸家臣・鈴木主水重則(1547~1589)は、その不覚を恥じ、この日、沼田の正覚寺で自刃。月日は異説あり。 **これが惣無事令に違反したとして、秀吉の北条攻めの口実になる。**
	10月27日	**「徳川家康定書」。「右七ヶ条所被定置也、若地頭及難渋者、以目安可令言上者也、仍如件、」**など。 家康、阿部善八郎正次をして、三河碧海の宇藤之郷、三川本郷蓮華寺、大岡之郷へ百姓の負担に関する七ヶ条定書を下す。
	10月27日	「名胡桃城事件」。名胡桃城一件、岩櫃城代矢沢頼綱より上田城(長野県上田市)の真田信幸へ注進される。
	11月1日	「名胡桃城事件」。信州上田から岩櫃城(群馬県吾妻郡東吾妻町)に加勢が到着する。
	11月3日	「名胡桃城事件」。真田昌幸が、祢津助右衛門幸直・塚本肥前守・折田軍兵衛・原弥一郎に、上野吾妻知行地の替地として、伊那郡箕輪領内下寺郷の地を給す。
	11月3日	**「右七ヶ条所被定置也、若地頭有難渋之儀者、以目安可言上者也、仍如件、」。** 家康、彦坂小刑部をして三河渥美西大窪村、亀山村へ七ヶ条定書を下す。
	11月5日	「名胡桃城事件」。北条氏直(1562~1591)、猪俣邦憲に沼田城の警固を命じる。
	11月7日	**「伝馬弐疋、自駿府三嶋迄可出之者」。**家康、伝馬手形を宿中に発給。
	11月10日	秀吉家臣富田一白(?~1599)、奥羽の伊達政宗の会津攻めを非難。「唐国までも」支配する殿下が公平に裁定する、勝手な行為は許さないとする。
	11月10日	**「名胡桃城事件」。「……然者なくるミの事得其意候、」。** (来書披見候、然れば、なくるミの事其の意を得候、左候へば、其の許の様子京都の両使存ぜられ候間、則ち彼の両人迄其の方使者差し上げ候、定めて披露申さるべく候、将又菱喰十到来、悦喜せしめ候。猶榊原式部太輔申すべき也)。 家康(1543~1616)、真田源三郎(真田信幸)へ返書状を送り、裁定の検使津田・富田の二人にまず知らせるように指示し、きっとその両人から秀吉に披露(報告)されるだろう、と記している。

西暦**1589**

天正17	11月11日	在京の天徳寺宝衍(佐野房綱)(1558~1601)、上杉景勝家臣・木戸元斎(範秀)に書状を送る。秀吉は4日に今月中の氏政上洛なければ来月20日に出陣との意向を表明。また、10日にも北条の上洛無ければ出馬と発言。「八州が御静謐の上は、かの表の者共の過半を景勝に付ける」とも発言。富田一白・津田信勝・施薬院全宗もこれを聞いた。自分は秀吉の旗本に召される、と連絡。天徳寺は旗本ではなく、佐野家当主として下野佐野に下り家康の監視役の役割も担う。天徳寺宝衍は、故佐野宗綱弟(叔父とも)、後の佐野房綱。**秀吉政権内部で北条誅訂の準備が始まる。**	5713
	11月14日	「……仍来十五日ニ上洛可申候由存」。徳川家康(1543~1616)、豊臣秀長の臣・藤堂佐渡守(藤堂高虎)(1556~1630)へ書状を送り、秀吉が吉良において御忍の鷹狩りを実施するため15日に予定されていた上洛が延期になったこと、豊臣秀長が病気によって摂津国有馬へ湯治した様子を見舞い、更に朝日姫(秀吉異父妹)の病状回復を報告。藤堂高虎に対して上洛後の面会を希望する。	5714
	11月15日	**家康、北条氏に書状を送り、「関東惣無事の儀について羽柴方よりかくの如く申し来り候」と、秀吉の停戦命令を北条に伝え従うよう勧める。**	5715
	11月17日	家康の臣長谷川七左衛門尉長綱(1543~1604)ら、小笠原久兵衛に遠江国の所領を支給。	5716
	11月21日	**「秀吉、来春の北条討伐を決定」。** 秀吉、「名胡桃城事件」の報を受けて被害者の真田安房守との(真田安房守昌幸)に朱印状を送る。たとえ、北条氏政上洛があっても名胡桃城事件当事者処罰が無ければ北条氏を赦免しないとする。昌幸、秀吉から北条討伐の意を伝えられ、境目堅固に備えることを命じられる。「其方相抱なくるミの城へ、今度北条境目者共令手遣、物主討果、彼用害北条方江法之旨候」。(「その方相抱えるなくるミの城(名胡桃の城)へ、今度北条境目の者共遣わせしめ、物主を討ち果たし、かの用害を北条方へ乗っ取る旨に候。このころ氏政出仕致す可き之由、最前申請け申すに依り、縦え表裏有りと雖も、其段相構えられず、先ず御上使差し越させ、沼田城の渡遣、その外知行方以下相究めらるるのところ、右動(はたらき)是非無き次第に候。この上北条出仕申すに於いても、かの名胡桃へ取り掛かり討ち果たし候者共、成敗せしめざるに於いては、北条赦免の儀は有るべからず候。其意を得て境目の諸城共来春まで人数入れ置き堅固に申付く可く候。自然その面人数入り候はば、小笠原・河中島へも申し遣わし候。注進候て、かの徒党等を召し寄せ、懸け留め置く可く候。誠に天下に対し、公事を抜き表裏仕り、重々相届かざる動き是有るに於いては、何れの所なりとも、境目の者共一騎懸けに仰せ付けられ、自身御馬を出され、悪逆人等の首刎ねさせる可きの儀、案の中に思し召され候間、心易く存知す可く候。右の境目又は家中の者共にこの書中見せ、競べを成すべく候。北条一札の旨相違に於いては、その方儀、本知のことは申すに及ばず、新知等仰せつけらる可く候。委細浅野弾正少弼・石田治部少輔申す可く候也」)。	5717
	11月21日	**「右七ヶ条被定置詑、若地頭及難渋者、以目安可申上者也、仍如件、」。** 家康、小栗二右衛門尉吉忠をして、井内村へ七ヶ条定書を下す。	5718
	11月22日	豊臣秀吉(1537~1598)、山城国ほか諸国、そして洛中検地を始める。	5719
	11月22日	「名胡桃城事件」。北条氏政・氏直父子より、名胡桃城事件弁明使者・石巻康敬(1534~1613)が上洛。秀吉は、氏政の上洛なく使者のみの上洛に対し、石巻康敬の誅伐命令まで出すほど逆鱗。	5720
	11月23日	家康の臣彦坂元正(?~1634)、三河国東観音寺に、同国高足郷の新寄進地などの寺領について、家康による安の見込みを伝える。	5721

天正17	11月23日	**徳川家康、五味太郎左衛門の功を賞し、甲斐比野郷内の地拾貫文を知行充行。** 五味太郎左衛門は、「天正壬午の乱」時、具に北条軍の動静を探り、適切な進言をしたので、徳川軍は一兵も損なうことなく新府に退くことが出来たという。
	11月24日	**「秀吉、北条氏に宣戦布告」。** 秀吉、名胡桃城攻めを口実に、北条左京大夫（北条氏直）に、5ヶ条からなる朱印状を送り宣戦布告。第1条は「北条のこと、近年公儀を蔑(あなど)り」、先に沼田を渡せば氏政が上洛すると言いながら未だ約束を果たしていないと書き始め、第5条では、裁断を破り真田の属城名胡桃城を攻め落したのは、帝都に対して奸謀を企てたゆえ天罰を蒙るのは当然、また「勅命に逆らう」行為として、来春を期して誅伐すると通告した。同条では、北条氏を誅伐せずにはおけない理由を述べるのに、秀吉自身の越し方から一代記風に記しており、興味深い。秀吉は、津田盛月・富田一白を使者として派遣する。同文が各地に残されており、諸大名に対しては出陣準備を命令したものという。家康の1年有半の努力はついに水泡に帰した。
	11月24日	「態差遣使者候、北條儀、可致出仕由御請申、沼田城請取之、一礼之面をハ不相立信州真田」。**関白秀吉、駿河大納言（家康）へ書状を送り、宣戦布告状を北条氏に渡すよう告げる。**北条が約束に反して名胡桃を奪ったことが記され、来春の出陣と陣触れを出したこと伝え、軍事の相談のため家康の上洛を要請する。また津田隼人正(信勝、盛月)・富田左近(知信、一白)を派遣することを伝える。北条氏の当主氏直は家康の娘婿でもあった。徳川の最大の同盟者北条を倒すことは、家康の力を殺ぐことにもつながり、秀吉としてはまさに一石二鳥だった。
	11月24日	**「右七ヶ条被定置也、若地頭及難渋者、以目安可致言上者也、仍如件、」。** 家康、神屋弥五郎重勝をして三河宝飯日色野之郷、長山之郷へ七ヶ条定書を下す。
	11月24日	家康の臣長谷川七左衛門長綱(1543～1604)ら、松平九郎右衛門に、三河国大浜郷などの所領を渡す。
	11月27日	**「伝馬弐疋、自駿府三嶋迄可出之者」。**家康、宿中に朱印状をもって伝馬を命じる。
	11月28日	豊臣秀吉(1537～1598)、常陸国太田城(茨城県常陸太田市)の佐竹義宣(1570～1633)へ、小田原征伐への出陣を命令。義宣は、南郷において伊達政宗と対峙している最中であった。
	11月29日	秀吉、大谷吉継(敦賀城5万7千石)(1559？～1600)を駿府に派遣して、北条討伐の宣戦布告状を、徳川家康に届ける。**家康(1543～1616)、駿府を発し、京に向かう。**
	11月29日	深溝松平家忠、三河国永良にて漁を行う。
	11月30日	「将亦一昨日朝弥（朝比奈弥太郎泰勝）、家（家康）為御使参候、此口上を家へも自関白殿被仰越候間、可然御返事尤之由、此一理にて参由申候シ、」。 北条氏規(1545～1600)、家康家臣酒井忠次(1527～1596)宛書状を送り、秀吉と北条氏の関係悪化を報ずる。
	12月3日	**家康、上洛のため三河国吉田から同国岡崎に到着する。**
	12月4日	秀吉(1537～1598)、北条氏征伐に際して吉川広家(1561～1625)に、廃城となった尾張国星崎城(名古屋市南区本星崎町本城)の在番を命令。
	12月4日	深溝松平家忠(1555～1600)、岡崎城に出向き、知行地の検地結果について了解する。
	12月5日	豊臣秀吉(1537～1598)、朱印状をもって、小田原征伐の「船手人数書」を発す。
	12月5日	津田盛月・富田一白、沼津三枚橋(静岡県沼津市大手町)へ到着。秀吉の五ヶ条の書状を北条左京大夫氏直へ送る。

西暦1589

天正17	12月7日	**家康、棟別役として千貫文につき百七十俵を上納させる。**	5737
	12月7日	家康の臣本多康重（1554～1611）、三河国田原神明社の禰宜八郎九郎に社領を寄進する。	5738
	12月7日	「北条氏政父子、秀吉の宣戦布告状に驚く」。 北条氏直が、豊臣秀吉の使者冨田知信・津田信勝に弁明を行う。 上洛は来春・夏頃を申し入れたところ2月中旬に京都に到着してよいと返答を受けたこと、氏政は自身が捕らえられ国替えされると思っていること、名胡桃城は上杉が動いたため軍勢を沼田に入れたにすぎない、と伝える。	5739
	12月7日	北条氏直（1562～1591）、書状を秀吉家臣富田左近将監（一白、知信）（？～1599）・津田隼人正（盛月、信勝）（1534～1593）に遣わし、秀吉の母大政所を人質とするならば、父氏政を上京させる旨を通知。	5740
	12月7日	北条氏政父子、武具調達の陣触を領内に出す。	5741
	12月8日	**北条氏政は兵の動員と城の普請を指示、戦準備を開始する。**	5742
	12月9日	**家康（1543～1616）、この年二回目の上洛。**	5743
	12月9日	**北条氏政・氏直・氏規、それぞれ徳川家康（氏規は駿府貴報人々御中宛副状）に宛て書状を出す。家康の忠告に応ずる気分は全然見られず、「慮外」であるとか、秀吉の「御腹立の御書付、誠に驚き入候」とか、「今度の様子案外の至りに候」とか記す。さらに、「然るべく御取成し」を家康に頼む。 北条氏直は、徳川家康に、名胡桃の件にはかかわりのないこと、上洛を正月か二月に延期してほしいことなどを伝え、豊臣秀吉への執り成しを依頼する。**	5744
	12月10日	**豊臣秀吉（1537～1598）、在京の上杉景勝・前田利家・徳川家康と、聚楽第で小田原攻め（北条氏征伐）軍議。秀吉、徳川家康を先鋒に命じる。**「是之年極月二、太閤様より家康様江被仰付候者、氏直を打取へき間、貴殿さかけを被成候へ、左候ハゝ、関東八州可被遣との御謎言二付、家康様御尤と御意成候。明ハ寅之二月、御陣触有之候二付而、太郎左衛門父子も参候時、家康様、右之事御物語被遊候」。（『乙骨太郎左衛門覚書』）。**秀吉は家康に関八州を与えると約束したとする。北条氏直は家康の娘婿であったので、家康としては氏直が秀吉に和解するように斡旋に尽力してきた。したがって、秀吉としては、家康を味方にして北条家を討伐するためには、家康へ「関東八州可被遣」と約束して置かざるをえなかったという。**	5745
	12月11日	北条氏邦、豊臣秀吉の来襲に備え、狩野越後守に阿曾（昭和村）の警固を命じる。この頃、沼田城は六か所に5000騎を配備し、北条氏邦の指揮の下、豊臣秀吉軍の来襲に備える。吾妻では北条方と真田方とで合戦となる。	5746
	12月12日	**家康、京を発つ。**	5747
	12月12日	家康の臣彦坂元正、三河国亀山村に年貢の割付を行う。	5748
	12月13日	小早川隆景（1533～1597）、毛利輝元に仕える伊賀家久（？～1594）に清須城（愛知県清須市朝日城屋敷）の在番に参加するよう命じる。	5749
	12月13日	秀吉、摂津国大坂城に帰城。	5750
	12月13日	**「酒井宮内（家次）より京よりの御ふれ相州御陣之事申来候、関白様ハ明三月朔日、尾州内府（織田信雄）様ハ二月五日、家康様ハ正月廿八日御出馬之由候、」。（『家忠日記』）』。家康の臣酒井家次、京都よりの小田原攻めの陣触れを伝える。**	5751
	12月17日	深溝松平家忠（1555～1600）、三河国小牧に島田重次（1545～1637）を訪れる。**同日、帰国する徳川家康を岡崎城に出迎える。**	5752

西暦 **1589**

天正17	12月17日	北条氏政・氏直父子、北条領国内の与力大名・家臣・他国衆に対して小田原への1月15日参陣を命じる。
	12月18日	北条方の伊豆郡代・清水康英(1532～1591)、上の山城(静岡県賀茂郡松崎町雲見)の高橋丹波守に、秀吉の使者が沼津に居る事を伝え、小田原への人質提出と下田籠城の準備を命ずる。
	12月18日	**徳川家康、寺田右京亮をして天宮菩薩社の社頭を造営させる。** 天宮神社の所在は静岡県周智郡森町天宮。
	12月19日	徳川家康の臣・検地奉行小栗吉忠(1527～1590)、三河国大樹寺領の年貢の割付を行う。
	12月19日	北条氏政、北条美濃守(北条氏規)(1545～1600)に書状を送り、韮山城(静岡県伊豆の国市韮山)の守備を厳重にするよう指示する。
	12月20日	豊臣秀吉(1537～1598)、入京し聚楽第で初めて越年。
	12月22日	**家康(1543～1616)、駿河に帰城。家康は、井伊直政(1561～1602)・酒井忠世(1572～1636)・青山忠成(1551～1613)らに、長丸(秀忠)上洛を督促する。**
	12月26日	「……仍長丸上洛付而種々御馳走」。家康、書状を羽田長門守に送り、長丸(秀忠)上洛の際の奔走を依頼する。羽田長門守正親(？～1595)は、豊臣秀長の家老。
	12月26日	三河国河原郷、家康の臣加藤正次(1549～1613)に、検地後の年貢の請負状を提出する。
	12月26日	常陸国の佐竹義宣、石田三成と増田長盛に書状を送り、上杉景勝の会津出兵を要請する。

西暦 **1590**

天正18	1月1日	関白豊臣秀吉、参内、次いで院御所において新年を祝賀する。
	1月2日	**「小田原評定」。北条氏重臣、評定会議。**和戦決せず、最終的に北条氏政(第4代の北条家前当主)(1538～1590)の籠城案に落ち着く。
	1月3日	**徳川家康の三男・長丸(秀忠)(1579～1632)が、井伊直政、酒井忠世、内藤清成(1555～1608)、青山忠成らを従えて駿府を発ち、京都に向かう。長丸(秀忠)は、人質である。**
	1月4日	北条氏、領内に「諸軍討ち立ち」、小田原城に詰めるよう命令。
	1月5日	秀吉、摂津国大坂城に帰城。
	1月6日	**「北条氏直、武蔵・上野両国に対して大動員令を下す」。** 北条氏直(1562～1591)、深沢城主阿久沢能登守らに正月15日までに小田原へ参陣するよう指示する。この籠城に北条家臣従の由良国繁(1550～1611)・長尾顕長(1556～1621)兄弟も加わる。由良兄弟の母・妙印尼(1514～1594)は、孫の貞繁(国繁の嫡男)(1574～1621)を大将として兵を集め、四男渡瀬繁詮(1555～1595)と共に上野の松井田城を攻撃中の前田利家のところへ参陣、従軍する。
	1月7日	**「若君(徳川秀忠)様御上洛候、今度之御上洛ハ、関白様尾州信雄御むすめ子御養子被成、若君様と御祝言被仰合候、」。(『家忠日記』)。** 深溝松平家忠(1555～1600)は、秀吉養子となった織田信雄娘との婚礼のため上洛する長丸(徳川秀忠)を、岡崎城に出迎える。
	1月9日	秀吉、大坂から入京。
	1月9日	豊臣秀吉(1537～1598)、上杉景勝のために、信濃に援軍を送るべきを報じ、併せて、小笠原貞慶(1546～1595)との争を停めしむ。秀吉、景勝に小田原攻めについて指示し、秀吉自身は二月十日ごろ尾張国まで進軍することを伝える。

西暦1590

天正18	1月9日	深溝松平家忠、長丸(徳川秀忠)の上洛に供奉し、尾崎市場を訪れる。	5772
	1月10日	豊臣秀吉、真田昌幸(1547~1611)に書状を送り、、北条攻めの指示をする。「自身は2月10日頃出馬する。そなたは援軍が木曽口に到着するのを待って行動を起こそう」。1月8日ともいう。	5773
	1月12日	北条氏政、伊豆郡代清水康英(1532~1591)に、援軍が来る16日に小田原を出発する事を告げる。	5774
	1月13日	**長丸(秀忠)(徳川家康の三男)、入京。** 長丸(秀忠)の出迎えの任に当たった長束正家(1562?~1600)は、天正14年(1586)に本多忠勝の妹・栄子を正室に迎えるなど、徳川との関係も深かった。	5775
	1月14日	**家康正室朝日姫(秀吉の異父妹)(1543~1590)、聚楽第で没。享年48。** 法名・南明院殿光室総旭大姉。墓所は東福寺南明院。北条氏征討を目前にして喪を秘したという。以後、南明院は香華院(菩提寺)として、寺領50石を寄進される。住持の登城に際して、時服(給与)が贈られた。	5776
	1月15日	**徳川家康の三男・長丸が、聚楽第にて豊臣秀吉(1537~1598)の謁見を受ける。その場で元服して秀吉の一字を賜り、「秀忠」と名づけられるとされる(『徳川実紀』)。**	5777
	1月18日	家康の臣伊奈忠次(1550~1610)・本多正信(1538~1616)、松平(大給)家乗(1575~1614)に、知行指出の写しと五十分一役の請取を遠江国中泉まで届けるよう伝える。	5778
	1月19日	**家康、深溝松平家忠ら家臣から亥年(天正十五年)の五十分一役高を提出させ、知行配分を行う。**	5779
	1月21日	**豊臣秀吉、養女小姫(春昌院)(織田信雄の娘)6歳(1585?~1591)を秀忠12歳(1579~1632)に嫁がせる。聚楽第で婚儀というが、実質的に伴うことは無かったようだ。秀忠は、直ちに駿府に返される。** 小姫(春昌院)は、7月には、父の信雄と秀吉が不和になったため、直に離縁される。	5780
	1月21日	**秀吉に北条攻め先鋒を命じられた徳川家康49歳(1543~1616)、駿府城で軍議を行う。**	5781
	1月21日	三河国吉田城主酒井家次(1564~1618)、深溝松平家忠(1555~1600)に、小田原攻めの出陣は二月一日と伝える。	5782
	1月21日	北条氏直(1562~1591)、領内建長寺の備蓄米を小田原城と玉縄城 (神奈川県鎌倉市玉縄地域城廻) に搬送させる。	5783
	1月27日	徳川奉行、甲斐武川衆二十四士宛に「御重恩之地目録」を発給。	5784
	1月28日	織田信雄(1558~1630)、治部法印・沢井修理允・森勘解由へ、尾張・三河国中の全船召集を命令。信雄は、治部法印(雑賀松庵)らに、尾張国内の諸浦から舟を集め、同国萩原・起に舟橋を作らせるよう命じる。また、河野藤左衛門ら奉行には、尾張国井口から河室までの道普請を地元の領主らに行わせるよう命じる。	5785
	1月―	この月、豊臣秀吉、大坂天満本願寺の京都移転を命じる。	5786
	2月1日	遠征軍の先鋒、小田原北条氏征伐のため相模国小田原に向け出陣。	5787
	2月―	**「家康、小田原城攻めに当たり軍法を定める」。「軍法事 一御朱印御諚之旨、於違」** 鳥居彦右衛門尉 (元忠) 宛。全15ヶ条「軍法事 一御朱印御諚之旨、於少」奥平九八郎(信昌)宛。**「小田原陣御軍法 一無下知して、」**御家中組頭物頭衆宛。	5788
	2月2日	秀吉の命令を受けた前田利家、加賀・能登・越中の北陸軍を率いて上野国に入ろうと意図する。この際、伊達政宗(1567~1636)にも下野国に出陣するよう促す。	5789
	2月2日	**「今度長丸致上洛候之処、即被抂高」。** 家康、遠藤筑後守に書状を送る。	5790
	2月2日	深溝松平家忠、小田原攻めに出陣する。	5791

西暦1590

天正18	2月3日	秀吉、摂津国大坂城に帰城。
	2月4日	「……仍其方上洛、殿下へ申上候処」。家康(1543~1616)、山形出羽守(最上義光)に書状を送り、最上義光上洛の件を取り次いでいることを伝える。。
	2月4日	「伝馬壱疋、駿府はま松迄、上下無相違可出者也、以如件」。家康、浜松宿に伝馬朱印を下す。
	2月6日	豊臣秀吉、岡崎城下の酒井忠次屋敷の留守居に、同屋敷への軍勢の出入を禁じる旨を伝える。
	2月7日	小田原攻めの家康の先鋒、酒井家次・本多忠勝・榊原康政・平岩親吉・大久保忠世・井伊直政ら、兵を率いて駿河を出発。
	2月7日	北条氏直、箱根足柄に塁を築く。
	2月8日	豊臣秀吉(1537~1598)、鶴松(1589~1591)を伴い大坂城から上洛。
	2月8日	茶屋四郎次郎清延(初代)(1545~1596)、駿府に下向する。
	2月10日	徳川家康、北条討伐軍の先鋒として駿府城を出陣。家康は富士賀島へ移動。秀吉の小田原征伐出陣に備えて茶屋の普請、舟橋の設置を行う。この時伊奈忠次(1550~1610)は、駿河・遠江・三河三ヵ国の道路の普請や富士川の船橋の整備、軍勢の兵粮の輸送などを一手に担い、豊臣秀吉の信任も得ながら、地方巧者としての地位を固めたという。
	2月11日	水野忠重、本證寺に、年頭の祝儀の返礼をする。
	2月13日	豊臣秀吉、淀殿と鶴松を聚楽第に移す。
	2月15日	「急度如此御朱印被下候、可有披見」。大納言家康(1543~1616)、井伊侍従(井伊直政)(1561~1602)に書状を送る。小田原陣について指令を報せる。
	2月17日	秀吉、浅野長吉(長政)・長束正家に、小田原陣について指令する。
	2月18日	「……仍関東江就御船之儀、三遠諸」。家康、織田信雄(1558~1630)に書状を送り、秀吉の指示を伝える。
	2月20日	前田利家(1539~1599)、嫡男利長(1562~1614)と共に、小田原攻めの北国勢大将として、1万8千兵で金沢城を出陣。
	2月20日	上田憲定(1546~1597)、小田原籠城につき、木呂子丹羽守等に武蔵国松山城(埼玉県比企郡吉見町大字南吉見字城山)中の後事を託す。
	2月21日	家康、駿府城へ戻る。
	2月22日	近江中納言秀次(1568~1595)、五畿以南関西の兵12万を率いて京都を発する。
	2月24日	豊臣秀吉、尾張国星崎城留守居に、同城に吉川広家が在番するに当たり、家臣妻子の居る家へ陣を取らないことを伝える。
	2月24日	徳川家康、2万5千余の軍勢で駿府出陣、駿河長久保(静岡県駿東郡長泉町)に着陣。尾張衆先手が沼津に着陣する。
	2月25日	徳川軍、三枚橋城(静岡県沼津市大手町)に着陣。
	2月27日	豊臣水軍、駿河清水湊に着船する。
	2月28日	豊臣秀吉、琉球へ、唐・南蛮も服属予定として入朝要求。
	2月28日	石田三成(1560~1600)、千5百の兵を率いて丹波福知山城主小野木重次(重勝)((1563~1600)の8百の兵と共に一隊を編成し、京都から出陣。小野木重勝の室は島左近の娘。若狭小浜城主浅野長吉(長政)(1547~1611)、3千の兵を率いて出陣。

天正18	2月28日	北条氏政(氏康の次男)(第4代の北条家前当主)(1538～1590)、北条氏規(氏康の五男、氏直叔父)(1545～1600)に、長浜城(静岡県沼津市内浦重須)、下田城(静岡県下田市中)の備えについて指示し、水軍の将・梶原備前守が下田城から東浦・小田原へ移る事を認める。	5816
	2月―	この月、北条氏征伐のため、小早川隆景(1533～1597)・吉川広家(1561～1625)、入京。	5817
	3月1日	**「小田原の役―3月1日～7月5日」はじまる。**関白豊臣秀吉(1537～1598)、小田原北条氏征伐のため、華麗なる行装を整えて京都聚楽第を発す。前の九州の役、後の文禄の役も3月1日であった。総軍勢は22万余と噂された。	5818
	3月1日	「小田原の役」。上杉景勝(1556～1623)、豊臣秀吉の小田原征伐に参陣するため、春日山城(新潟県上越市春日山町)を出陣する。出陣にあたって連歌百韻会を催す。	5819
	3月4日	「小田原の役」。秀吉、脇坂安治(1554～1626)の駿河国清水湊着岸の報告を受け、伊豆沿岸の要害調査を命ずる。	5820
	3月4日	**「少御煩気之由承候、実儀候哉、無」。**家康(1543～1616)、大和大納言(豊臣秀長)(1540～1591)に書状を送る。秀吉弟・秀長は、1月頃から病が悪化、小田原征伐には参加できなかった。	5821
	3月6日	「小田原の役」。豊臣秀吉、尾張国清州城(愛知県清須市一場)に到着。秀吉、豊臣秀次(1568～1595)が伊豆の浦々で放火した事に同意する。駿河国在陣中の秀次に、秀吉の到着まで待機するよう伝える。	5822
	3月8日	これより先、真田昌幸、佐久郡陣中より豊臣秀次を音問する。この日、秀次、之に答報し、信幸(後の信之)の碓氷峠付近在陣を犒ふ。北国口隊であった。松代で上杉景勝、毛利秀頼、真田昌幸、依田康国らの軍と合流し3万5千の軍勢。	5823
	3月10日	「小田原の役」。秀吉、三河国吉田城(愛知県豊橋市今橋町、豊橋公園内)に到着。**秀吉は、木曽氏を家康の旗下に入って参戦するよう下知した。木曾義昌(1540～1595)は病と称して長子仙三郎(後の木曾家二十代義利)(1577～？)が、この時14歳で従軍したという。**	5824
	3月10日	「小田原の役」。出羽角館の戸沢盛安(1566～1590)、この夜に駿河国島田陣所に到着し、豊臣秀吉と対面し「大閤兼光」を賜わる。	5825
	3月17日	**「三州西条信龍寺東之坊領拾俵九升」。**家康、三河国信竜寺東之坊(愛知県西尾市徳次町地蔵)に、朱印状をもって同坊領を弟子の式部に譲ることを認める。	5826
	3月18日	**秀吉、駿河大納言(家康)に感状を送る。**3月16日～17日、徳川家臣依田(松平)康国(1570～1590)が、北条方の依田昌朝らを佐久郡阿込木の白岩城(長野県佐久市志賀)に破った。依田昌朝は間違いで、子の市兵衛(常林)らを破ったという。	5827
	3月18日	**「……仍此表無相替候、近日上様」。**家康、大和大納言(豊臣秀長)に書状を送る。	5828
	3月19日	**「小田原の役」。秀吉、駿河国駿府城(家康居城)に到着。先陣より帰還した家康の出迎えをうける。**石田三成は「家康は北条氏直の岳父なので、裏切りの可能性も」と言うと、浅野長吉(長政)(1547～1611)は「家康殿はそのようなことをする人ではないので、三成の言を信じるなと秀吉に直言したという。(『異本落穂集』)。	5829
	3月20日	**「小田原の役」。豊臣秀吉、家康の饗応を受ける。**	5830
	3月-	「小田原の役」。豊臣秀吉、軍令三ケ条を定め、全軍に布告。「一、軍勢甲乙人等乱妨狼籍事　一、放火之事　一、対地下人百姓、利分之儀、申懸候事　右条々若於違犯之輩者、忽可被処罪科者也」。	5831
	3月22日	「小田原の役」。徳川家康、再び、駿河長久保城(静岡県駿東郡長泉町下長窪)に着陣。	5832

天正18	3月22日	「……**於関白様へ年頭之御祝儀者、**」。家康(1543～1616)、山方(山形)出羽守(最上義光)に書状を送り、関白秀吉に最上義光贈物の鷹を披露したことを伝える。	58
	3月25日	会津黒川城(若松城)(福島県会津若松市追手町)の伊達政宗(1567～1636)、豊臣秀吉に屈する意向を固める。	58
	3月26日	「小田原の役」。秀吉、富士川を渡る。**秀吉は、浮島原**(静岡県富士市)で、「駕ヨリ御出、富士山ヲ御覧シテ、見事ナル山カナ。今度小田原ツフシ候ハヾ、関八州権現様へ可被遣**」と家康に約束したという。(『武功雑記』)。	58
	3月27日	「小田原の役3月1日～7月5日」。豊臣秀吉、駿河の沼津に到着し三枚橋城(静岡県沼津市大手町)を本営とする。蒲生氏郷・豊臣秀次・織田信雄・細川忠興・筒井定次・浅野長吉(長政)・石田三成・宇喜多秀家らも合流。**家康ら、迎える。**	58
	3月27日	「小田原の役」。津軽の大浦(津軽)為信(1550～1608)、沼津において石田三成(1560～1600)らの斡旋で小田原征伐に参陣して、秀吉より所領を安堵される。為信の長男・平八郎(後の信健)(1574～1607)の元服式を行い、三成が烏帽子親となる。	58
	3月28日	「小田原の役」。**秀吉、家康と共に、北条支城の山中城**(静岡県三島市山中新田)及び韮**山城**(静岡県伊豆の国市韮山)**の地形を巡察**。秀吉、両城攻めの手勢を定め、織田信雄に韮山城を、豊臣秀次に山中城攻略を命令。	58
	3月29日	「小田原の役―韮山城攻略戦3月29日～6月24日」、はじまる。蒲生氏郷(1556～1595)ら、北条氏規(氏康の五男)(1545～1600)の韮山城を攻める。	58
	3月29日	「小田原の役」。豊臣秀次、徳川軍(井伊兵部少輔直政)・宇喜多秀家らの軍と共に、鷹巣城(神奈川県足柄下郡箱根町小涌谷字上鷹ノ巣)・**足柄城**(静岡県駿東郡小山町足柄峠)・襴不川城を包囲して退散させる。	5
	3月30日	「小田原の役」。井伊直政(1561～1602)、足柄城(静岡県駿東郡小山町足柄峠)を攻略。山中城の落城を知った城主北条氏光(氏康の八男?)は、小田原城へ撤退。4月1日、足柄城を占領する。	5
	4月―	「一 軍勢甲乙人等、濫妨狼藉の事 一 放火の事 一 地下人百姓に対し非分の儀申し懸くるの事 右の条々、堅く停止せしめ訖わんぬ。若し違犯の輩においては、速かに厳科に処せらるべきものなり」。秀吉、武蔵国等の村々・社寺等に禁制。	5
	4月1日	「小田原の役」。秀吉、箱根山へ移陣。途上にて、徳川勢・井伊直政らと共に、久野弥砦・深川砦を攻略。	5
	4月1日	「小田原の役3月1日～7月5日―小田原侵入」。豊臣秀次(1568～1595)・徳川家康(1543～1616)・大柿少将(豊臣秀勝)・宇喜多秀家(1572～1655)ら、箱根口より小田原へ侵入。大柿(大垣)少将は、秀吉から許された豊臣秀勝(幼名小吉)(秀吉の甥・秀次弟)(1569～1592)。堀秀政(1553～1590)・長谷川秀一(?～1594)・池田照政(のち輝政)(1565～1613)・丹羽長重(1571～1637)・木村重茲(?～1595)らが熱海口より小田原へ侵入。	5
	4月1日	「小田原の役」。徳川家臣本多重次(1529～1596)は安良里砦(静岡県賀茂郡西伊豆町安良里字越坂)、重次配下の向井正綱(1557～1625)は田子砦(賀茂郡西伊豆町田子字唐太)を落とす。伊豆西海岸の北条勢は一掃される。	5
	4月1日	「小田原の役」。豊臣水軍の主力である長曽我部元親(1539～1599)・九鬼嘉隆(1542～1600)・加藤嘉明(1563～1631)・脇坂安治(1554～1626)らは、海路石廊崎沖を旋回し、下田沖に至る。	5
	4月1日	「小田原の役」。豊臣軍、箕輪城(群馬県高崎市箕郷町)を落とし、真田昌幸(1547～1611)が入城する。	5

西暦**1590**

天正18	4月2日	「小田原の役」。豊臣秀吉、本隊と共に箱根湯本に着陣。	5848
	4月2日	**「小田原の役―徳川領に豊臣大名が在番する」。** 秀吉（1537～1598）、吉川広家へ伊豆国平定を告知。尾張国星崎城在番を小早川隆景に任せ、吉川広家は三河国岡崎城の在番に移るよう命令。	5849
	4月2日	**「……仍大修理御代官之儀、池備後」。** 家康（1543～1616）、片桐市正（且元）（1556～1615）に書状を送る。	5850
	4月2日	**「木下半介方迄書状指越候処、如此」。** 家康、越後宰相（上杉景勝）（1556～1623）に書状を送る。木下半介は、秀吉側近の木下吉隆（？～1603）。上杉景勝は山浦景国を先鋒として出兵し、前田利家や真田昌幸らと共に、上野・武蔵の北条方諸城を攻略した。	5851
	4月3日	**「小田原の役」。** 先鋒の家康、箱根を越え小田原城外の酒匂川を背にする地・今井に陣を構える。	5852
	4月3日	**「急度含申候、今日越山小田原近所、諏方原と申所ニ陣取候、敵味方之間十町斗候敵惣構之外へ一騎も不罷出一向無、正躰候此文に候者、北條自落不可有程候、□□様に止之可申候、恐々謹言」。** 家康、細川幽斎（1534～1610）宛に書状を送り、小田原の役の様子を伝える。	5853
	4月4日	**「小田原の役―家康、小田原到着」。** 徳川家康・堀秀政・豊臣水軍が小田原へ到着、包囲を開始。	5854
	4月4日	「小田原の役」。関白秀吉、伊豆国箱根より本願寺顕如光佐へ陣中見舞いを謝し、相模国小田原城攻略の経過を通知。来たる8日に織田信雄（1558～1630）・津中将（織田信包）（1543～1614）・蒲生氏郷（1556～1595）が熱海口から相模国小田原へ侵入する予定を通知。詳細は浅野長吉（長政）に伝達させる。	5855
	4月5日	「小田原の役」。秀吉、直ちに小田原城を見下ろす石垣山一夜城の築城に着手する。秀吉は京を出陣する諸将のうち、「南海道は普請の衆」として、紀州と四国から参陣した5万6千の将兵を築城のためにあてる。 別に石材・石垣調達のための「穴太衆」の将兵や、城大工・瓦職人などの職人集団も、あらかじめ任じて出陣させたという。	5856
	4月5日	**「……仍内々此口可被押かと待入候」。** 家康（1543～1616）、浅野左京大夫に書状を送る。 浅野幸長（1576～1613）は、小田原の役で父浅野長吉（長政（1547～1611））に付き従って出陣。これが初陣であり、当時15歳であった。	5857
	4月6日	**「小田原の役（3月1日～7月5日）―小田原城包囲、開始」。** 秀吉、箱根湯本の早雲寺に本陣を構え、ここに、相模国小田原城を包囲戦がはじまる。日付は4日とも。	5858
	4月7日	真田昌幸（1547～1611）、石田三成に、中山城（中山村）奪取と松井田根小屋近辺での戦いぶりを伝える。真田昌幸は、石田三成を通じ秀吉に、上杉景勝・前田利家と共に、北条方の上野国松井田城を攻囲している情況を報告。	5859
	4月7日	秀吉、肥前佐賀城の鍋島直茂（1538～1618）へ、相模国小田原城攻囲の状況を通知。更に上野国は真田昌幸・上杉景勝・前田利家が松井田城を攻囲しており、間もなく相模国小田原城攻撃に参加する予定を通知。詳細は増田長盛に伝達させる。 秀吉は、先の3月に、龍造寺政家（1556～1607）を隠居させ、肥後の国政の実権は、鍋島直茂に正式に移譲されたという。	5860

天正18	4月8日	「此表様子為可聞届、飛脚付置之由、尤悦被思食候、先書仰遣、去月廿七日至三枚橋被成御着座、翌日二山中・韮山躰被及御覧、廿九日二山中城中納言被仰付、即時二被責崩、城主松田兵衛大夫を始、千余被打捕候、依之箱根・足柄、其外所々出城数十ヶ所退散候条、付入小田原ニ押寄、五町十町取巻候、一方ハ海手警船を寄詰候、」。 豊臣秀吉、加藤主計頭(清正)に書状で小田原の役の状況を知らせる。
	4月8日	「**禁制 大山 一当手軍勢乱妨狼藉**」。家康、大山に禁制を与える。 相模国大山(おおやま)は、縄文の古代から霊山として庶民の山岳信仰の対象とされた。
	4月9日	「小田原の役」。小田原城に立て籠もっていた皆川広照(下野国長沼城主)(1548～1628)が、兵百余人を率いて城を脱出、木村重茲の陣に投降する。 **皆川広照は、北条氏服属以前から秀吉に献上儀礼を行い、家康に服属の立場をとっていたため所領を安堵される。**
	4月9日	豊臣秀吉、清須城在番の小早川隆景(1533～1597)に、尾張国清須から三河国岡崎まで、女房衆を送り届けるよう命じる。
	4月10日	豊臣秀吉、小田原の戦況を真田昌幸父子に報ずる。ついで、また、戦況を昌幸父子に報ず。
	4月10日	「……**仍此表之儀、俄敵城構限江押**」。 徳川家康(1543～1616)、三河国大樹寺に、小田原城攻めの様子を伝える。
	4月13日	秀吉(1537～1598)、聚楽第の女房五さ(北政所侍女)へ、小田原北条氏を完全包囲した状況を説明、北政所(1549 ?～1624)に、千利休(1522～1591)、金吾(後の小早川秀秋)(1582～1602)、淀殿と侍女らの相模国小田原召喚を報告させる。 この中で秀吉が淀殿(茶々)(1569～1615)を「淀のもの」と呼ぶ。淀殿と「側室ナンバー1」の座を巡り争う京極龍子(松の丸殿)(?～1634)も、陣中に呼ばれている。
	4月14日	「去る七日の返札、昨日十三披見候、小田原表の儀、先書に仰せ遣はさる如く、去る五日御座を移され候、然らば、先手の間二町三町宛堀・土居、塀・柵二重に付け廻し、小屋の町作に候て、番所丈夫に申し付け、急ぎ人持は居所の堀を拵へ半ばに候、その方動の様子聞き届け候、上野国中にこれある松井田根小屋悉く焼き払い、すなはち取り巻きこれあるの由、尤に候、当表の人数別に入ることこれなく候の間、心静かに申し付け、討ち果すべく候、景勝・利家と相談せしめ、いよいよ油断あるべからざる義肝要に候、なほ石田治部少輔(三成)申すべく候なり」。 秀吉、真田昌幸・信幸(後の信之)父子に書状を送り、小田原の様子を伝えると共に、松井田城を、上杉景勝・前田利家とよく相談し、弥々油断なく攻め落とすようにと激励する。
	4月-	「**小田原の役ー秀吉、家康に伊豆を与える**」。 伊豆は北条家の分国であり、豊臣軍と北条軍とはまだ交戦中であった。
	4月19日	「……**然者大納言殿御煩、弥御本服**」。 家康(1543～1616)、秀吉の弟・豊臣秀長の配下の桑山修理大夫(桑山重晴)(紀州和歌山城主)(1524～1606)に書状を送り、大納言豊臣秀長の病状回復を祝う。 秀長は、同年1月頃から病が悪化、小田原征伐には参加できなかった。
	4月19日	「……**仍山中之儀も中納言殿被乗崩**」。 家康、桑山修理大夫(桑山重晴)に書状を送り、中納言豊臣秀次が山中城を陥落させたことを伝える。

西暦1590

天正18	4月21日	「**小田原の役**」。徳川勢、北条氏勝（氏政の甥）(1559～1611)**を降伏させ、玉縄城**（神奈川県鎌倉市玉縄地域城廻）**開城**。**22日とも**。城は家康に包囲されるが戦闘らしい戦闘は行われず、家康家臣と、その一族で氏勝の師事する玉縄城下の龍宝寺住職（3世関翁良越）からの説得で開城という。以後、氏勝は下総方面の豊臣勢の案内役を務めて北条方諸城の無血開城の説得に尽力した。	5872
	4月21日	この頃、豊臣軍、上野国内の北条方の各城と共に、沼田城（群馬県前橋市）も落城させる。	5873
	4月23日	「**小田原の役**」。秀吉家臣浅野長吉（長政）(1547～1611)と合流した佐竹義宣(1570～1633)、宇都宮国綱(1568～1608)、結城晴朝(1534～1614)らが、下野の壬生城（栃木県下都賀郡壬生町）、鹿沼城（栃木県鹿沼市今宮町）を攻略する。 壬生義雄(1552～1590)は、小田原城籠城中。	5874
	4月23日	豊臣秀吉(1537～1598)、「関東御動座」にあたり見舞として鉄炮薬百斤を贈ってきた島津氏へ、小田原城攻囲の厳重な状況、「八州之物主」が悉く籠城しているというので「干殺」にする予定であること、来たる5月1日には鎌倉見物をする予定であること、北条氏勝（相模国玉縄城主）が降伏してきたので身柄を徳川家康に預け相模国玉縄城へ移る旨を通知。詳細は増田長盛に伝達させる。	5875
	4月23日	「**小田原の役—下田城開城**」。 安国寺恵瓊・脇坂安治・清水康英(1532～1591)・高橋郷左衛門尉ら、北条方下田籠城衆に、羽柴方に投降すれば、救免する事を誓う。この日、6百の手兵で籠城50日に及ぶ下田城（静岡県下田市）が、1万4千余の豊臣方水軍に開城する。	5876
	4月23日	「尚々其元御才覚専一候、近日伊熊も可被参候条、諸事可被相談候、返々も豆州之儀は、はやはや殿様へ被遣候間、可有其御心得候、以上、豆州在々小屋入仕候、百姓衆罷出、田畑毛等之儀仕付候二、可有御肝煎候、此時候条、無御油断、御才覚肝要候、下田へハ、天野三郎兵衛被遣候間、若々御用之儀も候ゝ、三兵まて可被仰遣候、其元之儀者、貴所御肝煎候へと、朝弥太奉之候て被仰出候、弥可然様、御肝煎専一候、猶従朝弥太可被仰候、恐々謹言」。**家康家臣本多佐渡守正信、伊豆の土豪・星屋修理など伊豆の国衆へ田畑の仕付を命じる。**	5877
	4月25日	「……**仍明日玉縄へ御越之由御辛労**」。家康(1543～1616)、明日相模玉縄に着くという浅野弾正少弼（浅野長吉（長政）)(1547～1611)に書状を送る。	5878
	4月26日	家康家臣依田修理大夫康国（依田信番の長男）(1570～1590)、上野石倉城（群馬県前橋市石倉町）を攻略中、戦死。4月27日の項も参照。	5879
	4月26日	「**小田原の役**」。**秀吉、浅野長吉（長政）に、家康家臣の本多忠勝・鳥居元忠・平岩親吉等と共に「関東筋」を攻略するよう命じる。**	5880
	4月27日	依田（松平）康国(1570～1590)、上野国内の西牧城、石倉城（群馬県前橋市石倉町上石倉）を攻略したが、城明け渡し時の手違いにより、この日に陣営に来会した石倉城主寺尾左馬助（石倉治部）（北条の臣）により殺害されるという。享年21。 左馬助は、その場で康国の弟康寛によって討たれた。寺尾佐馬之助は石倉城を明け渡すと欺いて、康国と対面中これを刺殺した。弟依田康寛（依田康真、康勝）(1574～1623)と依田筑後守昌種は、直ちに攻め入って、佐馬之助を討ち取り占領したという。康国は単に城攻め中に戦死ともいう。	5881
	4月27日	「**小田原の役—秀吉東征軍、江戸城を開城**」。 北条氏支城・武蔵江戸城代・遠山左衛門景政の弟で、留守居である川村秀重は、前田利家・浅野長吉（長政）・徳川家臣戸田忠次(1531～1597)らに降伏して江戸城開城。	5882

天正18	4月27日	「小田原の役」。大関、福原、芦野、伊王野、千本、岡本等下野国衆が、小田原参陣。
	4月28日	「小田原の役」。江戸城開城を受けた秀吉、前田利家等の北国勢が川越に向かうので、浅野長吉(長政)らに合流するよう命じる。
	4月29日	「小田原の役」。秀吉は、この日には、石田三成を使者として派遣。 上野箕輪城を落した真田昌幸は、秀吉からの書状で箕輪の武具受領や百姓環住、人身売買の禁止などの仕置を指示される。
	4月29日	**豊臣秀吉、松平修理大夫(依田(松平)康国)に感状を送り、上野惣社で奮戦して死を遂げた忠節を称える。**
	5月1日	秀吉(1537~1598)、母・大政所(1513~1592)へ初の書状を送り、小田原北条氏の事は「惣無事令違反」に違反したので「干し殺し」に処する決心を報告。
	5月3日	**「……仍去秋源悦下候刻、委細令申」。** 家康(1543~1616)、伊達左京大夫(伊達政宗)(1567~1636)に書状を送る。
	5月4日	「宇佐美之郷当成ヶ之事、如前々被仰付候間、田地少もあれ候はぬやうに開発可被仕候、田地不荒様於開発ハ、前々定成ヶ之内をも少御宥免可有候間、散憐致候百姓何も召返、指南可被仕候、種公用無之二おみては、入次第借可申候、何事もてんやく之儀、従家康被仰付之分ハ、我等手形次第奉公可被申候、上様より之於御用等者、不限夜中、御奉公可被申者也、傍如件」。 **徳川家奉行・伊奈熊蔵家次(忠次)(1550~1610)、伊豆国宇佐美郷の百姓に対して、田地の開発、離散した百姓の還住、徳川・豊臣両家への奉公を命じる。**
	5月5日	「小田原の役」。浅野長吉(長政)(1547~1611)・木村重茲(越前府中12万石)(?~1595)・内藤家長(徳川家臣)(1546~1600)らによる下総方面軍、小金城(千葉県松戸市大谷口)を攻落。城主・高城胤則(1571~1603)は、小田原城籠城中。
	5月6日	中臣則興(鹿島神宮大宮司)、羽柴秀吉陣所の石田三成「取続」により巻数を奉納を受ける。この際に羽柴秀吉「御朱印」を受ける。
	5月7日	秀吉、吉川広家(三河国岡崎城在番)へ、淀殿の東国下向のため伝馬・宿所の用意を命令。この中でも、秀吉が茶々を「淀の女房」と呼ぶ。
	5月11日	**「修理大夫跡職 事、如前々新六郎ニ 申付候条、人数等、不散様、堅可 申付候、然者其元、陣中之儀 羽柴 中将殿任差図、可走廻候也、」。** 徳川家康、判物をもって新六郎(松平依田康真)(康寛、康勝)(1574~1653)をして、その兄康国の遺跡を嗣がしむ。依田信番の次男という。
	5月13日	北国勢は武蔵鉢形城(埼玉県大里郡寄居町大字鉢形)を1ヶ月近く包囲する、持久戦の様相であった。北条氏直の叔父・氏邦(北条氏康の四男)(1541~1597)が城主の鉢形城を3千の守備兵で固めていた。 武蔵国における北条最大の拠点で、急流渦巻く荒川が蛇行する断崖上に築城され、その支流、深沢川の渓谷に守られた天然の要害であった。折からの梅雨時の長雨で川は増水しており、力攻めによる将兵の損耗を避け、兵粮攻めによる自落を待っていた。が、秀吉はそれを許さず、前田利家に攻めが甘いと指摘した。この日、前田利家、上杉景勝らの北国軍が鉢形城の攻撃を開始。徳川家臣本多忠勝らが車山(埼玉県大里郡寄居町)から大筒・石火矢を撃ち込み出す。
	5月14日	秀吉、とても懇意な手紙(陣中見舞い)をよこした北政所へ自筆返書を送り、小田原城攻めの様子や、石垣山に築城中の城について記され、石垣や台所ができ、広間や天守の完成が近いと記し、家中一同の息災を案ずる。

西暦 *1590*

天正18	5月18日	「小田原の役」。徳川譜代の内藤家長(1546～1600)ら下総方面軍、本佐倉城(千葉県印旛郡酒々井町本佐倉)を攻落。 5896

5月19日 「家康様関東八州御案堵之由、無其隠風聞令申候」。

家康の関東転封の風聞を聞いた下総生実の大厳寺住持・安誉虎角(1539～1593)、徳川家臣酒井家次に書状を送り、大厳寺再興を依頼する。 5897

5月20日 「小田原の役」。
浅野長吉(後の長政)(1547～1611)、本多忠勝、平岩親吉らが、北条の支城・武蔵国岩付城(埼玉県さいたま市岩槻区)を攻撃する。
城主北条氏房(氏政の三男)(1565～1592)が小田原城に籠もっていたので、重臣伊達房実(？～1626)が、城代として守っていた。 5898

5月22日 「小田原の役」。「武州岩付城二・三之丸迄追破、頸数多討捕候旨、浅野弾正少弼・木村常陸介かたより、昨夕注進候二付而、様躰被仰合、御上使両三人被差越候其趣弾正・常陸可申聞候　各同前二無油断城取詰、一人も不洩可討果候。女子共ハ、悉此方へ可差越候　引散候者可為越度候　委細両三使可申候也」。

秀吉、本田中務少輔(本多忠勝(1548～1610))・鳥居彦右衛門尉(鳥居元忠(1539～1600))・平岩七介(平岩親吉)(1542～1612)に書状を送り、敵兵を一人も残らず討ちとるよう命じる。 5899

5月22日 **「就此表在陣巻数到来、令悦喜候」。**
徳川家康(1543～1616)、中臣興興(鹿島神宮大宮司)へ陣中見舞いを謝し、詳細は榊原康政に伝達させる。 5900

5月23日 **「就当表出陣、芳翰幷一折到来、遠」。**
家康、大厳寺(千葉市中央区大厳寺町)に出陣見舞いの到来を謝す。 5901

5月23日 「小田原の役」。
佐竹義宣(1570～1633)、父佐竹義重(1547～1612)と共に相模国小田原へ参陣。 5902

5月24日 結城晴朝(下総結城城主)(1534～1614)が、配下の多賀谷重経、水谷勝俊(常陸下館城)(1542～1606)らの諸将と共に豊臣秀吉の本陣に参陣し、本領を安堵される。 5903

5月25日 **「……仍大厳寺之儀、於田舎我等本寺之事候間」。**

関東移封の家康は、秀吉の家臣一橋(市橋)兵吉に書状を送り、大厳寺の諸事をよろしくと頼む。家康は、檀蓮社雄誉上人松風霊厳大和尚に、大厳寺(千葉市中央区大厳寺町)再住を命じたのか。 5904

5月26日 深溝松平家忠(1555～1600)、三河国竹谷の松平全保(清善))の死去を知らされる。 5905

5月27日 佐竹義宣(1570～1633)と宇都宮国綱(1568～1608)が一族や配下の諸氏と共に、石田三成(1560～1600)の斡旋で、豊臣秀吉(1537～1598)に謁見し、本領を安堵される。 5906

5月27日 越前国北ノ庄の堀秀政(1553～1590)、相模国小田原陣中において病没。享年38。法名・高岳道哲東樹院。参陣中の長男・秀治(1576～1606)が、16万石を継ぐ。 5907

5月27日 「小田原の役」。
秀吉は、石田三成・大谷吉継・長束正家に、館林城・忍城攻略を命じた。
佐竹義宣・宇都宮国綱・結城晴朝・多賀谷重経(下総国下妻城主)(1558～1618)・佐野了伯(天徳寺宝衍、佐野房綱)ら関東諸将が与力となる。 5908

天正18	5月27日	「**徳川家康関東移封の約、成る**」。「山中山しろどのよりあん内あり。江戸とするがと御とりかへの由」。(『天正日記』)。「三河・遠江・駿河・甲州・信濃五ヶ国に、伊豆・相模・武蔵・上野・下総・上総六ヶ国にかへさせられて、関東へ庚刀の年うつらせ給ふ」。(『三河物語』)。「秀吉卿御申候は、小田原の城中家作も只今迄の通にて明渡候はゞ、其許には其儘居城に御用ひ可有や、と被申候得ば、家康公御聞なされ、以来の儀は兎も角も、先づ当分は小田原に在城仕る外有間敷候哉、と御挨拶なされ候得ば、秀吉卿御申候は、それは大なる御思案業にて候、愛元の儀は境目にて大切なる場所にも候得、御家来の内にて慥なるものに預置き、其許には是より二十里隔り江戸と申所有之よし、人の申を承候ても、絵図の面にて見及候ても、繁昌の勝地共可申処にて候間、江戸を居城に被相定可然候」。(『落穂集』)。 **豊臣秀吉は、武蔵国江戸を徳川家康の城地と定めるという。** 家康の統治五ヶ国(駿河・遠江・三河・甲斐・信濃)をはずし、北条氏領地の関東八州を与えると決めた。 秀吉は、家康が豊臣政権へ謀叛を起こさないようにと深慮したとされる。いや実は、家康は三河・遠江・駿河・甲斐・信濃の松本以南、合わせて130万石であったが、伊豆・相模・武蔵・上野・上総・下総の6ヶ国、2百42万石の大封を領地したという。
	5月27日	羽柴東郷侍従(長谷川秀一)・羽柴岐阜侍従(池田輝政)・羽柴丹後少将(細川忠興)、北条左京大夫殿御宿所(北条氏直)に書状を送り、岩付陥落を知らせ、拘置している氏政妹(長林院殿)と氏房室(小少将)の身柄と、討死した将の首級について打診をする。
	5月28日	「……先立如申述候、漸昨廿七、甲府之地迄罷登候、雖然貴辺武州口御在陣之由候条、先々当地ニ令滞在候、別而愚入候筋目、早速御本」。 伊達政宗(1567~1636)、浅野弾正少弼殿(浅野長吉)御陣所に書状を送る。伊達政宗は、浅野長吉(長政)に昨日甲府に着いたことを知らせ、浅野が武州口に出陣しているため、浅野長吉に早く小田原に帰陣してもらい、その上で長吉の「御執成」をもって秀吉と面会したいと告げる。政宗は、百騎程度の家臣を率いて5月9日に黒川(若松)を発ち、北条領国を避け、越後・信濃・甲斐に向かったともされる。
	5月29日	津田宗及(?~1591)が茶頭となって、石垣山の山里曲輪(西曲輪)で茶会が催される。
	6月1日	「六月一日、きしゅく(危宿)だてどの(伊達政宗)内々にて、この方へ御こし、ゆふき様(結城秀康)より御たのみ也。二日、だてどの、ゆふき様、御ちそう(馳走)、ふろ(風呂)たくべしと仰出さる。四日、大との様(徳川家康)ゆふき様だてどの御一所に殿下(豊臣秀吉)へ御こし成」。(『天正日記』)。
	6月5日	「小田原の役」。伊達政宗、小田原に参陣する。箱根底倉に一旦、抑留される。 秀吉はまず、武蔵国鉢形城陣中から召喚した前田利家・浅野長吉(長政)・施薬院全宗(1526~1600)らに、政宗の陸奥会津攻略ならびに佐竹氏らとの戦闘の非違を、詰責せしめる。
	6月7日	「小田原の役ー韮山城攻略戦3月29日~6月24日」。「**態令啓候、仍最前も其元之儀及異見候之処ニ、無承引候之き、此上者、被任我等差図、菟角先有下城、氏政父子之儀、御侘言専一候、猶朝比奈弥太郎口上相含候、恐ゝ謹言、**」。 (以前もそちらのことを意見したところ、承諾がありませんでした。この上は私の差図に任せられ、とにかくまず下城し、氏政父子のことを嘆願するのが第一です)。家康(1543~1616)、伊豆の韮山城に籠城中の北条美濃守(北条氏規)に宛て書状を送り、北条氏政、氏直父子が豊臣秀吉へ詫びるよう勧める。朝比奈弥太郎(泰勝)が申し上げますと記す。

西暦 1590

天正18	6月7日	「小田原の役」。この日と翌日、織田信雄家臣岡田利世が小田原城へ入り、北条氏直と面談する。 5916
	6月7日	**「今度於岩付粉骨無比類旨、浅野弾正少弼」。** 浅野長吉（長政）の報告を受けた家康（1543～1616）、鳥居彦右衛門尉（鳥居元忠）（1539～1600）の岩付城における戦功を賞す。 5917
	6月7日	**「今度於岩付粉骨無比類旨、浅野弾正少弼」。** 浅野長吉（長政）の報告を受けた家康、本多中務少輔（本多忠勝（1548～1610））・平岩七介（平岩親吉）（1542～1612）他1名の岩付城における戦功を賞す。 5918
	6月9日	**「伊達政宗、家康の執り成しで秀吉に謁見」。** 北条氏と同盟していた伊達政宗（1567～1636）、築城中の石垣山城で豊臣秀吉（1537～1598）に謁見する。秀吉、臣従した政宗の本領を安堵。ただし、会津領攻略は秀吉の令に反した行為であるとされ、彼の帰国を許可し、木村清久（？～1615）らを、政宗と同行させて会津黒川城（若松城）（福島県会津若松市追手町）を接収させることにし、後に会津領などは没収され、72万石になる。 5919
	6月10日	是より先、諏訪頼忠、子頼水に諏訪郡を、同頼定に、諏訪社下社一跡を譲与する。**「信州諏訪郡之事 右、如遣安芸守」・「信州諏方下宮一跡事 右、任安芸」。** 是日、徳川家康、諏訪小太郎頼水（1571～1641）・諏方久三郎頼定をして、之を安堵せしむ。徳川秀忠の諏訪頼忠（1536～1606）宛書状あり。 5920
	6月12日	上杉勢先鋒の藤田信吉（1559～1616）、縁戚である北条氏邦（氏康四男）（1541～1597）を説得するため、自らの故地で行動。菩提寺正竜寺の良栄大和尚に氏邦の説得を依頼。 5921
	6月14日	「小田原の役―鉢形城落城」。 秀吉北国勢軍前田利家・上杉景勝・真田昌幸らにより、武蔵国鉢形城（埼玉県大里郡寄居町鉢形）主・北条氏邦（氏康四男）（1541～1597）が、城兵の命と引き換えに、剃髪して降伏。氏邦は戦後、氏邦の有能さをよく知る前田利家にお預けとなり、そのまま加賀国へ行き生涯を終える。 5922
	6月15日	「九戸政実は、自身が南部家の当主であると公然と自称していた」。 浅野長政（「浅弾少長吉」）、八戸政栄（「八戸殿」）へ、徳川家康（「家康」）・羽柴秀次（「中納言様」）の7月上旬出馬予定、蒲生氏郷（「羽柴忠三」）は去6月14日に陸奥国二本松へ到着したこと、伊達政宗（「政宗」）は昨日6月14日に出羽国長井郡まで出向き葛西・大崎方面に出勢したこと、また九戸政実（「九戸」）（1536～1591）は早急に「成敗」されることに触れ、これらの事を南部信直（「南部殿」）へも通達することを通知。 5923
	6月20日	淀殿（茶々）（1569～1615）をはじめとする秀吉の側室や侍女衆、石垣山に到着という。 5924
	6月20日	**「国替わり近日の由」（『家忠日記』）。** **家康の関八州転封は、「小田原の役」真っ最中に進められていた。** 5925
	6月20日	秀吉、「奥州奥郡為仕置被指遣御人衆道行次第」を発す。 5926
	6月20日	天正遣欧少年使節、インド副王の使節の資格を持った宣教師ヴァリニァーノと共に、変わり果てた長崎に帰国する。長崎はキリスト教が禁じられ、宣教師に国外退去を命じた変わり果てたあとの姿になっていた。この時、印刷機が伝わる。 5927
	6月22日	「小田原の役―韮山城攻略戦3月29日～6月24日」。 **家康（1543～1616）、韮山城の北条氏規（1545～1600）を説得する。** 5928
	6月22日	「小田原の役」。夜、井伊直政30歳（1561～1602）、風雨に乗じて小田原城の篠曲輪に攻め入り、火を放って鬨の声をあげる。 5929

天正18	6月23日	「小田原の役―八王子城落城―関東に於ける北条氏の支配は事実上終った」。 北国勢前田利家・上杉景勝・真田昌幸ら1万5千兵、北条氏照の八王子城(東京都八王子市元八王子町)を攻略する。城主の北条氏照(氏康の三男で氏政の弟)(1540～1590)以下家臣は、小田原本城に駆けつけていた。小田原開城のきっかけとなる。
	6月24日	「小田原の役―韮山城攻略戦3月29日～6月24日」、終結。織田信雄・蒲生氏郷・福島正則らに攻囲された韮山城主北条氏規(氏康の五男)(1545～1600)、孤立無援の中を3ヶ月戦い抜いて、幼なじみの家康の勧告で降伏する。**氏規、家康の陣に向かう。**
	6月24日	「小田原の役」。秀吉(1537～1598)、黒田如水(官兵衛)(1546～1604)をして、小田原細田口守将・太田氏房(北条氏政の三男)(1565～1592))にすすめて、北条氏政・氏直父子に講和を説かせる。
	6月25日	「小田原の役3月1日～7月5日―石垣山一夜城」。 秀吉が大坂から職人を呼び寄せ、小田原攻めの対の城・石垣山一夜城、天守以下が竣工。小田原側の樹林が一斉に伐り払われて、小田原城の頭上に秀吉の一夜城が忽然と姿を現わした。笠懸山に総石垣の城を築いたため、そう呼ばれ、五層の天守閣と三層の櫓を持つ城という。わずか80日で完成したといわれ、当時の関東には石垣と天守を備えた城はなかったという。
	6月25日	**「筑井城之義、早々可請取之由、上意」。**家康(1543～1616)、本多中務太輔(本多忠勝)平岩親吉・戸田忠次・鳥居元忠他に書状を送る。これより先、松平康真(依田信蕃の二男、康勝)(1574～1623)、本多忠勝(1548～1610)らと共に相模筑井城(津久井城)(神奈川県相模原市緑区)を攻撃。**この日、徳川家康、康真等をして、同城を請取らしむ。**
	6月26日	「小田原の役」。早暁、一夜城の出現に小田原籠城の将兵は戦意を喪失。秀吉、石垣山城から鉄砲の一斉射撃をし、威嚇。
	6月28日	「小田原の役」。豊臣秀吉、石垣山城完成に伴い本陣を移す。
	6月29日	千利休(1522～1591)、秀吉を労い、石垣山城において茶会を催す。
	6月29日	「小田原の役」。 **北条氏政・氏直父子、織田信雄(1558～1630)のもとに、和議を依頼という。**
	6月29日	家康(1543～1616)、この日、工匠を集める。7月1・2日も。
	6月―	「条々 下総国東昌寺 一当寺、同」。 家康、下総国東昌寺(茨城県猿島郡五霞町)に判物発給
	7月1日	「小田原の役」。北条氏規、小田原城に入り、氏政・氏直父子に降伏を勧める。
	7月1日	「小田原の役」。北条氏直(北条家第5代当主)(1562～1591)、**豊臣秀吉への降伏の意志を固める。氏直と弟の太田氏房は、それぞれ家康と滝川雄利(1543～1610)を窓口として和平交渉に当たる。**
	7月2日	**「此表在陣之条、内々可尋申候之節」。** 家康、安芸国高田郡吉田村の浄国寺の在陣見舞いを謝す。浄国寺開基は、真蓮社短誉文慶大和尚。幼い頃、今川家支配下にあった駿河国知源院に住み、住持である知短上人の弟子となる。知源院のすぐそばで、祖母の源応尼と共に身を寄せていたのは、幼少の竹千代、のちの徳川家康であった。竹千代と文慶は、共にこの知源院で、知短上人から文筆の養育を受けた。二人は同じ師から学び、親しく過ごした「竹馬の友」であった。天正年間、文慶は安芸国高田郡吉田村に一寺を建立した。浄国寺は、慶長年間に現在地(広島市中区土橋町)の広島城下に移転した。
	7月3日	「小田原の役」。秀吉、浅野長吉(長政)に朱印状を送り、長政の忍城皿尾口の戦功を賞し、兎角(何はさておき)、忍城水責を命ず。

西暦**1590**

天正18	7月3日	豊臣秀吉(1537~1598)、次の目標を「奥羽平定」に定める。 秀吉、会津を支配していた伊達政宗(1567~1636)に対し、居城のある会津領内の黒川まで通路と宿舎の整備を命じる。	5945
	7月4日	秀吉、某への書状をもって、家康を江戸まで召し連れて江戸城普請を命じようとしたという。実現はしなかった。	5946
	7月5日	秀吉、浅野長吉(後の長政)(1547~1611)を、陸奥に派遣。	5947
	7月5日	「小田原の役(3月1日~7月5日)終結。小田原城開城ー秀吉、関東を平定」。 北条氏直が弟の太田氏房を伴い、徳川家康、更に羽柴(滝川)雄利の陣所に入り、雄利及び黒田如水(官兵衛)、さらに織田信雄を通じて、秀吉に降伏する。秀吉は、五代百年に及ぶ関東地方の覇者北条氏を征伐して関東を平定する。秀吉は、北条氏政・氏照兄弟、大道寺政繁(上野国松井田城)(1533~1590)、松田憲秀(北条氏家老)の切腹を命じ、北条氏直(1562~1591)を助命する意向を伝える。黒田如水(官兵衛)は、和議成立の謝礼として北条氏から『吾妻鏡』(全51巻)を贈られたという。慶長9年(1604)、如水(孝高)の子である黒田長政から2代将軍徳川秀忠に献上されたという。『吾妻鏡』は、鎌倉幕府の事蹟を幕府自ら編纂した編年体の歴史書。	5948
	7月6日	秀吉に命じられた秀吉家臣・脇坂安治(1554~1626)、片桐直盛(且元)(1556~1615)、徳川家臣・榊原康政(1548~1606)が、小田原城接収の使節として城に入る。	5949
	7月6日	豊臣秀吉、小田原城に入る。	5950
	7月6日	豊臣秀吉、小田原征伐に参陣した陸奥国の南部信直(1546~1599)を謁見する。	5951
	7月7日	小田原開城は混乱もなく、この日から9日にかけて、籠城していた7万の将兵は小田原城を出て、四方に散っていった。	5952
	7月7日	「御札拝見仕候、仍御馬二疋被牽越候、委細相心得存候、堅可申付置候、随」。井伊直政、浅野弾正少弼長吉(長政)に返書を送る。	5953
	7月7日	元高天神城の城主・小笠原信興(氏助、長忠)(?~1590)が殺される。北条氏が滅亡したとき、家康によって捕らえられ、過去の降伏の罪を咎められ処刑されたとされている。	5954
	7月9日	徳川家臣石川家成(1534~1609)、本證寺に返礼する。	5955
	7月9日	北条氏政・氏照兄弟、小田原城を出て、城下の医師・田村安栖の邸に入る。	5956
	7月10日	豊臣秀吉、小早川隆景(尾張国清州城在番)・吉川広家(三河国岡崎城在番)へ、相模国小田原落城について、淀殿(茶々)の帰洛道中の用意を命令。詳細を山中長俊(1547~1607)より伝達させる。	5957
	7月10日	秀吉、小早川隆景・吉川広家へ、人足380人を以て羽柴秀吉帰陣の道具を町送にて届けるように命令。早雲寺は石垣山城が完成すると、寺一帯は焼き払われ、寺宝は秀吉に奪われたという。	5958
	7月10日	**徳川家康、小田原城に入る。**	5959
	7月11日	**北条氏政(氏康の次男)53歳(第4代の北条家前当主)(1538~1590)・氏照51歳(1540~1590)兄弟、城下の医師・田村安栖の邸にて、榊原康政(1548~1606)以下の検視役が見守る中、弟・氏規(氏康の五男)(1545~1600)の介錯をうけて割腹。**	5960
	7月12日	秀吉、京都の北政所へ、鶴松の盂蘭盆会の生御魂を送ってきたのを喜び、小田原平定と会津征伐終了後の帰京予定を報告。	5961
	7月12日	**豊臣秀吉、北条氏直が家康の娘婿であることから命を助け、高野山への蟄居を命じる。**	5962

天正18	7月12日	徳川家康、大久保忠行(藤五郎)(？～1617)に命じて、武蔵吉祥寺村の池水をひいて、江戸市中の飲料に供せしめる。江戸小石川上水(のちの神田上水)という。

7月13日

「秀吉が検分のため小田原城に入り、論功行賞を行う―家康、関八州へ転封」。

「家康公御領甲信駿遠参五ヶ国ヲ転シテ伊豆・相模・武蔵・安房・上総・下総・上野・下野・江州之内 九万石、石部・関地蔵・四日市・白須賀・中泉・清見寺千石充、島田弐千石、都合弐百四拾万弐千石御領 地共、」(『徳川諸家系譜』)。

「其外近江九万石は神君御在京中御賄とし、又御上洛御道すがら御放鷹のたよりとして、石部関の地蔵四日市場白須賀石薬師庄野中泉興津に於て各千石、島田にて二千石進らせられ、徳川家旧領三河遠江駿河甲斐信濃五箇国は秀吉賜りて、旗下の諸将に配分致したし、」(『三河後風土記』)。

家康、正式に北条の旧領・関八州への転封命令を受ける。伊豆・武蔵・相模・上野・上総・下総の六国と下野半国、別に近江・伊勢・遠江・駿河などの地10万石、計2百40万2千石の大封を領地した。

家康の旧領三河・遠江・駿河・甲斐・信濃の松本以南、合わせて130万石を織田信雄(信長の次男)(1558～1630)に給付した。しかし、尾張・伊勢を領する信雄は、先祖相伝の地・尾張より出るのを好まず、秀吉にその意志を訴えた。これに対し秀吉は、その我儘勝手を詰り、信雄の所領没収の仕打ちに出た。信雄は下野国那須(一説に下野国烏山とも)に追放、佐竹義宣預けの身になった。出家して「常真」と号し捨扶持2万石だけを与えられたという。

旧領尾張国・伊勢国北部5郡などに百万石は、秀吉の甥・豊臣秀次(近江八幡山城43万石)(1568～1595)に与えられた。

7月13日

「秀吉の知行割令」。

秀忠(1579～1632)は駿河を召し上げ下総に国替、千葉城10万石、榊原康政(1548～1606)には佐倉城2万石、本多忠勝(1548～1610)には小弓城(千葉市中央区)2万石、井伊直政(1561～1602)には逆井城(茨城県坂東市逆井)1万石、残りは給人地として細部にわたり石高を定め、隅田川から古利根川までの国府台10万石を織田(羽柴)信秀(信長六男)に給し、石川数正(1533～1592？)には信濃松本城8万石、結城秀康(家康次男)(1574～1607)には、結城城(茨城県結城市結城)5万石を封じた。

更に、徳川家には陸奥・出羽の先陣に備えるように命じた。

7月13日

「秀吉は、家康配下の信濃諸士を関東に移し、豊臣系の大名を信濃に入れる」。

この時、家康配下として信濃の小笠原秀政(1569～1615)は下総古河に、小笠原信嶺(信濃国松尾城主)(1547～1598)は武蔵本庄に、諏訪頼忠(1536～1606)は武蔵比企郡奈良梨、児玉郡蛭川、埼玉郡羽生で1万2千石の所領が与えられた。その後文禄1年(1592)頼忠は上野総社に移封された。

木曾義昌(1540～1595)は下総阿地土(阿知戸(千葉県旭市網戸))1万石に配置替えとなった。代わって信濃は、木曽が豊臣秀吉の直轄地となり、旧領の半分に相当する信濃小諸に5万石で仙石権兵衛秀康(仙石秀久)(1552～1614)が、信濃松本(領地は筑摩郡と安曇郡)8万石には石川出雲守数正(1533～1592？)、高島(諏訪)3万8千石には日根野織部高吉(1539～1600)が、伊那7万石には毛利河内守秀頼(？～1593)が新知知行充行となった。木曽は御倉入となる。信濃国内殆どが全面的な配置替えとなった。ただ、真田安房守昌幸(1547～1611)だけが、秀吉の直臣と見なされ小県郡の本領を安堵された。

天正18	7月13日	「秀吉の知行割令」。北条氏に敗れ秀吉を頼っていた天徳院宝衍(佐野房綱)は、小田原攻めの道案内と足柄城攻めに勲功を上げていたので、旧領の佐野に復帰。 上野国沼田城5万石は真田信幸(後の信之)(1566～1658)に、松井田城2万石は真田信繁(幸村)(1567？～1615)に、北信濃四郡15万石は真田昌幸(1547～1611)に、小田原城は滝川雄利(1543～1610)に、豊臣秀勝(秀吉の甥で養子の小吉。後にお江の夫)(1569～1592)に、関東に転封された徳川家康の備えとして甲斐国・信濃国二か国、三枚橋城(沼津城)は一柳直盛(1564～1636)に、駿府城14万石は中村一氏(？～1600)に、久野城1万6千石は松下加兵衛之綱(1537～1598)に、横須賀城は渡瀬詮繁(1555～1595)、掛川城5万石は山内一豊(1545～1605)に、浜松城12万石は堀尾吉晴(1544～1611)に、三河国吉田城15万2千石は池田照政(のち輝政)(1565～1613)に、岡崎城5万7千4百石は田中吉政(1548～1609)に、北伊勢四郡は蒲生氏郷(1556～1595)に、近江国八幡山城2万8千石は京極高次(初の夫)(1563～1609)に、丹波二郡を細川忠興(丹後宮津城主)(1563～1646)に加増。北条氏の遺領240万石の内、180万石は関白蔵入地になる。
	7月14日	**豊臣秀吉(1537～1598)、奥州平定のため、石垣山城を出陣する。**
	7月14日	「岩付太田備中守・伊達与衛・野本将監妻子之事、何方二成共有度方々居住、不可有異議候　恐々謹言」。 家康(1543～1616)、羽柴下総守雄利(1543～1610)・黒田官兵衛(1546～1604)宛に書状を送り、太田氏房・伊達房成・野本将監らの妻子の領内居住を承認したことを滝川雄利と黒田孝高へ申し送る。
	7月14日	**養子に出された秀康(家康次男)(1574～1607)、結城城(茨城県結城市結城)入城、晴朝養女・鶴子(蓮乗院)(？～1621)と婚姻。翌月6日に養父・晴朝(1534～1614)に致仕、「結城秀康」となる。**
	7月16日	秀吉、北条氏政・氏照兄弟の首級を京に上らせ、一条戻り橋に晒す。
	7月16日	「**小田原の役の合戦」、完全に終結。**城代成田泰季が守る武蔵国忍城(埼玉県行田市)が、石田三成・宇都宮国綱・結城晴朝・佐竹義重らと、秀吉に命じられた真田昌幸・信繁(幸村)父子、浅野長吉(後の長政)の援軍によってようやく攻略される。城主・成田氏長の使者が城兵に開城を命じたため、ついに開城となったという。20日説もある。 忍城には、城主成田氏長(1542～1596)の娘が在城し、東国一の美貌を誇っていたが、祖父太田三楽斎資正(1522～1591)と父氏長の薦めに応じて、開城後、姫の兵法・武芸に秀でたことを聞いた秀吉の側室(甲斐姫)(1572～？)になったといわれる。甲斐姫の外祖母が、妙印尼(由良輝子)である。
	7月16日	陸奥・出羽を平定を目指す秀吉、小田原城を発つ。
	7月16日	「其方妻中郡白根郷在之由候　聯横合之狼籍不可有之条、可心安候也」。 家康(1543～1616)、北条氏直家臣・遠山新次郎(遠山直吉)へ、氏直を高野山へ送り届けたのちに帰郷して、摩下に仕えるように命じて、妻子は領内のどこに住まわせてもよいと伝えた。そこで直吉は妻子を相模国中郡白根郷に移住させて、家康の家臣本多正純(正信の長男)(1565～1637)に依頼してそのことを家康へ報告をした。そこで家康は直吉へ本状を与えて、妻子の安全を保証したのである。
	7月17日	豊臣秀吉、鎌倉に入り鶴岡八幡宮を参詣、次いで白旗社に詣で、源頼朝像を見、2日間滞在する。
	7月18日	深溝松平家忠(1555～1600)、江戸城に入る。家康は、7月初旬から引越を始めていたという。

5967
5968
5969
5970
5971
5972
5973
5974
5975
5976

天正18	7月19日	豊臣秀吉、下野の宇都宮国綱（1568〜1608）らと共に、下野に向けて鎌倉を出立、奥州征伐に向かう。行列奉行は大谷吉継（敦賀城5万7千石）（1559？〜1600）。 鎌倉幕府を樹立した源頼朝が奥州征伐の際、文治5年(1189)7月19日に鎌倉を発ち、宇都宮で宇都宮大明神に奉幣し奥州を平定したことに倣う。
	7月20日	**秀吉、武蔵国江戸城に到着。家康も当然出迎えていたのだろう。** 家康は、江戸城が当時狭かったので、北郭平川口の法恩寺を秀吉の宿泊所とし、様々にもてなしたという。検分した家康は、江戸の地は旧利根川（現在の隅田川）の河口に近い海湾に臨み海陸交通の要衝で、広大で豊沃な関東平野を背後にもつ形勝の地であることを確かめた。そればかりでなく、やがて日本国中を統一した時の都市として最も優れた地であることをも見通したという。
	7月20日	**「北条氏直はじめ、一族が高野山に配流される―氏直の正室督姫（家康の次女）（1565〜1615）は処分を受けず小田原に残る」。** 北条氏直、氏房（弟）・千葉直重（弟とも叔父とも）・直定（弟）・氏規（叔父）・氏忠（叔父）・氏光（叔父）らの一門及び松田直秀（松田憲秀の次男）・山角直繁・遠山直吉・山上久忠らの家臣30人、卒3百人を従えて小田原を発する。
	7月20日	豊臣秀吉（1537〜1598）、陸奥に向かい江戸を出立。
	7月20日	「明日三州へ帰俟へ之由、御意候。御国かかり女子引越の事也。関白様ハおくへ御通被成候」。（『家忠日記』）。 **家康は深溝松平家忠（1555〜1600）に三河へいったん帰郷して、国替の引越準備をするように命じた。**
	7月20日	**家康は、この頃から家臣団に対する関東新領国での分封を始めた。新領国への分封が最も早かったのは榊原康政（1548〜1606）であった。** 秀吉は家康家臣の分封まで介入・干渉したという。
	7月20日	榊原康政、本多正信宛書状を出し、上野国館林へ移封となったため、後事を本多正信へ依頼する。
	7月23日	徳川家康家臣・榊原式部大輔康政、武蔵国藤沢より浅野長吉（長政）に書を送り、忍城責落の戦功を賞し、且つ北条氏直の高野山入山を報ずる。
	7月23日	**「被寄思召、書状祝着候　伽関八孤（州）之儀、従殿下被仰付候条、令在国候間、重而可申承候間、令少略候。恐々謹言」。** 徳川家康（1543〜1616）、関東入府を祝う書を送ってきた新田治部太輔（新田岩松守純、上野国新田岩松氏14代当主）（1532〜1616）に返書を送る。
	7月23日	**「急度申越候　仍下妻ノ城へ早々可被相移候　不可有油断候者也」。** 家康、鳥居彦右衛門尉（鳥居元忠）（1539〜1600）に書状を送り、元忠が下妻城（茨城県下妻市本城町）へ移動し下総で就封することを命じる。
	7月一	**この頃、家康、宇都宮に下る。家康が秀吉に面会した目的は、織田信雄（1558〜1630）の執成しにあった。**
	7月24日	5月末に秀吉に謁見し、臣従した陸奥国の相馬義胤（1548〜1635）、留守政景（伊達政宗の叔父）（1549〜1607）へ、「関八州之御令」は残す所ところ無く「御成就」し、羽柴吉が「奥両国為御仕置」するため陸奥国会津へ移動すること、先勢として豊臣秀吉「御直札」を携えた石田三成が到来し「内意」を受けるということなどを通知。
	7月26日	「宇都宮仕置」。豊臣秀吉、岩付を経由して下野国宇都宮に到着。 陸奥、出羽のことを課議しようと伊達政宗、最上義光を召致した。ここで奥羽大名に対する仕置を行う。

西暦1590

天正18	7月26日	豊臣秀吉（1537～1598）、房総方面の戦闘で功績があった徳川家臣本多忠勝（1548～1610）に、「佐藤忠信の冑」を与える。	5990
	7月26日	「武刕（州）奈良梨・羽生・蛭川弐万七千石余充行之畢 不可有相違、弥可抽忠信 領知之状、伽如件」。徳川家康、諏方小太郎に、武蔵奈良梨（埼玉県比企郡小川町）・羽生・蛭川の地を知行充行。 諏訪頼忠（1536～1606）・頼水（1571～1641）父子は、武蔵国奈良梨1万石へ転封。	5991
	7月26日	「宇都宮仕置」。秀吉、葛西晴信（1534～1597？）・大崎義隆（1548～1603）が、小田原に参陣しなかった事を理由に領地を没収。葛西・大崎両氏の旧領13郡（胆沢・江刺・磐井・気仙・本吉・登米・桃生・牡鹿・栗原・遠田・志田・玉造・加美）（現在の宮城県北部と岩手県南部）30万石余は、新たに奥州で戦功のあった家臣・木村吉清（？～1598）を封じる。この新領主・木村吉清に対する反乱が「葛西・大崎一揆」である。	5992
	7月26日	秀吉の奉行・木下吉隆（？～1598）、伊達政宗（1567～1636）に、宇都宮への出頭を促す。また、最上義光（出羽山形城主）（1546～1614）も召される。	5993
	7月27日	「宇都宮仕置」。「一 南部内七郡之事大膳大夫可任覚悟事」。「家中之者共相抱諸城、悉令破却、則妻子三戸江引寄可召置事」。秀吉、宇都宮に出頭の南部信直へ、全5条の「定」を下し、陸奥国南部子七郡を安堵する。 妻子を上洛させること。領内を検地すること。蔵入地（直轄地）を確保すること。在京の賄料（必要経費）を確保すること。居城以外の領内の城を破却すること。	5994
	7月28日	「宇都宮仕置」。「分領城共悉令破却、居所可為一城候」。秀吉、小田原征伐に参陣中に病死した戸沢盛安の家督を継いで第19代当主となった戸沢光盛（1576～1592）へ、出羽国仙北の「当知行」を相違無く安堵し、妻子を早々に在京させること、分領中の城を「悉令破却」しめ居城1城のみとすること、「知行方令検地」しめ「台所入」を確保し「在京賄」とすることを通達。詳細は金森長近（1524～1608）に、伝達させる。	5995
	7月28日	「下総国生実大巌寺領幷屋敷等事 右如先規之領掌、不可有相違者也 勿如件」。家康、下総の大巌寺（千葉市中央区大巌寺町）へ安堵状（鍛）を与え、5ヶ条の禁制も下す。	5996
	7月28日	豊臣秀吉、大田原城（栃木県大田原市城山2丁目）着。	5997
	7月29日	「今度至津軽地相勧、蒙疵候由宸無」。 徳川家康、佐久郡の人・依田肥前守（依田信守）（1567～1604）の戦功を賞す。	5998
	7月29日	「一、御自筆被仰出趣、恭次第、何共難述言上奉存事。一、結城跡目之儀、三河守二被仰付段、恭奉存、即相添両人二致進上候事。一、三河守五万石之儀、奉得其意候事。一、真田儀、重面以成瀬伊賀守被仰下御諚、恭奉存候事。一、両三人之者共儀、相意得奉存事　以上」。 家康、黒田勘解由（孝高、官兵衛）（1546～1604）・水野和泉守（水野忠重）（家康の叔父）（1541～1600）に書状を送り、真田の件については成瀬伊賀守を使者として仰せいただいた「御諚」つまり、（秀吉の）御命令を承知いたしましたと、秀吉の好意に感謝して諒承したことを告げる。秀吉は家康に、その領国内にある真田昌幸の旧領上野沼田を安堵するよう懇謫する。昌幸は3万8千石を領して上田城に入り、2万7千石の上野国吾妻を含む沼田領を信幸（のちの信之）に託した。この日、家康はこれを認めた。信幸は徳川の養女小松姫、徳川家の四天王・本多忠勝の娘を娶った。真田氏は信濃の土豪から小大名になったのに過ぎないが、当代の両雄秀吉・家康から着目される昌幸の存在は、豊臣大名の間でも知られるようになる。	5999
	7月29日	**この日、家康は小田原を発つ**。いや、宇都宮を発ち、江戸城に向かったのでないだろうか。	6000

天正18	7月30日	豊臣秀吉、朱印状を下し、出羽・陸奥のみならず、津軽・宇曽利・外浜に至るまで、大名の足弱衆の上洛を命じる。
	7月30日	秀吉、大田原城を発する。金田地区河原、町島（水口館西部より北回り）、のし内、滝（おかんぢち東）、寺方（大道内）、練貫、久保、羽田を経る。
	8月1日	秀吉、小田原参陣の佐竹義重（1547〜1612）に対して、常陸国など54万石の所領を安堵。
	8月1日	**「八朔の日の起源」**。「……御案内相勤御目見辰刻（午前8時頃）御着二本榎徳明寺、未下刻（午後3時頃）貝塚増上寺入御被献御膳、七時過御入城之節御目見、云々」。徳川家康49歳（1543〜1616）、正式に江戸入府。8月1日（朔日）正式に江戸城に入った。これ以来「八朔」は家康江戸打入の特別の記念日となった。「江戸は遠山景政の居城にて、いかにも粗末、町屋なども茅ぶきの家が百ほどもあるかないかの体で、城も形ばかりで城の様にもなっていない」。この時家康に同行し、江戸へ移り住んだ者たちの中に、摂津国佃村（大阪市）の漁民たちもいたと言われている。彼らは後に隅田川河口の干潟を拝領し、その地を佃島と命名した。
	8月1日	奥州長沼（福島県）の秀吉、上野国箕輪封の内意を伝えた井伊直政（家康家臣）（1561〜1602）に、新しい領地の知行方改めと普請を行うよう命じる。さらに、当地長沼への見舞は無用、宇都宮で家康から直政の妻（松平康親娘）が家康の養女であることを聞いたと記す。
	8月1日	豊臣秀吉（1537〜1598）、上杉景勝（1556〜1623）へ、出羽国大宝寺氏分の庄内三郡について検地の指示を下し、上杉景勝が糺明し大谷吉継（敦賀城5万7千石）（1559?〜1600）と相談すること、「上方」の如く「可然様」に命令を通達するよう指示。
	8月1日	由良国繁、豊臣秀吉から常陸国牛久に知行5435石を与えられる（金山城廃城）。母妙印尼が秀吉から常陸牛久において5400石余の所領（堪忍分）を安堵され、国繁が跡を継いだという。
	8月2日	此時、徳川家康命じて、家中諸士の知行割移転を急がしめ、妻子は之を知行所に移し、諸士は小屋場に在りて勤仕し、以て邸地の割渡を俟たしむ。徳川氏は関東入国後、約100万石乃至120万石といわれる直轄領支配を代官頭伊奈熊蔵忠次に当らせた。伊奈氏は三河の人で代々徳川家に仕え、特に忠次は民政の職に精励し、疏水、懇田、堤防の修築などに巧みであった。関ケ原の戦後功により備前守に任ぜられ、1万石を給され甲斐国の代官も兼ねた。また常に関八州を巡視し、よく民情を察して訴訟も公平に、その計画・経営はすべて宜しきを得、八州の富饒は伊奈忠次の力であると賞讃された。
	8月3日	「江戸において大雨有り。千束池は漲溢して多少の損害を与え、姫ヶ池は水量を増加させる。四日、不忍池が増水して姫ヶ池に合す。実に徳川家康の入府後、第一の水災なり」。
	8月3日	**「甲州下山郷三百七拾貫、並夫丸五」**。家康、佐原午之介に朱印状をもって知行充行。
	8月4日	**「急度申候。伽内府御身上之儀、於宇都宮種々御取成申上候。上様御気色於可然候間、可御心安之旨、相心得可被申候。其地二可被相待候間、罷ぐ越、様子可申候へ共、此地より直に示候て帰宅候間、先早々如此候。恐々謹言」**。（宇都宮において様々取り成しを申し上げました。上様の機嫌はよいので、ご安心ください）。家康、流罪処分となった織田信雄の家臣曽我又六（曽我尚祐）へ書状を送り、信雄を慰める。

西暦**1590**

天正18	8月4日	**「遠路之処被入御念、重而飛脚到来」**。家康（1543〜1616）、平岩主計頭（かずえのかみ 平岩親吉、上野国厩橋3万3千石）（1542〜1612）に書状を送り、飛脚の到来を告げる。 6012
	8月4日	秀吉、堀尾吉晴（「堀尾茂助」）へ、反乱を起こした陸奥国の九戸政実（「九戸」）の掃討戦に於いて敵首数750を送付したことにつき、「今度陣中第一之手柄、寔に可為日本無双之剛之者」であったので感状を下す。 6013
	8月5日	**松平家忠（1555〜1600）、関東への引越のため三河国深溝に帰る。** 6014
	8月5日	**家康、「江戸御打入」を記念して、江戸町民へ米を与え、住民への宣撫を行った。** 百年にも亘る北条治下に培われた旧領主に対する感情から醸成される旧北条氏在地勢力の反感は充分予測されるものがあった。また、家康新領土と境を接して安房に里見義康（4万石）、常陸に佐竹義重（53万石）、下野には宇都宮国綱（5万石）などの大名がすでに秀吉に帰服の意を表し、旧領を安堵されていたが、これは徳川氏にとって充分警戒を要する存在であった。 6015
	8月6日	豊臣秀吉・奥州仕置軍、伊達政宗の案内により陸奥国白河小峰城（福島県白河市郭内）に到着。 6016
	8月6日	**結城秀康（家康次男）（1574〜1607）、結城晴朝（下総結城城主）（1534〜1614）に致仕し、晴朝の養子となり10万1千石を継ぐ。晴朝はに隠居料を給された。** 6017
	8月7日	秀吉、長沼城（福島県須賀川市長沼）に入る。 長沼城主・新国貞通は、小峰城（福島県白河市郭内）まで迎えに行き、日暮れには城内本丸南東の御座所に入り、婦女子数百人を呼び寄せ宴会を催したいう。 6018
	8月7日	豊臣秀吉、家康家臣井伊直政（1561〜1602）に朱印状。直政が上野国箕輪（群馬県高崎市）に入ったことに満足の意を示し、知行改め、普請など新領地の経営を進めるよう命じる。先日秀吉が忍城で直政に兵糧を与えたのは、直政が箕輪城に居着くためのものであったと述べ、「於宇都宮、其方事、内儀家康へ懇々被仰聞候間、可申聞候」と、秀吉が家康に対して、直政のことを懇々と言い聞かせたともある。 6019
	8月7日	家康家臣本多忠勝（1548〜1610）、秀吉近臣滝川忠征（ただゆき 1559〜1635）に書を送り、忠勝は滝川忠征の肝煎で、秀吉から上総の万喜城（千葉県いすみ市万木）を与えられ、しかも過分の知行まで拝領し、兵糧米を4000俵頂戴したと、感謝の意を表わす。 6020
	8月8日	秀吉、三代（御代）福良（福島県郡山市湖南町）に宿泊。 6021
	8月8日	家康の臣深溝松平家忠（1555〜1600）、武蔵国川川越城（埼玉県川越市郭町）を仰付けられ、借銭を岡崎に取りに遣わす。 6022
	8月9日	**「秀吉、天下統一ー奥州仕置」。** 豊臣秀吉（1537〜1598）、峠越えに備え、駕籠から降りて身支度をして馬に乗り、陸奥国会津黒川の興徳寺（福島県会津若松市栄町）に入り、評定所とする。さらに秀吉、10日会津黒川城（会津若松城）に到り、奥州仕置を命ず。ここに天下統一なる。 6023
	8月9日	「奥州仕置」。伊勢松坂の蒲生氏郷（1556〜1595）、猪苗代・白河・石川・岩瀬・安積・安達などを合わせて都合十二郡42万石（会津黒川）に転封。氏郷、伊達政宗（1567〜1636）から召し上げた会津を与えられ、政宗の抑えを命じられる。 6024
	8月10日	秀吉、石田三成（石田治部少輔）へ、日本六十余州での検地後の処置、盗人成敗、人の売買を停止すること、奥羽の刀狩について、永楽銭と鐚銭（びたせん）の交換比率など全7ヶ条の「定」を下す。 6025
	8月10日	豊臣秀吉、浅野長吉（後の長政）（1547〜1611）・片桐且元（1556〜1615）らへ、秀吉「御朱印」を遵守した陸奥国に於ける検地を命令。 6026

天正18	8月11日	秀吉、島津龍伯（義久）へ、北条氏「誅戮」祝儀を謝し、陸奥・出羽両国まで平定して「御置目」を残らず仰せ付け、伊達政宗・南部信直・最上義光が妻子を人質として在洛させる旨を通知。また明日12日には帰洛の途につく旨を通知。詳細は石田正澄（三成の兄）(1556～1600)に、伝達させる。
	8月12日	「城主にて候ハ 其もの城へ追入、各相談、一人も不残置、なてきりに可申付候」。秀吉、浅野長吉（後の長政）へ、去8月9日に秀吉自身が陸奥国会津に到着し「御置目」を通達した上で「御検地」の件は豊臣秀次に会津を、宇喜多秀家に白川周辺を担当させることを命令したこと、去8月10日に浅野長政へも秀吉「御朱印」を遵守した「検地」を命令したが「そさう」が発生した場合は処罰すべきこと、最上義光と伊達政宗が早急に妻子を人質として京都へ提出したことにつき、奥羽国人で妻子を京都へ進上する者は容認し、「無左もの」は会津への出頭命令を通達すること、奥羽国人及び百姓共へ「合点行候様」に命令を申し聞かせ、「不相届」の場合は1郷であっても2郷であっても「悉なてきり」に処すこと、これは「六十余州堅被仰付」れた命令であるので「出羽奥州迄そさうニハさせ」ない方針であり「たとへ亡所ニ成」ってもかまわないので「山のおく、海ハろかいのつゝき候迄」検地を遂行すること、「退屈」の場合は秀吉自身が出向いて遂行の徹底を図ることを通達。
	8月13日	秀吉、会津黒川城（若松城）(福島県会津若松市追手町)を発し、帰京の途に就く。ついで高原山、山王峠を越え、宇都宮を経る。
	8月14日	秀吉、宇都宮に到着。
	8月15日	**徳川家康(1543～1616)、正式に家臣の知行割発表。** 家康は、城下江戸の建設を積極的に進める一方、家臣団の知行割を行った。まず徳川氏の直轄地（蔵入地くらいりちともいい自己の経済的基盤となる領地）および下級家臣団（1万石以下）の知行地を江戸付近に集中させた。それは道中一夜泊の地といわれ、武蔵・相模・上総・下総など南関東の諸国のうち、江戸から10里乃至20里の地に置かれた。 1万石以上の上級家臣は江戸より遠くに、下級家臣は近くに配置し、徳川氏直轄地の蔵入地は江戸付近の諸国に集中させる。徳川支族の十四松平は、ほとんど1万石クラスの城主で、譜代部将は5万石・10万石と、譜代重視の方針で行う。 上野国箕輪城12万石に井伊直政(1561～1602)、同国館林城10万石に榊原康政(1548～1606)、同国厩橋城3万3千石に平岩親吉(1542～1612)、上総国大多喜城10万石に本多忠勝(1548～1610)、相模国小田原城に大久保忠世(1532～1594)、下総国碓井城に酒井家次(1564～1618)、同国矢作城に鳥居元忠(1539～1600)を配置。武蔵入間部川越領の内3千石を酒井忠利(1559～1627)に与え大名の列に加え川越城に居城させる。
	8月15日	**徳川家康、保科正直(1540～1601)に下総国多胡1万石を与える。**
	8月16日	家康の臣松平家忠(1555～1600)、三河国深溝にて連歌を興行し、十八日に武蔵国忍に向かう。
	8月17日	豊臣秀吉、小田原の石垣山城に入る。
	8月18日	豊臣秀吉、駿河国内にて吉川広家へ、奥羽平定と奥羽における百姓等の刀・武具狩り、検地の実行を通知。また迎えを派遣したことを謝し、詳細は黒田如水（官兵衛）に伝達させる。
	8月18日	浅野長吉（長政）、奥羽仕置の儀を豊臣秀吉に報ずる。 長政の北上平野仕置における滞在は8月17日から約50日間という。

_{西暦}**1590**

天正18	8月18日	**徳川家康、江戸城下橋普請に着手。** 江戸城の修築工事に伴なって、城下の都市計画が行われ、古くからあった寺社の城外移転が命ぜられた。家康打入当時、江戸城周辺には、増上寺・山王社・神田明神や局沢一六か寺などといわれる寺社が、数少ない町屋に比べてかなり多く建っていた。勿論その後の江戸時代のような立派なものではなく、草葺の庵に近い粗末なものであった。それらは浅草観音の如き鎌倉時代創建のものもあるが、多くは太田道灌時代、北条時代に為政者の庇護を受けていた寺社であった。 家康は人心宣撫のためにも、そうした古い寺社の移転再建に意をつくした。 <small>6037</small>
	8月20日	秀吉、駿河国清見寺(静岡市清水区興津清見寺町)に到着。 <small>6038</small>
	8月20日	豊臣秀吉、駿府国に小西行長(1555？～1600)・毛利吉成(勝信)(？～1611)を召し寄せ、朝鮮半島、中国大陸への出兵準備を命じる。 <small>6039</small>
	8月21日	**「此度御系之古巻預借遂祈念候、神」。** 家康(1543～1616)、丸山彦右衛門入道宗玖に朱印状。 丸山伝三郎は名を彦右衛門と改め、後 入道して宗玖と号す。天正十八年、小田原御陣のせつ、召しによりて井伊直政の陣中までまいりしに、直政の計らいにてお目見えの上、伝来せし御系の巻御用の由、台命を蒙り、お使い設楽神三郎以ってささげ奉れり。その後 同人お使いにて、同年八月御朱印を賜う。 <small>6040</small>
	8月22日	秀吉、駿河国駿府城に到着。 <small>6041</small>
	8月22日	「社領事、家康寄進当知行任帳面、如有来不可有相違之条、全可令社納候也」。 秀吉、駿河国有渡郡八幡宮宛に朱印状。 <small>6042</small>
	8月22日	**家康、江戸奉行を任命。** 天野三郎兵衛康景(1537～1613)であろうか。同月24日、本町西の土橋を板橋に改め、同月29日、城下の架橋を要する箇所を調査する。 <small>6043</small>
	8月23日	本證寺空誓、小田原より帰る豊臣秀吉を、本願寺顕如が美濃まで出迎えるための手配を行う。 <small>6044</small>
	8月23日	秀吉、遠江国掛川城に到着。 <small>6045</small>
	8月23日	奥平信昌(1555～1615)、上野国甘楽郡宮崎(群馬県富岡市)3万石に入封する。 信昌は、家康の長女・亀姫を正室とし、家康に娘婿として重用されていた。 <small>6046</small>
	8月25日	秀吉、三河国岡崎城に到着。 <small>6047</small>
	8月25日	この月、真田信幸(後の信之)(1566～1658)、2万7千石で沼田城(群馬県沼田市)に入る。この日、信幸(信之)、沼田下河田村を検地。真田昌幸は、秀吉より小県(信濃)・沼田領を安堵され、沼田は、信幸(信之)に支配を委ねた。 <small>6048</small>
	8月27日	秀吉、尾張国清州城(愛知県清須市一場)に到着。 <small>6049</small>
	8月28日	**「就当城相移来翰、殊太刀一腰、馬」。** 家康(1543～1616)、長尾新五郎に書状を送り、贈物到来を告げ謝す。 北条家臣で足利の領主・長尾新五郎顕長(あきなが)(1556～1621)であろうか。 <small>6050</small>
	8月一	この頃、豊臣秀勝(秀吉の甥で養子の小吉。後にお江の夫)(1569～1592)、関東に転封された徳川家康の備えとして甲斐国・信濃国2か国を与えられ、甲斐の躑躅ヶ崎館に移る。 <small>6051</small>
	8月一	この月、鳥居元忠(1539～1600)、下総国矢作城(大崎城)(千葉県佐原市大崎字城の内)4万石に入封する。 <small>6052</small>
	8月一	この月、織田信雄(信長の次男)(1558～1630)、出家して「常真」と号す。 <small>6053</small>
	9月1日	豊臣秀吉(1537～1598)、京都に凱旋。 <small>6054</small>

天正18	9月4日	豊臣秀吉、三河国刈谷城主水野忠重（家康の叔父）(1541〜1600)に、伊勢国神戸へ転封を命じる。伊勢神戸城（三重県鈴鹿市神戸本多町）4万石である。
	9月5日	**家康、江戸城局沢の16寺の移転を命じる。以後、年末より翌天正19年に及び社寺の移転相次ぐ。**けだし主として徳川氏入城のためなり。太田道灌が江戸城を構えていたころ、16の寺があったといわれ、それらの寺を「局沢16寺」という。
	9月5日	蒲生氏郷(1556〜1595)、黒川城（若松城）に入る。
	9月11日	8月18日付浅野長吉（長政）(1547〜1611)の奥羽仕置の儀の報ずる書状、京都聚楽第に到着。秀吉、浅野長政に奥羽仕置入念にすべき旨を命ずる。使者は、木下半介吉隆。
	9月11日	家康の臣深溝松平家忠(1555〜1600)、武蔵国忍城（埼玉県行田市本丸）に、三河衆を迎える。
	9月12日	秀吉、上杉景勝へ、「葛西」柏山に於いて普請命令遂行での長期在陣を慰労し、終了したら徳川家康・豊臣秀次の指図次第に早々帰陣する旨の秀吉「御朱印」を発給することを通達。詳細は大谷吉継に伝達させる。
	9月13日	浅野長吉（後の長政）(1547〜1611)、陸奥国平泉高館に到着。
	9月14日	常陸54万石の支配権を認められた佐竹義重(1547〜1612)、上洛。
	9月16日	徳川家康の臣・小栗忠忠(1527〜1590)、出陣した家康に代わって、病をおして駿府城留守役につくが、城内で倒れ、そのまま死去。享年64。
	9月18日	秀吉、上杉景勝へ、出羽国仙北および秋田方面での検地の件で処置を入念に遂行してから上洛することを指示し、長期在陣を慰労しつつも検地完遂を命令。詳細は木下吉隆に伝達させる。
	9月20日	山内一豊(1545〜1605)、長浜2万石から遠州国掛川城5万1千石に入封。領地は遠江相良、榛原、佐野郡内。同年10月25日、豊臣秀吉は、山内一豊に周智郡一宮筋の蔵入地11980石を預ける。一豊と同じく秀次補佐役であった中村一氏は駿府城主14万石、堀尾吉晴は浜松12万石、田中吉政は岡崎城主5万7千4百石となり、いずれも関東へ移封した徳川家康を監視牽制する役割を担った。
	9月25日	秀吉、淀を経由して摂津国有馬へ湯治に赴く。
	9月25日	**「……然者東西御静謐之事、定而可」。**家康、結城氏の家臣・蟠龍斎に書状を記す。水谷正村（入道蟠龍斎）(1524〜1598)は、秀吉の小田原征伐後は、豊臣政権により結城氏から独立した大名とされ、後の下館藩の基礎を築いた。
	9月―	この月、秀忠の傅役であった内藤清成(1555〜1608)が、家康より四谷から代々木村にかけて20万余坪もの広い屋敷地を賜る。関東総奉行となって活躍した長年の功労が認められたという。のちに、ここに新しい宿場（内藤新宿）が建設される。
	―	**秀忠（家康三男）(1579〜1632)、豊臣秀吉の養女で織田信雄の娘・小姫（春昌院）(1585？〜1591)と祝言を挙げたが、秀吉と信雄が仲違いして信雄が除封された事により、この頃、離縁となる。**
	10月3日	丹波6千石の松下之綱(1537〜1598)、家康が関東に移封されると、秀吉より遠江久野城（静岡県袋井市久能）1万6千石の所領を与えられる。
	10月13日	前田利家らは残って奥羽の鎮圧に努めていた。前田利長(1562〜1614)、不破勝光（直光）へ、前田利家が明日、出羽国由利郡仁賀保（秋田県にかほ市平沢）に陣替するので長連龍と前田先手勢が相談し、三島山（見崎山）までの防御線を堅固にするよう指示。出羽国庄内の件は、たとえ「野陣」なっても軍勢を集結させ布陣すること、明日に対面して伝達することを通知。

| 天正18 | 10月14日 | 秀吉、摂津国有馬より摂津国大坂城に帰城。 | 6072 |

| | 10月15日 | 「**大崎・葛西一揆（天正18年10月15日〜天正19年7月3日）**」勃発。岩手沢城（宮城県大崎市岩出山字城山）で旧城主・氏家吉継の家来が領民と共に蜂起して城を占拠。
秀吉の奥州仕置により旧葛西・大崎領十二郡は木村吉清（？〜1598）・清久（？〜1615）父子の領となるが、検地・刀狩など施政が適切を欠き、その不満から一揆が発生する。 | 6073 |

| | 10月19日 | 豊臣秀吉（1537〜1598）、弟・豊臣秀長（1540〜1591）の病気見舞に、郡山城を訪問。 | 6074 |

| | 10月20日 | 豊臣秀吉、田中吉政（1548〜1609）に、所領知行充行状を送り、三河国額因、加茂郡5万7千4百石の岡崎城主とする。 | 6075 |

| | 10月26日 | 「大崎・葛西一揆」。大崎・葛西一揆鎮圧の件で対立の蒲生氏郷（1556〜1595）と伊達政宗（1567〜1636）、伊達領の黒川郡下草城（宮城県黒川郡大和町鶴巣下草）にて会談。11月16日より共同で一揆鎮圧にあたることで合意。 | 6076 |

| | 10月28日 | 「**就小笠原儀以成瀬藤八郎申候、存**」。
家康（1543〜1616）、豊臣家臣津田隼人正（盛月、信勝）（1534〜1593）・富田左近将監（知信、一白）（？〜1599）に書状を送り、成瀬国次が申し上げると記す。 | 6077 |

| | 11月一 | 「大崎・葛西一揆」。この頃、讒言(ざんげん)を信じた蒲生氏郷、秀吉に対して「政宗謀反の疑いあり」の密書を送る。家臣の山戸田八兵衛（霊山大条館主）と牛越宗兵衛が、伊達政宗謀反の証文を蒲生氏郷のもとへ持参したのである。 | 6078 |

| | 11月2日 | 「大崎・葛西一揆」。蒲生氏郷、大崎・葛西一揆を収めるべく、会津出陣。 | 6079 |

| | 11月3日 | 関白豊臣秀吉、参内して関東・奥羽平定を復命。 | 6080 |

| | 11月4日 | 大久保長安（1545〜1613）・原田佐左衛門尉（種雄(たねお)）、連署状を以って下総大巌寺に生実之内など5ヶ所に都合18貫200文の寺領証文を与える。 | 6081 |

| | 11月6日 | 「**大崎・葛西一揆**」。大崎・葛西一揆蜂起の知らせを聞いた徳川家康、この日、榊原康政（上野国館林城主）（1548〜1606）らを先鋒として出陣させ、結城秀康（家康次男）（1574〜1607）を、陸奥白河に出兵させる。 | 6082 |

| | 11月7日 | 豊臣秀吉が聚楽第にて朝鮮通信使正使黄允吉・副使金誠一らを接見する。
朝鮮側は日本との関係を「隣好」としたが、秀吉は日本への入貢の使者と位置付けた。そのため、朝鮮国王宣祖に唐入りの先鋒を命じる国書を送った。秀吉は通信使を従属の使者と認識していたため、朝鮮国王を「閣下」と記している。これは国王を見下す文章であり、通信使は強く抗議した。無論、抗議が受け入れられるはずがない。この時、鶴松（1589〜1591）は、秀吉の膝の上に抱かれていたという。 | 6083 |

| | 11月14日 | 「**……今度浅野弾正少弼殿奥へ御下**」。
家康、少将（伊達政宗）（1567〜1636）に書状を送り、秀吉命で浅野弾正少弼（浅野長政）（1547〜1611）が、「大崎・葛西一揆」対処に向かったことを報ずる。 | 6084 |

| | 11月14日 | 「**……仍奥州葛西表一揆等差起付而**」。
家康、山川讃岐守（山川晴重）（1566〜1593）に書状を送り、「大崎・葛西一揆」に出兵を命ずる。山川晴重は、結城秀康（家康次男）（1574〜1607）に従い陸奥へ出陣。 | 6085 |

| | 11月18日 | 秀吉、鶴松煩いにつき、寺沢広正を北野社へ遣わし、病気平癒の立願として千石を寄進する。 | 6086 |

| | 11月18日 | 「**江戸相移付而、預使札、殊馬弐定**」。
家康、常陸国54万石の佐竹常陸介（佐竹義重）（1547〜1612）に書状を送り、江戸移封時の馬などの贈呈を謝す。 | 6087 |

天正18	11月21日	「……其後静謐之由尤候、爰元も無」。家康(1543〜1616)、下野国18万石の宇都宮侍従(宇都宮国綱)(1568〜1608)に書状を送り、宇都宮領地の静謐を賀す。 関東には当時、安房に里見氏、常陸に佐竹氏、上野に真田氏、下野に佐野氏・宇都宮氏(のちは蒲生氏)・那須氏などの諸大名が未だ隠然たる勢力を持っていた。
	11月24日	「大崎・葛西一揆」。秀吉軍伊達政宗(1567〜1636)、佐沼城(宮城県登米市迫町佐沼字内町)を落として木村吉清(?〜1598)・清久父子を救出。父子を名生城(宮城県大崎市古川大崎字城内)籠城の蒲生氏郷(1556〜1595)に送る。
	11月28日	最上義光(出羽山形城24万石)(1546〜1614)、上洛する。
	11月—	豊臣秀吉、伊勢神戸城4万石の水野忠重(1541〜1600)に鈴鹿・河芸両郡の所領を与える。
	12月—	この月、海路、上洛した蠣崎(後の松前)慶広(1548〜1616)、関白豊臣秀吉に謁見し、蝦夷地の所領を安堵と同時に民部大輔に任官される。
	12月3日	「……仍自羽柴忠三郎方注進状進上」。 家康、豊臣家臣の津田隼人正・富田左近将監・水野和泉守(忠重)(1541〜1600)に書状を送り、羽柴忠三郎(蒲生氏郷)からの「大崎・葛西一揆」の注進を伝える。
	12月3日	沼田藩主真田信幸、沼田領の3分の2を還付されたことにより、信濃から沼田に移った家臣矢沢頼幸に戸加之村(戸鹿野村)の地を、藤井甚左衛門に沼須内の地を知行充行。
	12月4日	「……仍奥州御出馬儀候条、各用意」・「……仍奥州へ御出馬之事候、然者」。 家康、三河岡崎藩第2代藩主・本多彦次郎(本多康紀)(1579〜1623)と武蔵国忍城を預かる松平又八郎(深溝松平家忠)(1555〜1600)に書状を送り、奥州出馬の用意など抜かりなくと指示する。
	12月5日	「牢人法度」。豊臣秀吉(1537〜1598)、郷村における牢人追放と毒の売買停止を命じる。北条氏滅亡から約5ヶ月後、秀吉は牢人を村から追放するように命じた。いわゆる「牢人停止令で」ある。
	12月5日	「於今度小田原表、再拝持二人討取」。家康、小笠原民部少輔に書状を送り、小田原征伐の軍功を賞す。小笠原貞頼であろうか。
	12月5日	「尽令宥免小笠原与八郎前妻子幷」。家康、小笠原民部少輔に書状を送る。過去の降伏の罪を咎められ処刑された小笠原与八郎信興の妻子等が赦免されたのか。
	12月6日	「奥口可有出陣之由申越候処ニ、早々」。家康、結城秀康に属する山川讃岐守(山川晴重)(1566〜1593)に書状を送り、指示通りの早々の出馬を賞す。同年12月10日、結城秀康(家康次男)は「大崎・葛西一揆」に陸奥白河に出兵した。
	12月7日	旧領主・大崎義隆(1548〜1603)は、上洛して秀吉に小田原への不参陣を謝罪し、旧領への復帰を願い出ていたが、この日、秀吉は義隆に対して、検地終了後に旧領の3分の1を宛がい、大崎氏の復帰を許す旨の朱印状を下す。 しかし、大崎・葛西一揆の発生により、破棄されることとなる。
	12月8日	「奥筋之様子依無心元、浅弾へ以飛脚申届候処、如此返札参着候間、為御披見進之候、最前者政宗様躰不見届之由申来候間、驚入候処、無相違之旨浅弾書面候、先以安堵申候、相替儀者、重而可申述候、恐々謹言」。 家康、中納言秀次(1568〜1595)に書状を記す。「大崎・葛西一揆」に伊達政宗が関わっているとうわさされていたことを巡り、鎮圧に当たっていた浅野長吉(長政)から「伊達政宗の動向が分からないとのことでしたが、政宗は味方で間違いない」と報告を受けたことを秀次に伝えた。

西暦 1590

天正18	12月9日	**秀忠(1579〜1632)、豊臣秀忠として、従四位下に昇叙し、侍従如元。**	6102
	12月10日	「先度材木之儀、少将殿へ申入候処」。家康、山田又右衛門尉・三輪五右衛門尉に書状。二人は、結城秀康(家康に次男)の家臣か。	6103
	12月10日	**結城秀康(家康次男)、奥州葛西一揆鎮圧のため白川(陸奥白河)へ出陣。**	6104
	12月18日	豊臣秀吉、下野宇都宮在陣の豊臣秀次に書を送り、徳川家康と聯絡して、蒲生氏郷(1556〜1595)を救援せしめ、信濃・甲斐等の衆をして、兵糧を準備せしむべきを報ず。	6105
	12月24日	豊臣秀吉、上洛した由利衆の仁賀保兵庫助・打越宮内少輔・岩屋能登守・石沢二郎・下村彦次郎・禰々井五郎右衛門の各氏の領知知行充行の朱印状を出す。由利衆は、由利一揆をはじめとする出羽の一揆鎮圧していた。	6106
	12月24日	「関東在国付面、為祝儀預使札、殊」。家康、関東在国中に祝儀を贈ってきた伊達左京大夫(政宗)(1567〜1636)に、書状をもって謝す。	6107
	12月26日	北政所の侍女蔵主(？〜1626)、伊達政宗に書を送り、秀吉の奥州仕置により起こった葛西・大崎一揆について、上洛して豊臣秀吉に申し開きをするように勧める。京都では政宗から京都に人質として差出した妻は偽者であるとか、一揆勢が立て籠る城には政宗の幟や旗が立てられているなどの噂が立ち、秀吉の耳にも届いていた。	6108
	12月28日	「駿河国草薙明神草薙郷拾八石事、任当知行之旨、今度以検地上、右高頭請取之、全可令社納、」。豊臣秀吉、有渡郡草薙明神(静岡市清水区草薙)宛に朱印状をもって知行充行。	6109
	12月29日	「……仍奥口之様子、政宗去十八日」。徳川家康、大和大納言(豊臣秀長)に書状を送り、「大崎・葛西一揆」の様子を伝える。	6110
	暮	**徳川家康、知行地の覚を安部弥一郎に発給して知行充行。** 安部元真の子・安倍弥一郎信勝(1552〜1600)は、武州岡部(埼玉県深谷市岡)に移り武蔵国榛沢郡・下野国梁田郡内の知行5250石を賜う。	6111
	—	「京都町割り」。この年、豊臣秀吉が洛中(東は寺町通、西は大宮通)に、南北の道路を新設し、短冊形の町並みをつくりだした。また、翌年には、諸寺院を移転させ、寺町(東の京極)・寺之内(安居院付近)の寺院街がつくられた。庶民性の強い宗派の寺院を集めた、秀吉の宗教統制策の一環ともいう。	6112

西暦 1591

天正19	1月3日	豊臣秀吉、聚楽第において諸大名の参賀を受ける。	6113
	1月3日	「……仍自中納言殿御状参候間、為」。家康(1543〜1616)、浅野弾正少弼(浅野長政)(1547〜1611)に書状を送り、中納言(豊臣秀次)に伝えたと知らせる。	6114
	1月5日	「大崎・葛西一揆(天正18年10月16日〜天正19年7月3日)」。**秀吉の命により徳川家康50歳(1543〜1616)、自ら陸奥に向けて江戸を出発。家康、武蔵岩槻に到り、伊達政宗(1567〜1636)に書状を送り、できるだけ早く上洛して秀吉の感情を緩和すべきことを勧告。**伊達政宗は、葛西・大崎一揆の鎮定に出馬したが、この騒乱を蔭で策動したとの噂が流れた。	6115
	1月10日	「大崎・葛西一揆」。この日、相馬領に石田三成が到着。伊達政宗に対して秀吉からの上洛命令を伝える。次いで三成は、蒲生氏郷・木村吉清・清久父子らを伴って帰京する。	6116

天正19	1月12日	「……仍 御朱印参候間、則持進候」。 家康、伊達左京大夫（伊達政宗）(1567~1636)に書状を送る。	6
	1月12日	**家康、伊達政宗の伝役・片倉小十郎景綱(1557~1615)に書状を送る。**	6
	1月13日	この日の茶会で、派手好みの秀吉が黒を嫌うことを知りながら、「黒は古き心なり」と利休は平然と黒楽茶碗に茶を点て秀吉に出す。他の家臣を前に、秀吉はメンツが潰れてしまう。秀吉は貿易の利益を独占する為に、堺に対し税を重くするなど様々な圧力を加え始め、独立の象徴だった壕を埋めてしまう。小田原では、利休の愛弟子・山上宗二が、秀吉により即日処刑される。茶の湯に関しても、秀吉が愛したド派手な「黄金の茶室」は、利休が理想とする木と土の素朴な草庵と正反対のもの。秀吉と利休との思想的対立が日を追って激しくなっていく。	
	1月13日	「大崎・葛西一揆」。 **徳川家康、秀吉の命で、陸奥行きを中止して、武蔵岩槻から江戸に帰着。**	6
	1月13日	「……仍今度政宗御上洛之儀、浅野」。 家康(1543~1616)、伊達政宗の伝役・片倉小十郎景綱に書状を送る。	
	1月14日	関白豊臣秀吉(1537~1598)と鶴松(1589~1591)、聚楽第において親王・摂家・清華家・門跡衆・諸大夫諸礼を受ける。	6
	1月15日	**徳川家康、武蔵国忍城の深溝松平家忠(1555~1600)に、三河国より家中の家族が到着次第、兵糧米を下付することを伝える。**	
	1月16日	秀吉、前田玄以を同行させて、「東川原」を実検。「お土居」建設を目論む。	6
	1月17日	「今度結城少将至奥州表出陣之処、」。家康、山川讃岐守（山川晴重）に書状を送る。 天正18年(1590)、豊臣秀吉が北条氏を降し、関東諸将の所領を安堵。晴重も所領を安堵された。同年11月、陸奥国で起こった葛西大崎一揆鎮圧の為に徳川家康より出兵を命ぜられ、結城秀康に従い陸奥へ出陣した。	
	1月19日	鶴松煩いのため秀吉、尾張へ鷹狩の予定を延期する。	
	1月19日	豊臣秀吉、本願寺顕如光佐(1543~1592)に、京都還住を促す。場所は下鳥羽と下淀を結ぶ線より上流という条件で、顕如に選定が任される。 この日、顕如、天満から上洛し、六条本国寺（後の本圀寺）隣接地を選ぶ。	6
	1月19日	「自関東見廻之者差返候、一拾人」。 家康、長束大蔵（長束大蔵大輔正家）他2名に書状を送る。	
	1月19日	仙石秀康（秀久）(1552~1614)、佐久郡小諸城（長野県小諸市丁）に入る。秀久は諱を秀康と改めた。四国戸次川の戦いの敗北改易から暫くは高野山などにて隠棲していた仙石秀久は、秀吉による小田原征伐が始まると三男・仙石忠政と共に美濃国で旧臣らを集め、浪人衆を率いて秀吉の下に馳せ参じた。 陣借りに際しては徳川家康からの取り成しを受けたという。	
	1月22日	秀吉の弟・豊臣秀長(1540~1591)、大和国郡山城において没。享年52。 利休の取り計らいで京へ戻ることができた古渓宗陳(1532~1597)は、秀長の葬儀の導師を務める。温厚・高潔な人柄で人望を集めていた秀長は諸大名に対し「内々のことは利休が、公のことは秀長が承る」と公言するほど利休を重用していた。千利休(1522~1591)は、最大の後ろ盾をなくした。	
	1月27日	豊臣秀保(1579~1595)、豊臣秀長遺領の内、大和・紀伊を継ぎ、郡山豊臣家を相続。 秀長に仕えた藤堂高虎(1556~1630)が、秀保の後見役となる。	
	1月27日	黒川城主蒲生氏郷(1556~1595)、上洛。秀吉に伊達政宗の下心を報告する。	

天正19	1月30日	**「……仍伊達上洛之儀付而、人馬儀」。** 家康(1543〜1616)、浅野弾正少弼(浅野長吉(長政))(1547〜1611)に書状を送り、伊達政宗上洛の手配を依頼する。	6133
	1月30日	**「……我等儀も疾も上洛可申候覚悟」。** 家康、藤堂佐渡守(藤堂高虎)に書状を送り、上洛を知らせる。	6134
	閏1月3日	**家康、上洛のため江戸を出発。**	6135
	閏1月5日	豊臣秀吉(1537〜1598)、朱印状をもって、京都・六条堀川に、本願寺寺地を寄進。また、本願寺に対して今後3年間の進物などを免除する。 天文1年(1532)、山科本願寺が法華一揆に焼打ちされ、証如光教が大坂に下って以来、60年ぶりに本願寺が京都に戻ることとなった。	6136
	閏1月8日	イエズス会東インド管区の巡察師ヴァリニャーノ、通訳ロドリゲスを伴い、インド副王(ポルトガル総督)使節の資格で入洛して、豊臣秀吉を聚楽第に訪ね、アラビア産駿馬はじめ数々の贈物をし、インド副王の国書を呈する。天正遣欧少年使節は、秀吉を前に、西洋音楽(ジョスカン・デ・プレの曲)を演奏する。	6137
	閏1月11日	秀吉、尾張国清須に下向し放鷹。	6138
	閏1月18日	**徳川家康、織田信雄の旧臣羽柴(滝川)雄利(1543〜1610)らに、常真(信雄)が豊臣秀吉より流罪を許されて、上洛のために三河国伊良湖まで来ることを伝える。** 常真(信雄)(1558〜1630)は、上洛して秀吉より、御伽衆に加えられて大和国内に18000石を領したという。	6139
	閏1月20日	武蔵国忍城の松平(深溝)家忠の侍衆、三河国へ赴く。	6140
	閏1月―	**この頃、上洛途上の家康、尾張国清須で、秀吉と会見。**	6141
	閏1月22日	**家康、入京。**	6142
	閏1月24日	天正18年(1590)8月17日からの「利休百会記」の茶会終わる。客は徳川家康一人。	6143
	閏1月26日	**「……仍左京大夫殿有同道、清須迄」。** (秀吉は政宗に対して悪感情は持っていないから安心するように)。 上洛の伊達左京大夫(伊達政宗)、尾張国清須で家康の書簡を受け取る。	6144
	閏1月27日	伊達政宗(1567〜1636)、尾張国清須で豊臣秀吉(1537〜1598)と会見。	6145
	閏1月―	この月、豊臣秀吉、聚楽町、禁裏六丁町や上京町々の一部を、西陣の千本一条方面に移転を命じる。跡地を公武の第館(大名・武家屋敷)に充てる。2千軒の民家を破壊して、諸大名に地所を分配し、彼等はそれぞれの地に秀吉の不興を買わないような、豪壮な邸宅を競って建てたという。 現在、それらの武家屋敷に因む町名がいくつか残されている。如水町(黒田如水)、小寺町(黒田(小寺)如水)、加賀屋町(前鍋島加賀守直茂)、籬五郎町(長谷川籬五郎秀一)、甲斐守町(黒田甲斐守長政)、主計町(加藤主計頭清正)、福島町(福島左衛門大夫正則)、稲葉町(稲葉入道斎一鉄)など。	6146
	閏1月―	この月より、諸寺院を移転させ、寺町(東の京極)・寺之内(安居院付近)の寺院街がつくられた。本能寺もこの時、中京区元本能寺南町から、この通りに移された。寺を集めた目的は、税の徴収の効率化と京都の防衛であった。	6147
	閏1月―	この月より、豊臣秀吉(1537〜1598)、「京廻りノ堤」(お土居)の築造に着手。2月過半が成り、5月に大略完成。秀吉、十口(いわゆる京の七口)を設けて出入口とする。	6148

天正19	2月一	この月、勅勘を受け出奔中の山科言経(ときつね)(1543~1611)、摂津中島から京に戻る。縁戚関係にあった本願寺の庇護を受け、本願寺の京都移転に伴って言経も京都に戻ったが、なお勅勘は解除されなかった。翌年、徳川家康より扶持米を支給される。	61
	2月3日	秀吉、尾張国清須の放鷹から帰京。	61
	2月4日	伊達政宗(1567~1636)、一揆の弁明に上洛、妙覚寺を旅宿とする。	61
	2月4日	**「大崎・葛西一揆(天正18年10月16日~天正19年7月3日)」。** **秀吉、伊達政宗に改めて大崎・葛西一揆を鎮圧するように命じ、援軍として豊臣秀次(1568~1595)・徳川家康(1543~1616)にも出陣を命じる。** 政宗に対する査問が行われると、政宗は一揆を煽動した証拠とされる密書は偽造されたものであり、本物の自分の書状は花押の鶺鴒の目の部分に針で穴を開けていると主張した。秀吉はこの主張を認めた。	61
	2月4日	**家康、茶屋四郎次郎清延(初代)(1545~1596)を遣わして朝廷に、白鳥や黄金10枚を献上。**	
	2月6日	武蔵国忍城の深溝松平家忠(1555~1600)、徳川家康が尾張国清須で鷹狩りに来た豊臣秀吉と面会したことを伝え聞く。	
	2月7日	**豊臣秀吉、徳川家康に対して朱印状をもって、高野山蟄居の北条氏直(1562~1591)を赦免し、関東・近江に1万石の知行を与えることを伝える。** 小田原城落城の後、岳父・徳川家康は、北条家の存続を働きかけていた。	6
	2月9日	「大崎・葛西一揆ー天正18年10月16日~天正19年7月3日」。木村吉清(？~1598)の領地(旧大崎・葛西領)は、一揆発生の責任を問われて、秀吉に没収される。 伊達政宗に対する査問が行われると、一揆扇動の書状は偽物である旨秀吉に弁明し許されるが、米沢城72万石から玉造郡岩手沢城に58万石に減らされての転封となり、城名を岩出山城(宮城県大崎市岩出山城山)に変えた。この大崎氏旧領への領地換えに伴い伊達氏から大崎氏に名乗りを変え、政宗は「大崎少将」と称した。「羽柴大崎侍従」と称したともいう。	6
	2月9日	京から帰った佐竹義宣(よしのぶ)(1570~1633)、父・佐竹義重(1547~1612)と共に、南方三十三館の当主15人を、新しい知行割を決めるため太田城に呼び出す。梅見の宴に招き、義宣は彼らを謀殺。義宣、常陸国全域の支配権確立に成功。	6
	2月11日	尾張等百万石の豊臣秀次(1568~1595)、権大納言・正二位に昇進。	6
	2月13日	**徳川家康、京の有馬則頼邸に御成。** 有馬則頼(1533~1602)は茶人としても高名であり、秀吉に御伽衆(相伴衆)として仕えた。薙髪後は刑部卿法印を称した。	6
	2月15日	「当地八幡宮御神領、任国法雖令役取、御供面少御寄進分、田畑高辻拾五石并」。 厩橋藩主平岩親吉、八幡別当最勝院に前橋八幡宮社領寄進。	6

西暦**1591**

天正19	2月26日	京都において聚楽第及び関白豊臣秀吉とその政策を批判する落書10首がなされる。京都の長谷川忠実、これを書き取る。「法華経の　裏打ち紙の　のり（法と糊をかけたる哉）過ぎて　おりおりめげば　きゃう（京と経をかけたる哉）ぞ破るる」・「いしふしん（石普請）　城こしらへも　いらぬもの　あつち（安土）お田原（小田原）見るにつけても」・「寺々の　夕べの鐘の　聲聞けば　寺領とられて　何としやうや」・「ちはやふる　神も敷地も　おとされて　思ひのほかに　十穀を絶つ」・「村々に　乞食の種も　尽きずまじ　搾り取らるる公状の」・「米夢の夜の　なにとかせむる公状を　明日をも知らぬ　露の命に」・「よしやたゝ　今年はかくも　過ぎぬべし　又こん春は　行方知らずや」・「まつせ（末世）とは　へち（別）にハあらし木の下（秀吉が最初に名乗った姓が木下）の　さる（猿）関白を見るに付ても」・「おしつけて　ゆへばゆわるる　十らく（聚落をかけたる哉）のみやこの内は　一らくもなし」・「十分になれば　こぼるる世の中を　御存知なきは　運の末かな」。	6161
	2月28日	千利休（1522〜1591・享年70）は聚楽屋敷内で切腹を命じられる。死後、利休の首は一条戻橋で梟首された。首は賜死の一因ともされる大徳寺三門上の木像に踏ませる形でさらされたという。墓は、大徳寺塔頭聚光院。 利休忌はグレゴリオ暦の3月27日（表千家）および3月28日（裏千家）に大徳寺で行われる。茶室待庵（国宝）は、妙喜庵に建つ日本最古の茶室建造物で、千利休の現存する遺構として唯一の茶室。利休の子孫は、大徳寺にいた孫の千宗旦が家を再興し、宗旦の次男・宗守が「武者小路千家官休庵」を、三男・宗佐が「表千家不審庵」を、四男・宗室が「裏千家今日庵」をそれぞれ起こすこととなる。	6162
	3月2日	**豊臣秀吉、京の徳川家康邸に御成。**	6163
	3月4日	武蔵国忍城の深溝松平家忠（1555〜1600）の下に、三河国より家中の者の家族が到着する。	6164
	3月5日	細川幽斎（1534〜1610）、家康よりの使者で、秀吉へ出頭。	6165
	3月5日	「江戸大納言（家康）へ罷向了、種々雑談了、拾芥抄上中下・名目抄等御所望之間、可書進之由申之処ニ折悟一束給了、夕食有之、又御子息侍従（秀忠）殿御礼申入了、」（『言経卿記』）。山科言経（1543〜1611）、**家康より紙を与えられ、「拾芥抄」と「名目抄」を書くように依頼される。**「拾芥抄」とは、当時の百科事典である。	6166
	3月11日	**家康（1543〜1616）、秀忠を京に置き、江戸帰国のため京都を出発。**	6167
	3月13日	豊臣秀吉（1537〜1598）、毛利輝元（1553〜1625）へ、周防・長門・安芸・石見・出雲・備後など120万5千石を知行充行。	6168
	3月13日	**「九戸の乱（3月13日〜9月4日）」、勃発。** 九戸政実（1536〜1591）は、主君・南部信直（1546〜1599）に対して自身が南部家の当主であると公然と自称するようになっていた。南部氏の正月参賀を拒絶した九戸政実の党、一斉に蜂起して、近郊の一戸城（岩手県二戸郡一戸町北館）・伝法寺城・苫辺地城などを攻撃。	6169
	3月20日	**山科言経、家康より五人之扶持を与えられ雇用される。**	6170
	3月21日	**家康、江戸に帰城。**	6171
	3月25日	「京都の寺町の造成が進む」。 秀吉、一条小川（現在の上京区元誓願寺通小川西入ル）から、誓願寺を京極に移す。	6172
	3月一	この月、甲斐の躑躅ヶ崎館の豊臣（小吉）秀勝（秀吉の甥、後のお江の夫）（1569〜1592）、転封、美濃国岐阜城主となる。30万石ともいわれる。 この国替えに伴い、甲斐24万石は加藤光泰（1537〜1593）に与えられる。	6173

天正19	4月3日	「……仍関白様宇治へ御成ニ付而、」。	
		江戸の家康、羽柴伊達侍従(伊達政宗)(1567~1636)に書状を送る。	61
	4月13日	「九戸の乱3月13日~9月4日」。	
		陸奥の南部信直(1546~1599)、世子彦九郎(利直)(1576~1632)に、北信愛(1523~1613)を付けて上洛させ、九戸政実(1536~1591)の反乱を、秀吉に訴え出る。	61
	4月16日	「……仍長々其地御逗留付而、以小」。	
		家康、浅野弾正少弼(浅野長政)に書状を送る。	
		浅野長吉(長政)(1547~1611)は、天正18年(1590)の奥州仕置では実行役として中心的役割を担った。取次役として南部信直との関係を強め、葛西大崎一揆や九戸政実の乱へ対処した。	61
	4月22日	豊臣秀吉、近江国を対象とする領知知行充行状。	
		江戸大納言(徳川家康)宛として、野洲郡内合六万四三七五石五斗 ・ 下甲賀内合一万七四五石六斗三升・上甲賀内合二〇〇〇石・蒲生郡内合一万二九〇五石一斗五升「惣都合九万石」の在京賄料を宛がう。	6
	4月23日	「近江国愛知郡吉田村之内五百三」。	
		家康、秀吉領知宛行状を受け、比留与十郎(正吉)に黒印状をもって知行充行。	6
	4月23日	「近江国栗太郡下笠村内五十石事」。	
		家康、秀吉領知宛行状を受け、山岡後家に黒印状をもって知行充行。	6
	4月27日	石田三成(1560~1600)、近江・美濃の豊臣家蔵入地の代官となり、佐和山城を職務遂行の拠点とする。豊臣家の佐和山城代である。	6
	5月3日	「相模国東郡長谷之郷之内、於山田」等。	
		家康、新見勘三郎ら10名に、朱印状をもって知行充行。	6
	5月3日	「武蔵国村山内於三木之村弐百五」等。	
		家康、藁科彦九郎・中根伝七(伝七郎、正重)ら6名に、朱印状をもって知行充行。	6
	5月14日	豊臣秀吉(1537~1598)、徳川家康(1543~1616)に、鶴岡八幡宮伽藍造営を命じる。	
		この設計図は「鶴岡八幡宮修営目論見書」として現存という。	6
	5月17日	「武蔵国於鵤間村弐百石出置者也、」等。	
		家康、多門平次ら8名に朱印状をもって知行充行。19日は渡邊小兵六宛て。	6
	5月28日	「九戸の乱3月13日~9月4日」。	
		自力での九戸征伐をあきらめた南部信直(1546~1599)、上洛。	6
	6月1日	豊臣秀吉、肥前国長崎津へ全3ヶ条の「定」を下す。	
		日本人同士の喧嘩・刃傷沙汰と異国人との争論発生に際は日本人を処罰すること、買売物の取引に関する規定を決定。	6
	6月9日	「九戸の乱」。南部信直、豊臣秀吉「御前」へ召し出され鷹13居・馬2頭・太刀を進上。	
		信直、秀吉に窮状を訴えその支援を仰ぐ。	6
	6月15日	「九戸の乱3月13日~9月4日」。浅野長吉(長政)(1547~1611)、八戸政栄(はちのへまさよし)(1543~1610)へ、徳川家康・豊臣秀次の7月上旬出馬予定、蒲生氏郷は去6月14日に陸奥国二本松へ到着したこと、伊達政宗は昨日6月14日に出羽国長井郡まで出向き葛西・大崎方面に出勢したこと、また九戸政実は早急に「成敗」されることに触れ、これらの事を南部信直へも通達することを通知。	
	6月16日	家康、伊達政宗の伝役・片倉小十郎景綱(1557~1615)に書状を送る。	
	6月17日	蒲生氏郷(1556~1595)、会津に還る。	

西暦
1591

天正19	6月20日	「九戸の乱」。豊臣秀吉、津軽為信(1550~1608)へ、陸奥国奥郡「御仕置」(九戸政実の反乱)を実行するために、徳川家康・豊臣秀次・上杉景勝らの軍勢を派遣し、南部家中「逆意族」の成敗させることにしたので、大谷吉継(敦賀城主)(1559?~1600)の「申次第」に軍事行動に従事することを命令。	6191
	6月20日	「大崎・葛西一揆」。「九戸の乱」。 秀吉、伊達政宗へ、陸奥国奥郡「御仕置」を実行するために徳川家康(江戸大納言)・豊臣秀次(尾張中納言)・上杉景勝(越後宰相中将)らの軍勢を派遣するにあたり、「御置目」の通り何れの城へも「留守居」として軍勢を配備すること、伊達政宗「分領中」の二本松筋より羽柴秀次が、最上筋より大谷吉継が、相馬筋より石田三成を進軍させるので、これらの筋沿いの城を明け渡し「上方人数」を入れるよう命令。また伊達政宗の件は「一書」に従って任務遂行するよう指示を下す。	6192
	6月20日	**「九戸の乱」。豊臣秀次(1568~1595)・徳川家康(1543~1616)、「九戸の乱」鎮圧のため、出陣を命じられる。**	6193
	6月20日	**「九戸の乱―秀吉、九戸一揆討伐のための軍割を定め、公布」。**一番羽柴伊達侍従(伊達政宗)、二番羽柴会津少将(蒲生氏郷)、三番羽柴常陸侍従(佐竹義宣)、四番宇都宮弥三郎国綱、五番羽柴越後宰相中将(上杉景勝)、六番江戸大納言(徳川家康)、七番羽柴尾張中納言(豊臣秀次)、横目石田治部少輔三成、横目大谷刑部少輔吉継で、浅野長吉(長政)を総奉行とする十万騎を越す大遠征軍であった。 「葛西大崎悉平均に申付、立置候城々、伊達侍従申次第に城数余多無之様相究、普請申付、其外城々可令破却事」。この軍割で一番伊達政宗は旧葛西・大崎の一揆勢討伐に当たることになり、九戸一揆討伐の総大将には蒲生氏郷があてられた。	6194
	6月26日	徳川家康(「家康」)、南部信直(「南部大膳大夫」)へ、去年の音信と進上された「大鷹」3居の自愛の様に触れ、詳細を阿部正勝(「阿部伊与守」)に伝達させる。	6195
	6月―	**豊臣秀吉、家康に書状を送る。**書状では秀忠(1579~1632)を「侍従」と称している。	6196
	7月1日	「…(前闕)御状則中納言殿へ為持進」。 家康、浅野弾正少弼(浅野長吉(後の長政))(1547~1611)に書状を送る。	6197
	7月3日	**「大崎・葛西一揆―天正18年10月16日~天正19年7月3日」、終結。** 伊達政宗(1567~1636)、この寅刻に佐沼城を攻略し、城主兄弟をはじめ「究意之者共」5百名を討ち捕らえ、2千余人を「刎首」、女子供まで「撫切」に処す。	6198
	7月5日	豊臣秀吉、土民・百姓に対する「年具」について、全3ヶ条の「札」を下す。	6199
	7月7日	「九戸の乱3月13日~9月4日」。 豊臣秀次(1568~1595)、奥州一揆鎮圧に際して全5ヶ条の「定」を下す。	6200
	7月11日	**「翰拝見、其旨存候　傍一宮之儀承候　彼宮之事者、社領幷証文以下・難出申候、火事ニ致紛失候　神主種々、難申候、我々関東へ被仰付候間、只今申上候儀ハ、遠慮存候　彼宮者、先年乱入、悉焼失申候へ共、拙者如前々、建立申儀候　委細局可申候　恐惶謹言」。** 家康(1543~1616)、青蓮院宮尊朝法親王(そんちょうほっしんのう)(1552~1597)に宛て返書を認め、遠江国一宮の愁訴については、火事にて紛失等あり、只今は処理しかねると記す。天正18年ともいう。	6201
	7月13日	「九戸の乱」。蒲生氏郷(1556~1595)、九戸一揆出陣に際し十七条の軍令を定め、鳥居四郎左衛門と上坂源之丞から全軍に下知させる。	6202
	7月13日	**「……然者政宗被致出馬、佐沼之城」。** 家康、会津少将(蒲生氏郷)(1556~1595)に書状を送る。	6203

天正19	7月13日	「……**仍政宗・浅野六右衛門尉両人**」。家康、中村式部少輔宛書状。 奥州九戸政実の乱に関する書状で、駿府城主中村一氏(かずうじ)(?~1600)が武蔵岩槻から江戸の家康に宛て出した伊達政宗・浅野正勝(浅野長政家臣)の情報に対する返書。署名と花押は家康自身の自筆。
	7月14日	「……**仍至其表、早々御出張之故、**」。 家康、伊達侍従(伊達政宗)(1567~1636)に書状を送る。
	7月17日	豊臣秀吉(1537~1598)、淀殿(1569~1615)と鶴松(1589~1591)を連れ、大坂へ下向。この日は淀城に入る。
	7月19日	「**九戸の乱**」。徳川家康(1543~1616)、鎮圧のため奥州に向けて江戸を出陣。
	7月22日	豊臣秀吉、明年朝鮮に出征せんとし、軍勢の配備を定める。信濃の真田昌幸(1547~1611)・石川康長(1554~1643)等、肥前名護屋在陣を命ぜられる。
	7月24日	「……**仍今度奥州鉾楯、当表隣国之**」。家康、家名存続は許された下野国那須氏21代当主那須太郎(那須資晴)(なすすけはる)(1557~1610)に書状を送る。
	7月27日	「**九戸の乱**」。徳川家康、白河(福島県白河市)に着陣。
	7月27日	「……**仍我等儀大森ニ先在之ニ而中納**」。 家康、会津少将(蒲生氏郷)・浅野弾正少弼(浅野長吉(後の長政))に書状を送り、白河大森に在ることを告げる。豊臣秀次、徳川家康ら大森城下の常光寺に宿陣。
	7月-	「**御知行之書立 一式百貫穀六斜六升八合**」。家康、朱印状をもって伊奈熊蔵(忠次)(1550~1610)らを奏者に、栗生新右衛門に知行を与える。
	8月4日	「**九戸の乱**」。豊臣秀吉(1537~1598)、堀尾吉晴(遠江国浜松城12万石)(1544~1611)へ、反乱を起こした陸奥国の九戸政実の掃討戦に於いて敵首数750を送付したことにつき、「今度陣中第一之手柄、寔に可為日本無双之剛之者」であったので感状を下す。
	8月5日	「**鶴松、没**」。この日淀城において、鶴松3歳(1589~1591)が、病で他界する。鶴松の死骸、東福寺へ移される。秀吉は最期を看取った後に髻を落とし、東福寺常楽院へ移り二夜三日籠る。諸大名もまた秀吉に習って髻を落とす。 なお、鶴松の葬儀は妙心寺にて執り行われることが伝えられる。この頃、秀吉が「天下」を尾張等百万石の豊臣秀次(1568~1595)に譲るという風聞あり。
	8月5日	「本願寺、京都堀川に寺基を移す」。門前は寺内町となり、京都南部の開発が進んだ。
	8月6日	**豊臣秀吉、朝鮮出兵準備命令を発布。**
	8月6日	「**九戸の乱3月13日~9月4日**」。**徳川家康**(1543~1616)、**二本松**(福島県二本松市)**に到着して豊臣秀次**(1568~1595)**らと軍議を重ねる。**白河方面軍として総大将の豊臣秀次麾下3万及び徳川家康軍、仙北方面軍には前年に当地の検地を実行した上杉景勝軍と大谷吉継軍、津軽方面軍には前田利家・利長父子、相馬方面軍には石田三成・佐竹義重・宇都宮国綱らがそれぞれ配置された。さらに、伊達政宗・最上義光・秋田(安東)実季・戸沢光盛・小野寺義道・津軽為信らも参陣。
	8月7日	秀吉、東福寺から清水寺へ移る。
	8月7日	「**九戸の乱**」。会津から奥州進撃の蒲生氏郷(1556~1595)、第一次仕置軍筆頭の浅野長吉(後の長政)と合流。
	8月8日	秀吉、知恩院を訪問後、清水寺へ戻り宿泊する。
	8月9日	秀吉、清水寺より直接、摂津国有馬湯山へ湯治へ赴く。 この日付の増田長盛(1545~1615)の状が残る。鶴松の他界について記され、その後秀吉が家督を秀次へ譲り大坂で隠居する意志を示した旨を記す。

西暦1591

天正19	8月9日	「北条氏規、秀吉の旗本となる」。秀吉(1537～1598)、朱印状をもって、北条氏規(氏康の五男)(1545～1600)に対し、河内国丹南郡�村(大阪府大阪狭山市)に2千石の知行を与える。氏規は、秀吉から、和平派の主流としての働きや韮山城での武勲を認められる。家康の口添えもあったであろう。	6222
	8月10日	武蔵国忍城の深溝松平家忠(1555～1600)の下に、三河国から妻子が引越しをする。	6223
	8月18日	秀吉、摂津国有馬湯山から大坂城へ帰城。	6224
	8月18日	**「九戸の乱」。徳川家康、二本松から岩手沢**(宮城県大崎市)**に至り、ここで反乱鎮圧を指揮。**	6225
	8月19日	大坂で旧織田信雄邸を与えられていた北条氏直(1562～1591)、この日、豊臣秀吉(1537～1598)と対面し、正式に赦免と河内及び関東において1万石を与えられ豊臣大名として復活。	6226
	8月21日	豊臣秀吉(1537～1598)、3ヶ条の「定」(身分統制令)を発布。秀吉、身分に関する条規を制定すると共に、奉公人・侍・中間・小者及び百姓の転職を禁ずる。	6227
	8月23日	「来三月朔日ニ、唐へ可被作入旨候、各も御出陣御用意尤候、なごや御座所御普請、黒田甲斐守・小西摂津守・加藤主計被仰出候、筑紫衆都軍役三分一ほとつゝ、用捨仕候へと御諚候」。石田正澄(三成の兄)(1556～1600)、相良頼房(長毎)(1574～1636)宛書状の中で、秀吉が来年3月に「唐」へ出兵するつもりであること・名護屋城(佐賀県唐津市鎮西町名護屋)普請が九州の諸大名に命じられていることを記す。	6228
	8月24日	「……**仍奥表之儀無相替儀候、然而**」。徳川家康(1543～1616)、成田下総守(成田氏長)(1542～1596)宛に書状を送る。 秀吉の小田原城攻めに際し、氏長は小田原城に籠城し、家臣団が守る忍城も石田三成の水攻めによく耐えて籠城戦を続けたが、小田原城降伏により開城し、城と領地の全てを失った。のち娘・甲斐姫が秀吉の寵愛を受けたこともあって、その後の氏長は、秀吉方の武将蒲生氏郷に預けられ、氏郷に従い武功を上げ、やがて秀吉に召し出されて烏山城(栃木県那須烏山市)に新たな領地を得た。 関ケ原の戦いの頃は弟、長忠が領主となり、この地で上杉勢に備え、その功績は徳川家康にも認められた。	6229
	8月25日	秀吉、大坂から上洛する。	6230
	8月27日	小田原に居住していた督姫(北条氏直室、家康の次女)(1565～1615)、大坂に到着。	6231
	9月2日	「九戸の乱3月13日～9月4日」。総大将・豊臣中納言秀次、討手の大将蒲生氏郷・堀尾吉晴・浅野長吉(後の長政)・井伊直政らが指揮する6万5千の討伐軍、九戸政実・実親(1542～1591)兄弟はじめ5千の兵が籠る九戸城に、早くも包囲攻撃を開始。	6232
	9月4日	**「九戸の乱3月13日～9月4日」、終結。** 蒲生氏郷(1556～1595)を主将とする浅野長吉(後の長政)(1547～1611)らの豊臣軍により、主将の九戸政実(1536～1591)・櫛引清長(1540～1591)らは髪を剃り、法衣姿で囚われの身となる。次いで、三迫の豊臣秀次(1568～1595)の許に護送される。	6233
	9月7日	「……**爰元無異儀平均候、可御心安**」。徳川家康、増上寺宛に書状を送る。 当時の増上寺は、現在の東京都千代田区平河町付近に在ったという。	6234
	9月9日	「**相模国高座郡萩薗村参百三拾石、**」。家康、遠江新八郎(安吉)(1519～1593)に朱印状をもって萩薗村(神奈川県茅ヶ崎市)に知行地として330石充行。	6235
	9月10日	「……**仍佐沼之儀も、人数差遣候之**」。 家康、羽柴侍従に書状。吉田城主池田照政(のち輝政)(1565～1613)であろうか。	6236

西暦1591		
天正19	9月14日	井伊直政(「井伊兵部少輔直正」)・蒲生氏郷(「蒲生飛騨守氏郷」)、徳川家康(「大納言家康公」)・上杉景勝(「越後守宰相影光公」)へ、九戸政実(「九戸左近将監正実」)を撃破したことを報告。
	9月15日	秀吉、スペイン領フィリピン諸島(小琉球)に服属要求。秀吉はスペインのルソン総督に宛てた入貢を促す書簡を持たせて商人・原田孫七郎(生没年不詳)を派遣、キリスト教布教の伴わない南蛮貿易を望んだ。その試みは失敗。
	9月16日	**豊臣秀吉、諸大名に対し正式な朝鮮出兵準備命令を発布。**
	9月16日	**帰国の途に着いた家康(1543〜1616)、平泉に到着。**
	9月16日	**「……仍九戸普請被成候由、弥早速」。**家康、関右兵衛太輔に書状を送る。 関右兵衛は、蒲生氏郷の与力大名・関一政で、この月、奥州白河に転封となった。九戸氏の残党への警戒から、秀吉の命によって居残った蒲生氏郷が九戸城(岩手県二戸市福岡城ノ内)と城下町を改修し、南部家の本城として南部信直に引き渡されて三戸城(青森県三戸郡三戸町梅内)から居を移し、九戸を福岡と改めた。しかし領民は九戸氏への思いから九戸城と呼び続けたという。
	9月22日	豊臣秀吉(1537〜1598)、洛中の地子(年貢のこと)を永代免除する。上京・下京・禁裏六丁町・本願寺寺内町が対象である。あわせて楽座を推進、また、地子替地を与える。秀吉の京都支配が、ほぼ完結。
	9月23日	**秀吉から葛西・大崎十三郡の検地と城砦改修とを命じられていた徳川家康、仕置を終えて伊達政宗に新領土を引き渡す。** 岩手沢城は、大崎葛西一揆のときに廃荒した城を伊達政宗のために徳川家康が諸法山実相寺に40日の間止宿し修復したという。 政宗は岩手沢城を「岩出山城」(宮城県大崎市岩出山城山)と改名し、慶長6年(1601)に青葉城(仙台城)を築いて移るまで居城とする。
	9月24日	**秀吉、諸大名に朝鮮出兵を命じる。**
	10月3日	**「大神君御書写 奥州表就出陣、態預飛札、遠路被入御念儀、祝着之至候、仍虎豹皮送給、是又為悦候、将亦当表之儀無残所平均候、可御心安候、頓而可令帰陣候条、旁期後音之時候、恐々謹言、」。** 家康、羽柴柳川侍従(立花宗茂)(1567〜1643)に書状を送り、虎豹皮等の贈呈を謝す。
	10月5日	**「……将亦南部表之事、霜臺(台)以御才」。**家康、浅野左京大夫(浅野長慶(幸長)(1576〜1613)に書状を送り、父長吉(長政)の「九戸の乱」活躍を伝える。
	10月9日	**「…仍御所労追日御本腹候哉、」。** 家康、伊達侍従(伊達政宗)に書状を送り、病回復を喜ぶ。
	10月10日	「名護屋城普請を開始」。豊臣秀吉(1537〜1598)、加藤清正・黒田長政・小西行長を奉行として肥前国名護屋城(佐賀県唐津市鎮西町)の普請を開始。九州諸大名が工事に参加した。フロイスは4万人から5万人が工事に参加し、多くの犠牲者が出たものの、わずか数ヶ月で見事な城と城下町が建てられたと驚嘆している。
	10月10日	秀吉、朝鮮出兵用の軍船建造のため、方広寺大仏殿の工事中止を命じる。
	10月14日	**今川氏真(1538〜1615)、縁戚の山科言経(1543〜1611)と共に、徳川秀忠(1579〜1632)を訪ね馳走される。**
	10月16日	**「……将亦中納言殿今日白川迄、被」。** 家康、田□□□□□(丸中務少輔)に書状を送る。蒲生氏郷の与力大名、須賀川城(福島県須賀川市諏訪町(二階堂神社))主3万石の田丸直昌(氏郷の妹婿)(1543〜1609)宛。

西暦1591

天正19	10月17日	「……**南部事降参之由、伏見へ注進**」。家康、浅野弾正（浅野長吉（長政））（1547～1611）に書状を送り、「九戸の乱」終結を伏見に注進を賞す。	6252
	10月18日	吉田兼見（1535～1610）、秀吉（1537～1598）に太平記一冊（巻29）50丁を3日で書写し提出せよと命じられるも、眼病の故、従兄弟の細川幽斎（1534～1610）に依頼する。	6253
	10月27日	**家康、下総古河（茨城県古河市）まで戻る。**	6254
	10月29日	**家康（1543～1616）、奥州から江戸に戻る。**	6255
	11月─	この月、豊臣秀吉（1537～1598）、甥の秀次（尾張等百万石）（1568～1595）を養子に迎える。	6256
	11月3日	秀吉、京都を発ち美濃国・尾張国へ放鷹のため下向。	6257
	11月4日	北条氏の復興を目指した北条氏直（1562～1591）、病没。享年30。氏直養子・氏盛（北条氏規の長男）（1577～1608）、遺跡である下総国4千石の所領を与えられる。**氏直正室・督姫（家康の次女）（1565～1615）は、二人の娘を連れ家康のもとへ戻る。後の文禄3年（1594）に、秀吉の計らい（仲人）で、三河吉田城（愛知県豊橋市今橋町）の池田照政（のち輝政）（1565～1613）に再嫁する。**	6258
	11月8日	**徳川秀忠（「源秀忠」）（1579～1632）、豊臣秀忠として左中将・従四位下に昇進。**秀吉の養子・豊臣秀俊（後の小早川秀秋）（1582～1602）、従四位下に昇進。	6259
	11月10日	「為見舞遠路飛脚、殊雁二到来、喜悦候、来春名護屋へ可罷下由、其趣可申聞候、猶林伝右衛門尉かたより可申候、謹言、」。織田常真（信雄）（1558～1630）、河野藤左衛門尉（氏吉）・坂井文助（利貞）に礼状を送る。	6260
	11月19日	「寄進 勝光院 武蔵国荏原郡世田」。家康、勝光院（東京都世田谷区桜1丁目）に朱印状をもって30石を寄進。	6261
	11月20日	「百六拾壱石七斗五升八合 豆州君」。家康、井出藤九郎に黒印状をもって知行充行。家康朱印状の奉者、井出正次（1552～1609）。	6262
	11月23日	**家康、豊臣秀吉の鷹匠本多（堀田）一継に、秀吉の三河国吉良での鷹狩りの様子を尋ねる。**堀田一継（1550～1630）は、いわゆる五奉行と共に政務に携わった十人衆の一人という。	6263
	11月24日	豊臣秀吉（1537～1598）、琉球王尚寧（1564～1620）に、島津龍伯（義久）（1533～1611）を通じて兵糧を徴し、出兵期を定める。	6264
	11月26日	奈良興福寺の僧・多聞院英俊、豊臣秀次が尾張国で同秀吉から家督を譲られ上洛すると伝え聞く。	6265
	11月28日	秀吉養子・秀次（権中納言豊臣朝臣）（1568～1595）、権大納言に昇進。	6266
	11月29日	**秀忠、早朝、京を発ち江戸に向かう。**	6267
	11月─	**この月、家康、相模国小坂郡鎌倉（霧岡（鶴岡八幡宮）・荒神（巽荒神）・荏柄天神・建長寺・円覚寺・浄智寺・寿福寺・宝戒寺・浄光明寺・覚園寺・松岡（東慶寺）・極楽寺・安養院・本興寺）はじめ、同国三浦郡、武蔵国、上総国、下総国、上野国、下野国らの社寺らに、相模国内において大々的に寄進する。**	6268
	12月3日	**家康、京都から帰国する三男秀忠を迎えに、この日、小田原に到る。**	6269
	12月4日	権大納言豊臣秀次（1568～1595）、「正二位」に昇叙、内大臣に転任。	6270
	12月5日	「……雪中無何事被成御著候哉、承」。家康（1543～1616）、会津少将（蒲生氏郷）（1556～1595）に書状を送り、雪中の無事の到着を労う。松坂城（三重県松阪市殿町）から天正18年8月会津に転封となっていた。この年は「九戸の乱」鎮圧に参陣していた。	6271
	12月8日	**家康、鷹匠頭佐々行政・本田（堀田）一継（1550～1630）に、豊臣秀吉の鷹狩りの様子を尋ねる。**	6272

西暦1591

天正19	12月11日	「相模国鎌倉郡柏尾村三百三拾石」。 家康、植村勝右衛門に、朱印状をもって知行充行。勝右衛門は植村正元か。 正元の父植村庄右衛門正勝（家康の家臣）（1535～1592）は、天正18年（1590）小田原征伐では足柄の守備を任されたが、豊臣秀吉が女性たちを小田原へ招いた際には軍令に従ってこの通行を拒否した。そのため秀吉から怒りを買って改易となったという。父正勝は、領内の柏尾に蟄居し、そこで余生を送ったという。	62
	12月16日	秀吉、放鷹から帰京。その行列を天皇以下公家衆に見物させる。	62
	12月17日	**家康、三男秀忠と共に、江戸に帰城。**	62
	12月18日	秀吉、関白を辞任、太政大臣如元。	62
	12月20日	秀吉、豊臣秀次に4ヶ条にわたる誓書を提出させる。	62
	12月27日	**「秀吉、甥・秀次に関白・聚楽第を譲る」。** 豊臣秀吉（1537～1598）が、内大臣秀次（1568～1595）を家督相続の養子として関白職を譲り、自らは前関白で関白の父となることから、「太閤」と称す。	62
	12月28日	「豊臣氏は藤原氏五摂家と並ぶ地位を得る」。 豊臣秀次、関白宣下。内覧宣下。豊臣氏長者宣下。内大臣如元。	62
	12月28日	「……仍宰相在洛中節々御懇意、殊」。 家康（1543～1616）、民部卿法印（前田玄以）（1539～1602）に書状を送り、宰相（結城秀康）在洛中の懇意を謝する。	62
	12月29日	**乙事五味太郎左衛門（？～1616）、江戸に上りて徳川家康に謁し、扶持加増を賜はり、併せて武蔵国八王子の大楽寺村に屋敷を与へらる。** 乙事村名主の五味太郎左衛門は、天正壬午の乱の功績によって甲州に拾貫文の知行を拝領し、この日、扶持加増・武蔵国八王子の大楽寺村に屋敷を与えられた。江戸に400坪と八王子千人同心が住む地に7650坪の下屋敷を賜わるとされる。後になって家康に召し出されて姓を乙骨と改め、その旗本に取り立てられた。	
	12月30日	「遠路為音信、入念踏皮三足被差越」。 家康、下総国の山川讃岐守晴重（1566～1593）に御内書を送り、音信と贈物到来を謝す。	62
	一	「御土居完成」。この年、豊臣秀吉が京都の外周に御土居（土塁）を完成、上京・下京を囲い込んだ。	

西暦1592

天正20 （文禄1）	1月4日	**家康六男・辰千代（松平忠輝）（1592～1683）、江戸城で誕生。** 年月日は異説あり。 母は側室茶阿局（1550？～1621）。生母の身分が低いため、下野栃木（皆川）城主で3万5千石の大名である皆川広照（1548～1628）に預けられて養育されるという。	6
	1月5日	**「文禄の役－文禄1年1月5日～文禄3年12月13日」、はじまる。** 太閤秀吉（1537～1598）、朝鮮を経て明国に出兵しようとし、諸将に出陣を命令。	6
	1月5日	太閤秀吉、諸大名を肥前国名護屋城に集結させ、秀吉自身の朝鮮渡海の期日（3月1日）を、正式に決定する命令を下す。	6
	1月5日	太閤秀吉、大陸侵攻の通路にあたる諸国に掟を発し、在所の者の逃散及び、軍勢による乱坊狼藉を禁じる。	6

西暦 *1592*

天正20 (文禄1)	1月7日	「年頭之為祝儀、太刀一腰、馬一疋并鶴到来祝着之至候、大明国御懇望申之由被仰越候、珍重不可之候、春者可被成御渡海候間、万事其節可申承候、恐々謹言」。 徳川家康51歳(1543〜1616)、秀吉の命を受けて大明国侵攻のため渡海する藤堂佐渡守(藤堂高虎)(1556〜1630)に書状を出す。高虎の年賀の祝いの太刀一振、馬一頭、鶴が届いたことを謝し、太閤秀吉の「大明国」所望について、家康は「珍重これに過ぎず候」と当たり障りなく言い、春の高虎渡海の節、話を承ると記す。	6288
	1月14日	太閤秀吉(1537〜1598)、朝鮮出兵のため諸国大名の質子を大坂城に送らせる。	6289
	1月16日	「……然者羽忠三有御同道、可有御」。 家康(1543〜1616)、出陣の羽柴出羽侍従(最上義光)(1546〜1614)に書状を送る。 羽忠三は、羽柴忠三郎(蒲生氏郷)。	6290
	1月20日	「御城佳年之連歌候て出候、連歌過候て、宰相様ニはやし候」(『家忠日記』)。 **「御城佳年之連歌」が秀忠も参加して催される。**	6291
	1月23日	**「上野国年行事職事 右、任聖護院」。** 家康、極楽院に朱印状をもって修験正年行事職定置。北条家から徳川家康に支配が移った後の家康の上野国極楽院安堵状。 極楽院は、京都聖護院直系の関東における主要な修験者道場であった。	6292
	1月23日	**「上野国年行事職事　右、任聖護院」。** 家康、不動院・玉林坊に朱印状。	6293
	1月29日	豊臣秀次(関白内大臣)(1568〜1595)、従二位に昇進、左大臣に転任。関白・内覧・豊臣氏長者如元。	6294
	2月1日	「上総国一庄寺崎郷之内千百弐拾十」ら。 家康52歳、蒔田源六郎ら家臣諸士13名に知行充行。旗本服部与十郎政季は、太田荘百間郷3000石を与えられた。	6295
	2月2日	**徳川家康、江戸城を秀忠(1579〜1632)に守らせ、榊原康政45歳(1548〜1606)・井伊直政32歳(1561〜1602)を補佐とし、秀吉の朝鮮出兵(文禄の役)の供奉のため、京に向けて出発。** **結城秀康(1574〜1607)、実父・家康に従って出陣、1千5百人を率いる。**	6296
	2月10日	「禁制 南松院 一甲乙人等狼藉之」。 家康、南松院(山梨県南巨摩郡身延町下山)に黒印状をもって禁制を与える。	6297
	2月20日	太閤秀吉、朝鮮進攻の準備を進め、この頃東国の将、続々と京着する。	6298
	2月20日	三奉行(石田三成、増田長盛、大谷吉継)らの軍勢が京都を出陣し、肥前国名護屋へ向かう。	6299
	2月24日	**家康、石川家成(1534〜1609)らを伴い京都に到着。朝鮮出兵に向けての上洛であった。石川日向守家成(家成の母は家康の母於大の方の姉)は、在京の任にあたる。**	6300
	2月一	この月、お江(於江与)20歳(1573？〜1626)、豊臣(幼名小吉)秀勝(1569〜1592)に嫁ぐ。 媒酌人は秀吉夫婦、淀殿(茶々)(1569〜1615)、初(1570〜1633)も出席という。 秀勝は三好吉房と秀吉の姉・日秀の間に生まれた子で、兄が関白秀次(1568〜1595)、弟に豊臣秀長の養子となった秀保(1579〜1595)がいる。	6301
	2月一	**この月、徳川家康、駿河国沼津城4万石の松平忠康(のちの忠吉)(家康の四男)(1580〜1607)に対し武蔵国忍に10万石を、武田信吉(家康の五男)(1583〜1603)に下総国佐倉に5万石を与える。月は異説あり。忠康は元服して「松平忠吉」となる。**	6302

天正20 (文禄1)	2月—	この月、徳川家康、沢田清次を、領地・関地蔵(三重県亀山市関町)の代官に命じる。	6
	3月4日	「文禄の役－文禄1年1月5日～文禄3年12月13日」。日本軍、朝鮮に渡海開始。	6
	3月4日	上野国長根7千石の松平家治(家康の養子、奥平信昌・家康の長女亀姫の次男)(1579~1592)、没。享年14。 生家の奥平家へは新たに養子が望まれたため、末弟(四男)の鶴松丸(後の松平清匡、忠明)(1583~1644)が、家康の養子となる。	
	3月6日	関白豊臣秀次(1568~1595)、朝鮮出兵のため人掃令を発布。全国の戸口調査を実施。	6
	3月13日	「秀吉、高麗渡海陣立書を発す」。 「御先衆」は九州衆・四国衆・中国衆からなり、その後に宇喜多秀家(備前宰相)・豊臣(羽柴)秀勝(岐阜宰相)・細川忠興(丹後少将)らが渡海すること。高麗「船奉行」は早川長政、毛利重政と高政の兄弟。対馬「船奉行」は服部一忠(小平太)(伊勢松阪城主)(?~1595)・九鬼嘉隆・脇坂安治。壱岐「船奉行」は一柳可遊(?~1595)・加藤嘉明・藤堂高虎。名護屋「船奉行」は石田三成・大谷吉継・岡本宗憲(重政、良勝)・牧村政吉(利貞)(利休七哲)。	
	3月13日	太閤秀吉、洛中に米銭を貸付け、その利を橋梁修造の用に充てる。	6
	3月13日	**家康、禁裏及び院の御所に参内し、太刀・白鳥を献上。**	6
	3月15日	**家康(1543~1616)、博多の豪商・神屋宗湛(1551~1635)の京都邸の茶会に赴く。**	
	3月16日	前田利家(1539~1599)、諸将に先んじて京を出陣、肥前名護屋(佐賀県鎮西町)に向かう。	
	3月17日	**徳川家康、結城秀康(家康次男)・佐竹義宣・伊達政宗・上杉景勝ら関東・奥州勢と共に京を出陣。家康らは、肥前国名護屋に下向する。** その時、家康は、高力河内守清長に朝鮮渡海のための巨艦を造らせる。その船材のため、伊東長兵衛・真山又六郎が、肥後山より伐採の役を担う。また山本帯刀左衛門を奉行として、山高宮内少輔を添役として、伊豆山からも船板を供出させた。	
	3月18日	信濃国の仙石秀久(秀康)(1552~1614)・石川康正(数正)(1533~1592?)等、京都を発し肥前名護屋に向ふ。	
	3月26日	「文禄の役－文禄1年1月5日～文禄3年12月13日」。 **太閤秀吉(1537~1598)、予定より遅れて、朝鮮出兵のため聚楽第を出陣し、後陽成天皇(1571~1617)・公家衆らが歓送。**この時、小田原出陣の吉例として、淀殿(茶々)(1569~1615)と松の丸殿(京極龍子)(?~1634)を伴う。 肥前国名護屋に向かう秀吉、摂津国茨木に到着。	
	3月29日	秀吉、飾磨の津より乗船。	
	3月30日	太閤秀吉、海路を経て備前国岡山城に到着し、7日間逗留。	

西暦 1592

天正20 (文禄1)	4月7日	秀吉、岡山を発ち、備中国矢懸(岡山県小田郡)に到着。	6317
	4月7日	**徳川家康、上杉景勝ら、肥前名護屋城に到着。** 家康は肥前国名護屋に下向するが、朝鮮渡海を免れる。 家康側室・お牟須の方(？~1592)、家康に従い名護屋へいく。陣中で懐妊、難産のため同年6月母子ともに死去。法名は正栄院。武田氏旧臣・三井氏の娘という。	6318
	4月11日	秀吉、安芸国広島城へ到着し、城内外を巡覧。広島城は建築途上である。	6319
	4月12日	「文禄の役－文禄1年1月5日～文禄3年12月13日」。 小西行長・有馬晴信らが、対馬大浦を出陣する。第一陣行長、宗義智勢1万8千7百名は、7百艘の軍船に乗り対馬を出航、釜山に到着。	6320
	4月21日	太閤秀吉、淀殿(茶々)らを伴い筑前国名島(福岡市東区名島)に着陣し、2日間逗留。	6321
	4月25日	秀吉、筑前深江(福岡県糸島市二丈深江)から安宅船に乗り海路で、肥前国名護屋城に到着。	6322
	4月28日	「芳札祝著之至候、仍高麗表之儀、悉如思召候、頓面御渡海可被成御模様候、当地之儀者御隠居所ニ罷成候、将又御次二者、御前可然様御取成所仰候、尚期後音候、恐々謹言、」。 家康(1543~1616)、高麗在陣中の中村式部少介(輔)(中村一氏)(駿河府中14万石)に労い状を送る。	6323
	5月3日	「来札披見、祝著之至候、仍与一郎殿(長岡忠興)対馬へ可有御渡海旨、重依被仰出御越之由、寔太儀共候、将又浅弾(浅野長吉)候、一昨日被召出候、可心易候、幽斎(長岡)ハ于今無御著候、昼夜相待迄候、猶期後音候、恐々謹言、」。 家康、松井佐渡守(松井康之)(1550~1612)に返書を送り、細川忠興が対馬に渡ったことを伝える。	6324
	5月5日	前田利家家臣篠原一孝(1561~1616)の従僕、肥前名護屋に於いて徳川家康の家奴と汲水の事により争闘す。	6325
	5月6日	秀吉、おね(北政所)宛に自筆書状を送る。北政所より5月の節供の祝として贈られた衣服に対する礼と、戦況の報告であった。当時は初戦に勝利を続けていた頃で、4ヶ月先の9月9日の重陽の節供の贈物は中国で受け取ると豪語し、自らの勝利を確信していた。長文の追而書の中では再度礼を述べ、火の用心を申し付け、高麗の都を得て母大政所も来てもらうなどと記している。	6326
	5月9日	**秀忠(1579~1632)、豊臣秀忠として従三位に昇叙し、権中納言に転任。**	6327
	5月17日	関白秀次(正二位豊臣朝臣秀次)(1568~1595)、「従一位」に昇進。	6328

天正20 (文禄1)	5月18日	漢城(ソウル)陥落を知った太閤秀吉(1537~1598)は大いに喜び、聚楽第留守番の関白秀次(1568~1595)へ、全25ヶ条の三国処置を通達。
		・明年の秀次の出馬に応じて唐の関白とする・翌々年には後陽成天皇(1571~1617)を北京に移し、日本の帝位には若宮(良仁親王)(後の覚深法親王)(1588~1648)か、八条殿(皇弟智仁親王)(1579~1629)を据える。日本の関白には大和中納言(豊臣秀保)(1579~1595)か、備前宰相(宇喜多秀家)(1572~1655)を任じる。・朝鮮には豊臣小吉秀勝(1569~1592)か、備前宰相(宇喜多秀家)(1572~1655)を任じる。・九州は、秀吉の養子・豊臣秀俊(後の小早川秀秋)(1582~1602)に与える。と怪気炎を上げる。
	5月18日	秀吉の右筆・山中長俊(1547~1607)、豊臣家の女中に書を送り、秀吉が明国制圧後、天竺(インド)を目指し、寧波あたりにまで向かう予定にあると述べる。 秀吉、高麗に宮中を置き、天皇を北京に移し、秀次を大唐の関白に、秀吉自身は天竺征服のために寧波に移るなど。
	5月28日	秀吉、大坂城より「黄金茶室」を肥前名護屋に移して茶会を開く。25日とも。 この使用を最後に、この黄金の茶室に関する記録は途絶える。
	6月2日	**朝鮮に向かおうとした秀吉、徳川家康、前田利家らに諫止され、さらに後陽成天皇の制止もあって、来年3月まで渡海を延期する事に決する。**
	6月4日	「今度御渡海之事、前後之随兵悉被」。 武蔵大納言(家康)・加賀宰相(前田利家)、連署して丹後少将(細川忠興)(丹後国宮津城主)に書状を送る。
	6月5日	家康の臣平岩親吉(1542~1612)、松平念誓(親宅(1534~1604))に、三河国岡崎で家康と謁見したことを喜ぶと共に、同国明眼寺(のち妙源寺)に米を渡すよう依頼する。
	6月8日	太閤秀吉、前田利家・徳川家康の進言を受け、朝鮮渡海を中止。 家康は、秀吉の渡鮮を諫止するなど、朝鮮出兵そのものには慎重論者だったようである。
	6月11日	「……従太閤様大船之儀被仰付候間」。 家康、秀吉の命により、林茂右衛門に書状を送り大船の建造を命ずる。 尾張国の起宿船庄屋、林茂右衛門か。
	6月15日	「梅北一揆」勃発。文禄の役の際、前線基地である肥前名護屋城へ向かう船を待つ名目で肥後国葦北郡佐敷に留まっていた島津家臣・梅北国兼(？~1592)は、葦北を治める肥後隈本城主・加藤清正の朝鮮出征中の隙を突く形で佐敷城(熊本県葦北郡芦北町佐敷)を占拠する。6月17日には鎮圧されるとも、いや、15日間に及び城の占拠一揆は続くが、最後は鎮圧され国兼は戦死したともいう。梅北は、朝鮮出陣を嫌悪したという。
	7月3日	**家康(1543~1616)、前田利家(1539~1599)と共に、明講和使節の接待役となる。**
	7月5日	島津龍伯(義久)(1533~1611)、「梅北一揆」仕置のため鹿児島到着。9日には細川幽斎(1534~1610)も到着。太閤秀吉は、幽斎と義久を「仕置」のため薩摩に派遣した。
	7月8日	「日本人町の始まり」。フィリピン総督使節のフアン・コーボ神父、肥前国名護屋で太閤秀吉に謁見する。秀吉に信書を返し、布教許可を秀吉に進言するも不許可。また秀吉に贈物を届けるも、他方、日本人来襲を恐れ、在ルソン日本人をマニラのデイオラ地区に集団居住させる措置を採る。

西暦1592

天正20 (文禄1)	7月10日	「去五日之書状披見候、梅北一類」、」。秀吉、嶋津修理大夫入道(島津龍伯(義久))へ、「梅北国兼一揆仕置」を通知。梅北一揆の首謀者は生け捕られて首を刎ねられた。先年(天正15年)祁答院歳久(1537〜1592)は秀吉に矢を射かけたが義久・義弘と同じく赦免した。ところが上洛もしない。もし朝鮮半島の高麗へ島津義弘と一緒に出陣しておれば良いが、在国であれば、歳久だけでなく同郷の者は撫で切りにせよ。以上のことが徹底する場合は「御検地之御奉行」を派遣しないことを通知する。同じ事は細川幽斎(藤孝)まで告げたと伝える。 歳久は病で麻痺があって出陣できず、在国していたという。	6341
	7月15日	太閤秀吉、在鮮諸将に朱印状を発し、征明の準備をひとまず棚上げして、朝鮮半島の支配を優先するように指示する。	6342
	7月18日	島津龍伯(義久)(1533〜1611)降伏後も抵抗し、薩摩に入った秀吉への出仕を拒んでいた島津歳久(義久・義弘の弟)(1537〜1592)は、居城・宮之城で自刃しようと鹿児島を出立したが、義久の軍勢から追討を受け、龍ヶ水で自害。「梅北一揆」には、歳久家臣が多く参加し、秀吉の怒りを買うところとなり、秀吉は義久に歳久の誅伐を命じた。首級は京都・一条戻橋に晒された後、京都浄福寺に葬られた。明治になり、鹿児島に改葬。そのさらし首は、従兄弟の島津忠長(1551〜1610)が、大徳寺の玉仲和尚と図って、市来家家臣に首を盗みとらせ、浄福寺に埋葬したという。	6343
	7月22日	**秀吉、母・大政所の危篤の報により、急ぎ肥前国名護屋より乗船し上坂。その留守は家康と前田利家の両人に任したという。**	6344
	7月22日	太閤秀吉(1537〜1598)の母・大政所(1513〜1592)、聚楽第で没。法名・天瑞院春岩宗桂。墓所は大徳寺内天瑞寺跡。寿塔は大徳寺内の龍翔寺。寿塔覆堂が横浜三溪園に移転している。本圀寺(京都市山科区御陵大岩)の墓地に合祀(妙雲院弥右衛門、婿三好吉房、孫豊臣秀保と合祀)の供養塔がある。大徳寺本坊に肖像画が残る。	6345
	7月23日	「徳川家康・前田利家連署状」。「坂井文助人数拾人、此外馬二ツ、」。 家康・利家、路次御奉行に黒印状をもって、坂井利貞に、肥前国名護屋までの通行を許可する。坂井利貞(文助)は尾張の土豪であり織田信長、信忠、信雄、秀吉に仕え土木工事等に才があった。	6346
	7月23日	「就当表在陣、為音信、巻数幷扇子」。 家康、在陣見舞いを送ってきた不動院に書状をもって謝意。 幸手不動院は、武蔵国葛飾郡(埼玉県春日部市小淵)にあった修験道本山派寺院。	6347
	7月23日	「文禄の役 − 文禄1年1月5日〜文禄3年12月13日」。 加藤清正、咸鏡道会寧城で、朝鮮の二王子を捕らえる。	6348
	7月29日	「肥前名護屋より国一丸に乗船して大坂に入津す」。**秀吉、名護屋より大坂城に帰城。この後、家康も大坂に戻ったようだ。**帰陣の時、高力清長(1530〜1608)は、造船の残金黄金20枚を返上した。家康、これを清長に下賜した。	6349
	8月2日	太閤秀吉、入洛。	6350
	8月2日	「……仍今度義久無二被存忠節付而」。 家康(1543〜1616)、細川幽斎(1534〜1610)に書状を送り、「梅北一揆」仕置きを労う。	6351
	8月10日	「文禄の役 − 文禄1年1月5日〜文禄3年12月13日」。 在鮮日本軍司令官宇喜多秀家・三奉行(石田三成、大谷吉継、増田長盛)・黒田父子・小西行長ら軍議。	6352

天正20 （文禄1）	8月11日	太閤秀吉、伏見に赴き、隠居所の屋敷普請を命令。指月山に築城を命じた。
	8月14日	秀吉、細川幽斎へ、祁答院一類成敗の報告を賞し、梅北国兼一類残党成敗を肥前国名護屋で実行すべきを命令。また、薩摩国・薩摩国出水及び日向国諸県郡の検地について肥前国名護屋へ戻った際に報告を受けること、島津義久知行沽却分を没収する羽柴秀吉「御朱印」を送付すること、島津義久蔵納等の算用について、寺社領は「内検地」後に島津義久蔵納とすべきことを命令し、問い合わせは肥前国名護屋で受けることを通知。
	8月15日	「御渡海就延引、重而飛脚祝著被思」。 家康、榊原式部大輔（榊原康政）（1548～1606）の飛脚をもっての祝いを謝す。
	8月20日	伏見指月山に縄打ちが行われる。
	8月29日	「文禄の役－文禄1年1月5日～文禄3年12月13日」。 平壌近郊にて、小西行長（1558～1600）が明からの使者・沈惟敬と会談を行う。 日明間で、50日間の休戦協定が結ばれる。
	9月2日	「文禄の役－文禄1年1月5日～文禄3年12月13日」。 李舜臣の率いる朝鮮水軍、日本軍の根拠地である釜山浦を攻撃、日本軍への補給路を断つ。
	9月3日	伏見指月城築城工事、はじまる
	9月5日	秀忠、弔問のため、江戸より上洛。
	9月7日	太閤秀吉、島津義弘へ、「朝鮮王子」の身柄を確保出来なかったので、朝鮮在軍勢の半数に在番命令を発す。兵粮の管理についても指示を下す。
	9月9日	後陽成天皇が今出川晴季・勧修寺晴豊・中山親綱・久我敦通の4名を派遣し、太閤秀吉の渡海を諫止しようとしたところ、秀吉は今出川晴季へ、朝鮮渡海の決心は固い旨を通知し、天皇にもその旨を奏上するよう依頼。
	9月9日	徳川秀忠（1579～1632）、権中納言・従三位に昇進。
	9月9日	お江（於江与）（1573 ？～1626）夫・豊臣秀勝（小吉）（岐阜宰相）（1569～1592）、文禄の役（朝鮮出兵）で、朝鮮の唐島（巨済島）で病没。秀吉の正室おねの甥・豊臣秀俊（後の小早川秀秋）（1582～1602）が遺跡を相続した。江と秀勝の間には、一女（完子）（1592～1658）が生まれるが、淀殿（茶々）（1569～1615）によって養育され、その養女となって公卿九条幸家に嫁いだ。豊臣秀勝（小吉）が没すると、秀吉の計らいで織田秀信（信忠の嫡男、信長の嫡孫）（1580～1605）が、岐阜城に13万3千石を与えられる。
	9月11日	「其地之普請一段被相稼之由、自宰」。 家康（1543～1616）、松平周防守（康重）（武蔵騎西2万石）（1568～1640）・諏訪安芸守（諏訪頼忠）（1536～1606）に御内書を送り、江戸城普請一段落を宰相（徳川秀忠）から聞き祝著であること、留守中万端が肝要であると記す。
	9月11日	「其地之普請一段被相稼候由、自宰」。 家康、松平又七郎に御内書（黒印）を送り、江戸城普請一段落を賞す。 松平又七郎は、形原松平家信（1565～1638）であろう。
	9月11日	「其地之普請一段被相稼之由、従宰」。 家康、井伊侍従（井伊直政）（1561～1602）に書状を送り、江戸城普請一段落を宰相（徳川秀忠）から聞き祝著であること、留守中万端が肝要であると記す。直政は、家康が名護屋出陣中、秀忠補佐として江戸城に残り、城普請をしていた。
	9月16日	徳川家康51歳（1543～1616）、太閤秀吉の執奏により清華家の家格勅許。

参考文献　（徳川家康75年の生涯年表帖 中巻）　上巻の追加

〇小野信二/校注　**家康史料集（駿府記 三河物語 慶長記）**　1965　人物往来社

〇三ツ村健吉/訳注　**勢州軍記（上・下）**　1984　三重県郷土資料刊行会

〇桑田忠親　**家康の手紙**　1983　文藝春秋

〇本多隆成　**定本 徳川家康**　2010　吉川弘文館

〇中村孝也　**新訂 徳川家康文書の研究（新装版）全4巻**　2017　吉川弘文館

〇笠谷和比古　**徳川家康 われ一人腹を切て、万民を助くべし**　2017　ミネルヴァ書房

〇盛本昌広　**家康家臣の戦と日常 松平家忠日記をよむ**　2022　KADOKAWA

〇野中信二　**徳川家康と三河家臣団**　2022　学陽書房

〇菊地浩之　**徳川十六将 伝説と実態**　2022　KADOKAWA

あとがき

本書（中巻）は、天正10年（1582）1月の信長の甲州征伐下知からはじまり、「本能寺の変」を経て、天正20年（文禄元年）（1592）「文禄の役」のはじまり、家康清華成頃までの、家康の軌跡を記載しました。

「本能寺の変」、「家康三大危機の三番目―伊賀越え」、「山崎の戦い」、「清須会議」、「家康の第二次甲州入り」、「天正壬午の乱」、「家康は三河・遠江・駿河・甲斐・南信濃を手中とし、五国を領有する大大名へと成長」、「織田信雄、秀吉と断ち家康と結ぶ」、「小牧・長久手の戦い」、「家康、和睦の証に次男秀康を秀吉に差し出す」、「第一次上田合戦」、「家康、駿府城を修築しはじめる」、「石川数正、出奔」、「家康、北条氏政と会見」、「家康、秀吉妹朝日姫を娶る」、「家康、秀吉に臣従」、「家康、居城を浜松城から駿府城へ移す―家康、駿府を五カ国の行政府とする」、「家康47歳、絶対服従の誓紙を差し出す」、「七ヶ条定書―家康、五カ国領内の支配を固める」、「秀吉、北条氏に宣戦布告」、「小田原の役―徳川領に豊臣大名が在番する」、「徳川家康関東移封の約、成る」、「八朔の日の起源」徳川家康49歳、正式に江戸入府、「秀吉、天下統一―奥州仕置」、「秀吉、甥・秀次に関白・聚楽第を譲る」、「文禄の役―文禄1年1月5日〜文禄3年12月13日」はじまる、などなど、激動の徳川家康波乱の時代を垣間見て頂き、「大河ドラマ」視聴を楽しんでいただきましたら幸いです。

編集にあたり、主に「上巻」掲載の主要参考図書や国立国会図書館デジタルコレクション、東京大学デジタルコレクション、国の公式WEB、各自治体・各大学・各団体WEB等、大いに活用させていただきました。しかし、資料による違い、異説、物語などあらゆる事項があり、すべては、弊社の編集責で掲載しております。

最後になりましたが、写真提供などしていただいた愛知県・静岡県の自治体及び各機関様、また、ご協力いただきました取材先様、スタッフの皆々様に、厚く御礼申し上げます。

写真協力（上巻含む）

（一社）豊橋観光コンベンション協会　豊明市観光協会　岡崎市　田原市博物館
安城市教育委員会　蒲郡市観光協会　新城市観光協会　長久手市　静岡県観光協会
浜松・浜名湖ツーリズムビューロー　掛川市　藤枝市郷土博物館　清水町教育委員会
鳥越一朗　（順不同）

文書等並べて辿る、家康、松平一族・家臣

徳川家康75年の生涯年表帖　中巻（全3巻）

その時、秀吉は。最強の家康に天下人秀吉の配慮がにじみ出る

第1版第1刷
発行日　　　2023年5月20日
デザイン　　岩崎宏
編集・制作補助　　ユニプラン編集部
　　　　　　　橋本豪
発行人　　　橋本良郎
発行所　　　株式会社ユニプラン　　http://www.uni-plan.co.jp
　　　　　　　　　　　　　　　　　　（E-mail) info@uni-plan.co.jp
　　　　　　〒601-8213　京都市南区久世中久世町1丁目76
　　　　　　TEL（075）934-0003　FAX（075）934-9990
　　　　　　振替口座／01030-3-23387
印刷所　　　株式会社ファインワークス
定価はカバーに表示してあります。
ISBN978-4-89704-576-4　C0021